TERMINALE SÉRIES TECHNOLOGIQUES



# Philosophie

**PHILIPPE SOLAL**
Professeur agrégé au Lycée Vauvenargues (Aix-en-Provence)

**PIERRE-JEAN DESSERTINE**
Professeur certifié au Lycée Georges Duby (Luynes)

HACHETTE
Éducation

**Remerciements :**

Les auteurs tiennent à remercier tout particulièrement Céline Tarrade, Éric Fraj et Jean-Michel Marie, tous enseignants de Philosophie, pour leur précieux conseils et suggestions.

**Références iconographiques :**

■ **Couverture :** peinture de Paul Klee, Indiana University Art Museum, Bloomington / Michael Kavanagh, © ADAGP, Paris 2006. ■ **pp. 8-9 :** IDE, *Le Nouvel Observateur*. ■ **p. 12 :** Museo Civico di Belli Arti, Lugano. ■ **p. 13 :** photothèque Hachette. ■ **p. 16 :** Nationalgalerie, Berlin. AKG, Paris. ■ **p. 17 :** DR. ■ **p. 18 :** Boston, Museum of Fine Arts. AKG, Paris. ■ **p. 19 :** ADAGP, Paris 2006/DR. ■ **p. 20 :** J. Schormans / RMN. ■ **p. 22 : 1)** Bridgeman-Giraudon - **2)** Photothèque Hachette / Les Films du Carrosse. ■ **p. 23 : 1)** The Georgia State University / Language Research Center - **2)** S. Grandadam / Hoa-Qui. ■ **p. 25 :** T. Le Mage / RMN. ■ **p. 28 :** The Picture Desk / Dagli Orti. ■ **p. 29 :** AKG, Paris. ■ **p. 30 : 1)** G. Hunter / Getty / Stone - **2)** G. Halary / Gamma. ■ **p. 32 :** ADAGP, Paris 2006, DR. ■ **p. 33 :** BNF, Paris. ■ **p. 35 :** Christophe L. ■ **p. 36 :** G. Blot / RMN. ■ **p. 37 :** AKG, Paris. ■ **p. 38 :** F. Strauss / Photo MAP. ■ **p. 38 : 1)** G. Blot / RMN - **2)** Dagli-Orti / The Picture Desk - **3)** D. Ravaux / RMN. ■ **p. 39 :** Ken Welsh / Bridgeman-Giraudon. ■ **p. 40 :** A. Webb / Magnum. ■ **p. 44 : 1)** J. A. Jimenez / Hoa-Qui / AGE - **2)** Sunset - **3)** Horizon Vision / Sunset - 4) D. Scott / Hoa-Qui / AGE. ■ **p. 45 :** BNF, Paris. ■ **p. 46 : 1)** Vitra Design Museum - **2)** Felix Borkenau - **3)** Felix Borkenau. ■ **p. 47 :** Jean Olivier Hucjeux, *Autoportrait*, Galerie Beaubourg, Adam Rzepka. ■ **p. 48 :** Marcel Duchamp, *Fountain*, 1917, C. Bahier et M. Philippe / CNAC / MNAM Dist., © ADAGP, Paris 2006 / Succession Marcel Duchamp. ■ **p. 49 :** Bridgeman-Giraudon. ■ **p. 50 :** Bridgeman-Giraudon. ■ **p. 51 :** Marcel Duchamp, *Joconde à la moustache*, CNAC / MNAM Dist. / RMN, © ADAGP, Paris 2006 / Succession Marcel Duchamp. ■ **p. 54 :** Thyssen-Bornemisza Collection, Madrid, AKG, Paris. ■ **p. 55 :** BNF, Paris. ■ **p. 57 :** Selçuk. ■ **p. 58 :** R. Maas / Getty / Image Bank. ■**p. 59 :** Hachette. ■ **p. 60 :** Plantu. ■ **p. 61 : 1)** DR - **2)** Keystone. ■ **p. 62 :** J. Chalumeau, *Le Capitalisme en BD*, Hachette 1979. ■ **p. 63 :** Bridgeman-Giraudon. ■ **p. 64 :** DR. ■ **p. 65 :** M. Gronemberger / REA / Reporters. ■ **p. 66 :** E. Lessing / AKG. ■ **p. 67 :** AKG, Paris. ■ **p. 68 : 1)** G. A. Rossi / Altitude - **2)** Yann Arthus-Bertrand / Altitude. ■ **p. 69 :** photogramme du court-métrage *Le Repos du fakir*, réalisé par S. Argillet et G. Paté, production Canal Marches, 2003. ■ **p. 70 :** Bridgeman-Giraudon. ■ **p. 71 :** DR. ■ **p. 72 :** illustration de Stéphane Humbert-Basset. ■ **p. 74 :** photothèque des musées de la ville de Paris / Lifermann, © ADAGP, Paris 2006. ■ **p. 75 :** AKG, Paris. ■ **p. 76 :** AKG, Paris, © ADAGP, Paris 2006. ■ **p. 77 :** Bridgeman-Giraudon, © ADAGP, Paris 2006. ■ **p. 96 :** Sipa Press. ■ **p. 98 :** AKG, Paris. ■ **p. 101 :** Cordon Art, Baarn, 2006. ■ **p. 102 :** A. Pistolesi / Getty / Image Bank. ■ **p. 104 :** E. Lessing / Magnum. ■ **p. 105 :** BNF, Paris. ■ **p. 106 :** Pierre Marie / Stock Image. ■ **p. 108 :** DR. ■ **p. 109 :** BNF, Paris. ■ **p. 111 :** AKG, Paris. ■ **p. 112 : 1)** K. Siv / Gamma - **2)** R. Gaillarde / Gamma - **3)** M. Lounes/Gamma. ■ **p. 113 :** BNF, Paris. ■ **p. 115 :** Bridgeman. ■ **p. 117 :** BNF, Paris. ■ **p. 119 :** DR. ■ **p. 120 :** Fred, *Philémon - Simbabbad de Batbad*, Dargaud. ■ **p. 121 :** BNF, Paris. ■ **p. 123 :** AKG, Paris. ■ **p. 124 :** E. Lessing / Magnum. ■ **p. 125 :** BNF, Paris. ■ **p. 126 :** hors-série *Science et Avenir*, mai 1996. ■ **p. 130 :** DR. ■ **p. 131 :** Rue des Archives. ■ **p. 132 : 1)** *L'Album des jeunes*, *Sélection du* Reader's Digest - **2)** Bertrand Prevost / CNAC / MNAM - **3)** DR. ■ **p. 134 : 1)** Archives du 7e Art - **2)** DR - **3)** J.-C. Révy / ISM. ■ **p. 135 :** AKG. ■ **p. 136 :** Rex Interstock / Sunset. ■ **p. 137 :** H. R. Bramaz / ISM. ■ **p. 138 :** Ben Loulou. ■ **p. 139 :** BNF, Paris. ■ **p. 140 :** Kupka / Mauritius / Photononstop. ■ **p. 141 :** Archives du 7e Art. ■ **p. 142 :** 2-3-4) DR. ■ **p. 143 :** Keystone. ■ **p. 146 :** AKG, Paris. ■ **p. 147 :** AKG,Paris. ■ **p. 149 :** Gamma. ■ **p. 150 :** DR. ■ **p. 152 :** C. Bayer / Photononstop. ■ **p. 153 :** Dagli Orti. ■ **p. 175 :** Chris Killip. ■ **p. 177 :** ©ADAGP, Paris 2006. ■ **p. 178 :** © Sergueï. ■ **p. 180 :** Archives du 7e Art. ■ **p. 181 :** BNF, Paris. ■ **p. 183 :** D. Lafarge / Gamma. ■ **p. 184 :** Conseil général des Ardennes, Archives départementales. ■ **p. 185 :** AKG, Paris. ■ **p. 187 :** Pancho. ■**p. 188 :** National Gallery, Londres / Bridgeman. ■ **p. 189 :** BNF, Paris. ■ **p. 191 :** Archives du 7e Art. ■ **p. 192 :** RMN. ■ **p. 193 :** BNF, Paris. ■ **p. 195 :** H. Cartier-Bresson / Magnum. ■ **p. 196 :** S. Franklin / Magnum. ■ **p. 197 :** Rue des Archives. ■ **p. 198 :** A. Burafi / AFP. ■ **p. 200 :** T. O'Sullivan / Corbis. ■ **p. 201 :** Louvre, RMN. ■ **p. 202 :** Christophe L. ■ **p. 203 :** Kharbine-Tapabor. ■ **p. 206 :** R. Doisneau / Rapho. ■ **p. 207 :** RMN. ■ **p. 208 :** M. Kerdiles / Rapho. ■ **p. 210 :** Castellani Art Museum of Niagara University Collection, Niagara, © ADAGP, Paris 2006. ■ **p. 211 :** BNF, Paris. ■ **p. 213 :** Quino, *Le Petit Frère de Malfalda*, Éditions Glénat. ■ **p. 214 :** DR. ■ **p. 215 :** BNF, Paris. ■ **p. 216 :** François Perri / REA. ■ **p. 217 : 1)** BSIP / Laurent - **2)** Cosmos / SPL - **3)** Phanie / Garo - 4) DR. ■ **p. 218 : 1)** Corbis Sygma / Goldis Al - **2)** P. Sittler / REA. ■ **p. 219 :** DR. ■ **p. 221 : 1)** AKG, Paris - **2)** W. Finerman / Production. ■ **p. 222 :** S. Klein / Corbis Sygma. ■ **p. 223 :** Rue des Archives. ■ **p. 225 :** Roger-Viollet. ■ **p. 226 :** DR. ■ **p. 227 :** AKG, Paris. ■ **p. 228 :** Stils Pictures / Bios. ■ **p. 229 :** Delorme/Presse Sports.

■ **pp. 99, 116, 142, 145, 146 :** dessins de Domino.



www.hachette-education.com

I.S.B.N. 2.01.18.0314.4



Illustration de couverture : Paul Klee, *Avec deux dromadaires et un âne* (1919-1932). Collection privée.

Couverture : Nathalie Bossard.

Maquette intérieure : ARAPAO (LC).

Recherche iconographique : Valérie Delchambre et Michèle Kerneïs.

Un nouveau programme de philosophie pour les séries technologiques a été élaboré, et ce présent manuel a l'ambition d'offrir aux enseignants un outil pédagogique efficace pour le mettre en œuvre. Ce programme comporte des différences importantes par rapport au précédent. Il est désormais constitué d'une liste de trois domaines généraux (la culture, la vérité, la liberté), lesquels ne doivent pas être traités dans toute leur exhaustivité, mais selon des angles prioritaires définis par une liste de notions. Il y a deux notions par domaine. Ainsi, le domaine « la culture » se trouve délimité par l'étude respective du couple «l'art et la technique » et par «les échanges ». Enfin, ce nouveau programme comporte une « troisième entrée » constituée d'une liste de repères : ce sont des distinctions lexicales et conceptuelles dont la maîtrise est nécessaire pour développer une pensée rigoureuse. Ces repères doivent être acquis à travers l'étude des notions.

La structuration du présent manuel est soucieuse de respecter la cohérence, l'esprit et la lettre de ce nouveau programme, en prenant en compte les trois entrées qui viennent d'être rappelées.

**1.** Les trois ***domaines*** sont présentés ici à l'intérieur de sept pages, qui ont pour mission de délimiter l'horizon qui donne sens aux notions proprement dites, et dans lequel elles s'inscrivent. Ces pages se présentent comme une démarche de réflexion simple, qui puisse être accessible par une lecture autonome de l'élève. Cette réflexion se fonde sur des problématiques élémentaires et s'appuie sur des textes courts et des images significatives. Elle familiarise ainsi l'élève à l'interrogation philosophique qui lui sera demandée dans l'étude des notions.

**2.** Les ***notions*** qui déterminent le domaine sont traitées par l'intermédiaire de chapitres. Celles-ci constituent le cœur du nouveau programme, raison pour laquelle elles sont amplement traitées. Il y a, en effet, six chapitres par notion. Chaque chapitre reprend la même structure :

- une première page invite à réfléchir sur une image qui ouvre à la problématique générale du chapitre et prépare l'élève à aborder l'étude du texte central ;
- une deuxième page, en regard de la précédente, composée d'un texte choisi pour son caractère fondamental, permet de s'approprier une réponse à cette problématique. C'est ce texte qui doit « rayonner » dans tout le chapitre, à travers les différents exercices qui y sont proposés, et qui, tous, se rattachent à sa problématique ;
- la troisième page débute toujours par un texte qui permet la discussion avec le texte central, en offrant une thèse alternative. Cette page et la suivante offrent des exercices variés qui ont pour but de faire « vivre» la problématique générale du chapitre selon des angles différents et avec des supports culturels variés (texte scientifique, affiche de film, publicité, texte de chanson, œuvre d'art, etc.).

**3.** Enfin, les ***repères*** (en bleu dans le texte et signalés par **R** en marge) sont abordés par rapport à des textes et dans le cadre de problématiques précises. Leur examen se fera toujours par l'entremise des exercices proposés dans les chapitres, et en particulier dans la rubrique « Maîtriser le vocabulaire ». Un index rappellera simplement, en fin d'ouvrage, les différentes occurrences de la mise en œuvre des repères dans le manuel.

L'importance accordée ici à l'analyse d'images de provenances diverses n'a pas pour but d'atténuer l'importance du rapport aux textes dans la pratique du philosopher. Les images constituent désormais une large part de l'environnement culturel de nos élèves, et il importe qu'elles ne soient plus reçues comme simples déclencheurs d'affects, mais aussi comme stimulants de la pensée. C'est pourquoi elles sont ici toujours plus que des illustrations : par le questionnement qui les accompagne, elles deviennent un moyen pédagogique pour accéder à l'abstraction des concepts et à la rigueur du travail de problématisation philosophique. Telle est, en tout cas, notre ambition. Nous espérons ainsi offrir un ensemble riche de contenu et équilibré, au service des élèves, du professeur et de la discipline qu'il a pour mission d'enseigner.

*Les auteurs*

# Programme de philosophie
## des classes terminales des séries technologiques

(*Bulletin Officiel* du 1er septembre 2005 - hors-série)

### I. Présentation

**I.1.** L'enseignement de la philosophie en classes terminales a pour objectif de favoriser l'accès de chaque élève à l'exercice réfléchi du jugement et de lui offrir une culture philosophique initiale. Ces deux finalités sont substantiellement unies. Une culture n'est proprement philosophique que dans la mesure où elle se trouve constamment investie dans la position des problèmes et dans l'essai méthodique de leurs formulations et de leurs solutions possibles ; l'exercice du jugement n'a de valeur que pour autant qu'il s'applique à des contenus déterminés et qu'il est éclairé par les acquis de la culture.

La culture philosophique à acquérir durant l'année de terminale repose elle-même sur la formation scolaire antérieure, dont l'enseignement de la philosophie mobilise de nombreux éléments, notamment pour la maîtrise de l'expression et de l'argumentation, la culture littéraire, les savoirs dispensés dans les disciplines professionnelles et scientifiques et la connaissance de l'histoire. Ouvert aux acquis des autres disciplines, cet enseignement vise, dans l'ensemble de ses démarches, à développer chez les élèves l'aptitude à l'analyse, le goût des notions exactes et le sens de la responsabilité intellectuelle. Il contribue ainsi à former des esprits autonomes, avertis de la complexité du réel et capables de mettre en œuvre une conscience critique du monde contemporain.

Dispensé durant une seule année, à la fin du cycle secondaire, et sanctionné par les épreuves d'un examen national, l'enseignement de la philosophie en classes terminales présente un caractère élémentaire qui exclut, par principe, une visée encyclopédique. Il ne saurait être question d'examiner dans l'espace d'une année scolaire tous les problèmes philosophiques que l'on peut légitimement poser, ou qui se posent de quelque manière à chaque homme sur lui-même, sur le monde, sur la société, etc. Il ne peut pas non plus s'agir de parcourir toutes les étapes de l'histoire de la philosophie, ni de répertorier toutes les orientations doctrinales qui s'y sont élaborées. Il convient donc d'indiquer clairement à la fois les thèmes sur lesquels porte l'enseignement et les compétences que les élèves doivent acquérir pour maîtriser et exploiter ce qu'ils ont appris. Le programme délimite ainsi le champ d'étude commun aux élèves des séries technologiques.

**I.2.** Dans les classes terminales conduisant aux baccalauréats des séries technologiques, les programmes se composent d'une liste de notions et d'une liste d'auteurs. Les notions définissent les champs de problèmes abordés dans l'enseignement, et les auteurs fournissent les textes, en nombre limité, qui viendront à l'appui de l'analyse des notions et de l'examen des problèmes.

C'est dans cette étude que seront acquises et développées les compétences définies au Titre III (*voir ci-après*). Le professeur déterminera la démarche qui lui paraîtra le mieux correspondre aux exigences de son cours et aux besoins de ses élèves.

La liste des notions et celle des auteurs ne proposent pas un champ indéterminé de sujets de débats ouverts et extensibles à volonté. Elles n'imposent pas non plus un inventaire supposé complet de thèmes d'étude que l'élève pourrait maîtriser du dehors par l'acquisition de connaissances spéciales, soit en histoire de la philosophie, soit en tout autre domaine du savoir. Elles déterminent un cadre pour l'apprentissage de la réflexion philosophique, fondé sur l'acquisition de connaissances rationnelles et l'appropriation du sens des textes.

### II. Notions, repères, auteurs

#### II.1. Notions et repères

Le choix d'un nombre restreint de notions n'a d'autre principe que d'identifier les plus communes et les mieux partagées. Les notions retenues doivent constituer un ensemble suffisamment cohérent et homogène pour que leur traitement fasse toujours ressortir leurs liens organiques de dépendance et d'association. L'intelligence et le traitement des problèmes que les notions permettent de poser doivent être guidés par un certain nombre de repères explicites.

##### II.1.1. Notions

Cette partie du programme se compose de trois notions capitales, ouvrant trois domaines aux directions fondamentales de la recherche. Ces trois notions occupent la première colonne du tableau ci-après. La deuxième colonne est constituée d'autres notions isolées ou couplées dont le traitement permet de spécifier et de déterminer quelques-uns des problèmes les plus importants correspondant aux trois domaines fondamentaux.

Les notions de deuxième colonne sont elles-mêmes susceptibles d'être abordées sur plusieurs registres : ainsi pour *Les échanges*, pour *L'expérience*, ou pour *La raison et la croyance*, titres auquel pourront être abordées des questions d'épistémologie et de métaphysique aussi bien que les divers aspects du « fait religieux ».

La mise en correspondance des notions de la deuxième colonne avec celles de la première et la présentation de certaines notions en couple n'impliquent aucune orientation doctrinale ; elles déterminent, l'une et l'autre, une priorité dans l'ordre des problèmes que ces notions permettent de formuler.

Les notions figurant dans l'une et l'autre colonnes ne constituent pas nécessairement, dans l'économie du cours élaboré par le professeur, des têtes de chapitre. L'ordre dans lequel elles sont abordées relève de la liberté philosophique et de la responsabilité du professeur, pourvu que toutes soient examinées.

##### II.1.2. Repères

L'étude méthodique des notions est précisée et enrichie par des repères auxquels le professeur fait référence dans la conduite de son enseignement. Il y a lieu de les formuler explicitement, pour en faciliter l'appropriation par les élèves. Un petit nombre de ceux dont l'usage est le plus constant et le plus formateur est répertorié, par ordre alphabétique, sous le tableau des notions.

Chacun de ces repères présente deux caractéristiques : il s'agit, d'une part, de distinctions lexicales opératoires en philosophie, dont la reconnaissance précise est supposée par la pratique et la mise en forme d'une pensée rigoureuse, et, d'autre part, de distinctions conceptuelles accréditées dans la tradition et, à ce titre, constitutives d'une culture philosophique élémentaire.

Les distinctions ainsi spécifiées présentent un caractère opératoire et, à des degrés variables, transversal, qui permet de les mobiliser progressivement, en relation avec l'examen des notions et l'étude des œuvres, ainsi que dans les divers exercices proposés aux élèves. Par exemple, la distinction *cause/fin* peut être impliquée dans l'examen de notions telles que *L'art et la technique*, *Les échanges*, *Le bonheur*, etc., ou la distinction *persuader/convaincre* peut intervenir dans celui de notions telles que *La vérité*, *La raison et la croyance*, *La justice et la loi*, etc.

C'est aussi pourquoi ces repères ne feront en aucun cas l'objet d'un enseignement séparé ni ne constitueront des parties de cours ; le professeur déterminera à quelles occasions et dans quels contextes il en fera le mieux acquérir par les élèves l'usage pertinent, qui ne saurait se réduire à un apprentissage mécanique de définitions.

**Notions**

| | |
|---|---|
| • La culture | – L'art et la technique |
| | – Les échanges |
| • La vérité | – La raison et la croyance |
| | – L'expérience |
| • La liberté | – La justice et la loi |
| | – Le bonheur |

**Repères**

• absolu/relatif • abstrait/concret • cause/fin • contingent/nécessaire/possible • en fait/en droit • expliquer/comprendre • identité/égalité/différence • légal/légitime • objectif/subjectif • obligation/contrainte • persuader/convaincre • principe/conséquence • en théorie/en pratique • universel/général/particulier/singulier

### II.2. Auteurs

L'étude de textes choisis dans les œuvres des auteurs majeurs est un élément constitutif de toute culture philosophique, même élémentaire. Il ne s'agit pas, au travers d'un survol historique, de recueillir une information factuelle sur des doctrines ou des courants d'idées, mais bien d'enrichir la réflexion de l'élève sur les problèmes philosophiques par une connaissance directe de leurs formulations et de leurs développements les plus authentiques. C'est pourquoi le professeur ne dissociera pas l'explication et le commentaire de textes du traitement des notions figurant au programme.

**Auteurs**

| |
|---|
| • Platon • Aristote • Épicure • Lucrèce • Sénèque • Cicéron • Épictète • Marc Aurèle • Sextus Empiricus • Plotin • Augustin • Averroès • Anselme • Thomas d'Aquin • Guillaume d'Ockham |
| Machiavel • Montaigne • Bacon • Hobbes • Descartes • Pascal • Spinoza • Locke • Malebranche • Leibniz • Vico • Berkeley • Condillac • Montesquieu • Hume • Rousseau • Diderot • Kant |
| Hegel • Schopenhauer • Tocqueville • Comte • Cournot • Mill • Kierkegaard • Marx • Nietzsche • Freud • Durkheim • Husserl • Bergson • Alain • Russell • Bachelard • Heidegger • Wittgenstein • Popper • Sartre • Arendt • Merleau-Ponty • Levinas • Foucault |

L'étude des textes, dont le choix est laissé à l'appréciation du professeur, sera adaptée à l'horaire de la classe. Dans les classes des séries technologiques, elle pourra porter sur un ensemble de textes courts soutenant de façon topique l'analyse d'une notion ou l'examen d'un problème ; elle ne prendra donc pas nécessairement la forme d'une analyse suivie et systématique d'une œuvre. Bien entendu, le professeur peut toujours utiliser dans son enseignement des écrits d'auteurs qui ne figurent pas sur cette liste, y compris en les empruntant à la littérature ou aux sciences humaines.

## III. Apprentissage de la réflexion philosophique

Les formes de discours écrit les plus appropriées pour évaluer le travail des élèves en philosophie sont la dissertation et l'explication de texte. La préparation et la pratique de ces exercices dans les classes terminales des séries technologiques tiennent compte à la fois de l'horaire imparti à l'enseignement de la discipline et de la culture scolaire commune aux élèves de ces séries.

La dissertation est l'étude méthodique et progressive des diverses dimensions d'une question donnée. À partir d'une première définition de l'intérêt de cette question et de la formulation du ou des problèmes qui s'y trouvent impliqués, l'élève développe une analyse suivie et cohérente correspondant à ces problèmes, analyse nourrie d'exemples et mobilisant avec le discernement nécessaire les connaissances et les instruments conceptuels à sa disposition.

L'explication s'attache à dégager les enjeux philosophiques et la démarche caractéristique d'un texte de longueur restreinte. En interrogeant de manière systématique la lettre de ce texte, elle précise le sens et la fonction conceptuelle des termes employés, met en évidence les éléments implicites du propos et décompose les moments de l'argumentation, sans jamais séparer l'analyse formelle d'un souci de compréhension de fond, portant sur le problème traité et sur l'intérêt philosophique de la position construite et assumée par l'auteur.

Dissertation et explication de texte sont deux exercices complets, qui reposent d'abord sur l'acquisition d'un certain nombre de normes générales du travail intellectuel, telles que l'obligation d'exprimer ses idées sous la forme la plus simple et la plus nuancée possible, celle de n'introduire que des termes dont on est en mesure de justifier l'emploi, celle de préciser parmi les sens d'un mot celui qui est pertinent pour le raisonnement que l'on conduit, etc. Les deux exercices permettent de former et de vérifier l'aptitude de l'élève à utiliser les concepts élaborés et les réflexions développées, ainsi qu'à transposer dans un travail philosophique personnel et vivant les connaissances acquises par l'étude des notions et des œuvres. La maîtrise des distinctions contenues dans la liste des repères (II.1.2) aide l'élève à analyser et à comprendre les sujets et les textes proposés à la réflexion et à construire un propos conceptuellement organisé.

Les exigences associées à ces exercices, tels qu'ils sont proposés et enseignés en classe terminale, ne portent donc ni sur des règles purement formelles, ni sur la démonstration d'une culture et d'une capacité intellectuelle hors de portée. Elles se ramènent aux conditions élémentaires de la réflexion, et à la demande faite à l'élève d'assumer de manière personnelle et entière la responsabilité de la construction et du détail de son propos.

La réalisation de cet objectif dans les classes terminales des séries technologiques comporte des conditions spécifiques de réussite.

Les capacités à développer par les élèves sur le plan méthodologique consistent principalement à introduire un problème, à mener ou analyser un raisonnement, à apprécier la valeur d'un argument, à exposer et discuter une thèse pertinente par rapport à un problème bien défini, à rechercher un exemple illustrant un concept ou une difficulté, à établir ou restituer une transition entre deux idées, à élaborer une conclusion.

La manière dont les élèves s'approprient ces capacités sera régulièrement vérifiée au cours de l'année scolaire, que ce soit sous forme écrite ou sous forme orale, dans le cadre de devoirs complets ou d'exercices correspondant particulièrement à l'une ou l'autre d'entre elles. L'amélioration de l'expression et la maîtrise de la langue y feront l'objet d'une attention constante.

Le professeur doit aussi trouver les médiations et les modes de participation qui permettent aux élèves de comprendre le sens et l'intérêt pour eux des questions traitées. Il est ainsi amené à articuler avec la réflexion philosophique les compétences spécifiques acquises par les élèves. En particulier, il veillera précisément à tenir compte, dans le traitement des notions du programme, dans le choix des textes étudiés et dans la définition des sujets d'exercices proposés aux élèves, de leur orientation dans tel ou tel domaine de compétence technologique.

La liberté pédagogique est d'autant plus nécessaire que la réussite des élèves peut être favorisée par des formes de travail qui ne s'en tiennent pas au seul cadre de la leçon. C'est pourquoi il n'y a pas lieu de fournir une liste exhaustive des démarches propres à la réflexion philosophique, ni, par conséquent, une définition limitative des conditions méthodologiques de son exercice. Le professeur s'attachera à en faire percevoir le bénéfice aux élèves, non seulement pour l'amélioration de leurs résultats scolaires, mais plus généralement pour la maîtrise de leur propre pensée et pour son expression la plus claire et la plus convaincante.

Le ciel des philosophes ........ 8

## Qu'est-ce que la philosophie ? ........ 11

Chapitre 1
**Pourquoi philosopher ?** (Aristote) ........ 12
Chapitre 2
**Faut-il du courage pour philosopher ?** (Nietzsche) ........ 16

# LA CULTURE ........ 20

## I. L'art et la technique ........ 27

Chapitre 3
**La technique fait-elle l'histoire ?** (Bergson) ........ 28
Chapitre 4
**L'artiste doit-il être d'abord artisan ?** (Alain) ........ 32
Chapitre 5
**L'art est-il désintéressé ?** (Arendt) ........ 36
Chapitre 6
**Un objet technique peut-il être beau ?** (Hume) ........ 40
Chapitre 7
**L'originalité est-elle du côté de l'art ou de la technique ?** (Hegel) ........ 44
Chapitre 8
**La technique a-t-elle moins de valeur que l'art ?** (D'Alembert) ........ 48
Sujets de dissertation ........ 52

## II. Les échanges ........ 53

Chapitre 9
**Les échanges sont-ils à l'origine du lien social ?** (Rousseau) ........ 54
Chapitre 10
**À quelle condition un échange est-il possible ?** (Aristote) ........ 58
Chapitre 11
**L'intérêt personnel est-il le moteur de l'échange ?** (Smith) ........ 62
Chapitre 12
**Le droit de propriété est-il naturel ou culturel ?** (Locke) ........ 66
Chapitre 13
**Le don est-il un échange déguisé ?** (Mauss) ........ 70
Chapitre 14
**N'y a-t-il d'échange qu'économique ?** (Lévi-Strauss) ........ 74
Sujets de dissertation ........ 78
Sujets-textes ........ 79
**Méthodologie. La dissertation de philosophie** ........ 89

# LA VÉRITÉ ........ 96

## I. La raison et la croyance ........ 103

Chapitre 15
**Sommes-nous prisonniers de nos croyances ?** (Platon) ........ 104
Chapitre 16
**Les peurs gouvernent-elles nos croyances ?** (Spinoza) ........ 108
Chapitre 17
**La foi religieuse exclut-elle tout recours à la raison ?** (Rousseau) ........ 112
Chapitre 18
**Le travail de la science est-il libéré de toute croyance ?** (Alain) ........ 116
Chapitre 19
**La raison peut-elle tout connaître ?** (Pascal) ........ 120
Chapitre 20
**La raison mène-t-elle le monde ?** (Kant) ........ 124
Sujets de dissertation ........ 128

## II. L'expérience ... 129

CHAPITRE 21
**Nos sens sont-ils fiables ?** (LUCRÈCE) ... 130

CHAPITRE 22
**Le réel se réduit-il à ce que l'on perçoit ?** (BERKELEY) ... 134

CHAPITRE 23
**Nos premières expériences sont-elles toujours trompeuses ?** (ALAIN) ... 138

CHAPITRE 24
**Quels sont les caractères de l'expérience scientifique ?** (BACHELARD) ... 142

CHAPITRE 25
**Une théorie est-elle toujours provisoire ?** (POPPER) ... 146

CHAPITRE 26
**À quelles conditions l'expérience est-elle commune ?** (NIETZSCHE) ... 150

SUJETS DE DISSERTATION ... 154

SUJETS-TEXTES ... 155

**MÉTHODOLOGIE. Le sujet-texte** ... 165

# LA LIBERTÉ ... 172

## I. La justice et la loi ... 179

CHAPITRE 27
**Quelle est l'origine de la justice ?** (PLATON) ... 180

CHAPITRE 28
**La loi est-elle juste ?** (MONTAIGNE) ... 184

CHAPITRE 29
**Les lois doivent-elles inspirer la crainte ?** (SPINOZA) ... 188

CHAPITRE 30
**Peut-on être libre et obéir aux lois ?** (ROUSSEAU) ... 192

CHAPITRE 31
**Faut-il tolérer l'injustice de l'État ?** (THOREAU) ... 196

CHAPITRE 32
**Ne sommes-nous justes que par contrat ?** (ÉPICURE) ... 200

SUJETS DE DISSERTATION ... 204

## II. Le bonheur ... 205

CHAPITRE 33
**Faut-il chercher le bonheur dans le plaisir ?** (ÉPICURE) ... 206

CHAPITRE 34
**Peut-on définir le bonheur ?** (KANT) ... 210

CHAPITRE 35
**La technique peut-elle apporter le bonheur ?** (DESCARTES) ... 214

CHAPITRE 36
**Pour être heureux, faut-il ne rien savoir ?** (SEXTUS EMPIRICUS) ... 218

CHAPITRE 37
**Le bonheur est-il le but de toutes nos actions ?** (MILL) ... 222

CHAPITRE 38
**L'État doit-il s'occuper de notre bonheur ?** (TOCQUEVILLE) ... 226

SUJETS DE DISSERTATION ... 230

SUJETS-TEXTES ... 231

**MÉTHODOLOGIE. L'écrit et l'oral** ... 241

**INDEX DES REPÈRES** ... 248

**INDEX DES AUTEURS** ... 249

**INDEX DES THÈMES** ... 255

Maître ECKHART 1260/1328
LA PHILOSOPHIE JUIVE Moïse Maimonide 1135/1204
LA PHILOSOPHIE ARABE Avicenne 980/1037 Averroès 1126/1198
Raymond LULLE 1232/1316
LE STOÏCISME Cléanthe mort en -232 Epictète 50/125 Marc Aurèle 121/180
LA SCOLASTIQUE Jean Scot Érigène 810-877 Pierre Abélard 1079-1142 Roger Bacon 1214-1292 Albert le Grand 1204-1280 Guillaume d'Ockham 1280-1348
René DESCARTES 1596/1650
PYTHAGORE -VI$^{e}$ s.
PÈRES DE L'ÉGLISE Origène 185-253 Le pseudo-Denys l'Aréopagite vers 500
SAINT THOMAS D'AQUIN 1225/1274
PLOTIN 205/270
PLATON -428/-348
SAINT AUGUSTIN 354/430
PARMÉNIDE -V$^{e}$ s.
L'HUMANISME Marsile Ficin 1433/1499 Jean Pic de la Mirandole 1463/1494 Érasme de Rotterdam 1469/1536 Nicolas Machiavel 1469/1527 Thomas More 1478/1535 Jean Bodin 1530/1596 Giordano Bruno 1548/1600
ARISTOTE -384/-322
SOCRATE -470/-399
EMPÉDOCLE -V$^{e}$ s.
LE SOPHISME Protagoras Gorgias
Michel de MONTAIGNE 1533/1592
HÉRACLITE -VI$^{e}$ s. /-V$^{e}$ s.
L'ÉPICURISME Épicure -341/-270 Lucrèce -98/-55
ANAXAGORE -V$^{e}$ s.
LE CYNISME Diogène -413/-327
LE SCEPTICISME Pyrrhon d'Élis -365/-275 Sextus Empiricus 200/250
ANTIQUITÉ
MOYEN ÂGE
RENAISSANCE

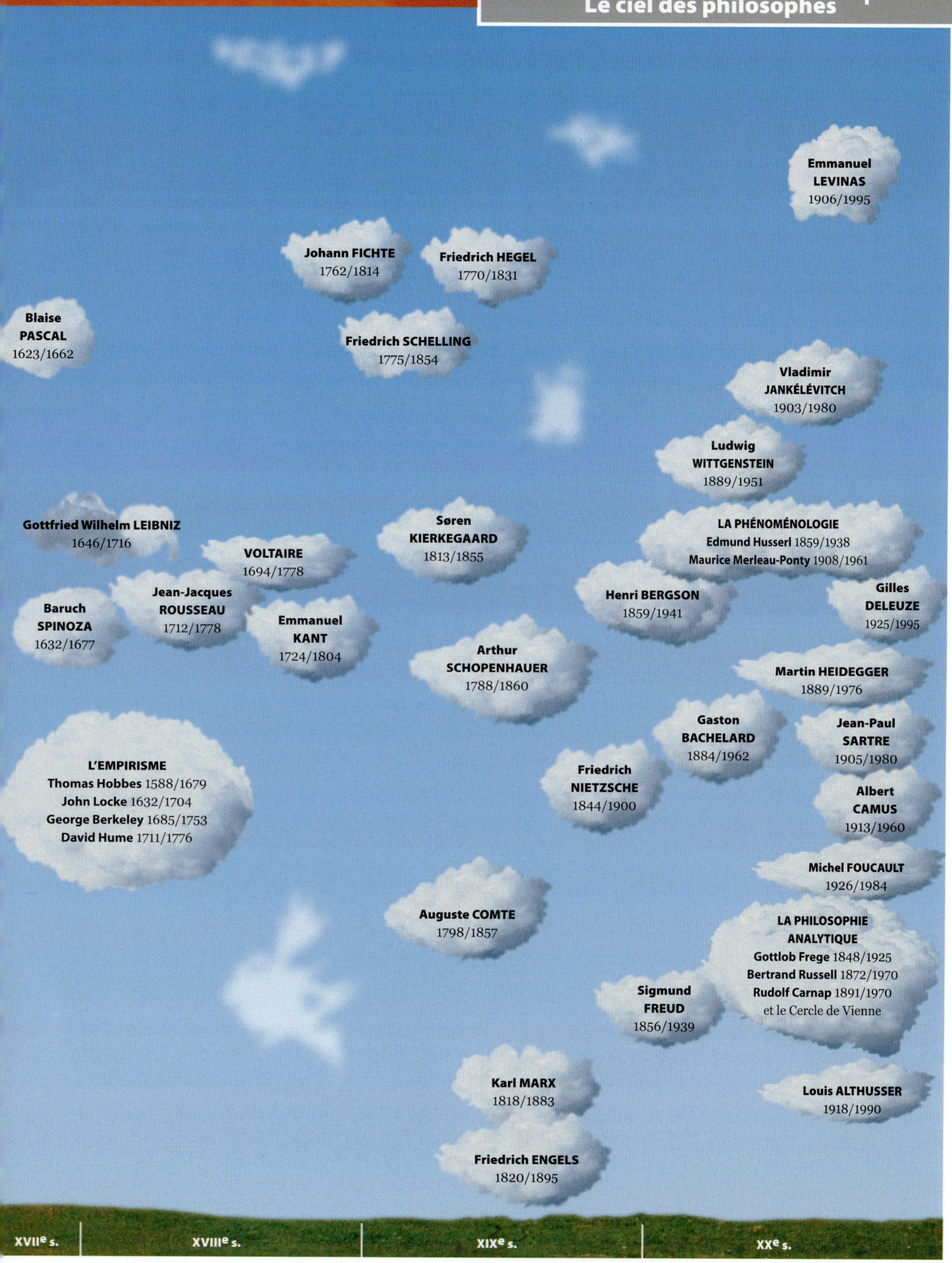
Emmanuel LEVINAS 1906/1995
Johann FICHTE 1762/1814
Friedrich HEGEL 1770/1831
Blaise PASCAL 1623/1662
Friedrich SCHELLING 1775/1854
Vladimir JANKÉLÉVITCH 1903/1980
Ludwig WITTGENSTEIN 1889/1951
Gottfried Wilhelm LEIBNIZ 1646/1716
Søren KIERKEGAARD 1813/1855
LA PHÉNOMÉNOLOGIE
Edmund Husserl 1859/1938
Maurice Merleau-Ponty 1908/1961
VOLTAIRE 1694/1778
Jean-Jacques ROUSSEAU 1712/1778
Baruch SPINOZA 1632/1677
Emmanuel KANT 1724/1804
Henri BERGSON 1859/1941
Gilles DELEUZE 1925/1995
Arthur SCHOPENHAUER 1788/1860
Martin HEIDEGGER 1889/1976
Gaston BACHELARD 1884/1962
Jean-Paul SARTRE 1905/1980
L'EMPIRISME
Thomas Hobbes 1588/1679
John Locke 1632/1704
George Berkeley 1685/1753
David Hume 1711/1776
Friedrich NIETZSCHE 1844/1900
Albert CAMUS 1913/1960
Michel FOUCAULT 1926/1984
Auguste COMTE 1798/1857
LA PHILOSOPHIE ANALYTIQUE
Gottlob Frege 1848/1925
Bertrand Russell 1872/1970
Rudolf Carnap 1891/1970
et le Cercle de Vienne
Sigmund FREUD 1856/1939
Karl MARX 1818/1883
Louis ALTHUSSER 1918/1990
Friedrich ENGELS 1820/1895
XVIIe s.
XVIIIe s.
XIXe s.
XXe s.

# Qu'est-ce que la philosophie ?

**SOMMAIRE**


CHAPITRE 1
**Pourquoi philosopher ?** (ARISTOTE)
CHAPITRE 2
**Faut-il du courage pour philosopher ?** (NIETZSCHE)


On raconte que le mot « philosophie » a été créé par le mathématicien grec Pythagore qui, au VIe siècle avant Jésus-Christ, refusant le nom de sage qu'on voulait lui attribuer, préféra celui, plus modeste, d'ami (*philos*) de la sagesse (*sophia*). C'est ainsi que, pour la première fois, aurait été prononcé ce terme dont la signification littérale est « amoureux de la sagesse ».

Si le sage est celui qui possède la connaissance parfaite et adopte le meilleur mode de vie, sachant, en toute occasion, agir de la manière la plus juste, on comprend pourquoi Pythagore préféra plus humblement le titre d'amoureux de la sagesse. Ce titre indique la recherche de cet idéal, une tension vers cette forme parfaite d'existence, plutôt que sa possession pleine et entière.

Le philosophe sait qu'il ne possède pas encore cette sagesse qu'il appelle de ses vœux. Il ne peut donc se contenter des croyances sur le monde qui ont cours autour de lui. Mais sans les croyances qui le justifient, le monde perd sa familiarité : les choses ne vont plus de soi. C'est pourquoi Aristote fait de l'étonnement la source la plus profonde de l'interrogation philosophique **(CHAPITRE 1)**.

Parce qu'il n'est pas en paix avec le sens du monde, le philosophe est amené à interroger la réalité dans toutes ses dimensions. En procédant ainsi il devient alors un aventurier, nous dit Nietzsche, car il explore des territoires intellectuels nouveaux, des domaines de réflexion très éloignés de ceux qu'habite la pensée commune. Ce voyage intérieur n'est pas sans danger car il projette le penseur dans les sables mouvants de l'incertitude, hors du sol rassurant des idées communément admises **(CHAPITRE 2)**.

Cela donne au philosophe une position critique par rapport aux idées dominantes de sa société. Socrate, considéré comme le modèle de tous les philosophes, se décrivait comme l'aiguillon chargé de réveiller la Cité endormie. Mais les hommes n'acceptent pas volontiers d'abandonner leurs rêves pour la lucidité : Socrate fut condamné à mort par les Athéniens.

Ces quelques remarques ne doivent cependant pas nous faire oublier que la question « Qu'est-ce que la philosophie ? » ne permet pas une réponse simple et unique, mais qu'elle est elle-même une question philosophique majeure, qui peut recevoir des réponses diverses et très élaborées, en fonction des doctrines dans lesquelles elle est posée.

C'est pourquoi la variété des figures du philosophe, tout au long de l'histoire de la philosophie, nous incline plutôt à la concevoir comme une activité de recherche ininterrompue, une démarche toujours reprise et toujours enrichie, mais jamais achevée, vers un idéal de connaissance rationnelle. La philosophie est avant tout, dans sa réalité la plus vivante, une activité de l'esprit, « le philosopher », plutôt qu'un ensemble d'idées ou d'explications définitivement arrêtées, « la philosophie ».

***Socrate enseignant aux enfants***, Pier Francesco Mola (1612–1666)

## S'interroger à partir d'une image

Socrate (470-399 av. J.-C.) est considéré comme le modèle de tous les philosophes bien qu'il n'écrivit jamais de livres. Il interrogeait les gens d'Athènes (où il vivait) sur ce qu'ils croyaient savoir afin de leur en montrer l'insuffisance. Mais, dès lors, il mettait ses interlocuteurs dans la plus grande perplexité puisque les croyances d'après lesquelles ils orientaient leur vie étaient remises en cause. Il les amenait ainsi à s'interroger sur eux-mêmes. C'est le sens de la célèbre maxime « Connais-toi toi-même » par laquelle Socrate exprimait le but de la philosophie.

**1** Décrivez la situation mise en scène par ce tableau. Quel est son rapport avec le but de la philosophie selon Socrate ?

**2** Les enfants se regardent-ils comme n'importe quel enfant se regarderait dans un miroir ? Sinon en quoi leur regard vers leur image est-il différent ? Justifiez cette différence par l'enseignement de Socrate.

# Pourquoi philosopher ?

**Aristote** (384-322 av. J.-C.)

L'un des plus importants philosophes grecs de l'Antiquité.
Originaire de Macédoine, c'est le fils du médecin du roi. Il est le précepteur du futur empereur Alexandre.
À Athènes, Aristote est l'élève de Platon, dont il critique ensuite la doctrine. Il y fonde une école philosophique dont le nom nous est devenu familier : le Lycée. Esprit universel, il s'intéresse à tous les domaines de la connaissance.
Sa philosophie, accommodée par la suite avec le christianisme, a fortement influencé la pensée occidentale.

**Œuvres :**
- *Physique*
- *Métaphysique*
- *Politique*
- *Éthique à Nicomaque*

C'est, en effet, l'étonnement qui poussa, comme aujourd'hui, les premiers penseurs aux **spéculations** philosophiques.

Au début, leur étonnement porta sur les difficultés qui se présentaient les premières à l'esprit ; puis, s'avançant ainsi peu à peu, ils étendirent leur exploration à des problèmes plus importants, tels que les phénomènes de la lune, ceux du soleil et des étoiles, enfin la **genèse** de l'univers. Or, apercevoir une difficulté et s'étonner, c'est reconnaître sa propre ignorance [...].

Ainsi donc, si ce fut bien pour échapper à l'ignorance que les premiers philosophes se livrèrent à la philosophie, c'est qu'évidemment ils poursuivaient le savoir en vue de la seule connaissance et non pour une **fin utilitaire**.

Et ce qui s'est passé en réalité en fournit la preuve : presque toutes les nécessités de la vie, et les choses qui intéressent son bien-être et son **agrément** avaient reçu satisfaction, quand on commença à rechercher une discipline de ce genre.

Aristote, *Métaphysique*, nouvelle édition traduite et commentée par J. Tricot, Librairie philosophique J. Vrin, 1re édition 1940.

**VOCABULAIRE**

**spéculation** : recherche théorique éloignée de l'expérience.
**genèse** : manière dont il s'est formé.
**fin utilitaire** : but utilitaire, c'est-à-dire pour la satisfaction des besoins.
**agrément** : plaisir.

## Réfléchir à partir d'un texte

1. **Quel est le sentiment qui préside à l'activité philosophique selon Aristote ?**
2. **Quel lien l'auteur établit-il entre l'étonnement et l'ignorance ?**
3. **Expliquez le passage : «*ils poursuivaient le savoir en vue de la seule connaissance et non pour une fin utilitaire*».**
4. **Le mot «spéculation» (ligne 2) dérive du latin *speculum* qui signifie «miroir». Peut-on trouver dans l'image de la page précédente une justification de ce mot pour désigner l'activité philosophique ? Ne pourrait-on pas étendre cette justification au mot «réflexion» ?**

## Confronter les textes

■ Comparez ce texte avec celui de la page précédente : sur quelles idées se rejoignent-ils ou s'opposent-ils ?

Celui qui n'a aucune teinture de philosophie traverse l'existence, prisonnier de préjugés dérivés du **sens commun**, des croyances habituelles à son temps ou à son pays et de convictions qui ont grandi en lui sans la coopération ni le consentement de la raison.

Pour un tel individu, le monde tend à devenir défini, **fini**, évident ; les objets ordinaires ne font pas naître de questions et les possibilités peu familières sont rejetées avec mépris. Dès que nous commençons à penser conformément à la philosophie, au contraire, nous voyons [...] que même les choses les plus ordinaires de la vie quotidienne posent des problèmes auxquels on ne trouve que des réponses très incomplètes.

La philosophie, bien qu'elle ne soit pas en mesure de nous donner avec certitude la réponse aux doutes qui nous assiègent, peut tout de même suggérer des possibilités qui élargissent le champ de notre pensée et délivrent celle-ci de la tyrannie de l'habitude. Tout en ébranlant notre certitude concernant la nature de ce qui nous entoure, elle accroît énormément notre connaissance d'une réalité possible et différente ; elle fait disparaître le **dogmatisme** quelque peu arrogant de ceux qui n'ont jamais parcouru la région du **doute libérateur**, et elle garde intact notre sentiment d'émerveillement en nous faisant voir les choses familières sous un aspect nouveau.

Bertrand Russel, *Problèmes de philosophie*, trad. F. Rivenet, coll. Petite Bibliothèque Payot, 1989.

**VOCABULAIRE**

**sens commun** : ce qui est pensé par tout le monde.
**fini** : ici, sans qu'il n'y ait plus rien à découvrir.
**dogmatisme** : le fait de considérer son savoir comme ne pouvant pas être remis en cause.
**doute libérateur** : le doute permet de se libérer de ses préjugés.

## Maîtriser le vocabulaire

Soient les questions suivantes :

**1.** Quand la science a-t-elle commencé ?
**2.** À quoi sert la science ?
**3.** Pourquoi les automobilistes sont-ils si souvent agressifs ?
**4.** Faut-il concevoir la vie comme une compétition ?
**5.** Quel a été le prix le plus élevé payé pour le transfert d'un joueur de football ?
**6.** Tout peut-il s'acheter ?
**7.** Les aliments contenant des organismes génétiquement modifiés sont-ils dangereux pour la santé ?
**8.** Faut-il redouter le progrès technique ?

**1** Sans essayer de répondre directement, essayez de sélectionner les quatre questions que vous qualifieriez de philosophiques. Énumérez les caractères qui vous ont permis de les distinguer ?

**2** Qualifions de techniques les quatre autres questions. Développez la distinction entre problèmes philosophiques et problèmes techniques dans un tableau à deux entrées dans lequel vous opposerez leurs caractères respectifs.

**3** Proposez vous-même une question philosophique et une question technique se rapportant à une notion du programme que vous choisirez.

## Réfléchir sur un texte

**Texte A**

Il [**Thalès**] observait les astres et, comme il avait les yeux au ciel, il tomba dans un puits. Une servante de **Thrace**, fine et spirituelle, **le railla**, dit-on, en disant qu'il s'évertuait à savoir ce qui se passait dans le ciel, et qu'il ne prenait pas garde à ce qui était devant lui et à ses pieds. La même plaisanterie s'applique à tous ceux qui passent leur vie à philosopher. Il est certain, en effet, qu'un tel homme ne connaît ni proche, ni voisin ; il ne sait pas ce qu'ils font, sait à peine si ce sont des hommes ou des créatures d'une autre espèce ; mais qu'est-ce que peut être l'homme et qu'est-ce qu'une telle nature doit faire ou supporter qui la distingue des autres êtres, voilà ce qu'il cherche et prend peine à découvrir.

Platon, *Théétète*, 174a, trad. Chambry, Garnier-Flammarion.

**Texte B**

Voyez l'histoire de **Thalès de Milet**. Voici la combinaison financière qu'il inventa, et bien qu'elle lui soit attribuée à lui personnellement, en raison de sa réputation d'habileté, elle est d'une portée tout à fait universelle. Comme on lui reprochait sa pauvreté qui attestait l'inutilité de la philosophie, il tira, dit-on, de ses observations astronomiques, la conclusion que la prochaine récolte d'olives serait fort abondante ; aussi, alors qu'on était encore en hiver, consacra-t-il le peu d'argent qu'il possédait à s'assurer la location de tous les pressoirs de Milet et de Chio, qu'il obtint à bas prix, n'ayant contre lui aucun **enchérisseur**. Quand l'occasion survint, une soudaine et forte demande se fit sur les pressoirs ; il les sous-loua aux conditions qu'il voulut, et la fortune qu'il en retira lui permit de montrer qu'il est aisé aux philosophes de s'enrichir, pour peu qu'ils le désirent, mais que ce n'est point vers ce but que tendent leurs vertueux efforts.

Aristote, *Politique*, I, XI ; *in Les Écoles présocratiques*, édition établie par J.-P. Dumont, Gallimard.

**VOCABULAIRE**

**Thalès de Milet** : philosophe grec (vers 625-vers 546 av. J.-C.). Il est considéré comme le premier philosophe, mais tout autant comme le premier astronome, le premier mathématicien, et comme l'un des fondateurs de la démocratie grecque.
**Thrace** : région au nord de la Grèce où les Grecs recrutaient de la main-d'œuvre.
**le railla** : se moqua de lui.
**enchérisseur** : quelqu'un prêt à payer plus cher.

1 Quelle est la critique qui est faite au philosophe dans le texte A ? Comment le texte B répond-il à cette critique ?

2 Quel est le but de l'activité philosophique qui est finalement mis en valeur par ces deux récits ? Ce but est-il conforme à ce qu'en dit Aristote dans le texte central ?

## Phrase à méditer

**Il y a au moins un problème qui intéresse tous les hommes qui pensent ; c'est le problème de la cosmologie : le problème de comprendre le monde, nous-mêmes et notre connaissance en tant qu'elle fait partie du monde**

Cette affirmation de Karl Popper définit-elle le but de la philosophie ? Justifiez.

Il sera intéressant pour cela de vous appuyer sur la valeur propre du verbe « comprendre » qui le distingue d'« expliquer ».

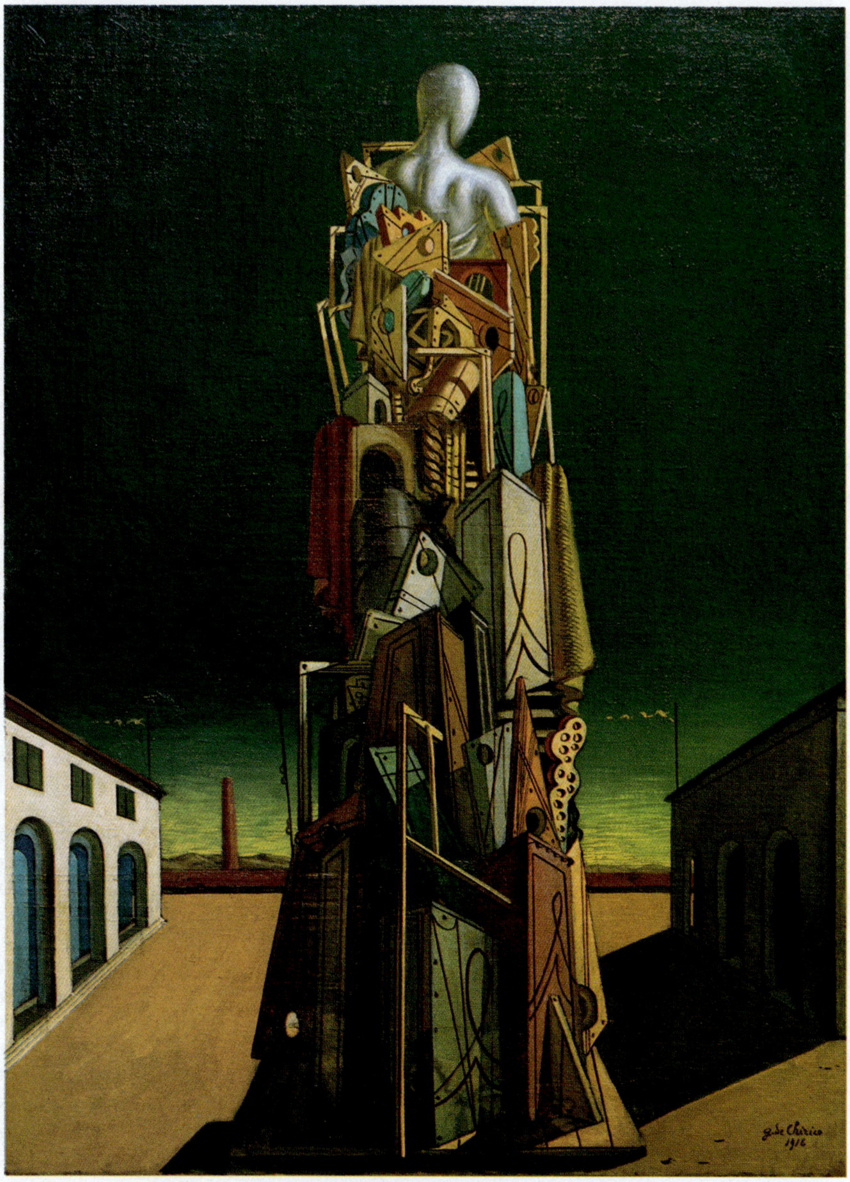

***Le Grand Métaphysicien***, Giorgio de Chirico (1888-1972)

## S'interroger à partir d'une image

**La métaphysique est une branche de la philosophie qui porte, en particulier, sur l'origine de l'homme et sur le sens final de sa destinée. C'est pourquoi on résume souvent les grandes questions de la métaphysique par les trois suivantes : *D'où venons-nous ? Que sommes-nous ? Où allons-nous ?***

**1** **Observez le tableau dans sa globalité. Donne-t-il une impression de familiarité ou d'étrangeté ? Appuyez-vous sur des éléments précis de l'œuvre pour justifier votre réponse.**

**2** **Le personnage blanc, vu de dos, semble « habillé » d'un ensemble d'éléments très variés. Sachant qu'il s'agit là d'une métaphore, que pourrait évoquer cet étrange accoutrement aux formes très géométriques ?**

**3** **Le personnage vous semble-t-il reposer solidement sur son socle ou tenir en équilibre, comme sur des échasses, dans une position fragile et inconfortable ?**

**4** **En passant de la métaphore aux concepts, essayez d'appliquer vos réponses précédentes à la condition de l'homme s'interrogeant sur lui-même et sur sa signification ultime. Dans quelle situation d'existence nous place, d'après le peintre, le questionnement métaphysique ?**

# Faut-il du courage pour philosopher ?

**Nietzsche** (1844-1900)

Philologue et philosophe allemand. Il fait de brillantes études, mais, souffrant d'une maladie nerveuse, il renonce à enseigner. C'est en luttant contre la maladie qu'il doit écrire ses livres. À 44 ans, il sombre dans la folie et le silence.
Son œuvre s'attache à reconstituer l'origine des différentes morales que la religion et la philosophie ont définies dans l'histoire. Nietzsche prétend «*philosopher à coups de marteau*», c'est-à-dire mettre à l'épreuve les concepts traditionnels de la philosophie, afin de rejeter ceux qui «*sonnent creux*».

**Œuvres :**
- *Ainsi parlait Zarathoustra* (1883)
- *La Généalogie de la morale* (1887)

Il vient pour tout homme une heure où il se demande avec stupéfaction : Comment peut-on vivre ? Et l'on vit cependant. Une heure où il commence à comprendre qu'il possède une **inventivité** du genre de celle qu'il admire dans la plante qu'il voit ramper et grimper pour conquérir un peu de lumière et un peu de terre et se créer sa propre joie dans un sol inhospitalier [...] Mais il y a des vies où les difficultés **touchent au prodige** ; ce sont les vies des penseurs. Et il faut prêter l'oreille à ce qui nous est raconté à leur sujet, car on y découvre des possibilités de vie dont le seul récit nous donne de la joie et de la force et verse une lumière sur la vie de leurs successeurs. Il y a là autant d'invention, de réflexion, de **hardiesse**, de désespoir et d'espérance que dans les voyages des grands navigateurs ; et à vrai dire, ce sont aussi des voyages d'exploration dans les domaines les plus reculés et les plus périlleux de la vie. Ce que ces vies ont de surprenant, c'est que deux instincts ennemis [...] semblent y être forcés de marcher sous le même **joug** ; **l'instinct qui tend à la connaissance** est contraint sans cesse à abandonner le sol où l'homme a coutume de vivre et à se lancer dans l'incertain, et **l'instinct qui veut la vie** se voit forcé de chercher sans cesse à tâtons un nouveau lieu où s'établir.

Friedrich Nietzsche, *Naissance de la philosophie à l'époque de la tragédie grecque*, trad. G. Bianquis, 1873, Gallimard.

**VOCABULAIRE**

**inventivité** : ce terme désigne ici la capacité à s'adapter, l'ingéniosité, les «trouvailles» que développent les êtres vivants pour survivre dans les conditions d'existence les moins favorables.
**touchent au prodige** : il y a des vies où les difficultés sont telles que survivre y est quasiment miraculeux (*prodige* équivaut ici à *miracle*).
**hardiesse** : audace.
**joug** : contrainte.
**l'instinct qui tend à la connaissance** : selon Nietzsche, il existe en l'homme un instinct qui le pousse à connaître et à tenter de comprendre le monde qui l'entoure.
**l'instinct qui veut la vie** : il s'agit ici de l'instinct de conservation.

## Réfléchir à partir d'un texte

1. **Dégagez l'idée centrale du texte ainsi que les différentes étapes de son argumentation.**
2. **Que désigne l'expression «*le sol où l'homme a coutume de vivre*» ? Que signifie alors, dans ce contexte, le fait d'abandonner ce sol ? Pourquoi cet abandon est-il présenté comme une «contrainte» ?**
3. **Peut-on vraiment comparer le penseur à un explorateur ? Argumentez votre réponse.**
4. **Comparez le texte de Nietzsche avec le tableau de Giorgio de Chirico : peut-on trouver, entre eux, des idées communes ?**

## Confronter les textes

■ Comparez ce texte avec celui de la page précédente : sur quelles idées se rejoignent-ils ou s'opposent-ils ?

J'aurais voulu premièrement **y** expliquer ce que c'est que la philosophie, en commençant par les choses les plus **vulgaires**, comme sont : que ce mot philosophie signifie l'étude de la sagesse, et que par la sagesse on n'entend pas seulement la prudence dans les affaires mais une parfaite connaissance de toutes les choses que l'homme peut savoir, tant pour la conduite de sa vie que pour la conservation de sa santé et l'invention de tous les **arts** [...] J'aurais ensuite fait considérer l'utilité de cette philosophie, et montré que, puisqu'elle s'étend à tout ce que l'esprit humain peut savoir, on doit croire que c'est elle seule qui nous distingue des plus sauvages et barbares, et que chaque nation est d'autant plus civilisée et polie que les hommes y philosophent mieux ; et ainsi que c'est le plus grand bien qui puisse être en un État que d'avoir de vrais philosophes. Et outre cela que, pour chaque homme en particulier, il n'est pas seulement utile de vivre avec ceux qui s'appliquent à cette étude, mais qu'il est incomparablement meilleur de s'y appliquer soi-même ; comme sans doute il vaut beaucoup mieux se servir de ses propres yeux pour se conduire, et jouir par même moyen de la beauté des couleurs et de la lumière, **que non pas** de les avoir fermés et suivre la conduite d'un autre ; mais **ce dernier** est encore meilleur que de les tenir fermés et n'avoir que soi pour se conduire. C'est proprement avoir les yeux fermés, sans tâcher jamais de les ouvrir, que de vivre sans philosopher.

René Descartes, *Les Principes de la philosophie*, 1644, Gallimard.

**VOCABULAIRE**

**y** : dans l'ouvrage qui va suivre (et dont ce texte constitue la préface).
**vulgaires** : les plus communes, les plus élémentaires.
**arts** : ce terme ne désigne pas ici les Beaux-Arts (peinture, sculpture, etc.) mais le domaine des techniques et de l'artisanat.
**que non pas** : et non pas.
**ce dernier** : cette dernière situation.

## Réfléchir sur une image

Le tableau ci-dessous est l'œuvre du peintre français Paul Gauguin (1848-1903). Parti vivre à Tahiti en 1891, Gauguin représente ici des scènes de vie polynésiennes, qu'il a appelées lui-même ses « visions exotiques ». Le titre du tableau se compose de trois questions, qui forment les grandes interrogations traditionnelles de la philosophie : « *D'où venons-nous ? Que sommes-nous ? Où allons-nous ?* »

**1** Comment expliquer le titre de ce tableau, compte tenu des scènes qu'il représente ?

**2** Cette œuvre de Gauguin pourrait-elle servir à illustrer, de près ou de loin, certains passages du texte de Nietzsche proposé en ouverture ? Argumentez votre réponse.

## Réfléchir sur une image

L'image ci-contre est l'œuvre du peintre contemporain Jean-Michel Folon.

**1** Donnez-lui un titre.

**2** Traduisez en concepts ce qu'elle évoque sous une forme imagée. En particulier, précisez quel rapport elle établit entre l'homme et les questions que sa condition l'amène à se poser.

## Réfléchir sur un texte

La philosophie sert à vivre, simplement. Son but est à mes yeux le bien-vivre ou le mieux-vivre, c'est-à-dire le bonheur, ou ce qui peut nous en rapprocher. En faisant du bonheur le but de la philosophie, je m'appuie sur une tradition fort ancienne et **multiforme**, et d'abord sur la tradition grecque. J'en extrairais volontiers la belle définition de la philosophie que donnait **Épicure** [...] « La philosophie, disait Épicure, est une activité qui, par des discours et des raisonnements nous procure la vie heureuse. » J'aime tout, dans cette définition. Que la philosophie y soit une activité, **et pas seulement une théorie**. Qu'elle procède par discours et raisonnements, et pas seulement **par intuitions et visions**. Qu'elle tende au bonheur ! Je donnerai pour ma part la même définition quant au fond, formulée dans un langage peut-être plus moderne : la philosophie est une activité **discursive**, qui a la vie pour objet, la raison pour moyen et le bonheur pour but. [...] Dire que la philosophie sert à vivre mieux, à être plus heureux, n'est évidemment pas à entendre comme l'annonce qu'il existerait des spécialistes à même de faire votre bonheur à votre place, tout comme une femme de ménage peut faire votre ménage pour que vous n'ayez pas à le faire. Les philosophes ne sont pas les femmes de ménage de l'esprit. Leur existence ne saurait vous dispenser de philosopher. Ils ne peuvent servir qu'à vous aider à philosopher vous-même, par vous-même, pour vous-même. C'est parce que la philosophie sert à vivre qu'elle ne peut appartenir en propre aux philosophes de métier. Et c'est pourquoi aussi personne ne peut se dispenser de philosopher. Dès lors qu'on essaie de penser sa vie et de vivre sa pensée, on philosophe, **peu ou prou**, et plus ou moins bien. Les grands auteurs nous aident seulement à philosopher un peu mieux.

André Comte-Sponville, *Une Éducation philosophique*, PUF, 1989.

**VOCABULAIRE**

**multiforme** : qui prend des formes différentes.
**Épicure** : philosophe grec (341-270 av. J.-C.).
**et pas seulement une théorie** : l'auteur insiste ici sur le fait que la philosophie est définie aussi par Épicure comme un art de vivre, et pas seulement comme un ensemble d'idées et d'explications formant un ensemble appelé théorie.
**par intuitions et visions** : il s'agit ici de souligner l'importance du raisonnement en philosophie, par opposition à tous ceux qui prétendent avoir la « vision » ou le sentiment direct (= intuition) d'une vérité. Les prophètes, par exemple, sont dans ce second cas, car ils décrivent leur sentiment ou leur vision de la présence de Dieu mais n'argumentent pas.
**discursive** : qui s'exprime par les voies du discours.
**peu ou prou** : de près ou de loin.

**1** Comparez ce texte avec celui de Descartes, donné page précédente. Les deux textes attribuent-ils à la philosophie le même but ?

**2** Développez, illustrez et commentez la phrase : « *la philosophie est une activité discursive, qui a la vie pour objet, la raison pour moyen et le bonheur pour but* ».

**3** À quelle forme de bonheur la philosophie peut-elle nous conduire, d'après André Comte-Sponville ? Tentez d'en préciser la définition.

# LA CULTURE

**Été : récolte du blé.** Site de Saint-Romain-en-Gal

Cette mosaïque antique ne représente-t-elle pas une scène de vie naturelle ? On a tendance à répondre « oui » dans la mesure où l'on place volontiers la culture du côté des comportements humains très élaborés, qui impliquent un environnement d'objets artificiels : visiter un musée, lire un livre, construire une maison, etc. Le naturel serait du côté de la simplicité, et le culturel du côté de la complication.

Mais donnons-nous comme point de départ une distinction simple. Est naturel tout ce qui est imposé à l'homme, par sa constitution innée, par les lois de fonctionnement du monde physique et du monde vivant, en un mot par la ***nature*** ; est culturel tout ce qui est créé par l'homme parce qu'il est libre. Par nature, il faut manger périodiquement ; par culture on mange des pâtes ou du mil.

Que reste-t-il de naturel dans la scène représentée ?

Il y a ici, d'abord, culture en son sens originel : la culture du blé – le mot ***culture*** dérive du verbe latin *colere* qui signifie, dans son sens premier, « cultiver la terre ». Il y a aussi culture dans les savoir-faire mis en œuvre (faucher les épis au bon moment, les mettre en gerbes), et dans les outils (faucille). Et il y a déjà culture dans la pudeur du cultivateur (personnage de gauche) qui cache ses parties génitales par un vêtement, comme il y a culture dans la gestuelle et les attitudes des personnages (par exemple, celui qui lie une gerbe).

Il reste, il est vrai, que le sol, les arbres, les épis mûrs, les corps humains en eux-mêmes sont de l'ordre de la nature. Mais ne faut-il pas noter que ceux-ci nous sont connus par leur présentation dans une mosaïque, laquelle a été créée par un artiste romain ? C'est encore culturellement que ces éléments naturels nous sont ici donnés.

Nous avons trouvé, et de multiples façons, la culture, mais c'est la nature qui semble alors perdue.

Or, c'est par opposition à la nature que la culture prend son sens. Il faut donc avoir quelques lumières sur ce que peut être le naturel humain pour comprendre la signification de la culture humaine.

## • Peut-il exister un homme sans culture ?

Voici comment Jean-Jacques Rousseau envisage l'homme à son origine, « *tel qu'il a dû sortir des mains de la nature* », c'est-à-dire dépouillé « *de toutes les facultés artificielles qu'il n'a pu acquérir que par de longs progrès* » :

> Je vois un animal moins fort que les uns, moins agile que les autres, mais, à tout prendre, organisé le plus avantageusement de tous. Je le vois se rassasiant sous un chêne, se désaltérant au premier ruisseau, trouvant son lit au pied du même arbre qui lui a fourni son repas, et voilà ses besoins satisfaits.
>
> La terre abandonnée à sa fertilité naturelle, et couverte de forêts immenses que la **cognée** ne mutila jamais, offre à chaque pas des **magasins** et des retraites aux animaux de toute espèce. Les hommes dispersés parmi eux observent, imitent leur **industrie**, et s'élèvent ainsi jusqu'à l'instinct des bêtes, avec cet avantage que chaque espèce n'a que le sien propre, et que l'homme n'en ayant peut-être aucun qui lui appartienne, se les approprie tous, se nourrit également de la plupart des aliments divers que les autres animaux se partagent, et trouve par conséquent sa subsistance plus aisément que ne peut faire aucun d'eux.
>
> Accoutumés dès l'enfance aux intempéries de l'air, et à la rigueur des saisons, exercés à la fatigue, et forcés de défendre nus et sans armes leur vie et leur proie contre les autres bêtes féroces, ou de leur échapper à la course, les hommes se forment un tempérament robuste et presque inaltérable.
>
> Jean-Jacques Rousseau, *Discours sur l'origine et les fondements de l'inégalité parmi les hommes*, 1re partie.

**VOCABULAIRE**

**cognée** : hache du bûcheron.
**magasins** : ici, réserves naturelles de nourriture.
**industrie** : habileté à faire quelque chose.

Cette description est plutôt valorisante. Vivant dans un environnement fertile, l'homme à l'état de nature a toutes les aptitudes pour mener une vie simple et paisible. D'ailleurs, selon Rousseau, il est physiquement supérieur à l'homme civilisé. On peut penser que l'auteur alimente sa description avec l'image du « bon sauvage » d'Amérique, fort populaire à son époque *(voir page suivante, image de gauche)*.

Toutefois il faut remarquer que l'homme naturel selon Rousseau, contrairement aux animaux, n'a pas de comportement instinctif propre. En revanche, il peut imiter les instincts des animaux de telle manière qu'il puisse tirer parti des situations les plus variées *(lignes 9 à 12)*. Un tel homme n'est déjà plus un animal. Il a le choix. C'est à lui de trouver le meilleur comportement. Cette liberté implique une capacité de jugement, et déjà une certaine créativité.

***Scènes de chasse***, tapisserie du XVIIIe siècle, manufacture des Gobelins

***L'Enfant sauvage***, représenté dans le film de François Truffaut, 1961

Ne faudrait-il pas déjà parler d'une culture humaine ? Mais alors, le véritable état de nature ne serait-il pas du côté du comportement purement instinctif, c'est-à-dire dans l'animalité ?

Considérons l'image de gauche. On y voit un groupe d'hommes menant une vie paisible, en bonne coexistence avec les animaux, pouvant satisfaire sans effort leurs besoins au sein d'une nature hospitalière et généreuse. Ne s'agit-il pas de la mise en scène appropriée de l'homme naturel décrit par Rousseau ?

Pourtant, le tissu qui entoure la taille des personnages ne contredit-il pas l'état naturel ? Pourquoi doivent-il cacher leur nudité si la nature leur a donné tout ce dont ils ont besoin pour être heureux ?

Nous le savons, la présence de ce tissu est la manière par laquelle l'artiste a ménagé la pudibonderie de ses contemporains. En fin de compte, la présence de ce vêtement ne symbolise-t-elle pas la difficulté que nous avons à concevoir un homme à l'état de nature qui soit pleinement homme ?

L'image de droite présente une autre figure de l'homme à l'état de nature, celle de l'enfant sauvage. Il s'agit d'enfants que les circonstances de leur histoire – séparation prématurée des parents et isolement – ont écarté de l'accès à la culture.

Le contraste avec l'image de gauche n'est-il pas saisissant ?

Tous les éléments de la représentation de Victor de l'Aveyron (recueilli au XVIIIe siècle), sur cette image, expriment l'animalité : l'absence de station debout et de soins du corps, l'attitude instinctive de survie, à la fois défensive et menaçante, l'expression par le cri.

Ainsi, l'homme ne deviendrait véritablement humain que par sa culture.

Mais le cas de l'enfant sauvage nous rappelle que le langage s'acquiert tardivement, par transmission sociale. Quel est son rôle dans l'acquisition de la culture ?

## • Le langage est-il le fondement de la culture ?

Le langage humain est un outil d'une fécondité prodigieuse. À partir de quelques sons de base (une trentaine), l'homme peut composer plus de deux cent syllabes, lesquelles permettent de produire des dizaines de milliers de mots, à partir desquels on pourra construire une infinité de phrases. Il n'y a pas d'équivalent dans le monde animal. C'est pour cela qu'il est abusif de parler dans le même sens de « langage » animal.

**Lana project**,
Ernst von Glasersfeld, 1977.
Il est possible de faire acquérir au chimpanzé la maîtrise d'un certain nombre de mots. Il suffit, pour cela, de lui faire associer les mots à des symboles graphiques simples (par exemple, des formes géométriques colorées).
Dans l'image ci-contre, la guenon Lana obtient de la nourriture en tapant sur des touches pour former le message : « S'il te plaît – machine – donner – morceau de – pomme – Lana ».

Peut-on dire que le chimpanzé, en s'appropriant des éléments du langage humain, accède à la culture ?

Il faut répondre négativement pour une raison décisive : le petit enfant, à partir de 2 ans, manifeste spontanément une « faim de nommer » insatiable, il s'enquiert inlassablement du nom pour chaque impression nouvelle.

Le chimpanzé ne s'oriente vers l'acquisition de mots que par dressage, c'est-à-dire que si on lui impose un système de contraintes au moyen de punitions et de récompenses.

Tout se passe comme si seul l'être humain était capable d'aimer les mots, non seulement pour les effets qu'ils peuvent amener, mais pour ce qu'ils représentent en eux-mêmes.

**Tag à San Francisco.**
Comparons l'usage qui est fait des mots dans l'image ci-contre avec l'usage qui en est fait dans l'image précédente.
Cette occurrence (le tag) ne permet-elle pas d'affirmer que, par opposition au chimpanzé, l'homme est capable d'investir les mots de manière désintéressée ?

Comment comprendre cette valorisation humaine du langage ?

**VOCABULAIRE**

**affections** : ce qui nous affecte, c'est-à-dire ce qui touche notre sensibilité.

**en tout cas embryonnaire** : même si cette expérience n'est pas allée très loin.

« J'ai faim » non seulement n'a aucun rapport avec les gestes expressifs par où les **affections** de ce genre trouvent si facilement à se faire connaître d'une manière étonnamment précise, mais à certains égards il en est le démenti. Car il signifie moins : *J'ai ma faim*, que : *j'ai ta faim*, du moins celle dont tu as fait l'expérience, **en tout cas embryonnaire**. Mieux, il signifie : *J'ai leur faim, j'ai la faim universelle.* [...] Ce n'est pas de *sa* faim seulement que prétend mourir un homme qui dit mourir de faim. C'est de la faim de tous, de ce fléau général qu'est « la faim » .

Maurice Pradines, *Traité de psychologie générale*, II, 1, PUF, 1946.

L'homme peut communiquer toute souffrance, en particulier la faim, par des expressions naturelles très efficaces, présentes d'ailleurs chez d'autres mammifères : ce sont le cri, l'attitude d'imploration, etc. Pourquoi alors employer l'expression verbale ? Parce que celle-ci métamorphose ce qui ne relève que de mon expérience – ma détresse physique et morale – en un universel, c'est-à-dire ce qui relève de l'expérience de tous. En disant « j'ai faim », je ne suis plus enfermé dans ma souffrance.

Mais l'être humain ne pourrait-il pas s'en tenir simplement à ses impressions individuelles ?

Tout ce qui affecte un être vivant appelle un comportement-réponse. L'homme est l'être vivant qui a le moins de réponses naturellement prédéfinies (instincts). Seul, il ne saurait que faire, il serait dans la plus grande détresse. Ce serait comme s'il avait été jeté dans un espace hostile où il ne pourrait trouver sa place.

C'est pour cela que « *la vie humaine comme telle requiert un monde dans l'exacte mesure où elle a besoin d'une maison sur la terre pour la durée de son séjour ici* » (Hannah Arendt). Et c'est ce bien inestimable qu'apporte d'abord le langage : en nommant les réalités, il compose un monde commun habitable. Dans ce monde les problèmes sont communs, et les solutions à inventer ont une valeur commune.

Ce monde mis en forme par les mots – le monde humain – fait partie de la culture. Mieux, il est la première construction culturelle, celle qui nous soustrait à l'isolement dans notre sensibilité, celle dont dépendent toutes les autres productions culturelles, même quand elles ne mettent pas en œuvre le langage.

Comment goûter la valeur de la musique s'il n'y avait pas déjà par le mot « musique » la reconnaissance commune de ce mode d'expression, et, par tant d'autres mots, celle de tous les styles dans lesquels il a pu être décliné ?

D'ailleurs le mot « culture » contient en lui-même cette idée puisque le mot latin *colere* dont il est issu signifie aussi « habiter » (sens que l'on retrouve dans les mots français « colonisation », « colonie »).

Ne faut-il pas dire que la culture est la maison de l'homme, et que le langage en constitue les fondations ?

La culture est constituée de tout ce qui, créé par les hommes grâce à leur liberté, a été jugé digne de prendre place dans leur monde commun. N'y a-t-il pas alors un devoir de transmission de ces valeurs aux générations nouvelles ?

Ainsi, parce que l'homme est un être de culture, il est destiné à être éduqué.

De sorte que, au long du temps, la culture est, de droit, un processus cumulatif : « *Toute la suite des hommes, pendant le cours de tous les siècles, doit être considérée comme un même homme qui subsiste toujours et qui apprend continuellement.* » (Pascal). Même si, en fait, les accidents de l'histoire – catastrophes naturelles, poussées de la violence humaine – peuvent amener des régressions culturelles.

La ***culture***, s'opposant à la ***nature***, fait l'humanité de l'homme. C'est pour cela qu'en un sens plus restreint on parle de la culture d'un individu pour valoriser ses connaissances et la sagesse qu'il en tire.

Mais on parle aussi de cultures (au pluriel) pour désigner l'ensemble des créations particulières à un peuple, en lesquelles il se reconnaît et qui sont fonction de son histoire et de sa langue.

La culture (au sens étendu) ne désigne-t-elle rien de plus que l'ensemble des cultures particulières ?

## • La culture divise-t-elle ou réunit-elle les hommes ?

***Missionnaire prêchant à des Indiens***, Louis Boulogne (1654-1733)

La scène représentée ci-dessus montre concrètement le choc entre deux cultures : un missionnaire, venant de débarquer, brandit le symbole de sa croyance religieuse au milieu d'indigènes qui semblent surtout en apprécier le spectacle. Elle est d'autant plus intéressante que, dans l'histoire, la religion a été le plus souvent ce qui réalisait la synthèse de la culture d'un peuple – ce que manifeste l'existence du mot ***culte*** qui a la même étymologie que le mot culture.

Y a-t-il possibilité de compréhension entre le missionnaire et les Indiens ?

Il ne le semble pas. Pour l'un, il s'agit de la vie éternelle et d'âmes dont il faut faire le salut ; pour les autres, il s'agit du moment présent, et de l'agrément de le passer en compagnie de proches.

Il faut admettre cependant une reconnaissance mutuelle d'humanité qui laisse ouverte la possibilité d'un rapprochement. Les Indiens ont une âme puisqu'on veut faire leur salut ; les indigènes paraissent attentifs pour comprendre des signes ***humains*** qu'émet l'étranger.

Pourtant il y a aussi les prémisses d'un rapport de domination à venir. Le religieux est l'intrus, paré d'une supériorité technique (la caravelle, en arrière-plan) et qui veut changer la vie des indigènes ; ces derniers sont simplement accueillants envers l'étranger.

Cette situation d'antagonisme et de domination entre cultures est-elle inévitable ?

Il semble que la diversité des cultures soit rarement apparue aux hommes pour ce qu'elle est : un phénomène naturel, résultant des rapports directs ou indirects entre les sociétés ; ils y ont plutôt vu une sorte de monstruosité ou de scandale. [...]

L'attitude la plus ancienne [...] consiste à **répudier** purement et simplement les formes culturelles : morales, religieuses, sociales, esthétiques, qui sont les plus éloignées de celles auxquelles nous nous identifions. [...]

Cette attitude de pensée, au nom de laquelle on rejette les « sauvages » (ou tous ceux qu'on choisit de considérer comme tels) hors de l'humanité, est justement l'attitude la plus marquante et la plus distinctive de ces sauvages mêmes. On sait, en effet, que la notion d'humanité, englobant, sans distinction de race ou de civilisation, toutes les formes de l'espèce humaine, est d'apparition fort tardive et d'expansion limitée.[...]

En refusant l'humanité à ceux qui apparaissent comme les plus « sauvages » ou « barbares » de ses représentants, on ne fait que leur emprunter une de leurs attitudes typiques. Le barbare, c'est d'abord l'homme qui croit à la barbarie. »

Claude Lévi-Strauss, *Race et Histoire*, 1re partie, UNESCO, 1952.

**VOCABULAIRE**

**Répudier** : rejeter.

Celui qui rejette le « barbare » se considère comme « civilisé ». Toujours, la notion de ***civilisation*** vise à surmonter le relativisme culturel, en affirmant l'universalité des valeurs d'une culture. Et c'est d'abord sa propre culture, et, par extension, les cultures en lesquelles on reconnaît des valeurs identiques à la sienne, qui sont ainsi promues. Mais se croire civilisé parce qu'on croit à la barbarie des cultures trop différentes, c'est justement se comporter en barbare, nous dit Lévi-Strauss.

Faut-il alors renoncer à l'idée de civilisation ?

Non, car Lévi-Strauss nous indique la voie d'une valeur culturelle universelle : c'est celle qui permet de reconnaître la diversité des cultures par l'appropriation de la notion d'***humanité***.

L'espèce humaine n'est pas, comme les autres, naturellement définie. On peut la considérer comme une espèce inachevée. Et c'est à la liberté des hommes, appuyée sur leur raison, qu'il revient d'achever le profil humain, de définir ce que doit être sa place dans l'univers.

Mais tous les hommes cependant sont confrontés aux mêmes conditions fondamentales à partir desquelles ils doivent inventer leur vie : il leur faut tirer subsistance par le travail, choisir les bons partenaires, accueillir une descendance et l'éduquer, s'organiser en société, se préparer à mourir, etc.

Là est l'humanité, dans cette universalité de problèmes fondamentaux à résoudre. Savoir cela, c'est être intéressé par les autres solutions trouvées à des problèmes dont notre culture ne possède certes pas la solution définitive puisque la liberté humaine laisse toujours la possibilité qu'on en trouve de nouvelles.

La véritable civilisation ne serait-elle pas alors dans la capacité d'une société de tenir compte des cultures différentes pour trouver les meilleures solutions aux problèmes éternels de l'homme ?

Mais cela requiert l'approfondissement de la réflexion sur l'homme dans son universalité, ce que fait la philosophie.

Or, c'est par sa culture que l'homme exprime son humanité. C'est pour cela que nous allons d'abord considérer la culture dans ses expressions les plus anciennes et les plus durables que sont ***l'art et la technique*** ; nous allons ensuite nous attacher à la vie même de la culture qui, parce qu'elle est commune, se réalise dans ***les échanges*** de biens et d'idées.

# L'art et la technique

**SOMMAIRE**


CHAPITRE 3
**La technique fait-elle l'histoire ?** (BERGSON)
CHAPITRE 4
**L'artiste doit-il être d'abord artisan ?** (ALAIN)
CHAPITRE 5
**L'art est-il désintéressé ?** (ARENDT)
CHAPITRE 6
**Un objet technique peut-il être beau ?** (HUME)
CHAPITRE 7
**L'originalité est-elle du côté de l'art ou de la technique ?** (HEGEL)
CHAPITRE 8
**La technique a-t-elle moins de valeur que l'art ?** (D'ALEMBERT)


Le mot « technique » provient du grec *tekhnê* qui désignait, dans l'Antiquité, tout type de savoir-faire permettant de remplir une activité ou de fabriquer un objet avec efficacité et de la manière appropriée. On parlait ainsi de la *tekhnê* du cordonnier tout aussi bien que de celle d'un médecin. Dans ce sens large, posséder une certaine technique, c'est disposer d'un ensemble de règles ou d'une méthode produisant un certain résultat. Pendant très longtemps le savoir-faire technique a été associé, en priorité, au travail manuel, c'est-à-dire, littéralement, au travail « qui utilise les mains ». Mais l'essor prodigieux des innovations techniques depuis la fin de la Renaissance a amené Bergson, au début du siècle dernier, à s'interroger sur le rôle central de l'invention technique dans le devenir des sociétés **(CHAPITRE 3)**.

Le terme « art », quant à lui, dérive du mot *ars* qui est la traduction latine du grec *tekhnê*. Il désigne donc lui aussi, à l'origine, un savoir-faire et, dans ce sens ancien, toute activité qui nécessite la maîtrise d'une *technique* peut s'appeler un art. On parle alors aussi bien de l'art militaire, de l'art du verrier, que de l'art culinaire. Il faut attendre le Moyen Âge pour que s'affirme progressivement une séparation entre le domaine de l'artisanat (poterie, menuiserie, etc.) et celui des Beaux-Arts, c'est-à-dire entre la production d'objets utilitaires et la création d'œuvres que l'on veut belles.

Mais s'il est commun, de nos jours, de creuser cette opposition en reprochant à l'art son caractère parfois excentrique, Alain nous rappelle qu'il n'y a pas d'artiste sans savoir-faire artisanal **(CHAPITRE 4)**. Il reste que l'œuvre d'art, comme le souligne Hannah Arendt, « *doit être écartée des besoins et des exigences de la vie quotidienne* », ce qui lui donne une place tout à fait à part parmi l'ensemble des productions culturelles **(CHAPITRE 5)**.

Mais la distinction précédente est-elle si tranchée que cela ? Les produits de la technique ne peuvent-ils pas conjuguer beauté et fonctionnalité ? C'est la question que soulève Hume dès le XVIII^e^ siècle **(CHAPITRE 6)**. Quant à Hegel, il fait de l'originalité le caractère propre, non pas de l'art, mais de la technique **(CHAPITRE 7)**.

En définitive, le mépris souvent affiché pour les artisans, par rapport aux artistes davantage célébrés et « portés aux nues », n'est-il pas profondément injuste ? D'Alembert est l'un des premiers à rejeter cette hiérarchie qui méconnaît les liens profonds unissant l'art et la technique **(CHAPITRE 8)**.

***« Et dire que maintenant voilà tous les voyageurs qui nous passent sous le nez… »***,
Honoré Daumier (1808-1879)

## S'interroger à partir d'une image

**Le caricaturiste Honoré Daumier a représenté dans ce tableau les tenanciers d'une « poste aux chevaux ». Nous sommes dans la première moitié du XIX<sup>e</sup> siècle ; les chevaux constituent encore le moyen de déplacement privilégié. Ces établissements, situés sur les routes, offraient aux voyageurs la halte indispensable pour soigner, alimenter, laisser se reposer, ou même remplacer les chevaux.**

**1** **Pourquoi ces personnages ont-ils l'air mécontents ?**

**2** **Citez quelques changements importants dans la vie sociale provoqués par l'arrivée du transport ferroviaire.**

**3** **Pouvez-vous citer une technique plus contemporaine qui aurait provoqué des changements comparables ? Justifiez votre réponse.**

# La technique fait-elle l'histoire ?

**Bergson** (1859-1941)

Philosophe français. Dès son premier écrit, *Essai sur les données immédiates de la conscience* (1889), il s'oppose à l'attitude de dévotion envers la science qui caractérise son époque. Il montre en effet que la raison scientifique est incapable de rendre compte d'une expérience aussi fondamentale que celle du temps qui passe. Toute la suite de son œuvre approfondira cette dimension de la réalité hors de portée de la science. Ce qui l'amènera en particulier à réfléchir sur la vie psychique.

**Œuvres :**
- *Matière et mémoire* (1896)
- *L'Évolution créatrice* (1907)

**VOCABULAIRE**

**invention mécanique** : invention de machines, c'est-à-dire, au sens large, de systèmes matériels permettant de transformer l'énergie afin de la rendre utile aux hommes. Ainsi, un arc est une machine qui transforme une tension en énergie cinétique.

**un âge** : ici, une période de l'évolution de l'humanité.

En ce qui concerne l'intelligence humaine, on n'a pas assez remarqué que l'**invention mécanique** a d'abord été sa démarche essentielle, qu'aujourd'hui encore notre vie sociale gravite autour de la fabrication et de l'utilisation d'instruments artificiels, que les inventions qui jalonnent la route du progrès en ont aussi tracé la direction. Nous avons de la peine à nous en apercevoir, parce que les modifications de l'humanité retardent d'ordinaire sur les transformations de son outillage. Nos habitudes individuelles et même sociales survivent assez longtemps aux circonstances pour lesquelles elles étaient faites, de sorte que les effets profonds d'une invention se font remarquer lorsque nous en avons déjà perdu de vue la nouveauté. Un siècle a passé depuis l'invention de la machine à vapeur, et nous commençons seulement à ressentir la secousse profonde qu'elle nous a donnée. La révolution qu'elle a opérée dans l'industrie n'en a pas moins bouleversé les relations entre les hommes. Des idées nouvelles se lèvent. Des sentiments nouveaux sont en voie d'éclore. Dans des milliers d'années, quand le recul du passé n'en laissera plus apercevoir que les grandes lignes, nos guerres et nos révolutions compteront pour peu de chose, à supposer qu'on s'en souvienne encore ; mais de la machine à vapeur, avec les inventions de tout genre qui lui font cortège, on parlera peut-être comme nous parlons du bronze ou de la pierre taillée ; elle servira à définir **un âge**.

Henri Bergson, *L'Évolution créatrice*, chap. II, PUF, 1907.

## Réfléchir à partir d'un texte

**1** **Énoncez l'idée centrale de ce texte.**

**2** **Expliquez :** « ***notre vie sociale gravite autour de la fabrication et de l'utilisation d'instruments artificiels*** » ; « ***les inventions qui jalonnent la route du progrès en ont aussi tracé la direction*** ».

**3** **Peut-on dire que l'image de la page précédente met en scène la fin d'« *un âge* » ?**

**4** **D'après ce texte, l'homme est-il maître de son histoire ? Justifiez votre réponse.**

## Confronter les textes

Comparez ce texte avec celui de la page précédente : sur quelles idées se rejoignent-ils ou s'opposent-ils ?

> Qu'est-ce que la société, quelle que soit sa forme ? Le produit de l'**action réciproque** des hommes.
> Les hommes sont-ils libres de choisir telle ou telle forme sociale ? Pas du tout. Posez un certain état de développement des **forces productives** des hommes, et vous aurez une telle forme de commerce et de consommation. Posez certains degrés de développement de la production, du commerce, de la consommation, et vous aurez telle forme de constitution sociale, telle organisation de la famille, des ordres ou des classes, en un mot telle **société civile**. Posez telle société civile, et vous aurez tel État politique, qui n'est que l'expression officielle de la société civile.
>
> Karl Marx, « Lettre à Paul Annenkov », trad. M. Rubel, *in Œuvres* I, Économie, coll. La Pléiade, Gallimard, 1963.

**VOCABULAIRE**

**acton réciproque** : les hommes doivent collaborer pour transformer la nature.
**forces productives** : ensemble des moyens techniques permettant de s'approprier la nature.
**société civile** : la société telle qu'elle est organisée par des lois.

## Réfléchir sur une image

**a** *Moulin à vent au Portugal*

**b** *Centrale nucléaire de Cattenom*

Ces photographies représentent deux techniques de domestication de l'énergie naturelle : le moulin capte l'énergie du vent qu'il transforme en énergie mécanique (**a**) ; la centrale nucléaire capte l'énergie de cohésion du noyau de l'atome qu'elle transforme en énergie électrique (**b**).

1 Montrez que chacune de ces techniques organise une vie sociale différente. Essayez d'envisager plusieurs points de vue, par exemple : l'occupation de l'espace, l'organisation du travail, la forme du pouvoir politique, etc.

2 Peut-on dire également que chacune de ces techniques détermine une manière de penser différente ? Justifiez.

3 En **a**, est représentée une technique traditionnelle, commune en Occident depuis le Moyen Âge ; en **b**, la technique représentée est toute récente. Appliquons-leur l'affirmation de Bergson dans le texte central : « *les inventions qui jalonnent la route du progrès en ont aussi tracé la direction* ». La direction qui est ainsi « tracée » par le passage de la technique **a** à la technique **b** constitue-t-elle nécessairement un progrès ? Envisagez les arguments pour chacune des deux réponses possibles.

## Maîtriser le vocabulaire

Les mots français qui désignent ce qui concerne l'activité technique sont dérivés soit du grec *technê* – qui a donné le mot **technique** –, soit du latin *ars* – qui a donné le mot **art**.

**1** Construisez un tableau à deux colonnes avec *technê* et *ars* pour entrées. Inscrivez dans chaque colonne les mots français dérivés.

**2** Soulignez, dans la colonne *ars*, les mots propres au domaine esthétique (qui se rapportent à la beauté).

**3** Dans cette même colonne, il y a le mot **art**. Pourquoi ne doit-il pas être souligné ? Écrivez-le dans une expression où il a sa signification technique.

## Réfléchir sur un texte

Je crois que le moment est venu de faire une pause, c'est le moment d'**autolimitation** du chercheur. Le chercheur n'est pas l'exécuteur de tout projet naissant dans **la logique propre de la technique**. Placé au creuset de la spirale des possibles, il devine avant quiconque où va **la courbe**, **ce qu'elle apaise**, mais aussi ce qu'elle vient trancher, censurer, renier. Moi « chercheur en **procréation artificielle** », j'ai décidé d'arrêter. Non pas la recherche pour mieux faire ce que nous faisons déjà, mais celle qui œuvre à un changement radical de la personne humaine [...]. Je revendique [...] une logique de la non-découverte, une **éthique** de la non-recherche. [...] C'est bien **en amont de** la découverte qu'il faut opérer les choix éthiques.

Jacques Testart, *L'Œuf transparent*, Flammarion, 1986.

**VOCABULAIRE**

**autolimitation** : le fait de se donner soi-même des limites.
**la logique propre de la technique** : il y a une nécessité logique des découvertes de la technique contemporaine, due à son lien avec la science.
**la courbe** : il s'agit de la courbe de l'évolution de l'humanité telle qu'elle est déterminée par l'invention de nouvelles techniques.
**ce qu'elle apaise** : c'est-à-dire les problèmes de l'existence qu'elle permet de résoudre.
**procréation artificielle** : le fait de créer des êtres vivants en dehors des moyens naturels.
**éthique** : ensemble de valeurs réfléchies qui servent de références pour l'action.
**en amont de** : avant.

**1** Ce texte est le manifeste de la décision d'un chercheur dans les techniques d'assistance à la procréation. Quelle est cette décision ?

**2** Cette décision est-elle compatible avec la thèse défendue par Bergson dans le texte central ?

**3** Pensez-vous qu'il soit possible de faire dépendre l'invention technique de choix éthiques ? Justifiez.

## Apprendre à argumenter

Recherchez les arguments qui peuvent appuyer chacune des deux thèses en présence. Classez-les dans chaque colonne en commençant par le plus faible et en terminant par le plus solide.

### Le progrès de l'humanité se réduit-il au progrès technique ?

- **Thèse A :** Oui, c'est bien du progrès technique que dépendent toutes les autres formes de progrès de l'humanité. En effet…

- **Thèse B :** Non, il y a d'autres voies de progrès possibles pour l'humanité, indépendantes du progrès technique. En effet…

Armature de la sculpture

Sculpture achevée

***Monument aux deux frères Van Gogh***, Ossip Zadkine (1890-1967)

## S'interroger à partir d'une image

**Le photomontage ci-dessus juxtapose la version intermédiaire et la version achevée d'une sculpture en plâtre du sculpteur français d'origine russe, Ossip Zadkine. Sur l'image de gauche, la structure semble essentiellement composée de matériaux de récupération : surtout des tuyaux de plomb et de cuivre et du fil électrique – tous ces métaux étant aisément malléables.**

**1** D'après les différents matériaux que l'artiste met en œuvre, quelles sont les grandes étapes de l'élaboration de cette sculpture ?

**2** Diriez-vous qu'en telle étape le sculpteur était plus artisan, en qu'en telle autre étape, plus artiste ? Justifiez votre réponse.

**3** Est-ce le propre d'une œuvre d'art de cacher le travail de son élaboration dans la grâce du résultat ?

# L'artiste doit-il être d'abord artisan ?

**Alain** (1868-1951)

Émile Chartier de son vrai nom, philosophe français, il est également un très grand professeur et un journaliste de talent. De 1906 à 1914, il publie chaque jour un texte de réflexion philosophique dans un journal. Sa participation comme artilleur à la Première Guerre mondiale est pour lui marquante. Elle le conduit à écrire des ouvrages où il affirme son pacifisme et son radicalisme politique. Il développe également sa réflexion dans les domaines de la pédagogie, de la morale et de l'art.

**Œuvres :**
- *Propos* (1906-1935)
- *Système des Beaux-Arts* (1920)
- *Éléments de philosophie* (1941)

Puisqu'il est évident que l'inspiration ne forme rien sans matière, il faut donc toujours à l'artiste, à l'origine des arts, quelque premier objet ou quelque première contrainte de fait, sur quoi il exerce d'abord sa perception, comme l'emplacement et les pierres pour l'architecte, un bloc de marbre pour le sculpteur, un cri pour le musicien, une thèse pour l'orateur, une idée pour l'écrivain, pour tous des coutumes acceptées d'abord. Par quoi se trouve défini l'artiste, tout à fait autrement que d'après **la fantaisie**. Car tout artiste est percevant et actif, artisan toujours en cela. Plutôt attentif à l'objet qu'à ses propres **passions** [...]. Ainsi la méditation de l'artiste serait plutôt observation que rêverie, et encore mieux observation de ce qu'il a fait comme source et règle de ce qu'il va faire. Bref, la loi suprême de l'invention humaine est que l'on n'invente qu'en travaillant. Artisan d'abord.

Alain, *Système des Beaux-arts*,
Éd. Gallimard, 1953.

**VOCABULAIRE**

**la fantaisie** : l'imagination.
**passions** : sentiments, états d'esprit (peur, haine, joie, etc.)

## Réfléchir à partir d'un texte

1. **Dégagez l'idée principale du texte et les différents moments de sa progression.**
2. **Quelle conception de l'artisanat, développée par l'auteur, peut-on déduire de la phrase : « *Car tout artiste est percevant et actif, artisan toujours en cela* » ?**
3. **Doit-on penser, à la lumière de ce texte, que tout artiste doit être en même temps un excellent artisan ?**
4. **Reportez-vous à l'exercice de la page précédente. Le travail d'Ossip Zadkine est-il en mesure d'illustrer ce qu'affirme la première phrase de ce texte d'Alain ? Justifiez votre réponse.**

## Confronter les textes

■ Comparez ce texte avec celui de la page précédente : sur quelles idées se rejoignent-ils ou s'opposent-ils ?

L'activité du génie ne paraît vraiment pas quelque chose de foncièrement différent de l'activité de l'inventeur mécanicien, du savant astronome ou historien, du maître en tactique. Toutes ces activités s'expliquent si l'on se représente des hommes dont la pensée s'exerce dans une seule direction, à qui toutes choses servent de matière, qui observent toujours avec **la même diligence** leur vie intérieure et celle des autres, qui voient partout des modèles, des incitations, qui ne se lassent pas de combiner leurs moyens. Le génie ne fait rien non plus que d'apprendre d'abord à poser des pierres, puis à bâtir, que de chercher toujours des matériaux et de toujours les travailler. D'où vient alors cette croyance qu'il n'y a de génie que chez l'artiste, l'orateur et le philosophe ? Manifestement, les hommes ne parlent de génie que là où ils trouvent le plus de plaisir **aux effets** d'une grande intelligence et où, d'autre part, ils ne veulent pas éprouver d'envie. Dire quelqu'un « divin » signifie : « Ici, nous n'avons pas à rivaliser. » Autre chose : on admire tout ce qui est achevé, parfait, on sous-estime toute chose en train de se faire. Or, personne ne peut voir dans l'œuvre de l'artiste comment elle s'est faite ; c'est là son avantage car, partout où l'on peut observer **une genèse**, on est quelque peu refroidi.

Friedrich Nietzsche, *Humain, trop humain*, De l'âme des artistes et écrivains (1878), trad. R. Rovini, Gallimard.

**VOCABULAIRE**

**la même diligence** : la même application
**aux effets** : aux productions
**une genèse** : un travail en train de se faire, une œuvre en train de se former.

## Maîtriser le vocabulaire

### R Les différences entre l'*universel*, le *général*, le *particulier* et le *singulier*

Toute société humaine connue se caractérise par ses productions artisanales et artistiques. Ainsi, on trouve un art et un artisanat propres à l'Égypte ancienne, qui ont produit des œuvres différentes (poteries, sculptures, etc.) de celles qui ont été faites en Grèce antique. L'art et l'artisanat sont des phénomènes culturels ***universels***.

Un artisan, par exemple un cordonnier, dispose de méthodes de fabrication qui lui permettent d'exercer, dans le domaine qui est le sien, toute son habileté. Ses « recettes » ou « règles d'exécution » sont transmissibles, par voie d'enseignement, à tout apprenti cordonnier. Elles sont ***générales*** car elles permettent de dépasser une situation concrète (la fabrication de *telle* paire de chaussures) et valent pour la fabrication de toutes les paires de chaussure commandées et à venir, pour un modèle donné.

Un artiste peut revendiquer son appartenance à un courant esthétique ***particulier***, comme par exemple l'impressionnisme, le cubisme ou l'art abstrait. Les courants esthétiques, comme ceux qui viennent d'être cités, regroupent un nombre restreint d'artistes qui privilégient certains modes d'expressions plutôt que d'autres. Ainsi le naturalisme de Zola, en littérature, privilégie une description très réaliste de la vie sociale, où le roman ressemble à un documentaire.

L'adhésion d'un artiste à un certain courant (pictural, littéraire, musical, etc.) ne l'empêche pas d'avoir un style qui lui soit propre. Le style est, dans une œuvre d'art, ce qu'il y a en elle de plus ***singulier***, marque du « cachet » de l'artiste.

**1** En vous appuyant sur les explications qui précèdent, donnez une définition claire et précise des termes : ***universel*** - ***général*** - ***particulier*** - ***singulier***.

**2** Le texte d'Alain, donné en ouverture, insiste-t-il davantage sur la dimension ***universelle***, ***générale***, ***particulière*** ou ***singulière*** du travail de l'artiste ? Justifiez votre réponse.

## Réfléchir sur une image

En 1956, le réalisateur français Henri Georges Clouzot réalise le documentaire *Le Mystère Picasso* dont l'image ci-contre présente un extrait. Clouzot ambitionne de saisir sur le vif le génie artistique, celui de Pablo Picasso, au cœur même de l'acte de création. La rapidité du trait de Picasso, pendant qu'il dessine sous l'œil de la caméra, lui permet de produire en un temps record plusieurs œuvres (dont *Nus*, *Toreros blessés* et *La Plage de la Garoupe*).

■ La vitesse d'exécution de Picasso, illustrée par ce documentaire, s'oppose à la lenteur avec laquelle les peintres de la Renaissance (en particulier) réalisaient leurs œuvres. Ainsi Léonard de Vinci consacrait souvent plusieurs années à la réalisation d'un seul tableau. Doit-on déduire de cette différence, dans le rythme de la création, que Picasso a su libérer son art de toute contrainte technicienne ?

## Réfléchir sur un texte

1° Le **génie** est le talent de produire ce dont on ne peut donner de **règle déterminée**, et non pas l'habileté qu'on peut montrer en faisant ce qu'on peut apprendre suivant une règle ; par conséquent, l'originalité est sa première qualité.
2° Comme il peut y avoir des **extravagances** originales, ses productions doivent être des modèles, elles doivent être exemplaires et, par conséquent, originales elles-mêmes ; elles doivent pouvoir être proposées à l'imitation, c'est-à-dire servir de mesure ou de règle d'appréciation.
3° Il ne peut lui-même décrire ou montrer **scientifiquement** comment il accomplit ses productions, mais il donne la règle par **une inspiration de la nature** et ainsi l'auteur d'une production, en étant redevable à son génie, ne sait pas lui-même comment les idées s'en trouvent en lui ; il n'est pas en son pouvoir d'en former de semblables à son gré et méthodiquement, et de communiquer aux autres des **préceptes** qui les mettent en état d'accomplir de semblables productions.

Emmanuel Kant, *Critique de la faculté de juger*, 1790, trad. A. Philonenko, Vrin.

**VOCABULAIRE**

**génie** : Kant évoque ici la notion de génie artistique.
**règle déterminée** : règle qui donne la marche à suivre pour l'exécution d'une œuvre.
**extravagances** : mot formé sur le latin *extra*, au-dehors, et *vagans*, errant. Il s'agit donc ici des œuvres qui s'égarent en dehors du sens commun.
**scientifiquement** : de manière rigoureuse, à l'aide du raisonnement.
**une inspiration de la nature** : en suivant ses dons et talents naturels.
**préceptes** : conseils ou règles constituant une méthode de production.

**1** Ce texte de Kant est-il en accord ou en contradiction avec les textes d'Alain et de Nietzsche proposés dans ce chapitre ? Justifiez votre réponse.

**2** Kant précise, dans le texte qui suit cet extrait, qu'un artisan connaît toujours la ***fin*** utile de son travail avant de le commencer. Dans l'art, au contraire, la fin se crée dans et par l'activité artistique elle-même. Commentez cette affirmation. **R**

*La Joconde*, portrait de Mona Lisa, Léonard de Vinci (1452-1519)

## S'interroger à partir d'une image

**Ce célèbre tableau est le portrait d'une jeune dame de Florence, *Mona Lisa*. Il a été commandé à Léonard de Vinci par l'époux de cette dernière, Francesco del Giocondo.**

**1** **Peut-on dire que ce tableau a été réalisé parce qu'il était utile aux uns et aux autres ? Si c'est le cas, essayez de préciser les différents intérêts auxquels il répondait.**

**2** **Aujourd'hui, cinq siècles plus tard, ce tableau est l'objet d'un intérêt universel. Selon vous, qu'est-ce qui intéresse maintenant le public dans cette œuvre ? Peut-on dire que c'est son utilité ? Justifiez votre réponse.**

# L'art est-il désintéressé ?

**Arendt** (1906-1975)

Philosophe juive d'origine allemande. L'accession au pouvoir des nazis l'amène à s'exiler en France, puis, lors des lois antijuives de Vichy, aux États-Unis. Elle est une des grandes figures féminines de la pensée. S'appuyant sur la lecture des philosophes de l'Antiquité, elle met en valeur le domaine politique comme expression essentielle de la liberté. Éclairant la nouvelle condition de l'homme dans le monde contemporain, elle la met en rapport avec l'émergence de totalitarismes brutaux.

**Œuvres :**
- *Les Origines du totalitarisme* (1951)
- *La Condition de l'homme moderne* (1958)
- *La Crise de la culture* (1968)

Parmi les objets qui donnent à **l'artifice humain** la stabilité sans laquelle les hommes n'y trouveraient point de **patrie**, il y en a qui n'ont strictement aucune utilité et qui en outre, parce qu'ils sont uniques, ne sont pas échangeables et défient par conséquent **l'égalisation** au moyen d'un dénominateur commun tel que l'argent ; si on les met sur le marché on ne peut fixer leurs prix qu'arbitrairement. Bien plus, les rapports que l'on a avec une œuvre d'art ne consistent certainement pas à « s'en servir » ; au contraire, pour trouver sa place convenable dans le monde, l'œuvre d'art doit être soigneusement écartée du contexte des objets d'usage ordinaires. Elle doit être de même écartée des besoins et des exigences de la vie quotidienne, avec laquelle elle a aussi peu de contacts que possible.

Hannah Arendt, *La Condition de l'homme moderne*, trad. G. Fradier, Agora,Presse-pocket, 1983..

**VOCABULAIRE**

**l'artifice humain** : l'ensemble des œuvres humaines.
**patrie** : il s'agit ici du monde rendu habitable par les réalisations humaines. Selon l'auteur, ce monde, pour être stable, doit être construit autour des objets dont la valeur est la plus durable. Ces objets sont les œuvres d'art.
**l'égalisation** : voir p. 59, le texte d'Aristote, ainsi que l'explication du mot « égaux » qui l'accompagne.

## Réfléchir à partir d'un texte

1. **Énoncez l'idée centrale de ce texte.**
2. **Expliquez : « *l'œuvre d'art doit être soigneusement écartée du contexte des objets d'usage ordinaires* ».**
3. **L'histoire du tableau de la page précédente confirme-t-elle la thèse de l'auteur ?**
4. **A-t-on raison de faire du commerce d'œuvres d'art ?**

## Confronter les textes

Comparez ce texte avec celui de la page précédente : sur quelles idées se rejoignent-ils ou s'opposent-ils ?

On s'aperçut que le royaume de l'imagination était une « réserve » qui avait été ménagée lors du passage, ressenti comme douloureux, du **principe de plaisir** au **principe de réalité**, afin de fournir un substitut à des **satisfactions pulsionnelles** auxquelles on avait dû renoncer dans la vie réelle. À l'instar du **névrosé**, l'artiste s'était retiré de la réalité insatisfaisante dans ce monde imaginaire, mais, à la différence du névrosé, il savait trouver le chemin qui permettait d'en sortir et de reprendre pied dans la réalité. Ses créations, les œuvres d'art, étaient des satisfactions **fantasmatiques** de **vœux inconscients** tout comme les rêves avec lesquels elles avaient également en commun le caractère de compromis, car elles aussi devaient éviter d'entrer en conflit ouvert avec les **puissances du refoulement**. Mais, à la différence des productions du rêve, **asociales** et **narcissiques**, elles étaient conçues pour que d'autres hommes y participassent, elles pouvaient susciter et satisfaire chez ceux-ci les mêmes motions de désirs inconscients. En outre, elles se servaient du plaisir que procure la perception de la beauté formelle comme d'une « prime de séduction ».

Freud, *Ma vie et la psychanalyse*, traduction de F. Cambon, Gallimard.

**VOCABULAIRE**

**principe du plaisir** : principe inné du psychisme humain qui conduit à éviter systématiquement tout déplaisir.
**principe de réalité** : modification du principe de plaisir pour tenir compte de la réalité. Selon ce principe, le psychisme accepte les déplaisirs liés à une satisfaction différée, transformée et partielle.
**satisfactions pulsionnelles** : c'est-à-dire selon le principe de plaisir.
**névrosé** : celui qui souffre d'une maladie psychique appelée névrose.
**fantasmatiques** : imaginaires.
**vœux inconscients** : désirs inconscients. Voir note suivante.
**les puissances du refoulement** : une partie de l'énergie psychique de l'individu est utilisée pour rejeter hors de la conscience les désirs qui poseraient trop de problèmes, et qui, dès lors, sont inconscients.
**asociales** : incompatibles avec les règles de la vie en société.
**narcissiques** : qui expriment l'amour de soi.

## Réfléchir sur une image

Énumérons les principales valeurs que l'on peut attribuer à un bouquet de fleurs sur une table :

**a)** il vaut un certain prix ;
**b)** il témoigne de l'affection de celui qui l'a offert ;
**c)** il apporte de la gaieté à la salle à manger ;
**d)** il sent bon ;
**e)** il est beau.

**1** Quelles sont les valeurs qui disparaissent en même temps que le bouquet se fane ?

**2** Quelle est la valeur, parmi celles restantes, qui peut disparaître en fonction des aléas de la vie ?

**3** Quelle est la valeur la plus « stable » (*voir texte central, page 37, ligne 2*) ?

## Maîtriser le vocabulaire

**1** Distinguez les significations que prend le mot ***intérêt*** dans chacune des locutions suivantes :

**a)** prendre intérêt à quelque chose ;

**b)** n'agir que par intérêt.

**2** De quelle signification (**a** ou **b**) la notion de ***désintéressement*** est-elle la négation dans la question-titre du chapitre : « L'art est-il désintéressé ? »

## Réfléchir sur un texte

Puisqu'il est difficile de vivre dans ce monde que l'on ne peut quitter, il faut le rendre un tant soit peu confortable, afin que la vie **éphémère** y soit vivable, ne fût-ce qu'en ce laps de temps éphémère. C'est alors que se déclare la vocation du poète, c'est alors que se révèle la mission du peintre. Tout artiste est précieux car il apaise le monde humain et enrichit le cœur des hommes.

Ce qui débarrasse de tout ennui ce monde, où il est difficile de vivre, et projette sous vos yeux un monde de grâce, c'est la poésie, c'est la peinture. Ou encore, c'est la musique et la sculpture. Pour être exact, il ne s'agit pas de projeter le monde. Il suffit d'y poser son regard directement, c'est là que naît la poésie et c'est là que le chant s'élève. Même si l'idée n'est pas couchée par écrit, le son du cristal résonne dans le cœur. Même si la peinture n'est pas étalée sur la toile, l'éclat des couleurs se reflète dans le regard intérieur. Il suffit de contempler le monde où l'on vit, et de contenir, avec pureté et clarté, dans l'appareil photographique de l'esprit, le monde d'ici-bas, **futile** et chaotique. C'est pourquoi un poète anonyme qui n'a pas écrit un seul vers, un peintre obscur qui n'a pas peint une seule toile, sont plus heureux qu'un millionnaire, qu'un prince, que toutes les célébrités du monde **trivial**, car les premiers savent observer la vie, peuvent s'abstraire de toute préoccupation, sont en mesure d'entrer dans le monde de la pureté, de construire l'univers unique et de balayer les contraintes de l'égoïsme.

Natsume Soseki, *Oreiller d'herbes*, trad. R. de Ceccatty, Rivages, 1987.

**VOCABULAIRE**

**éphémère** : de courte durée.
**futile** : superficiel.
**trivial** : sans valeur.

**1** En quoi l'art consiste-t-il essentiellement, selon l'auteur ?

**2** Établir un rapport artistique au monde, est-ce ne plus le considérer comme une ***cause***, mais seulement comme une ***fin*** (un but) ? Référez-vous à des passages précis du texte pour répondre. **R**

**3** En vous appuyant sur la question précédente, définissez le désintéressement.

**4** Peut-on dire que le désintéressement est la forme la plus élevée de l'intérêt ? Pourquoi ?

## Phrase à méditer

**L'architecture, c'est ce qui reste de l'édifice, la pierre ôtée.**

Comment comprenez-vous cette formule du philosophe grec Plotin (204-270) ?

a

b

c

## S'interroger à partir d'une image

Dans la *Critique de la faculté de juger* (1790), Kant distingue **beauté libre** et **beauté adhérente.** La beauté libre n'a d'autre fin qu'elle-même. C'est celle des œuvres d'art, offertes à la seule contemplation esthétique. La beauté adhérente, au contraire, provient du plaisir esthétique que suscite, dans un objet utilitaire, la parfaite adéquation de sa forme avec la fonction qu'il est destiné à remplir. Ainsi, d'après Kant, certains objets sont beaux parce que leur performance semble déjà s'annoncer dans la simple vision de leur apparence. En actualisant cette pensée à des exemples modernes, on pourrait parler aujourd'hui du sentiment de beauté que produit en nous la puissance d'une moto, la majesté d'un grand paquebot, ou encore le confort et la fonctionnalité d'une grande maison, etc.

- Les images de poteries ci-dessus permettent d'approfondir cette distinction. De tous temps les hommes ont voulu embellir les objets de leur vie quotidienne. Si ce vase égyptien, datant de la période 3800-3500 av. J.-C. (**a**) est sans fioritures, cette céramique française du VIII^e siècle (**b**), s'orne, elle, de dessins géométriques. Mais que dire de cette merveille faite de jade et de porcelaine (**c**), finement ouvragée par des artisans chinois du XIX^e siècle ? Peut-on alors appliquer à cette dernière le qualificatif de beauté adhérente, au sens que Kant donne à cette expression ?

# Un objet technique peut-il être beau ?

**Hume** (1770-1831)

Philosophe écossais. Sa vocation philosophique s'affirme de façon très précoce puisqu'à 23 ans il a déjà écrit son principal ouvrage. Ses œuvres ultérieures seront surtout consacrées à préciser ses premières intuitions. Devenu diplomate, il publie aussi une *Histoire de l'Angleterre*.

Sa doctrine philosophique s'inscrit dans le courant appelé empirisme. Les idées ne sont, selon lui, que les copies des impressions fournies par nos sens. Hume a remis en question le principe de causalité.

**Œuvres :**

- *Traité de la nature humaine* (1739)
- *Enquête sur l'entendement humain* (1748)

**VOCABULAIRE**

**le plaisir d'un étranger** : le plaisir qu'éprouve une personne étrangère.

**par sympathie** : c'est-à-dire quand, en pensée, nous nous mettons à la place d'une personne étrangère et que nous imaginons ce qu'elle ressent.

Notre sens de la beauté dépend beaucoup de ce principe : quand un objet a tendance à donner du plaisir à qui le possède, il est toujours regardé comme beau ; de même que celui qui tend à causer de la douleur est désagréable et laid. Ainsi, la commodité d'une maison, la fertilité d'un champ, la puissance d'un cheval ou le bon tonnage, la sécurité et la rapidité d'un vaisseau, constituent les beautés principales de ces différents objets. Ici, l'objet que l'on nomme beau ne plaît que par sa tendance à produire un certain effet. Cet effet est le plaisir, ou le profit, de quelque autre personne. Or, **le plaisir d'un étranger** pour lequel nous n'avons pas d'amitié nous plaît seulement **par sympathie**. C'est, par conséquent, à ce principe qu'est due la beauté que nous trouvons à tout ce qui est utile. Il apparaîtra aisément, après réflexion, combien ce principe joue pour une part considérable dans la beauté. À chaque fois qu'un objet tend à donner du plaisir à son possesseur, ou, en d'autres termes, quand il est la cause véritable du plaisir, il est sûr de plaire au spectateur, par une sympathie délicate avec le possesseur. On juge belles la plupart des œuvres d'art en proportion de leur adaptation à l'usage de l'homme, et même beaucoup des productions de la nature tirent leur beauté de cette source. Dans la plupart des cas, élégant et beau ne sont pas des qualités absolues mais relatives, et ne nous plaisent par rien d'autre que leur tendance à produire une fin qui est agréable.

David Hume, *Traité de la nature humaine - livre III : la morale*, Garnier-Flammarion, 1993.

## Réfléchir à partir d'un texte

**1** Dégagez la thèse centrale de ce texte et les différentes étapes de son argumentation.

**2** Expliquez la phrase : « *Ainsi, la commodité d'une maison, la fertilité d'un champ … constituent les beautés principales de ces différents objets* ». Que pensez-vous des exemples pris par Hume et des critères qu'il donne pour en justifier la beauté ?

**3** Quel lien peut-on établir entre ce texte et l'exercice sur images de la page précédente ?

## Confronter les textes

■ Comparez ce texte avec celui de la page précédente : sur quelles idées se rejoignent-ils ou s'opposent-ils ?

SOCRATE. — Ainsi, le corps nous contraint de désirer ce qui est utile, ou simplement commode ; et l'âme nous demande le beau ; mais le reste du monde, et ses lois comme ses hasards, nous oblige à considérer en tout ouvrage, la question de sa solidité.
PHÈDRE. — Mais ces principes, si distincts dans l'expression que tu en donnes, ne sont-ils pas, dans le fait, toujours mêlés ? Il me semblait parfois qu'une impression de beauté naquît de l'exactitude ; et qu'une sorte de volupté fût engendrée par la conformité presque miraculeuse d'un objet avec la fonction qu'il doit remplir. Il arrive que la perfection de cette aptitude excite en nos âmes le sentiment d'une parenté entre le beau et le nécessaire ; et que la facilité, ou la simplicité finales du résultat, comparées à la complication du problème, nous inspirent je ne sais quel enthousiasme. L'élégance inattendue nous enivre. Rien, dans ses heureuses fabrications, rien ne figure que d'utile : elles ne retiennent plus rien qui ne soit uniquement déduit des exigences de l'effet à obtenir ; mais on sent qu'il fallait presque un dieu pour une déduction si pure [...] Il y a aussi des discours si brefs, et dont quelques-uns n'ont qu'un mot ; mais si pleins, et qui dans leur nette énergie, répondent à tout si profondément, qu'ils paraissent concentrer des années de discussion internes et d'éliminations secrètes ; ils sont indivisibles et décisifs comme des actes souverains. Les hommes vivront longtemps de ces quelques paroles ! [...] Et les géomètres ? Crois-tu qu'il n'y ait pas chez eux une recherche singulière, et des exemples merveilleux de cette espèce rigoureuse de beauté ?

Paul Valéry, *Eupalinos*, Gallimard, 1921.

## Réfléchir sur une image

L'image ci-contre, prise en 2003, nous montre des New-Yorkais manifestant contre la guerre en Irak. Ils ont confectionné des pancartes à l'aide de reproductions découpées du tableau de Pablo Picasso, *Guernica*.

Ainsi l'œuvre du peintre semble, par cet acte, cesser de devenir pur objet de contemplation esthétique pour servir la contestation.

■ Peut-on dire alors que le beau est devenu, ici, *utile* ?

## Maîtriser le vocabulaire

Hume écrit dans le texte d'ouverture : « *Dans la plupart des cas,* élégant *et* beau *ne sont pas des qualités* ***absolues*** *mais* ***relatives*** » **R**

**1** Expliquez, dans le contexte de cette phrase, les sens précis des adjectifs ***absolus*** et ***relatifs***.

**2** Comment définissez-vous le terme ***élégant*** ? Peut-on en faire un synonyme de ***beau*** ? Justifiez votre réponse.

## Reconstituer une argumentation

■ Dégagez l'idée centrale du texte suivant ainsi que les différentes étapes de son argumentation.

Il est possible de percevoir tout objet, naturel ou créé par l'homme, **sur le mode esthétique**. Nous le faisons [...] quand nous nous en tenons à le regarder (ou à l'écouter) sans aucune référence (intellectuelle ou émotive) à quoi que ce soit d'extérieur à lui. Quand on regarde un arbre en charpentier, on lui associera les divers usages qu'on peut faire de son bois ; en **ornithologue**, on lui associera les oiseaux qui peuvent s'y nicher. Quand à une course de chevaux un joueur observe l'animal sur lequel il a misé, il associera à sa performance le désir qu'il a de le voir gagner. Seul celui qui s'abandonne simplement et tout entier à l'objet de sa perception le perçoit esthétiquement.

Mais il faut distinguer : en face d'un objet naturel, il dépend de nous seuls que nous choisissons ou non de le percevoir esthétiquement. Un objet créé de main d'homme au contraire, sollicite ou ne sollicite pas une telle perception : il est investi, disent les philosophes, d'une intention. Si je choisissais, comme il m'est loisible de le faire, de percevoir esthétiquement un feu rouge réglant la circulation, au lieu de l'associer à l'idée d'appuyer sur mon frein, j'agirais contre l'intention des feux rouges.

Les objets créés de main d'homme qui ne sollicitent pas une perception d'ordre esthétique sont communément appelés « **pratiques** ». On peut les répartir en deux classes : les véhicules d'information et les outils ou appareils. Un véhicule d'information a pour « intention » de transmettre un message. Un outil ou appareil a pour intention de remplir une fonction (fonction qui, à son tour, peut consister à produire ou transmettre des informations, comme c'est le cas pour une machine à écrire, ou pour le feu rouge dont je parlais).

Erwin Panofsky, *L'Œuvre d'art et ses significations*, 1955, trad. B. et M. Teyssèdre, Gallimard.

**VOCABULAIRE**

**sur le mode esthétique** : en ne considérant que la beauté de l'objet (et non pas son utilité ou sa fonction).
**ornithologue** : scientifique qui étudie le comportement des oiseaux.
**pratiques** : ici, tournés vers l'action et la réalisation d'une fonction utilitaire.

## Apprendre à argumenter

■ Recherchez les arguments qui peuvent appuyer chacune des deux thèses en présence. Classez-les dans chaque colonne en commençant par le plus faible et en terminant par le plus solide.

### Un objet technique peut-il devenir une œuvre d'art ?

• **Thèse A :** Non, on ne peut pas confondre, un objet technique avec une œuvre d'art car...

• **Thèse B :** Oui, un objet technique peut se transformer en œuvre d'art quand...

*L'hélicoptère et la libellule présentent de grandes similitudes « techniques ». L'un et l'autre ont un mécanisme indépendant pour la propulsion et la direction et peuvent orienter leurs pales ou leurs ailes pour offrir moins de résistance à l'air.*

*Les voiliers rapides et les planeurs ont souvent emprunté leur forme aux ailes des oiseaux marins. Un albatros peut planer plusieurs heures sans le moindre battement d'aile. Il y a des décennies, Manfred Curry avait équipé son voilier d'une grand-voile haute et droite, en se basant sur l'aile de l'albatros. Grâce à cette nouveauté, il remporta de nombreuses régates.*

D'après *L'Album des jeunes*, Sélection du *Reader's Digest*, 1991.

## S'interroger à partir d'une image

**Les images ici présentées sont extraites de l'article « Quand la nature nous cède ses brevets », de B. Kresling et W. Nachtigal, et sont parues dans un ouvrage de vulgarisation scientifique. Elles ont pour objectif de montrer en quoi consiste la science appelée « biotechnique », discipline qui tente d'appliquer le fonctionnement des organes du mouvement chez certaines espèces à l'invention d'objets techniques.**

**1** Lisez attentivement la présentation qui est faite du mécanisme de propulsion animal par rapport à sa traduction dans un objet technique (pales d'hélicoptère, voiles d'un voilier). Peut-on dire que, dans ces cas précis, l'activité est purement imitative ?

**2** Dans la négative, où pourrait-on situer l'originalité et la créativité du technicien ?

**3** Connaissez-vous d'autres exemples, tirés de la technologie humaine, à partir desquels les deux questions précédentes pourraient s'appliquer ?

# L'originalité est-elle du côté de l'art ou de la technique ?

**Hegel** (1770-1831)

Philosophe allemand. Captivé dans sa jeunesse par les épisodes de la Révolution française, il a l'ambition de résoudre le problème du sens de l'Histoire. Il comprend l'Histoire comme le lieu où se réalise la Raison, au moyen du déchaînement des passions humaines. Dans cette perspective, son œuvre vise un savoir encyclopédique en s'efforçant de rendre compte de toutes les manifestations de l'esprit selon la logique du développement historique. Il est ainsi l'auteur de travaux sur l'esthétique qui ont eu une grande influence sur de nombreux artistes contemporains.

**Œuvres :**
- *Phénoménologie de l'esprit* (1807-1816)
- *Esthétique* (1832)

Il y a des portraits dont on a dit **assez spirituellement** qu'ils sont ressemblants jusqu'à la nausée. D'une façon générale, la joie que procure une imitation réussie ne peut être qu'une joie toute relative, car dans l'imitation de la nature, le contenu, la matière sont des données qu'on n'a que la peine d'utiliser. L'homme devrait éprouver une joie plus grande en produisant quelque chose qui soit bien de lui, quelque chose qui lui soit particulier et dont il puisse dire qu'il est sien. Tout outil technique, un navire par exemple ou, plus particulièrement, un instrument scientifique doit lui procurer plus de joie, parce que c'est sa propre œuvre, et non une imitation. Le plus mauvais outil technique a plus de valeur à ses yeux ; il peut être fier d'avoir inventé le marteau, le clou, parce que ce sont des inventions originales, et non imitées. L'homme montre mieux son habileté dans des productions surgissant de l'esprit qu'en imitant la nature.

Friedrich Hegel, *Cours d'esthétique* I, trad. J.-P. Lefebvre et V. von Schenck, Paris, Aubier, 1995.

**VOCABULAIRE**

**assez spirituellement** : en faisant preuve d'humour («d'esprit») au point de faire d'une perfection supposée (l'extrême ressemblance d'un portrait) la source d'un véritable malaise («nausée»).

## Réfléchir à partir d'un texte

**1** **Dégagez l'idée principale du texte et les différentes étapes de l'argumentation.**

**2** **Expliquez : «*dans l'imitation de la nature, le contenu, la matière sont des données qu'on n'a que la peine d'utiliser*».**

**3** **L'auteur affirme que «*le marteau, le clou*» sont des inventions «originales». Comment définiriez-vous, dans le contexte de cette affirmation, le terme *originalité* ?**

**4** **Le texte de Hegel s'appuie sur une certaine conception de l'art et de sa fonction. Laquelle ? Quelle conception de l'art, résolument plus moderne, pourrait-on lui opposer ?**

**5** **Le thème de l'exercice de la page précédente vous paraît-il en mesure de remettre en question l'ensemble de l'argumentation de Hegel ?**

## Confronter les textes

■ Comparez le texte ci-dessous avec celui de la page précédente : sur quelles idées se rejoignent-ils ou s'opposent-ils ?

**VOCABULAIRE**

**favoris de la nature** : les génies artistiques ont été, selon Kant, «favorisés» par la nature, puisque celle-ci leur a attribué un don (pour la peinture, la musique, etc.).
**une limite lui est imposée** : Kant veut dire que le don d'un grand artiste peut lui permettre d'atteindre une forme de perfection dans son art, perfection qu'il ne peut, par définition, dépasser. En ce sens, le don contient et impose sa propre «limite».

Dans le domaine scientifique ainsi, le plus remarquable auteur de découvertes ne se distingue que par le degré de l'imitateur et de l'écolier le plus laborieux, tandis qu'il est spécifiquement différent de celui que la nature a doué pour les beaux-arts. Il ne faut cependant pas voir en ceci une quelconque dépréciation de ces grands hommes auxquels l'espèce humaine doit tant, par rapport à ceux qui par leur talent pour les beaux-arts sont les **favoris de la nature**. Le grand privilège des premiers par rapport à ceux qui méritent l'honneur d'être appelés des génies, c'est que leur talent consiste à contribuer à la perfection toujours croissante des connaissances et de l'utilité qui en dépend, comme à instruire les autres dans ces mêmes connaissances. Mais pour le génie l'art s'arrête quelque part, puisqu'**une limite lui est imposée** au-delà de laquelle il ne peut aller, limite qu'il a d'ailleurs vraisemblablement déjà atteinte depuis longtemps et qui ne peut plus être reculée.

Emmanuel Kant, *Critique de la faculté de juger*, 1790, introduit et traduit par A. Philonenko, Librairie philosophique J. Vrin, 1965.

## Réfléchir sur une image

En affirmant, dans le texte d'ouverture, que «*le marteau, le clou… sont des inventions originales, et non imitées*», Hegel met l'accent sur le fait que ces outils techniques ne sont les copies d'aucune réalité existant déjà dans la nature. Leur invention est due à l'imagination créatrice d'hommes dont l'histoire a oublié le nom.
Toutefois, on pourrait observer qu'un objet technique, aussi original soit-il, doit posséder une forme qui lui est imposée par sa fonction. Sans quoi, il ne pourrait plus servir à remplir l'usage qui lui est destiné. Ainsi, les images suivantes présentent-elles des objets utilitaires (des chaises) qui, tout en ayant des apparences originales, conservent la forme qui leur permettra d'assurer leur fonction.

*La «Chaise bien tempérée» de Ron Arad est faite de feuilles de tôle souples.*

*Les créations d'Yves Boucard se distinguent par leurs dossiers inhabituels.*

*Le Français André Dubreuil préfère les formes légères et élancées*

**1** Comment appelle-t-on le type de production artisanale et technique qui tente d'unir en un même objet fonctionnalité et originalité ?

**R** **2** Quel adjectif convient le mieux pour caractériser le style de chacun des artisans, créateurs de ces chaises : ***universel*** - ***général*** - ***particulier*** - ***singulier*** ? Justifiez votre réponse

## Réfléchir sur une image

Dans le texte d'ouverture, Hegel écrit qu'il y a «*des portraits dont on a dit assez spirituellement qu'ils sont ressemblants jusqu'à la nausée*». Cette critique, si elle s'adresse en premier lieu à la peinture imitative, pourrait *a fortiori* s'appliquer à l'art photographique, qui n'existait pas encore à l'époque de Hegel. Pour la photo, en effet, il semble qu'on puisse dire que la «ressemblance» est parfaite entre le modèle et sa représentation. L'œuvre ci-contre, intitulée *Autoportrait*, pour laquelle l'artiste contemporain Jean-Olivier Hucleux s'est pris lui-même en photo, semble le prouver aisément.

1. Pensez-vous que l'analyse développée par Hegel à propos de l'imitation en peinture puisse s'appliquer au cas de la photographie ? En particulier, peut-on dire qu'une photo est une imitation ?
2. N'y a-t-il pas une part d'originalité dans toute grande œuvre de l'art photographique ? Si oui, quels pourraient en être les critères les plus généraux ?
3. Plus globalement, comment définiriez-vous la différence qui existe entre la photographie comme art et la photographie comme technique au service de l'industrie et de la science ?
4. Enfin, trouvez-vous l'œuvre de Jean-Olivier Hucleux originale ? Quelle que soit votre réponse, sachez qu'il s'agit, en réalité, d'un dessin exécuté à la mine de plomb par l'auteur d'après une photo de lui-même. Que cherche-t-il alors, par là, à imiter ?

## Reconstituer une argumentation

■ Dégagez l'idée centrale du texte suivant ainsi que les différentes étapes de son argumentation.

La tendance à l'imitation est instinctive chez l'homme et dès l'enfance. Sur ce point il se distingue de tous les autres êtres, par son aptitude très développée à l'imitation. C'est par l'imitation qu'il acquiert ses premières connaissances, c'est par elle que tous éprouvent du plaisir. La preuve en est visiblement fournie par les faits : des objets réels que nous ne pouvons pas regarder sans éprouver du déplaisir, nous en contemplons avec plaisir l'image la plus fidèle ; c'est le cas des bêtes sauvages les plus repoussantes et des cadavres. La cause en est que l'acquisition d'une connaissance ravit non seulement le philosophe, mais tous les humains, même s'ils ne goûtent pas longtemps cette satisfaction. Ils ont du plaisir à regarder ces images, dont la vue d'abord les instruit et les fait raisonner sur chacune. S'il arrive qu'ils n'aient pas encore vu l'objet représenté, ce n'est pas l'imitation qui produit le plaisir, mais la parfaite exécution, ou la couleur ou une autre cause du même ordre.

Aristote, *Poétique*, IV, trad. J. Hardy, Les Belles Lettres.

## Rédiger un essai

■ Rédigez un court essai à partir de la question suivante, sans vous limiter à l'exposition d'une simple opinion, mais en vous appuyant sur des arguments précis.

**L'imitation exclut-elle toute originalité ?**

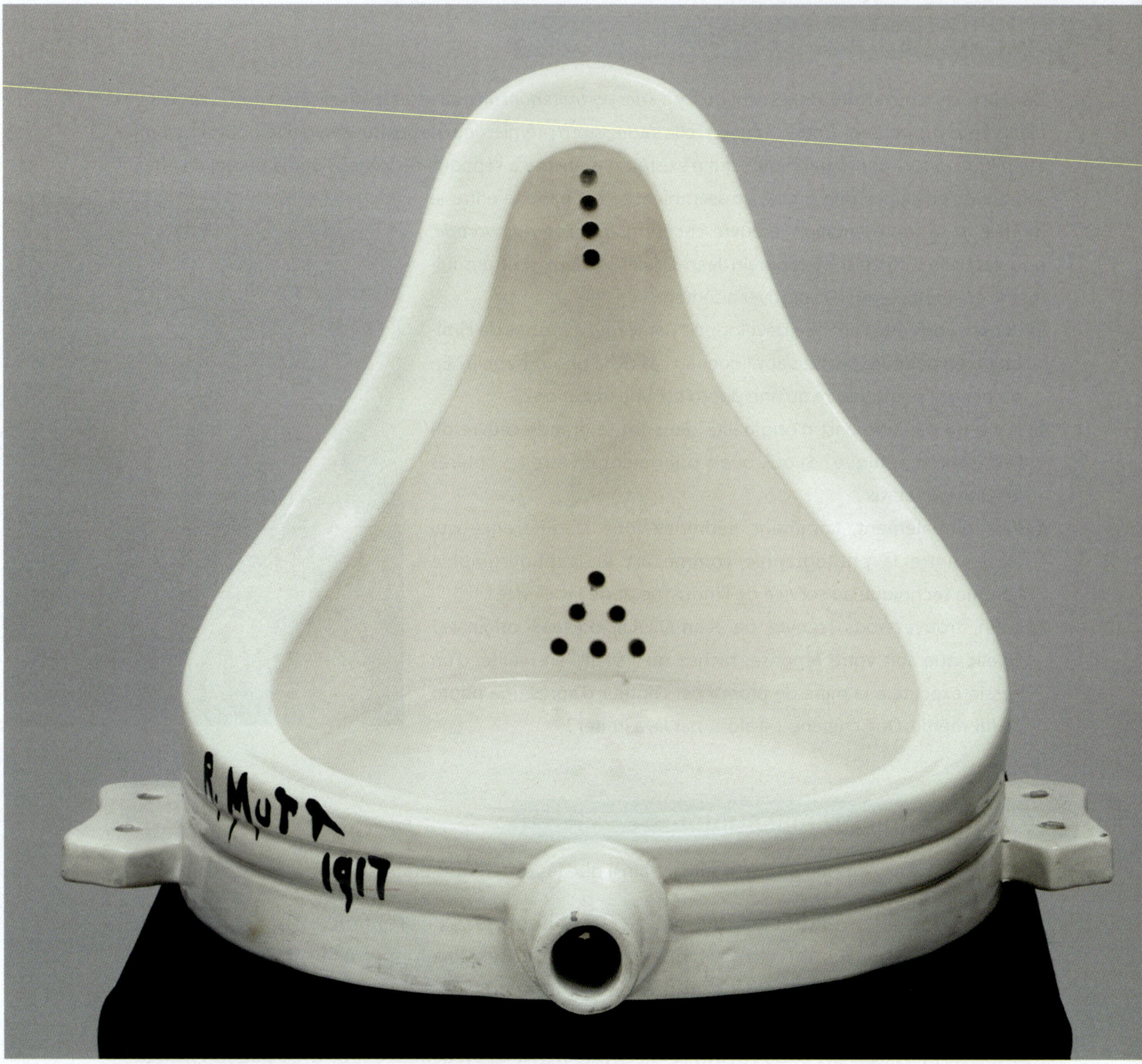


***Fountain***, Marcel Duchamp (1887-1968)

## S'interroger à partir d'une image

**L'œuvre ci-dessus est célèbre autant par le scandale que son exposition provoqua, en 1917, que par la force du message dont elle était porteuse. Elle nous présente un urinoir mis à l'envers. Pour Duchamp, il s'agissait alors de contester radicalement l'opposition traditionnelle de l'art et de la technique. Rejetant la glorification traditionnelle du « génie artistique » par rapport au mépris souvent affiché envers l'artisan, il alla jusqu'à inscrire le nom du fabricant de sanitaires (un certain R. Mutt) sur l'urinoir exposé.**

1. **Cette œuvre vous choque-t-elle ? Mérite-t-elle même, à votre avis, le nom d'« œuvre d'art » ?**
2. **Peut-on dire que Duchamp rend ici hommage aux artisans et qu'il les valorise par rapport aux artistes ?**
3. **Quelle nouvelle conception de l'art se dégage de cet acte audacieux ? Qu'est-ce qui permet, dans ce contexte, de reconnaître une œuvre d'art d'un simple objet technique ?**

# La technique a-t-elle moins de valeur que l'art ?

**D'Alembert** (1717-1783)

Écrivain, philosophe et mathématicien français. Abandonné par sa mère à la naissance, recueilli et élevé par la femme d'un vitrier, il manifeste une intelligence précoce et entre à l'Académie des sciences à 24 ans. Engagé dans le mouvement des Lumières contre l'obscurantisme religieux et l'absolutisme royal, il est l'un des fondateurs de l'*Encyclopédie*, qu'il abandonne par crainte des persécutions. Il écrit de nombreux opuscules philosophiques et des travaux mathématiques sur les équations différentielles.

Les **arts mécaniques** dépendant d'une opération manuelle, et asservis, qu'on me permette ce terme, à une espèce de routine, ont été abandonnés à ceux d'entre les hommes que les préjugés ont placés dans la classe la plus inférieure. L'**indigence** qui a forcé ces hommes à s'appliquer à un pareil travail, plus souvent que le goût et le génie ne les y ont entraînés, est devenue ensuite une raison pour les mépriser, tant elle nuit à tout ce qui l'accompagne. A l'égard des **opérations libres de l'esprit**, elles ont été le partage de ceux qui se sont crus sur ce point les plus favorisés de la nature. Cependant l'avantage que les **arts libéraux** ont sur les arts mécaniques, par le travail que les premiers exigent de l'esprit, et par la difficulté d'y exceller, est suffisamment compensé par l'utilité bien supérieure que les derniers nous procurent pour la plupart. C'est cette utilité même qui a forcé de les réduire à des opérations purement machinales, pour en faciliter la pratique à un plus grand nombre d'hommes. Mais la société, en respectant avec justice les **grands génies** qui l'éclairent, ne doit point avilir les mains qui la servent.

Jean Le Rond d'Alembert, *Discours préliminaire des éditeurs de l'Encyclopédie*, 1751, introduit et annoté par M. Malherbe, Librairie philosophique J. Vrin, 2000.

**VOCABULAIRE**

**arts mécaniques** : depuis le XVI^e siécle, l'expression « arts mécaniques » désigne toutes les activités manuelles (artisanat, technique) commandées par l'application mécanique de mêmes méthodes de production. La peinture est considérée jusqu'à la fin du XVI^e siècle comme un art mécanique et ne gagne ses lettres de noblesse, qu'avec les courants picturaux de la Renaissance italienne.

**indigence** : pauvreté.

**opérations libres de l'esprit** : les travaux artistiques ou scientifiques se composent d'« opérations libres » car ils ne consistent pas en l'application machinale d'une méthode de production, mais supposent recherche, inventivité et innovation.

**arts libéraux** : ensemble des activités orientées vers le travail de l'esprit (science, philosophie), qu'il s'agisse d'un travail de connaissance ou à finalité esthétique (les Beaux-Arts et, en particulier, la poésie).

**grands génies** : D'Alembert fait allusion, ici, aux grands génies de la science.

## Réfléchir à partir d'un texte

1. **Sur quelle opposition est bâti l'ensemble du texte ?**
2. **Comment d'Alembert explique-t-il le fait que certains s'adonnent aux arts mécaniques plutôt qu'aux arts libéraux ? Cette explication vous paraît-elle suffisante ?**
3. **La distinction entre *arts libéraux* et *arts mécaniques* vous paraît-elle dépassée ou est-elle encore aujourd'hui légitime ? Expliquez, dans votre réponse, le sens que vous donnez à ce dernier terme.**

## Confronter les textes

Comparez ce texte avec celui de la page précédente : sur quelles idées se rejoignent-ils ou s'opposent-ils ?

La civilisation repose sur l'artisan et la situation de celui-ci dans le **dispositif fonctionnel** correspond à des faits que l'**ethnologie** a encore très incomplètement définis. Sa fonction est, parmi les fonctions fondamentales, celle qui prête le moins aux valorisations honorifiques. À travers toute l'histoire et dans tous les peuples, alors même que son action s'intègre étroitement dans le système religieux, il figure en retrait. Par rapport à la « sainteté » du prêtre, à l'« héroïsme » du guerrier, au « courage » du chasseur, au « prestige » de l'orateur, à la « noblesse » des tâches rurales mêmes, son action est simplement habile. C'est lui qui matérialise **ce qu'il y a de plus anthropien** dans l'homme, mais il se dégage de sa longue histoire le sentiment qu'il ne représente qu'un des deux pôles, celui de la main, **à l'antipode de** la méditation. À l'origine de la **discrimination** que nous laissons encore entre l'« intellectuel » et le « technique », se trouve la hiérarchie établie chez les **Anthropiens** entre action technique et langage, entre l'œuvre liée au plus réel de la réalité et celle qui s'appuie sur les symboles.

André Leroi-Gourhan, *Le Geste et la parole*, Paris, Albin Michel, 1966.

**VOCABULAIRE**

**dispositif fonctionnel** : répartition des fonctions au sein d'une société.
**ethnologie** : science qui se propose d'analyser les similitudes et les différences entre les cultures des différentes sociétés.
**ce qu'il y a de plus anthropien** : ce qui est le plus spécifique à la nature humaine.
**à l'antipode de** : complètement à l'opposé de.
**discrimination** : distinction, différence.
**Anthropiens** : mot formé à partir du grec *anthropos*, homme ; membres de l'espèce humaine.

## Réfléchir sur une image

La gravure ci-contre, datée de 1530, nous montre deux peintres étudiant les lois de la perspective. À la même époque, le peintre allemand Albrecht Dürer publie un traité de perspective très technique, intitulé *Instruction sur la manière de mesurer avec la règle et le compas*.

À la lumière de ces deux références, peut-on dire que le plus important dans l'art, c'est la maîtrise de la technique ?

## Réfléchir sur une image

Sachant que *La Joconde* de Léonard de Vinci est l'un des tableaux les plus célèbres et les plus vénérés de toute l'histoire de l'art, comment peut-on interpréter ce geste du peintre contemporain Marcel Duchamp ?
Duchamp a mis, en effet, des moustaches à la Joconde et a donné à son « œuvre » un titre fort peu révérencieux. Tentez de retrouver dans votre réponse la problématique déjà évoquée dans l'illustration d'ouverture de ce chapitre.

***Joconde à moustache (L.H.O.O.Q.)***, Marcel Duchamp

## Reconstituer une argumentation

■ Dégagez l'idée centrale du texte suivant ainsi que les différentes étapes de son argumentation.

Les artistes ont été les premiers responsables du mythe du génie créateur dont ils vont bientôt se sentir prisonniers et dont aujourd'hui encore ils ressentent le malaise [...]. Cette **mythification** de l'artiste n'a été cependant possible que parce qu'elle répondait à une aspiration collective diffuse. Il semble que, au fur et à mesure que la société occidentale s'est déchristianisée, elle ait reporté sa ferveur religieuse sur l'art. Les musées ont pris la relève des lieux de pèlerinage [...]. Le statut d'exception fait à l'art dans notre culture est tout à fait singulier si l'on songe que, après tout, l'impulsion artistique, **plus encore que le bon sens**, est la chose du monde la mieux partagée. Il n'est pas même besoin d'évoquer les sociétés dites primitives dont les manifestations symboliques ont un caractère essentiellement collectif. Dans notre société elle-même, chaque enfant, à quelque milieu qu'il appartienne, s'exprime spontanément par le chant, la danse, la mimique, le modelage, le dessin, avant même de savoir écrire. C'est justement l'alphabétisation qui paraît entraîner comme contrepartie une **inhibition** progressive de toutes les impulsions plastiques dans lesquelles le corps intervient trop directement. Le fait est qu'à l'âge de douze ans, l'adolescent occidental maîtrise la parole et la pensée conceptuelle, mais ne sait plus, ou n'a plus envie, ou n'ose plus ni chanter, ni peindre : le dressage éducatif a fini par lui faire rentrer ces impulsions dans le corps.

Michel Thévoz, « Art et Société », dans *Philosopher*, Fayard, 1980.

**VOCABULAIRE**

**mythification** : transformation en mythe. Dans ce passage, le mot « mythe » désigne la représentation idéalisée et simplifiée qu'une société élabore au sujet d'un fait ou d'un individu (ici, l'artiste).
**plus encore que le bon sens** : allusion à une phrase de Descartes, qui affirme dans le *Discours de la méthode* (1637), que « *le bon sens est la chose du monde la mieux partagée* ».
**inhibition** : interdit qui a été intériorisé par un individu et qui se traduit par l'empêchement d'accomplir une certaine action (celle sur laquelle portait l'interdit).

## Apprendre à argumenter

■ Recherchez les arguments qui peuvent appuyer chacune des deux thèses en présence. Classez-les dans chaque colonne en commençant par le plus faible et en terminant par le plus solide.

### Y a-t-il davantage de sérieux dans la technique que dans l'art ?

• **Thèse A :** Oui. L'activité du technicien est plus sérieuse que celle de l'artiste car…

• **Thèse B :** Non. Il y a aussi du sérieux dans l'art car…

# L'art et la technique

1 *Un objet technique peut-il devenir une œuvre d'art ?*

2 *Peut-on juger une culture à partir des productions de son art et de sa technique ?*

3 *La nature : qu'est-elle pour le technicien et pour l'artiste ?*

4 *Faut-il avoir des compétences techniques pour apprécier une œuvre d'art ?*

5 *Qu'est-ce qui distingue une œuvre d'art d'un objet quelconque ?*

6 *L'habileté technique suffit-elle à définir l'artiste ?*

7 *Les qualités de l'artiste sont-elles celles de l'artisan ?*

8 *Le génie des artistes exclut-il tout apprentissage ?*

9 *Les œuvres d'art sont-elles des produits de luxe ?*

10 *Peut-on parler d'un art industriel ?*

11 *La publicité peut-elle être considérée comme un art ?*

12 *Existe-t-il un progrès de l'art, comme il existe un progrès des techniques ?*

13 *Qu'est-ce qui distingue la création artistique et l'invention technique ?*

14 *Dans une civilisation sans cesse transformée par les innovations techniques, quelle peut être la fonction de l'art ?*

15 *L'expression « règne de la technique » signifie-t-elle absence de toute autre forme de pouvoir ?*

16 *Notre rapport au monde est-il essentiellement technique ?*

17 *Peut-il y avoir du génie chez un artisan ?*

18 *La valeur d'une civilisation se réduit-elle au développement de sa technique ?*

19 *L'évolution de l'art dépend-elle de celle des techniques ?*

20 *Y a-t-il davantage de sérieux dans la technique que dans l'art ?*

# Les échanges

SOMMAIRE

CHAPITRE 9
**Les échanges sont-ils à l'origine du lien social ?** (ROUSSEAU)
CHAPITRE 10
**À quelle condition un échange est-il possible ?** (ARISTOTE)
CHAPITRE 11
**L'intérêt personnel est-il le moteur de l'échange ?** (SMITH)
CHAPITRE 12
**Le droit de propriété est-il naturel ou culturel ?** (LOCKE)
CHAPITRE 13
**Le don est-il un échange déguisé ?** (MAUSS)
CHAPITRE 14
**N'y a-t-il d'échange qu'économique ?** (LÉVI-STRAUSS)

Utilisé au singulier, le mot « échange » désigne le fait de donner une chose contre autre chose. Ainsi, un enfant peut échanger une image contre une autre, avec un de ses camarades, collectionneur comme lui. C'est donc d'abord un principe de « réciprocité » voulu et admis qui fonde l'échange.

Mais en utilisant ce mot au pluriel, et en parlant « des échanges », on se réfère plus précisément à un ensemble organisé de transactions. Il est habituel de définir cet ensemble comme celui des échanges économiques, où, à l'intérieur d'une société, les hommes échangent le fruit de leur travail contre celui des autres. Comme le signale Rousseau, le travail apparaît alors comme l'objet principal de l'échange, et comme le moteur des interdépendances qui lient les hommes au sein d'une société (**CHAPITRE 9**).

Si le résultat du travail constitue ce qui est échangé, la monnaie est ce qui rend possible l'échange lui-même. En effet, nous dit Aristote, elle seule rend les choses « commensurables » entre elles, ce qui signifie qu'elle permet d'instaurer un système de mesure commun entre des biens de nature différente (**CHAPITRE 10**).

Tourné vers l'échange, le travail est ainsi facteur de coordination sociale. Pourtant, tout homme ne travaille que pour satisfaire ses besoins personnels et assurer son seul profit. Comment alors concilier les deux aspects précédents, en apparence contradictoires ? Selon Adam Smith, c'est précisément de la conjonction des égoïsmes économiques que naissent la cohésion et la complémentarité d'une société (**CHAPITRE 11**).

Mais, en définitive, qu'avons-nous vraiment le droit d'échanger ? Uniquement les choses sur lesquelles nous avons un droit de propriété, répond Locke. Et seul le travail, grâce auquel nous transformons le donné naturel et le faisons *nôtre*, peut nous donner un tel droit (**CHAPITRE 12**).

Les analyses précédentes nous amènent à concevoir les transactions économiques comme le seul véritable modèle de l'échange. Échanger son travail contre celui d'un autre, c'est admettre qu'on n'a rien sans rien, et que tout se paie. Le don apparaîtrait alors comme l'antithèse de l'échange, puisque, par définition, lorsqu'on donne, on n'attend rien en retour. Marcel Mauss a montré que cette vision des choses était fausse, et que le don est au contraire la plus ancienne forme de l'échange (**CHAPITRE 13**).

En réalité, la notion d'échange dépasse de beaucoup la dimension purement économique. Comme le montre Claude Lévi-Strauss, on n'échange pas seulement des biens ou des services, mais à travers eux, on diffuse des symboles, du sens, des significations. Autrement dit, derrière tout échange économique se profile un processus de communication (**CHAPITRE 14**).

## CHAPITRE 9

***The City***, George Grosz (1893-1959)

## S'interroger à partir d'une image

**Le tableau ci-dessus est l'œuvre du peintre d'origine allemande (naturalisé américain) George Grosz. On y trouve des références aux villes de New York, Paris et surtout Berlin, sa ville natale.**

1. **Quelle impression d'ensemble se dégage de cette œuvre ?**
2. **Quels éléments du tableau évoquent le thème de l'échange ?**
3. **Quelle vision de la vie en société le peintre veut-il nous faire partager ?**

# Les échanges sont-ils à l'origine du lien social ?

**Rousseau** (1712-1778)

Philosophe et écrivain français. Très tôt privé de famille, c'est en autodidacte qu'il se forme. Ambitionnant en un premier temps de composer de la musique, il révèle par la suite sa vocation philosophique en remportant un concours à l'âge de 38 ans.

Son œuvre de philosophie politique a eu une influence considérable sur les acteurs de la Révolution française. Rousseau s'est attaché à réfléchir sur les fondements de la légitimité du pouvoir. Cette réflexion est solidaire d'une critique radicale des injustices de la société de son temps.

**Œuvres :**

- *Discours sur l'origine de l'inégalité* (1755)
- *Émile* (1762)
- *Le Contrat social* (1762)

**VOCABULAIRE**

**commerce** : ici, ensemble des relations entre les hommes.

Tant que les hommes se contentèrent de leurs cabanes rustiques, tant qu'ils se bornèrent à coudre leurs habits de peaux avec des épines ou des arêtes, à se parer de plumes et de coquillages à se peindre le corps de diverses couleurs, à perfectionner ou embellir leurs arcs et leurs flèches, à tailler avec des pierres tranchantes quelques canots de pêcheurs ou quelques grossiers instruments de musique ; en un mot, tant qu'ils ne s'appliquèrent qu'à des ouvrages qu'un seul pouvait faire, et qu'à des arts qui n'avaient pas besoin du concours de plusieurs mains, ils vécurent libres, sains, bons et heureux autant qu'ils pouvaient l'être par leur nature et continuèrent à jouir entre eux des douceurs d'un **commerce** indépendant : mais dès l'instant qu'un homme eut besoin du secours d'un autre, dès qu'on s'aperçut qu'il était utile à un seul d'avoir des provisions pour deux, l'égalité disparut, la propriété s'introduisit, le travail devint nécessaire, et les vastes forêts se changèrent en des campagnes riantes qu'il fallut arroser de la sueur des hommes, et dans lesquelles on vit bientôt l'esclavage et la misère germer et croître avec les moissons.

Jean-Jacques Rousseau, *Discours sur l'origine de l'inégalité*, 1755.

## Réfléchir à partir d'un texte

**1** **Autour de quelle opposition le texte de Rousseau est-il bâti ?**

**2** **Expliquez les expressions suivantes : « *ils vécurent libres, sains, bons et heureux autant qu'ils pouvaient l'être par leur nature* » ; « *le travail devint nécessaire* ».**

**3** **Cet extrait remet-il en cause la nécessité des échanges et de la division du travail ?**

## Confronter les textes

■ Comparez ce texte avec celui de la page précédente : sur quelles idées se rejoignent-ils ou s'opposent-ils ?

Notre sûreté [...] a-t-elle d'autre base qu'un échange mutuel de services ? Notre unique ressource en cette vie, notre seul rempart contre les attaques imprévues, repose sur ce commerce de bienfaits. Suppose l'homme isolé : qu'est-il ? La proie des bêtes sauvages, la victime la plus désarmée, le sang le plus facile à verser. Les autres animaux sont assez forts pour se protéger eux-mêmes : chez eux les races vagabondes, et qui doivent vivre solitaires, naissent toutes armées. L'homme n'est environné que de faiblesse : il n'a ni la puissance des ongles ni celle des dents pour se faire redouter ; nu, sans défense, l'association est son bouclier. Dieu lui a donné deux choses qui d'un être précaire l'ont rendu le plus fort de tous : la raison et la sociabilité. Il n'eût été l'égal d'aucun dans l'état d'isolement, et le voilà maître du monde. La société le constitue dominateur de tout ce qui respire ; **lié pour la terre**, la société le fait passer en souverain sur **un élément** qui n'est pas le sien et lui livre par surcroît l'empire des mers. Elle écarte de lui l'invasion des maladies, prépare de loin des appuis à sa vieillesse, apporte des soulagements à ses douleurs ; elle nous rend courageux, car elle nous permet d'en appeler contre **la Fortune**. Détruis la société, et l'unité de l'espèce humaine, par laquelle subsistent les individus, se rompra.

Sénèque, *Des Bienfaits*, livre IV, chapitre 18.

**VOCABULAIRE**

**lié pour la terre** : constitué pour vivre sur terre.
**un élément** : ici, l'élément marin.
**la Fortune** : les caprices du destin.

## Réfléchir sur une image

Les images suivantes sont extraites d'un ouvrage d'économie et illustrent deux modes de développement différents du secteur agricole.

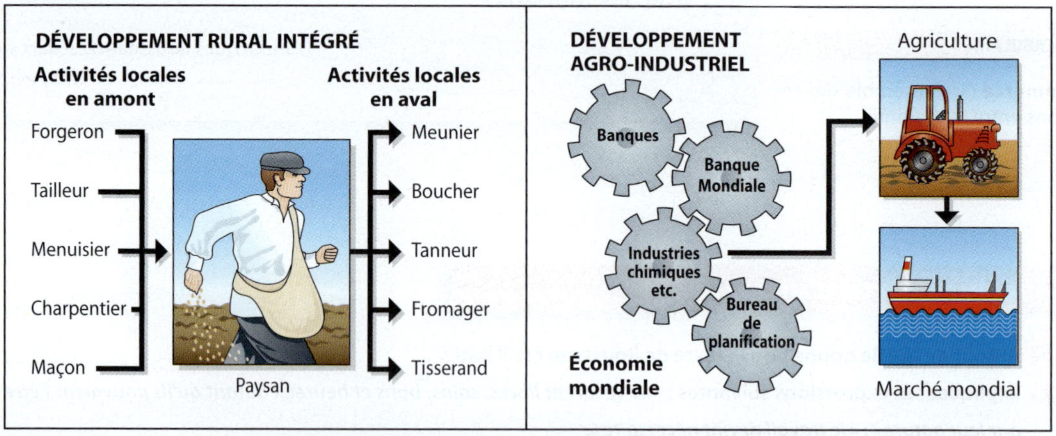


D'après R.-H. Strahm, *Pourquoi sont-ils si pauvres ?*, Éditions de la Baconnière, 1986.

**1** Comment peut-on caractériser les relations d'échanges, dans le cas du développement agro-industriel et dans celui du développement rural ?

**2** Dans quel cas les interdépendances entre activités vous paraissent-elles les plus visibles ? les plus humaines ? les plus efficaces ?

## Maîtriser le vocabulaire

Cherchez dans un dictionnaire le sens du mot ***autarcie***. À partir de la définition trouvée, tentez de répondre aux questions suivantes :

**1** Quel lien peut-on établir entre ce terme et le texte de Rousseau donné en ouverture ?

**2** L'image ci-contre évoque-t-elle pour vous la vie en autarcie ? Dans la négative, comment l'interpréteriez-vous ?

**3** Une vie en « autarcie économique » est possible ***en théorie***. Mais vous paraît-elle réalisable ***en pratique*** aujourd'hui ? Expliquez, dans votre réponse, le sens de la distinction ***en théorie*** / ***en pratique***.

R

## Reconstituer une argumentation

Dégagez l'idée centrale du texte suivant ainsi que les différentes étapes de son argumentation.

La vie sociale dérive d'une double source, la **similitude des consciences** et la division du travail social [...] Parce que l'individu ne se suffit pas, c'est de la société qu'il reçoit tout ce qui lui est nécessaire, comme c'est pour elle qu'il travaille. Ainsi se forme un sentiment très fort de l'état de dépendance où il se trouve : il s'habitue à s'estimer à sa juste valeur, c'est-à-dire à ne se regarder que comme la partie d'un tout, l'organe d'un organisme. De tels sentiments sont de nature à inspirer non seulement ces sacrifices journaliers qui assurent le développement régulier de la vie sociale quotidienne, mais encore, à l'occasion, des actes de renoncement complet et d'**abnégation** sans partage. De son côté la société apprend à regarder les membres qui la composent, non plus comme des choses sur lesquelles elle a des droits, mais comme des coopérateurs dont elle ne peut se passer et vis-à-vis desquels elle a des devoirs.

Émile Durkheim, *De la division du travail social*, 1893, PUF.

**VOCABULAIRE**

**similitude des consciences** : Durkheim appelle « similitude des consciences » le fait qu'une société se compose au départ de membres à peu près identiques et interchangeables. La division du travail, elle, va instaurer une spécialisation au sein des individus, et va donc accentuer leur différenciation.

**abnégation** : esprit de sacrifice.

## Phrase à méditer

**Ce n'est pas de la bienveillance du boucher ou du boulanger que nous attendons notre dîner... Nous ne nous adressons pas à leur humanité, mais à leur égoïsme.**

Comment doit-on comprendre cette phrase d'Adam Smith (1723-1790) ? Quel lien possède-t-elle avec le thème général de ce chapitre ?

## CHAPITRE 10

## Les éléments du prix d'une eau de toilette

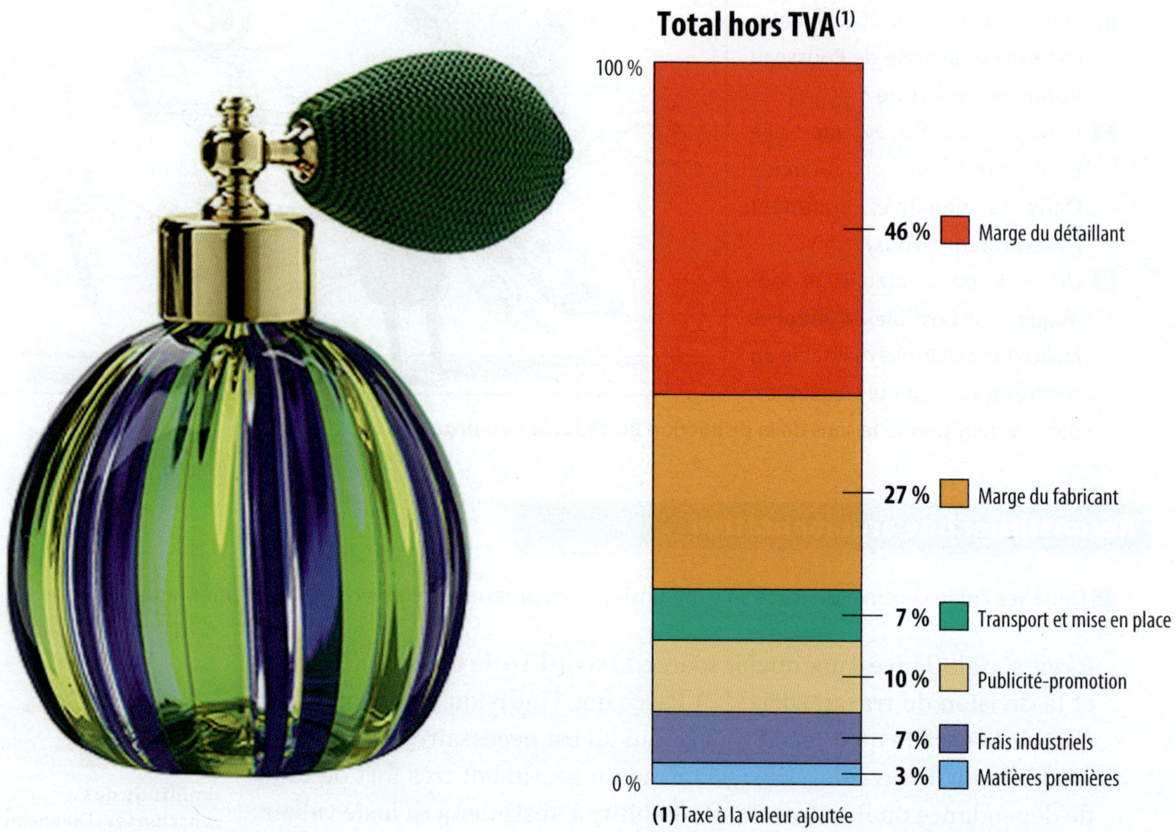


D'après *L'Expansion*, 6-19 novembre 198

## S'interroger à partir d'une image

**L'image ci-dessus, extraite d'un journal économique, nous précise quels sont les éléments qui interviennent dans la fixation du prix d'une eau de toilette. Examinez ces différents éléments. Chacun d'eux renvoie plus ou moins implicitement à un certain travail qui intervient dans la chaîne de production de l'eau de toilette.**

**1** **Nommez de manière explicite chacun des travaux auxquels font référence les différents pourcentages.**

**2** **Quels sont les critères qui valorisent le travail tourné vers l'échange, c'est-à-dire lié à la dimension commerciale du produit ?**

**3** **Quels sont ceux qui valorisent le travail de fabrication, c'est-à-dire les éléments liés à la dimension matérielle du produit ?**

**4** **En définitive que payons-nous le plus lorsque nous achetons une eau de toilette ? Qu'en concluez-vous par rapport à la notion d'échange ?**

# À quelle condition un échange est-il possible ?

**Aristote** (384-322 av. J.-C.)

L'un des plus importants philosophes grecs de l'Antiquité.
Originaire de Macédoine, c'est le fils du médecin du roi. Il est le précepteur du futur empereur Alexandre.
À Athènes, Aristote est l'élève de Platon, dont il critique ensuite la doctrine. Il y fonde une école philosophique dont le nom nous est devenu familier : le Lycée. Esprit universel, il s'intéresse à tous les domaines de la connaissance.
Sa philosophie, accommodée par la suite avec le christianisme, a fortement influencé la pensée occidentale.

**Œuvres :**
- *Physique*
- *Métaphysique*
- *Politique*
- *Éthique à Nicomaque*

Prenons, par exemple, un architecte A, un cordonnier B, une maison C, une chaussure D. Il faut que l'architecte reçoive du cordonnier le travail de celui-ci, et qu'il lui donne en échange le sien [...] Toutefois, il est indispensable auparavant de rendre [leurs travaux] **égaux**. Aussi faut-il que toutes choses soient en quelque façon comparables, quand on veut les échanger. C'est pourquoi on a recours à la monnaie, qui est, pour ainsi dire un **intermédiaire**. Elle mesure tout, la valeur **supérieure** d'un objet et la valeur inférieure d'un autre, par exemple combien il faut de chaussures pour **équivaloir** à une maison ou à l'alimentation d'une personne, faute de quoi, il n'y aura ni échange, ni **communauté de rapports**. Ce rapport ne serait pas réalisé, s'il n'existait un moyen d'établir l'égalité entre des choses dissemblables. Il est donc nécessaire de se référer pour tout à une mesure commune comme nous l'avons dit plus haut. Et cette mesure, c'est exactement le besoin que nous avons les uns des autres, lequel sauvegarde la vie sociale; car sans besoin, et sans besoins semblables, il n'y aurait pas d'échanges, ou les échanges seraient différents. La monnaie est devenue, en vertu d'une convention, pour ainsi dire, un moyen d'échange pour ce qui nous fait défaut. C'est pourquoi on lui a donné le nom de *nomisma* parce qu'elle est d'institution, non pas naturelle, mais légale (*nomos* : loi), et qu'il est en notre pouvoir, soit de la changer, soit de décréter qu'elle ne servira plus.

Aristote, *Éthique à Nicomaque*, trad. R. Bodéïs, Garnier-Flammarion.

**VOCABULAIRE**

**égaux** : Aristote veut dire que, pour échanger, il est nécessaire d'établir une relation d'égalité entre l'objet produit par le travail de l'architecte et par celui du cordonnier, sous la forme objet A = x objet B (par exemple : une maison égale tant de chaussures). « *Rendre égaux* » les travaux revient donc à exprimer la valeur d'une marchandise dans une autre marchandise.
**intermédiaire** : la monnaie mesure la valeur de chacun des deux objets (la maison, la chaussure) l'un par rapport à l'autre et se trouve donc à leur intersection (intermédiaire).
**supérieure** : un objet A possède une valeur supérieure à un objet B quand il faut un plus grand nombre d'objets B pour être équivalent à l'objet A.
**équivaloir** : posséder une valeur équivalente, identique.
**communauté de rapports** : plan commun sur lequel on peut établir une mise en relation (en rapport).

## Réfléchir à partir d'un texte

**1** **Quelle est, d'après le texte d'Aristote, la condition principale d'un échange ?**

**2** **Expliquez les phrases : « *Et cette mesure, c'est exactement le besoin que nous avons les uns des autres* » ; « *car sans besoin, et sans besoins semblables, il n'y aurait pas d'échanges* ».**

**3** **La valeur médiatrice de la monnaie suffit-elle à expliquer, à elle seule, comment un échange est possible ? Appuyez-vous sur l'exercice de la page précédente pour formuler votre réponse.**

## Confronter les textes

- Comparez ce texte avec celui de la page précédente : sur quelles idées se rejoignent-ils ou s'opposent-ils ?

L'eau et l'air sont très utiles et même indispensables à la vie ; il n'existe pourtant rien contre quoi, dans des circonstances normales, ils puissent être échangés. Au contraire, moins utile que l'eau ou l'air, l'or s'échange contre une grande quantité d'autres biens. L'utilité n'est donc pas la mesure de la **valeur d'échange**, bien qu'elle lui soit absolument essentielle. Si une marchandise n'avait aucune utilité, en d'autres termes, si elle ne contribuait en rien à notre satisfaction, elle serait privée de sa valeur d'échange, quelles que puissent être sa rareté et la quantité de travail nécessaire pour se la procurer. En tant qu'elles possèdent une utilité, les marchandises tirent leur valeur d'échange de deux sources : leur rareté et la quantité de travail nécessaire pour les obtenir.

David Ricardo, *Des principes de l'économie politique et de l'impôt*, I, 1, Garnier-Flammarion, 1992.

**VOCABULAIRE**

**valeur d'échange** : cette expression désigne la valeur marchande d'un bien, à l'intérieur d'un système organisé d'échanges.

## Réfléchir sur une image

Dessin de Plantu paru dans *Le Monde*

Dans *Éthique à Nicomaque*, d'où est tiré le texte d'ouverture, Aristote condamne toutes les pratiques financières qui détournent l'argent de sa véritable fonction, à savoir être un pur intermédiaire, une mesure commune qui permet l'échange d'objets de différentes natures. C'est pourquoi il rejette comme une dénaturation de la monnaie des pratiques telles que l'usure (le prêt à intérêt) et toutes les spéculations, où, dirait-on aujourd'hui, « *l'argent produit l'argent* » et où la monnaie cesse d'être un instrument de mesure pour devenir en elle-même source de profit.

L'image ci-contre, réalisée par le dessinateur Plantu, se rattache à l'évidence à cette problématique.

- Tentez de traduire en mots le contenu des bulles de chaque personnage.

## Réfléchir sur une image

Chacune des deux images ci-contre évoque des situations de grande crise économique, où le système de l'échange a été mis en faillite.

La première photographie, a été prise en 1923, au moment de la grande inflation qui sévit en Allemagne, lorsqu'une baguette de pain coûtait un milliard de marks. Faute d'argent, des enfants apportent des vivres à l'instituteur pour payer l'école.

La seconde image, datant de la grande crise de 1929 aux États-Unis, montre la destruction d'excédents de lait pour rétablir les cours monétaires, alors que dans le même temps des millions de chômeurs affamés se pressent aux hospices où l'on distribue la soupe populaire.

En vous appuyant sur vos connaissances en histoire et sur le thème général du texte d'Aristote donné en ouverture :

1. Tentez de rappeler ce qui, dans les deux cas, a pu causer l'échec de l'organisation de l'échange.
2. Ces deux exemples démontrent-ils la supériorité du troc sur l'utilisation de la monnaie ?

## Réfléchir sur un texte

Le travail est donc la mesure réelle de la valeur échangeable de toute marchandise. Le prix réel de chaque chose, ce que chaque chose coûte réellement à celui qui veut se la procurer, c'est le travail et la peine qu'il doit s'imposer pour l'obtenir. Ce que chaque chose vaut réellement pour celui qui l'a acquise, et qui cherche à en disposer ou à l'échanger pour quelque autre objet, c'est la peine et l'**embarras** que la possession de cette chose peut lui épargner et qu'elle lui permet d'imposer à d'autres personnes. Ce qu'on achète avec de l'argent ou des marchandises est acheté par du travail, aussi bien que ce que nous acquérons avec la sueur de notre front. Cet argent et ces marchandises nous épargnent, **dans le fait**, cette fatigue. Elles contiennent la valeur d'une certaine quantité de travail, que nous échangeons pour ce qui est supposé alors contenir la valeur d'une quantité égale de travail. Le travail a été le premier prix, la monnaie payée pour l'achat primitif de toutes choses.

Adam Smith, *Recherches sur la nature et les causes de la richesse des nations*, V, 1776, Idées-Gallimard.

**VOCABULAIRE**

**embarras** : ce terme n'a pas ici de sens moral ou psychologique. Il désigne l'ensemble des contraintes liées à un travail, quel qu'il soit.

**dans le fait** : dans les faits, concrètement.

1. Quelle est, pour Adam Smith, la mesure commune qui permet véritablement l'échange de marchandises différentes ?
2. La thèse d'Adam Smith s'oppose-t-elle à celle d'Aristote présentée dans le texte d'ouverture, p. 59 ?
3. Expliquez la dernière phrase : « *Le travail a été le premier prix, la monnaie payée pour l'achat primitif de toutes choses* ».

## CHAPITRE 11

***Le Capitalisme en bandes dessinées***, J.-L. Chalumeau, Hachette, 1979.

## S'interroger à partir d'une image

**La bande dessinée ci-dessus résume, sous une forme humoristique, un célèbre passage de l'ouvrage *Recherche sur la nature et les causes de la richesse des nations* (1776), d'Adam Smith.**

**Smith y décrit les bienfaits de la division du travail, à travers l'exemple d'une manufacture d'épingles. Il montre qu'on peut diviser la fabrication de ce simple objet en 18 opérations distinctes.**

**1 Déterminez ce que peuvent être ces «bienfaits» pour : a) les dirigeants-exploitants de la manufacture d'épingles ; b) les acheteurs-utilisateurs des épingles ; c) les ouvriers.**

**R 2 Peut-on appliquer la division *principe*/*conséquence* à ce cas ? Si oui, de quelle manière ?**

# L'intérêt personnel est-il le moteur de l'échange ?

**Smith** (1723-1790)

Économiste écossais, considéré comme le fondateur de l'économie politique. Il a d'abord fait œuvre de philosophe en s'interrogeant sur l'origine des sentiments moraux. Mais nommé responsable des Douanes pour l'Écosse, il réfléchit sur la théorie économique. Il affirme que le travail est la source des richesses, que la valeur est fondée sur l'offre et la demande, et que la concurrence est une nécessité.

**Œuvres :**

- *Théorie des sentiments moraux* (1759)
- *Recherche sur la nature et les causes de la richesse des nations* (1776).

Ce n'est que dans la vue du profit qu'un homme emploie son capital **à faire valoir** l'**industrie**, et par conséquent il tâchera toujours d'employer son capital à faire valoir le genre d'industrie dont le produit promettra la plus grande valeur, ou dont on pourra espérer le plus d'argent ou d'autres marchandises en échange [...] [Toutefois] chaque individu travaille nécessairement à rendre aussi grand que possible le revenu annuel de la société. A la vérité, son intention en général n'est pas en cela de servir l'intérêt public, et il ne sait même pas jusqu'à quel point il peut être utile à la société. En préférant le succès de l'industrie nationale à celui de l'industrie étrangère, il ne pense qu'à se donner personnellement une plus grande sûreté ; et en dirigeant cette industrie de manière que son produit ait le plus de valeur possible, il ne pense qu'à son propre gain ; en cela [...] il est conduit par une main invisible à remplir une fin qui n'entre nullement dans ses intentions ; et ce n'est pas toujours ce qu'il y a de plus mal pour la société, que cette fin n'entre pour rien dans ses intentions. Tout en ne cherchant que son intérêt personnel, il travaille souvent d'une manière bien plus efficace pour l'intérêt de la société, que s'il avait réellement pour but d'y travailler.

Adam Smith, *Recherche sur la nature et les causes de la richesse des nations*, 1776.

**VOCABULAIRE**

**à faire valoir** : à promouvoir.
**industrie** : Adam Smith emploie ici ce mot dans le sens très général d'activité, métier, travail.

## Réfléchir à partir d'un texte

1. **Que cherche exactement à démontrer l'auteur dans l'extrait proposé ?**
2. **Expliquez : «*il travaille souvent d'une manière bien plus efficace* [...] *pour but d'y travailler*».**
3. **Quelles interprétations pourrait-on donner à propos de la nature de cette «*main invisible*» ?**
4. **Au regard du résultat final pour la société, peut-on dire qu'il est moral de ne penser qu'à son seul intérêt personnel ?**

## Confronter les textes

■ Comparez ce texte avec celui de la page précédente : sur quelles idées se rejoignent-ils ou s'opposent-ils ?

> L'effet naturel du commerce est de porter à la paix. Deux nations qui négocient ensemble se rendent réciproquement dépendantes : si l'une à intérêt d'acheter, l'autre a intérêt de vendre ; et toutes les unions sont fondées sur des besoins mutuels. Mais, si l'esprit de commerce unit les nations, il n'unit pas de même les particuliers. Nous voyons que dans les pays où l'on n'est **affecté** que de l'esprit de commerce, **on trafique de** toutes les actions humaines, et de toutes les vertus morales : les plus petites choses, celles que l'humanité demande, s'y font ou s'y donnent pour de l'argent.
> L'esprit de commerce produit dans les hommes un certain sentiment de justice exacte, opposé d'un côté au brigandage, et de l'autre à ces vertus morales qui font qu'on ne discute pas toujours ses intérêts avec rigidité, et qu'on peut les négliger pour ceux des autres.
>
> Charles de Montesquieu, *De l'Esprit des Lois*, 1748.

**VOCABULAIRE**

**affecté** : touché, intéressé par…
**on trafique de** : littéralement « *on fait un trafic de* », c'est-à-dire que toute action humaine devient prétexte à commerce.

## Maîtriser le vocabulaire

Adam Smith évoque, en texte d'ouverture, la notion de capital. Les termes ***capital*** et ***capitalisme*** proviennent tous deux de la racine étymologique latine *capitalis*, de *caput*, « tête », à prendre au sens de « ce qui est le plus important, le premier, principal ».

1 Cherchez dans un dictionnaire le sens économique du mot ***capital***.
2 Quel lien peut-on établir entre ce sens et l'étymologie latine *caput* ?

## Réfléchir sur une image

L'image ci-contre provient d'une caricature parue en Chine (Pékin, 1980) accompagnée du sous-titre : « Amour de la vie à la mort ».

1 Cette caricature cherche à dénoncer une pratique maritale, en vigueur, entre autre, dans la société chinoise contemporaine. Laquelle ?
2 Peut-on parler ici d'une relation d'échange ? Si oui, quels sont les termes de l'échange ?
3 Comment pourrait-on interpréter le sous-titre donné à cette image ?
4 Précisez ce que cette caricature nous dit à propos de la relation entre intérêt personnel, pratiques culturelles et échange.

## Réfléchir sur un texte

Thomas revient dans la cuisine, **appesanti** par ce qui pèse sur l'humanité. Il me livre tout en vrac. Des gens s'entre-tuent partout pour des histoires de dieux et de clôtures, des enfants fument du crack au lieu de jouer au ballon prisonnier, des hommes abattent des femmes qui ont rompu leur laisse. Et au cœur de notre chez-nous si civilisé, derrière **la place des Arts**, il y a un être humain qui couche dehors à vingt-cinq degrés sous zéro.
— Tu te rends compte, dit Thomas, la nuit dernière, avec le vent, c'est descendu à moins trente. Une femme dans la cinquantaine avancée, le cul dans la neige sous des journaux et des sacs en plastique, attendant que le soleil se lève, et quel soleil, c'est intolérable, intolérable.

Monique Proulx, *Les Aurores montréales*, Boréal, 1998.

**VOCABULAIRE**

**appesanti** : alourdi
**la place des Arts** : place de la ville de Montréal, Canada.

**1** Le texte ci-dessus décrit différentes formes de violence. Comment peut-on définir chacune d'entre elles ?

**2** L'évocation, à la fin de cet extrait, d'une femme sans domicile fixe, permet de poser la question de l'exclusion sociale. Peut-on considérer la mendicité, à laquelle se livrent souvent les exclus, comme une relation d'échange, au sens économique du terme ?

**3** La multiplication des actions caritatives, dans notre monde moderne (Restos du cœur, Secours populaire, etc.), s'accompagne souvent d'appels aux dons auprès de la population. Ces appels à donner se présentent-ils comme une ***obligation*** ou comme une ***contrainte*** ? Précisez la différence que vous établissez entre ces deux termes dans votre réponse. R

**4** La pratique du don et de la solidarité sociale est-elle en accord avec la théorie de la « main invisible » développée par Adam Smith dans le texte d'ouverture ?

## Rédiger un essai

■ Rédigez un court essai à partir de la question suivante, sans vous limiter à l'exposition d'une simple opinion, mais en vous appuyant sur des arguments précis.

**La morale a-t-elle sa place dans les relations économiques ?**

## CHAPITRE 12

***Au temps d'harmonie***, Paul Signac (1863-1935)

## S'interroger à partir d'une image

**Ce tableau a d'abord été intitulé *Au temps d'anarchie*. Contraint de le retirer – ce titre ayant été jugé trop provocateur –, Signac l'intitula *Au temps d'harmonie*.**

**1** **L'état d'harmonie est celui en lequel il n'y a nul besoin de dispositifs défensifs et où s'épanouit l'échange. Montrez que ce nouveau titre a été très bien choisi.**

**2** **Ce tableau représente le rêve d'un état d'harmonie à venir ; un tel état serait-il avec ou sans propriété ? Précisez alors en quoi la simple possession diffère de la propriété.**

**3** **Pouvez-vous citer d'autres représentations (peintures, mythes, littérature...) d'un état d'harmonie, mais placé dans le passé, à l'origine de l'humanité ?**

**4** **Le fait de placer un temps sans propriété à l'origine de l'humanité, implique-t-il que le droit de propriété est naturel ou culturel ? Peut-on faire la même réponse si l'on place, comme Signac ici, un tel temps dans l'avenir ?**

# Le droit de propriété est-il naturel ou culturel ?

**Locke** (1632-1704)

Philosophe anglais, John Locke fait d'abord des études médicales, puis occupe divers postes dans la fonction publique. Ce n'est que tardivement qu'il aborde les problèmes philosophiques. Il propose une théorie de la connaissance humaine qui la fait entièrement dépendre de l'expérience : l'empirisme. Opposé à l'absolutisme royal, il connaît l'exil. Il établit les bases de la conception libérale du pouvoir politique.

**Œuvres** :

- *Essai sur l'entendement humain* (1690)
- *Lettre sur la tolérance* (1690)
- *Traité du gouvernement civil* (1690)

Si la terre et toutes les **créatures inférieures** appartiennent à tous, du moins chaque homme détient-il un droit de propriété sur sa propre personne ; et sur elle aucun autre que lui n'a de droit. Par suite, son travail personnel et l'œuvre de ses mains lui appartiennent en propre. Or chaque fois qu'il retire une chose quelconque de l'état où l'a mise et laissée la nature, il mêle à cette chose son travail, il y joint donc un élément personnel : par là il s'en acquiert la propriété. De plus, lorsque des biens ont ainsi été retirés par lui de l'**état commun** où les avait mis la nature, le travail qui leur a été incorporé supprime désormais le droit commun, qu'avaient sur eux les autres hommes. Car ce travail est la propriété indiscutable du travailleur, et personne d'autre que lui n'a le droit d'en récolter les fruits ; du moins tant que les autres disposent en quantités suffisantes, de biens communs de même qualité.

John Locke, *Traité du gouvernement civil,* 1690,
trad. D. Mazel, Garnier-Flammarion.

**VOCABULAIRE**

**créatures inférieures** : les ani-maux et les plantes.
**état commun** : la terre et ses produits sont, à l'origine, donnés en commun à tous les hommes.

## Réfléchir à partir d'un texte

1. **Énoncez la thèse défendue par l'auteur. Comment est-elle établie ?**
2. **Quelle limite l'auteur pose-t-il au droit de propriété ? Qu'en pensez-vous ?**
3. **Selon vous, ce droit de propriété implique-t-il le droit de s'approprier l'espace, par exemple, en clôturant un terrain ? Justifiez votre réponse.**

## Confronter les textes

Comparez ce texte avec celui de la page précédente : sur quelles idées se rejoignent-ils ou s'opposent-ils ?

Tu as travaillé, propriétaire ! Que parlais-tu donc d'**occupation primitive** ? Quoi ! N'étais-tu pas sûr de ton droit, ou bien espérais-tu tromper les hommes et faire illusion à la justice ? [...] Tu as travaillé ! Mais qu'y a-t-il de commun entre le travail, auquel **le devoir t'oblige**, et l'appropriation des choses communes ? Ignorais-tu que le domaine du sol, de même que celui de l'air et de la nature, ne peut **se prescrire** ? Tu as travaillé ! N'aurais-tu jamais fait travailler les autres ? Comment alors ont-ils perdu en travaillant pour toi ce que tu as su acquérir en ne travaillant pas pour eux ? [...] Qu'est-ce donc que le droit d'accession, et le droit de succession, et le droit de donation, etc., sinon le droit de devenir propriétaire par la simple occupation ? Que sont vos lois sur l'âge de majorité, l'émancipation, la tutelle, l'interdiction, sinon des conditions diverses par lesquelles celui qui est déjà travailleur acquiert ou perd le droit d'occuper, c'est-à-dire la propriété ?

Pierre-Joseph Proudhon, *Qu'est-ce que la propriété ?*, 1840, Rivière, 1926.

**VOCABULAIRE**

**occupation primitive** : celui qui était le premier à occuper un terrain en était, selon le droit romain, le légitime propriétaire.
**le devoir t'oblige** : selon l'auteur, il est nécessaire, pour le bien-être commun, que chacun travaille.
**se prescrire** : être régenté par des lois humaines.

## Réfléchir sur une image

***Photographies aériennes prises à même altitude en des sites voisins, dans le Var en 2003***

1. Quelle est la différence essentielle entre l'espace resté public (*à gauche*), et l'espace investi par les propriétés des particuliers (*à droite*) ?
2. En conséquence, quel est le droit naturel fondamental qui est fortement restreint dans un espace ainsi remodelé par la propriété privée ?
3. Peut-on alors tirer argument de cette modification de l'espace disponible aux hommes pour argumenter contre le caractère naturel du droit de propriété ? Quel serait cet argument ?

## Maîtriser le vocabulaire

**La distinction entre *en fait* et *en droit*.** R

**1** Remplissez les espaces vides par le mot ***fait*** ou le mot ***droit***.

**a)** Le ________ de propriété est inscrit dans la Constitution.

**b)** Le sociologue s'intéresse à la propriété en ________, alors que le juriste la considère en ________.

**c)** Il faut fonder le ________ de propriété sur une valeur reconnue par tous, alors qu'il suffit de constater la propriété comme ________.

**d)** Le philosophe, constatant que la revendication du ________ de propriété est un ________ important de l'Histoire, est amené à s'interroger sur sa légitimité.

**2** Appuyez-vous sur les propositions précédentes pour formuler dans sa généralité la distinction : ***en fait*** / ***en droit***.

## Réfléchir sur un texte

Ces lignes, ainsi que la photographie et sa légende, sont extraites d'un article de l'hebdomadaire *Le Canard enchaîné*, intitulé « Quand le mobilier urbain sert aussi à chasser les SDF ».

Dans le parc paysager qui devrait être aménagé derrière l'Arche de la Défense, il est prévu de limiter la hauteur des haies et massifs pour que personne ne puisse échapper à la vigilance des gardiens. C'est le dernier exemple connu de cette volonté, affichée depuis quelques années par les municipalités, sociétés de transports publics, boutiques et copropriétés, de débarrasser la ville de ses « indésirables ». Au premier rang desquels, clodos et zonards, bien sûr, qui font désordre dans le paysage. Mais aussi les jeunes, qui ont une fâcheuse tendance à se regrouper en bandes, sans oublier les enfants et les personnes âgées qui prennent les abribus pour des points de rendez-vous ou des aires de repos. Conséquence : les designers se livrent à un véritable concours Lépine du mobilier urbain, du plus biscornu au plus inconfortable.

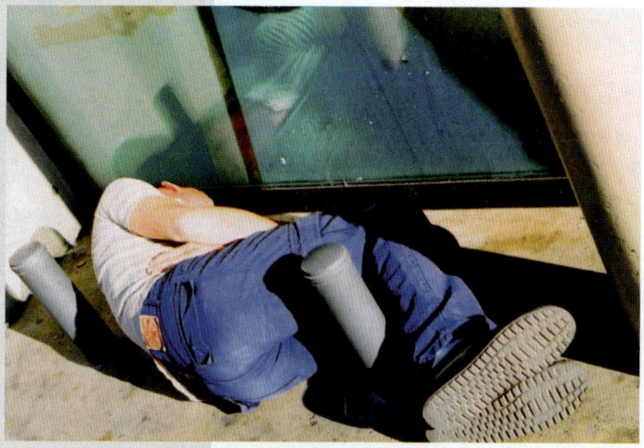

Le mobilier urbain n'est pas infaillible.

**1** Qu'est-ce qui est commun à l'état social de ces « indésirables » dont il est question dans l'article ?

**2** À qui appartiennent les espaces d'où ces personnes sont chassées ? Ces personnes sont-elles en infraction avec le droit de propriété ?

**3** Le texte central de John Locke (*page 67*) permet-il de justifier ou de condamner le traitement infligé à ces personnes ?

## Rédiger un essai

■ En un paragraphe exprimez les réflexions que vous inspire le contraste entre le « temps d'harmonie » rêvé par Signac pour l'avenir dans l'image d'introduction (*page 66*) et la réalité sociale actuelle représentée par la photographie ci-dessus.

## CHAPITRE 13

***Le Débarquement de Colomb***, Théodore de Bry (1527-1598)

## S'interroger à partir d'une image

**La scène ci-dessus n'est pas un témoignage direct du débarquement de Christophe Colomb sur le continent américain en 1492. C'est une reconstitution gravée après coup, en Europe. Elle ne fait pas que nous montrer l'événement, elle nous informe aussi sur la manière dont les Européens l'ont perçu.**

1 Décrivez la scène figurée par le tableau. Précisez la différence d'attitude des deux groupes en présence.

2 Qu'est-ce que chaque groupe apporte à l'autre ? L'échange vous paraît-il égal ?

3 Quel fut le destin des relations entre les deux cultures ? Aurait-il pu être anticipé par la rencontre ici figurée ?

4 Qu'en concluez-vous : recevoir un cadeau, est-ce seulement avoir l'opportunité d'une satisfaction personnelle, ou bien cela engage-t-il à d'autres comportements ?

# Le don est-il un échange déguisé ?

### Mauss (1872-1950)

Sociologue et ethnologue français. Il était le neveu d'Émile Durkheim, fondateur de la sociologie scientifique, qui fut son maître. Son principal ouvrage, *Essai sur le don*, a eu une grande influence sur l'évolution de l'anthropologie moderne.

Mauss s'attache à rendre compte de ses objets d'études (par exemple, le don) en les considérant comme «*phénomène social total*», c'est-à-dire en prenant en compte toutes leurs dimensions, à la fois économiques, juridiques, religieuses, politiques, etc.

**Œuvres :**

- *Esquisse d'une théorie générale de la magie* (1902)
- *Essai sur le don* (1923)

Une partie considérable de notre morale et de notre vie elle-même stationne toujours dans cette même atmosphère du don, de l'obligation et de la liberté mêlés. Heureusement, tout n'est pas encore classé exclusivement en termes d'achat et de vente. Les choses ont encore une valeur de sentiment en plus de leur **valeur vénale**, si tant est qu'il y ait des valeurs qui soient seulement de ce genre. Nous n'avons pas qu'une morale de marchands. [...] Le don non rendu rend encore inférieur celui qui l'a accepté, surtout quand il est reçu sans esprit de retour. [...] La charité est encore blessante pour celui qui l'accepte, et tout l'effort de notre morale tend à supprimer le patronage inconscient et injurieux du riche « **aumônier** ». L'invitation doit être rendue, tout comme la « politesse ». [...] Dans **cette vie à part qu'est notre vie sociale**, nous-mêmes, nous ne pouvons « rester en reste », comme on dit encore chez nous. Il faut rendre plus qu'on a reçu. La « **tournée** » est toujours plus chère et plus grande. Ainsi telle famille villageoise de notre enfance, en Lorraine, qui se restreignait à la vie la plus modeste en temps courant, se ruinait pour ses hôtes, à l'occasion de fêtes patronales, de mariage, de communion ou d'enterrement. Il faut être « grand seigneur » dans ces occasions.

Marcel Mauss, *Essai sur le don*, 1923, « Sociologie et anthropologie », PUF.

**VOCABULAIRE**

**valeur vénale** : valeur qui s'acquiert par l'argent.
**aumônier** : ici, personne qui fait l'aumône.
**cette vie à part qu'est notre vie sociale** : l'auteur veut mettre en évidence une vie sociale authentique, celle des échanges de dons, qu'il oppose à la poursuite de son intérêt individuel à travers les échanges marchands.
**tournée** : coutume qui prescrit que, dans un bar, les consommations du groupe soient offertes par un seul, et que chacun, successivement, assume ce rôle.

## Réfléchir à partir d'un texte

**1** **En quoi le don est-il aussi une «obligation» (*ligne 3*) ? Formulez en une proposition simple la règle qu'il oblige à respecter.**

**2** **Qu'est-ce qui distingue la charité du don ? Expliquez alors pourquoi : «*La charité est* [...] *blessante pour celui qui l'accepte*».**

**3** **Faut-il considérer l'échange de dons comme la survivance d'un état archaïque de la société ou bien comme la forme fondamentale de l'échange ? Justifiez votre réponse.**

## Confronter les textes

Comparez ce texte avec celui de la page précédente : sur quelles idées se rejoignent-ils ou s'opposent-ils ?

Aussi bien, le bénévolat de masse n'est-il nullement incompatible avec les aspirations et goûts individualistes contemporains. Apparemment le volontariat s'inscrit à contre-courant des valeurs dominantes de notre temps : à l'**auto-absorption narcissique**, il oppose l'entraide et le dévouement, à la logique marchande, le don et la gratuité, à l'affrontement concurrentiel, l'engagement en faveur d'autrui. À coup sûr, la majorité des personnes consacrant du temps à des activités bénévoles déclarent agir au nom de grands idéaux humanistes : l'amour du prochain, rendre la vie plus humaine et plus solidaire. Mais par-delà ces référentiels, ce sont surtout le plaisir de rencontrer autrui, le désir de valorisation sociale, l'occupation du temps libre qui constituent les motivations essentielles du bénévolat.

Gilles Lipovetsky, *Le Crépuscule du devoir*, Gallimard, 1992.

**VOCABULAIRE**

**auto-absorption narcissique** : autrement dit, être absorbé par l'amour de soi. Selon l'auteur, le monde contemporain impose le devoir de rechercher le bonheur individuel en ayant le souci constant de prendre soin de soi.

## Réfléchir sur une image

***Potlatch Kwakiutl***

Le potlatch était une grande fête organisée par certaines tribus indiennes d'Amérique du Nord-Ouest. On voit ici un chef Kwakiutl et sa femme portant les plus belles parures. Il ne s'agit pas pour eux de montrer qu'ils sont les plus riches, mais plutôt qu'ils ont le plus de richesses à offrir. La fête se déroule en effet comme une compétition de dons entre deux chefs de clans. Celui qui a été capable de donner plus à son rival, au point que ce dernier ne puisse rendre, gagne le prestige et la prééminence politique. Des quantités considérables de richesses, laborieusement acquises les années précédentes, sont ainsi dépensées lors de ces fêtes, souvent apparemment en pure perte. La pratique du potlatch a été interdite par le gouvernement canadien en 1884.

1 Pourquoi les Occidentaux ont-ils interdit les potlatchs ? Montrez les deux conceptions de l'échange de biens qui s'opposent.

2 Dans le potlatch, l'échange de dons s'arrête-t-il sur une dette, faute de biens à donner ? Quel est le don qui permet en fin de compte d'équilibrer l'échange ?

3 La logique de l'échange dans le potlatch est-elle différente de celle des dons dans nos sociétés occidentales, tel qu'il est repéré par Mauss dans le texte central (*page 71*) ? Justifiez votre réponse.

## Réfléchir sur un texte

Le livre de Viviane Forrester, *L'Horreur économique*, a marqué les années 1990 par le tableau très sombre qu'il dressait de l'humanité en processus de mondialisation économique.

À voir comment on prend, comment on jette des hommes et des femmes en fonction d'un marché du travail **erratique**, de plus en plus **imaginaire**, comparable à la « peau de chagrin », un marché dont ils dépendent, dont leurs vies dépendent mais qui ne dépend pas d'eux ; à voir comment déjà, si souvent, on ne les prend plus, on ne les prendra pas, et comme ils végètent alors, jeunes en particulier, dans une **vacuité** sans bornes, donnée pour dégradante, et comme on leur en veut de cela ; à voir comment, à partir de là, la vie les maltraite et comme on l'aide à les maltraiter ; à voir qu'au-delà de l'**exploitation des hommes**, il y avait pire : l'absence de toute exploitation –, comment ne pas se dire que, non exploitables, pas même exploitables, plus du tout nécessaires à l'exploitation, elle-même inutile, les foules peuvent trembler, et chacun dans la foule ?

Viviane Forrester, *L'Horreur économique*, Fayard, 1996.

**VOCABULAIRE**

**erratique** : sans règles et donc imprévisible.
**imaginaire** : un marché du travail réel suppose une offre d'emploi face à une demande. Or, selon l'auteur, cette offre est en train de disparaître.
**vacuité** : état de ce qui est vide.
**exploitation des hommes** : exploitation du travailleur salarié dans le cadre du capitalisme.

**1** Énoncez la thèse de ce texte.

**2** L'affirmation qu'« *au-delà de l'exploitation des hommes, il y* [a] *pire : l'absence de toute exploitation* » semble étonnante. Par quelles indications le texte montre-t-il qu'il ne s'agit pas ici de déplorer la simple perte d'un salaire ?

**3** En quel sens peut-on penser que travailler pour un employeur est toujours aussi un don ? Comment la notion de don telle qu'elle est développée par Mauss (texte central) permet-elle alors de comprendre que le pire pour un homme est « *l'absence de toute exploitation* » ?

## Reconstituer une argumentation

■ Dégagez l'idée centrale du texte suivant ainsi que les différentes étapes de son argumentation.

La **prohibition de l'inceste**, comme l'**exogamie** qui est son expression sociale élargie, est une **règle de réciprocité**. La femme qu'on se refuse, et qu'on vous refuse, est par cela même offerte. À qui est-elle offerte ? Tantôt à un groupe défini par les institutions, tantôt à cette collectivité indéterminée et toujours ouverte, limitée seulement par l'exclusion des proches, comme c'est le cas dans notre société. [...] Il y a plus : que l'on se trouve dans le cas technique du **mariage dit « par échange »**, ou en présence de n'importe quel autre système matrimonial, le phénomène fondamental qui résulte de la prohibition de l'inceste est le même : à partir du moment où je m'interdis l'usage d'une femme, qui devient ainsi disponible pour un autre homme, il y a, quelque part un homme qui renonce à une femme qui devient, de ce fait, disponible pour moi. Le contenu de la prohibition n'est pas épuisé dans le fait de la prohibition ; celle-ci n'est instaurée que pour garantir et fonder, directement ou indirectement, immédiatement ou médiatement, un échange.

Claude Lévi-Strauss, *Les Structures élémentaires de la parenté*, Éditions Mouton & Cie, 1947.

**VOCABULAIRE**

**prohibition de l'inceste** : interdiction rigoureuse de choisir son (sa) partenaire sexuel dans la parenté proche. Selon l'auteur la prohibition de l'inceste est la seule règle commune à toutes les sociétés.
**exogamie** : le fait de choisir son (sa) partenaire sexuel en dehors de son groupe social.
**règle de réciprocité** : règle qui veut que celui qui donne reçoive.
**mariage dit « par échange »** : lorsque la coutume règle un échange pour conclure un mariage.

## Phrase à méditer

**On ne donne pas pour recevoir ; on donne pour que l'autre donne.**

■ Comment comprenez-vous cette formule du philosophe français Claude Lefort ?

## CHAPITRE 14

***Un bistrot à Saint-Germain-des-Prés***, Léonard Foujita (1886-1968)

## S'interroger à partir d'une image

**1** **Repérez les différentes situations d'échange figurées sur cette peinture en précisant ce qui est échangé.**

**2** **Généralisez à partir de l'analyse de ce tableau : qu'échange-t-on entre humains en dehors de marchandises ?**

**3** **Y a-t-il d'autres types d'échanges qui ne sont pas figurés ici ?**

**4** **D'après ce tableau, l'échange va-t-il toujours de soi ? Décrivez la situation qui peut faire objection. Quelle est la raison, selon vous, qui empêche alors l'échange ?**

# N'y a-t-il d'échange qu'économique ?

**Lévi-Strauss** (né en1908)

Anthropologue et philosophe français. Après des études de philosophie, il s'intéresse à l'ethnologie et part étudier des sociétés indiennes en Amazonie. La méthode qu'il définit pour l'étude des cultures, le structuralisme, a profondément influencé les sciences sociales. Elle lui a permis de réhabiliter la richesse de la pensée des sociétés injustement qualifiées de « primitives ».
On lui doit, en particulier, des travaux sur la prohibition de l'inceste, les structures sociales de la parenté et les règles du mariage.

**Œuvres :**
- *Les Structures élémentaires de la parenté* (1949)
- *Tristes Tropiques* (1955)

**VOCABULAIRE**

**ces petits établissements** : restaurants bon marché dans le Sud de la France.
**voisin** : celui-ci est généralement un inconnu installé à la même table à cause des contraintes de place et des exigences du service.

Dans **ces petits établissements** où le vin est compris dans le prix du repas, chaque convive trouve devant son assiette une modeste bouteille d'un liquide le plus souvent indigne. Cette bouteille est semblable à celle du **voisin**, comme le sont les portions de viande et de légumes qu'une servante distribue à la ronde, et cependant une singulière différence d'attitude se manifeste aussitôt à l'égard de l'aliment liquide et de l'aliment solide. Celui-ci représente les servitudes du corps, et celui-là son luxe. L'un sert d'abord à nourrir, l'autre à honorer... C'est qu'en effet, à la différence du plat du jour, bien personnel, le vin est bien social. La petite bouteille peut contenir tout juste un verre, ce contenu sera versé non dans le verre du détenteur, mais dans celui du voisin, et celui-ci accomplira aussitôt un geste correspondant de réciprocité. Que s'est-il passé ? Les deux bouteilles sont identiques en volume, leur contenu semblable en qualité. Chacun des participants à cette scène révélatrice n'a, en fin de compte, rien reçu de plus que s'il avait consommé sa part personnelle. D'un point de vue économique, personne n'a gagné et personne n'a perdu. Mais c'est qu'il y a bien plus dans l'échange que les choses échangées.

Claude Lévi-Strauss, *Les Structures élémentaires de la parenté*, PUF, 1949.

## Réfléchir à partir d'un texte

**1** **Quelle distinction l'auteur fait-il entre les éléments du repas dans le contexte social décrit ici ?**

**2** **Expliquez : « *L'un sert d'abord à nourrir, l'autre à honorer* » ; « *D'un point de vue économique, personne n'a gagné et personne n'a perdu* ».**

**3** **L'auteur conclut que dans l'échange de vin « *il y a bien plus* [...] *que les choses échangées* ». Essayez de préciser ce qui est véritablement échangé alors.**

## Confronter les textes

■ Comparez ce texte avec celui de la page précédente : sur quelles idées se rejoignent-ils ou s'opposent-ils ?

**Qui peut acheter le courage est courageux**, même s'il est lâche. Comme l'argent ne s'échange pas contre une qualité déterminée, contre une chose déterminée, contre des forces essentielles de l'homme, mais contre **tout le monde objectif** de l'homme et de la nature, il échange donc — du point de vue de son possesseur — **toute qualité contre toute autre** — et aussi sa qualité et son objet contraires ; il est la fraternisation des impossibilités. Il oblige à s'embrasser ce qui se contredit.

Si tu supposes l'homme en tant qu'homme et son rapport au monde comme un rapport humain, tu ne peux échanger que **l'amour contre l'amour**, la confiance contre la confiance, etc. Si tu veux jouir de l'art, il faut que tu sois un homme ayant une culture artistique ; si tu veux exercer de l'influence sur d'autres hommes, il faut que tu sois un homme qui ait une action réellement animatrice et stimulante sur les autres hommes. Chacun de tes rapports à l'homme — et à la nature — doit être une manifestation déterminée, répondant à l'objet de ta volonté, de ta vie individuelle réelle. Si tu aimes sans provoquer d'amour réciproque, c'est-à-dire si ton amour, en tant qu'amour, ne provoque pas l'amour réciproque, si par ta manifestation vitale en tant qu'homme aimant tu ne te transformes pas en homme aimé, ton amour est impuissant et c'est un malheur.

Karl Marx, *Manuscrits de 1844*, Éditions Sociales, 1972.

R

**VOCABULAIRE**

**Qui peut acheter le courage est courageux** : le courage ainsi acheté (par exemple, une médaille pour conduite courageuse) ne fait certes pas partie *« des forces essentielles de l'homme »*, mais il est réel quand même, au sens où il s'impose socialement.

**tout le monde objectif** : tout ce qui peut être perçu de la même manière par tous (comme une médaille) car cela peut toujours devenir une marchandise : on peut se mettre d'accord sur une valeur d'échange (un prix).

**toute qualité contre toute autre** : le lâche se fait courageux.

**l'amour contre l'amour** : dans ce second paragraphe, les qualités sont considérées comme les *« forces essentielles »* d'un homme, celles qui le font différent de tout autre homme ; elles échappent au *« monde objectif »*, et ne peuvent devenir des marchandises. L'échange ne peut être alors qu'un don réciproque.

## Réfléchir sur un texte

***Les Enfants en train de jouer***, Lothar Zitzmann, 1972

Les jeux ne trouvent généralement leur plénitude qu'au moment où ils suscitent une résonance complice. Même quand, en principe, les joueurs pourraient sans inconvénient s'y adonner à l'écart chacun de son côté, les jeux deviennent vite prétextes à concours ou à spectacles, comme on vient de le constater pour le cerf-volant ou le bilboquet. La plupart d'entre eux, en effet, apparaissent demande et réponse, défi et riposte, provocation et contagion, effervescence ou tension partagée. Ils ont besoin de présences attentives et sympathiques. Il est vraisemblable qu'aucune des catégories de jeux n'échappe à cette loi.

Roger Caillois, *Les Jeux et les Hommes*, Idées, Gallimard, 1967.

1. Énoncez la loi dont il est question dans la dernière phrase.
2. Récemment sont apparus des jeux devant écran (de console ou d'ordinateur) *a priori* parfaitement individuels. L'évolution de la pratique de ces jeux confirme-t-elle la loi évoquée par Caillois ?
3. Pourquoi, selon vous, les jeux auraient-ils tendance à s'épanouir dans l'échange ?

## Maîtriser le vocabulaire

Le mot ***économie*** s'est formé à partir des mots grecs *oikos* qui signifie ***maison***, et *nomos* qui signifie ***administration***. L'économie, chez les anciens Grecs, désignait en effet la gestion de tout ce qui est nécessaire à l'entretien et à la reproduction de la vie, cette gestion se faisant toujours dans le cadre de la maisonnée (incluant la famille, les serviteurs et éventuellement les esclaves).

**1** Quelles différences y a-t-il entre la notion contemporaine et la notion antique d'***économie*** ?

**2** La notion contemporaine d'***économie*** n'est-elle qu'une extension de la notion antique ou est-elle en rupture ? Dans ce dernier cas, en quoi consisterait la rupture ?

## Réfléchir sur une image

**1** La légende, sous l'objet figuré, semble à première vue fausse, pourtant elle est rigoureusement vraie. Justifiez-la.

**2** Un signe est une réalité perçue qui, spontanément, amène à se représenter une réalité absente. Cette œuvre de Magritte contient deux sortes de signes : l'image peinte amène à se représenter un objet, les lettres tracées au-dessous amènent à se représenter une idée. Quel est cet objet ? Quelle est cette idée ? Rendez compte, à partir de ces deux signes, du caractère paradoxal – c'est-à-dire qui nous met dans un sentiment de contradiction – de cette œuvre.

***Ceci n'est pas une pipe***, René Magritte, 1928

**3** Les signes sont-ils des moyens privilégiés d'échange ? Que permettent-ils d'échanger ?

**4** L'échange du vin décrit par Lévi-Strauss dans le texte central est-il un signe ? Justifiez.

## Réfléchir sur un texte

Tout homme fut enveloppé d'abord dans le **tissu humain**, et aussitôt après dans les bras humains ; il n'a point d'expérience qui précède cette expérience de l'humain ; tel est son premier monde, non pas monde de choses, mais monde humain, monde de signes, d'où sa **frêle** existence dépend. [...] Sans aucun doute tout homme a connu des signes avant de connaître des choses. Disons même plus ; disons qu'il a usé des signes avant de les comprendre. L'enfant pleure et crie sans vouloir d'abord **signifier** ; mais il est compris aussitôt par sa mère. Et quand il dit maman, ce qui n'est que le premier bruit des lèvres, et le plus facile, il ne comprend ce qu'il dit que par les effets, c'est-à-dire par les actions et les signes que sa mère lui renvoie aussitôt.

Alain, *Études*, Idées, Gallimard, 1968.

**VOCABULAIRE**

**tissu humain** : ventre maternel.
**frêle** : fragile.
**signifier** : ici, se servir des pleurs ou des cris pour faire savoir ce qu'on ressent.

**1** Énoncez la thèse du texte. Quelle conséquence peut-on en tirer sur la place de l'échange pour l'homme ?

**2** Quels sont, selon l'auteur, les premiers échanges de l'individu humain ? Sont-ils seulement économiques ?

# Les échanges

1. *Peut-on tout échanger ?*
2. *Est-ce l'échange qui fonde le lien social ?*
3. *Tout peut-il avoir une valeur marchande ?*
4. *La morale a-t-elle sa place dans les rapports économiques ?*
5. *Est-il exact de dire que la propriété est le support de toute liberté ?*
6. *La propriété est-elle un fait de nature ou de culture ?*
7. *Peut-on mettre sur le même plan le commerce des choses et le commerce des idées ?*
8. *Que signifie l'expression « gagner sa vie » ?*
9. *Une communauté politique n'est-elle qu'une communauté d'intérêts ?*
10. *Les hommes ne vivent-ils en société que par intérêt ?*
11. *Tout peut-il s'acheter ?*
12. *Pourquoi travaille-t-on ?*
13. *Le don est-il la négation de tout échange ?*
14. *« Échanger une idée ». Comment comprendre cette expression ?*
15. *Le travail est-il une malédiction ?*
16. *La monnaie est-elle la condition de tout échange ?*
17. *Les échanges marchands peuvent-ils à la fois unir et satisfaire tous les membres d'une société ?*
18. *Comment concevoir les rapports entre les échanges économiques et l'ensemble de la vie sociale ?*
19. *La justice sociale passe-t-elle essentiellement par la régulation des échanges économiques ?*
20. *La notion d'échanges n'a-t-elle de sens qu'économique ?*

# L'art et la technique

## 1 L'art exclut-il tout apprentissage ?

**Hegel**

L'idée essentielle qu'il nous faut noter est que, même si le talent et le génie de l'artiste comportent un moment naturel, ce moment n'en demande pas moins essentiellement à être formé et éduqué par la pensée, de même qu'il nécessite une réflexion sur le mode de sa production ainsi qu'un savoir-faire exercé et assuré dans l'exécution. Car l'un des aspects principaux de cette production est malgré tout un travail extérieur, dès lors que l'œuvre d'art a un côté purement technique qui confine à l'artisanal, surtout en architecture et en sculpture, un peu moins en peinture et en musique, et dans une faible mesure encore en poésie. Pour acquérir en ce domaine un parfait savoir-faire, ce n'est pas l'inspiration qui peut être d'un quelconque secours, mais seulement la réflexion, l'application et une pratique assidue. Or il se trouve qu'un tel savoir-faire est indispensable à l'artiste s'il veut se rendre maître du matériau extérieur et ne pas être gêné par son âpre résistance.

Hegel

**QUESTIONS**

- Dégagez l'idée essentielle du texte et les différents moments de sa progression.
- Expliquez : « *même si le talent et le génie de l'artiste comportent un moment naturel* » ; « *dès lors que l'œuvre d'art a un côté purement technique qui confine à l'artisanal* »
- Essai : Peut-on apprendre à être artiste ?

## 2 La technique est-elle une lutte contre la nature ?

**Mill**

Tout le monde déclare approuver et admirer nombre de grandes victoires de l'art sur la nature : joindre par des ponts des rives que la nature avait séparées, assécher des marais naturels, creuser des puits, amener à la lumière du jour ce que la nature avait enfoui à des profondeurs immenses dans la terre, détourner sa foudre par des paratonnerres, ses inondations par des digues, son océan par des jetées. Mais louer ces exploits et d'autres similaires, c'est admettre qu'il faut soumettre les voies de la nature et non pas leur obéir ; c'est reconnaître que les puissances de la nature sont souvent en position d'ennemi face à l'homme, qui doit user de force et d'ingéniosité afin de lui arracher pour son propre usage le peu dont il est capable, et c'est avouer que l'homme mérite d'être applaudi quand ce peu qu'il obtient dépasse ce qu'on pouvait espérer de sa faiblesse physique comparée à ces forces gigantesques. Tout éloge de la civilisation, de l'art ou de l'invention revient à critiquer la nature, à admettre qu'elle comporte des imperfections, et que la tâche et le mérite de l'homme sont de chercher en permanence à les corriger ou les atténuer.

Mill

**QUESTIONS**

- Dégagez l'idée principale du texte et les différents moments de sa structuration.
- Expliquez le sens de : « *Tout éloge de la civilisation, de l'art ou de l'invention revient à critiquer la nature* ».
- Ce qu'affirme ce texte convient-il seulement aux techniciens ou pourrait-il aussi s'appliquer aux artistes ?
- Essai : La civilisation est-elle en guerre contre la nature ?

## 3 L'architecture est-elle un art ou une technique ?

**Schopenhauer**

Les œuvres de l'architecture, contrairement à celles des autres arts, n'ont que très rarement une destination purement esthétique; elles sont soumises à d'autres conditions étrangères à l'art, toutes utilitaires; par suite, le grand mérite de l'artiste consiste à poursuivre et atteindre le but esthétique, tout en tenant compte d'autres nécessités ; pour arriver à cette conciliation, il lui faut tâcher d'accorder par divers moyens les fins esthétiques avec les fins utilitaires ; il lui faut déterminer avec sagacité quel est le genre de beauté esthétique et architectonique(1) qui se prête, qui convient à la construction d'un temple, d'un palais, d'un arsenal. A mesure que la rigueur du climat multiplie les exigences et les besoins de la pratique, à mesure qu'elle les rend étroites et impérieuses, la recherche du beau en architecture se renferme dans un champ plus restreint. [...] Toutes ces nécessités de la pratique sont, pour l'architecture, autant d'entraves; pourtant elles lui procurent, d'autre part, un puissant point d'appui; car, vu les dimensions et le prix de ses ouvrages, vu la sphère restreinte de son activité esthétique, elle ne pourrait subsister uniquement comme art, si, en sa qualité de profession indispensable, elle n'obtenait en même temps une place sûre et honorable parmi les métiers.

Schopenhauer

**(1)** architectonique : ici, relatif à l'architecture (adjectif synonyme d'architectural).

### QUESTIONS

- Dégagez l'idée principale du texte et les différents moments de sa structuration.
- Expliquez : «*Les œuvres de l'architecture n'ont que très rarement une destination purement esthétique*»; «*il lui faut tâcher d'accorder* [...] *les fins esthétiques avec les fins utilitaires*».
- L'architecture est-elle un art ou une technique ? Appuyez-vous sur la dernière phrase du texte pour argumenter votre réponse.

## 4 L'artiste et l'artisan

**Alain**

Il reste à dire en quoi l'artiste diffère de l'artisan. Toutes les fois que l'idée précède et règle l'exécution, c'est industrie. Et encore est-il vrai que l'œuvre souvent, même dans l'industrie, redresse l'idée en ce sens que l'artisan trouve mieux qu'il n'avait pensé dès qu'il essaie; en cela il est artiste, mais par éclairs. Toujours est-il que la représentation d'une idée dans une chose, je dis même d'une idée bien définie comme le dessin d'une maison, est une œuvre mécanique seulement, en ce sens qu'une machine bien réglée d'abord ferait l'œuvre à mille exemplaires. Pensons maintenant au travail du peintre de portrait; il est clair qu'il ne peut avoir le projet de toutes les couleurs qu'il emploiera à l'œuvre qu'il commence; l'idée lui vient à mesure qu'il fait; il serait même rigoureux de dire que l'idée lui vient ensuite, comme au spectateur, et qu'il est spectateur aussi de son œuvre en train de naître. Et c'est là le propre de l'artiste. Il faut que le génie ait la grâce de la nature et s'étonne lui-même.

Un beau vers n'est pas d'abord en projet, et ensuite fait; mais il se montre beau au poète; et la belle statue se montre belle au sculpteur à mesure qu'il la fait; et le portrait naît sous le pinceau. [...] Ainsi la règle du Beau n'apparaît que dans l'œuvre et y reste prise, en sorte qu'elle ne peut servir jamais, d'aucune manière, à faire une autre œuvre.

Alain

### QUESTIONS

- Dégagez l'idée principale du texte et l'argumentation de l'auteur.
- Expliquez : «*en cela il est artiste, mais par éclairs*»; «*il est spectateur aussi de son œuvre en train de naître*».
- Dans un développement ordonné, vous analyserez ce qui vous semble différencier l'artiste de l'artisan.

## 5 Production, culture et conscience humaine

**Marx**

Certes, l'animal aussi produit. Il construit son nid, son habitation, tels l'abeille, le castor, la fourmi, etc. Mais il produit seulement ce dont il a immédiatement besoin pour lui et pour sa progéniture ; il produit d'une façon partielle, quand l'homme produit d'une façon universelle ; il ne produit que sous l'empire du besoin physique immédiat, tandis que l'homme produit alors même qu'il est libéré du besoin physique, et il ne produit vraiment que lorsqu'il en est libéré. L'animal ne produit que lui-même, tandis que l'homme reproduit toute la nature. Le produit de l'animal fait, comme tel, partie de son corps physique, tandis que l'homme se dresse librement face à son produit. L'animal ne crée qu'à la mesure et selon les besoins de son espèce, tandis que l'homme sait produire à la mesure de toutes les espèces, il sait appliquer à tout objet sa mesure inhérente[1] ; aussi sait-il créer selon les lois de la beauté. C'est précisément en façonnant le monde des objets que l'homme commence à s'affirmer comme un être générique[2]. Grâce à cette production, la nature apparaît comme son œuvre et sa réalité. L'objet du travail est donc la réalisation de la vie générique de l'homme. L'homme ne se recrée pas seulement d'une façon intellectuelle, dans sa conscience, mais activement, réellement, et il se contemple lui-même dans un monde de sa création.

Marx

**(1)** inhérente : qui lui appartient en propre.
**(2)** un être générique : ici, un être qui forme un genre à part (le genre humain).

### QUESTIONS

- Dégagez l'idée essentielle du texte et les différentes étapes de sa progression.
- Relevez ce qui oppose, dans cet extrait, la production animale et celle de l'homme.
- Expliquez : « *L'homme* [...] *se contemple lui-même dans un monde de sa création* ».
- Ce texte concerne-t-il seulement le domaine de la production technique ? Justifiez votre réponse en prenant appui sur lui.

## 6 Le corps et la technique

**Rousseau**

Le corps de l'homme sauvage étant le seul instrument qu'il connaisse, il l'emploie à divers usages, dont, par le défaut d'exercice, les nôtres sont incapables ; et c'est notre industrie qui nous ôte la force et l'agilité, que la nécessité l'oblige d'acquérir. S'il avait eu une hache, son poignet romprait-il de si fortes branches ? S'il avait eu une fronde, lancerait-il de la main une pierre avec tant de raideur ? S'il avait eu une échelle, grimperait-il si légèrement sur un arbre ? S'il avait eu un cheval, serait-il si vire à la course ? Laissez à l'homme civilisé le temps de rassembler toutes ces machines autour de lui ; on ne peut douter qu'il ne surmonte facilement l'homme sauvage. Mais, si vous voulez voir un combat plus inégal encore, mettez les nus et désarmés vis-à-vis l'un de l'autre ; et vous reconnaîtrez bientôt quel est l'avantage d'avoir sans cesse toutes ses forces à sa disposition, d'être toujours prêt à tout événement, et de se porter, pour ainsi dire, toujours tout entier avec soi.

Rousseau

### QUESTIONS

- Quelles différences entre l'homme sauvage et l'homme civilisé ce texte met-il en relief ?
- Expliquez : « *se porter, pour ainsi dire, toujours tout entier avec soi* » ?
- Vous discuterez de la question de savoir ce qui peut être à l'origine des grandes inventions techniques de l'humanité.

## 7 L'agréable et le beau

**Kant**

Lorsqu'il s'agit de ce qui est agréable, chacun consent à ce que son jugement, qu'il fonde sur un sentiment personnel et en fonction duquel il affirme d'un objet qu'il lui plait, soit restreint à sa seule personne. [...] La couleur violette sera douce et aimable pour celui-ci, morte et éteinte pour celui-là. Celui-ci aime le son des instruments à vent, celui-là aime les instruments à corde. Ce serait folie que de discuter à ce propos. [...]

Il en va tout autrement du beau. Il serait ridicule que quelqu'un, s'imaginant avoir du goût, songe en faire la preuve en déclarant : cet objet (l'édifice que nous voyons, le vêtement que porte celui-ci, le concert que nous entendons, le poème que l'on soumet à notre appréciation) est beau pour moi. Car il ne doit pas appeler beau, ce qui ne plaît qu'à lui. Beaucoup de choses peuvent avoir pour lui du charme et de l'agrément ; personne ne s'en soucie ; toutefois lorsqu'il dit qu'une chose est belle, il attribue aux autres la même satisfaction ; il ne juge pas seulement pour lui, mais pour autrui et parle alors de la beauté comme si elle était une propriété des choses. C'est pourquoi il dit : la chose est belle et dans son jugement exprimant sa satisfaction, il exige l'adhésion des autres.

Kant

### QUESTIONS

- Dégagez la thèse du texte et la manière dont le texte est construit.
- Expliquez :

**a)** « *Ce serait folie que de discuter à ce propos* » ;

**b)** « *il ne juge pas seulement pour lui, mais pour autrui et parle alors de la beauté comme si elle était une propriété des choses* ».

- Essai : Une œuvre peut-elle être à la fois agréable et belle ?

## 8 L'intelligence et la main

**Aristote**

Anaxagore[1] prétend que c'est parce qu'il a des mains que l'homme est le plus intelligent des animaux. Ce qui est rationnel, plutôt, c'est de dire qu'il a des mains parce qu'il est le plus intelligent. Car la main est un outil ; or la nature attribue toujours, comme le ferait un homme sage, chaque organe à qui est capable de s'en servir. Ce qui convient, en effet, c'est de donner des flûtes au flûtiste, plutôt que d'apprendre à jouer à qui possède des flûtes. [...] En effet, l'être le plus intelligent est celui qui est capable de bien utiliser le plus grand nombre d'outils : or, la main semble bien être non pas un outil, mais plusieurs. Car elle est pour ainsi dire un outil qui tient lieu des autres. C'est donc à l'être capable d'acquérir le plus grand nombre de techniques que la nature a donné l'outil de loin le plus utile, la main. Aussi, ceux qui disent que l'homme n'est pas bien constitué et qu'il est le moins bien partagé des animaux (parce que, dit-on, il est sans chaussures, il est nu et il n'a pas d'armes pour combattre) sont dans l'erreur.

Aristote

**(1)** Anaxagore (vers 500-428 av. J.C.), philosophe grec.

### QUESTIONS

- Dégagez l'idée directrice du texte et les étapes de son argumentation.
- Expliquer :

**a)** « *la nature attribue toujours* [...] *de s'en servir.* » ;

**b)** « *l'être le plus intelligent* [...] *le plus grand nombre d'outils.* » ;

**c)** « *ceux qui disent* [...] *sont dans l'erreur.* »

- Est-il juste d'opposer le travail manuel au travail intellectuel ?

## 9 L'art illusionniste

**Platon**

— Lequel de ces deux buts se propose la peinture relativement à chaque objet : est-ce de représenter ce qui est tel qu'il est, ou ce qui paraît, tel qu'il paraît ? Est-elle l'imitation de l'apparence ou de la réalité ?
— De l'apparence.
— L'imitation est donc loin du vrai, et si elle façonne tous les objets, c'est, semble-t-il, parce qu'elle ne touche qu'à une petite partie de chacun, laquelle n'est d'ailleurs qu'une ombre. Le peintre, dirons-nous par exemple, nous représentera un cordonnier, un charpentier ou tout autre artisan sans avoir aucune connaissance de leur métier ; et cependant, s'il est bon peintre, ayant représenté un charpentier et le montrant de loin, il trompera les enfants et les hommes privés de raison, parce qu'il aura donné à sa peinture l'apparence d'un charpentier véritable.
— Certainement.
— Mais voici, ami, ce qu'il faut à mon avis penser de tout cela. Quand quelqu'un vient nous annoncer qu'il a trouvé un homme instruit de tous les métiers, qui connaît tout ce que chacun connaît dans sa partie, et avec plus de précision que quiconque, il faut lui répondre qu'il est un naïf, et qu'apparemment il a rencontré un charlatan et un imitateur, qui lui en a imposé au point de lui paraître omniscient(1), parce que lui-même n'était pas capable de distinguer la science, l'ignorance et l'imitation.

Platon

(1) omniscient : qui sait tout.

**QUESTIONS**

- Dégagez l'idée principale de ce texte et la progression des idées.
- Expliquez : « *imitation de l'apparence* ».
- Pourquoi le peintre trompera-t-il « *les enfants et les hommes privés de raison* » ?
- Essai : Est-ce condamner l'art que de dire qu'il porte sur les apparences ?

## 10 L'œuvre d'art a-t-elle une vie propre ?

**Nietzsche**

C'est pour l'écrivain une surprise toujours renouvelée que son livre continue à vivre de sa vie propre dès qu'il s'est détaché de lui ; il a l'impression qu'aurait un insecte dont une partie se serait séparée pour aller désormais suivre son chemin à elle. Il se peut qu'il l'oublie presque complètement, qu'il s'élève au-dessus des idées qu'il y a mises, qu'il ne le comprenne même plus et qu'il ait perdu ces ailes dont le vol l'emportait du temps qu'il méditait ce livre : celui-ci cherche cependant ses lecteurs, allume la vie, inspire la joie, l'effroi, engendre de nouvelles œuvres devient l'âme de quelques desseins, de certains actes — bref, il vit comme un être doué d'une âme et d'esprit et n'est pourtant pas une personne.

Nietzsche

**QUESTIONS**

- Dégagez l'idée essentielle du texte.
- Comment s'explique la surprise toujours renouvelée de l'écrivain ?
- Comment comprenez vous : « *Il se peut qu'il l'oublie presque complètement, qu'il s'élève au-dessus des idées qu'il y a mises, qu'il ne le comprenne même plus.* » ?
- Essai : L'œuvre d'art échappe-t-elle à l'artiste après sa création ?

# Les échanges

## 11 Langage et échanges sociaux

**Bergson**

L'homme est organisé pour la cité comme la fourmi pour la fourmilière, avec cette différence pourtant que la fourmi possède des moyens tout faits d'atteindre le but, tandis que nous apportons ce qu'il faut pour les réinventer et par conséquent pour en varier la forme. Chaque mot de notre langue a donc beau être conventionnel, le langage n'est pas une convention, et il est aussi naturel à l'homme de parler que de marcher. Or, quelle est la fonction primitive du langage ? C'est d'établir une communication en vue d'une coopération. Le langage transmet des ordres ou des avertissements. Il prescrit ou il décrit. Dans le premier cas, c'est l'appel à l'action immédiate, dans le second, c'est le signalement de la chose ou de quelqu'une de ses propriétés, en vue de l'action future. Mais, dans un cas comme dans l'autre, la fonction est industrielle, commerciale, militaire, toujours sociale. Les choses que le langage décrit ont été découpées dans le réel par la perception humaine en vue du travail humain. Les propriétés qu'il signale sont les appels de la chose à une activité humaine.

Bergson.

### QUESTIONS

- Dégagez l'idée essentielle du texte et les différents moments de sa progression.
- Expliquez : «*le langage n'est pas une convention*» ; «*Les choses que le langage décrit ont été découpées dans le réel par la perception humaine en vue du travail humain*».
- Essai : Le langage sert-il seulement à échanger des idées et des choses ?

## 12 Quel est le fondement de l'échange ?

**Aristote**

Chacune des choses dont nous sommes propriétaires est susceptible de deux usages différents : l'un comme l'autre appartiennent à la chose en tant que telle, mais ne lui appartiennent pas en tant que telle de la même manière. L'un est l'usage propre de la chose, et l'autre est étranger à son usage propre. Par exemple, une chaussure a deux usages : l'un consiste à la porter et l'autre à en faire un objet d'échange : l'un et l'autre sont bien des modes d'utilisation de la chaussure, car même celui qui échange une chaussure avec un acheteur qui en a besoin, contre de la monnaie ou de la nourriture, utilise la chaussure en tant que chaussure, mais il ne s'agit pas là toutefois de l'usage propre, car ce n'est pas en vue d'un échange que la chaussure a été faite. Il en est de même encore pour les autres objets dont on est propriétaire, car la faculté de s'échanger s'étend à eux tous, et elle a son principe et son origine dans l'ordre naturel, en ce que les hommes ont certaines choses en trop grande quantité et d'autres en quantité insuffisante.

Aristote.

### QUESTIONS

- Dégagez l'idée essentielle du texte et les différents moments de sa progression.
- Expliquez : «*ce n'est pas en vue d'un échange que la chaussure a été faite*»; «*car la faculté de s'échanger* […] *a son principe et son origine dans l'ordre naturel*».
- Essai : Tout peut-il être échangé ?

## 13 L'échange suppose-t-il l'égalité ?

**Rousseau**

Nulle société ne peut exister sans échange, nul échange sans mesure commune, et nulle mesure commune sans égalité. Ainsi, toute société a pour première loi quelque égalité conventionnelle, soit dans les hommes, soit dans les choses. L'égalité conventionnelle entre les hommes, bien différente de l'égalité naturelle, rend nécessaire le droit positif, c'est-à-dire le gouvernement et les lois. Les connaissances politiques d'un enfant doivent être nettes et bornées ; il ne doit connaître du gouvernement en général que ce qui se rapporte au droit de propriété, dont il a déjà quelque idée. L'égalité conventionnelle entre les choses a fait inventer la monnaie ; car la monnaie n'est qu'un terme de comparaison pour la valeur des choses de différentes espèces ; et en ce sens la monnaie est le vrai lien de la société ; mais tout peut être monnaie ; autrefois le bétail l'était, des coquillages le sont encore chez plusieurs peuples ; le fer fut monnaie à Sparte, le cuir l'a été en Suède, l'or et l'argent le sont parmi nous.

Rousseau.

### QUESTIONS

- Dégagez l'idée essentielle du texte et les différents moments de sa progression.
- Expliquez le sens des expressions suivantes : «*égalité conventionnelle*» ; «*égalité naturelle*» ; «*droit positif*».
- Éclairez et discutez cette affirmation tirée du texte : «*la monnaie est le vrai lien de la société*».

## 14 Quelle est l'origine du commerce ?

**Platon**

— Mais voyons[1] : dans la cité elle-même, comment se feront-ils profiter les uns des autres de ce que chacun produit ? C'était bien pour cela que nous avions fondé une cité, en créant leur association.

— Il est bien évident, dit-il, que c'est en vendant et en achetant.

— Alors il nous naîtra de cela une agora[2] et une monnaie reconnue, comme symbole de l'échange.

— Oui, exactement.

— Alors le cultivateur, ou encore l'un des artisans, qui a apporté sur la place publique une partie de ce qu'il a produit, s'il n'y vient pas au même moment que ceux qui ont besoin d'échanger contre ce qu'il fournit, restera-t-il assis sur l'agora, laissant en sommeil son activité d'homme au service du public ?

— Nullement, dit-il : il y a des hommes qui, voyant cela, se fixent à eux-mêmes cette charge ; dans les cités correctement administrées ce sont en général les hommes aux corps les plus faibles, impropres à toute autre fonction. Car il faut qu'ils restent sur place, autour de l'agora, pour d'une part échanger contre de l'argent avec ceux qui ont besoin de vendre, d'autre part faire l'échange inverse, à nouveau contre de l'argent, avec tous ceux qui ont besoin d'acheter.

Platon.

(1) Mais voyons : C'est Socrate qui s'adresse ici à un interlocuteur nommé Glaucon. Tous deux évoquent la manière dont des hommes pourraient s'organiser en cité politique.

(2) une agora : une place publique, conçue à la fois comme lieu de discussion et de commerce.

### QUESTIONS

- Dégagez l'idée essentielle du texte et son articulation.
- Comment s'appelle la fonction dont le texte de Platon nous décrit l'origine ? En quoi est-elle nécessaire ?
- Pourquoi ceux qui assument cette fonction doivent-ils être, en général, des «*hommes aux corps les plus faibles, impropres à toute autre fonction*» ?
- Ce texte vous paraît-il méprisant envers l'activité qu'il décrit ? Justifiez votre réponse.

## 15 L'égoïsme est-il le moteur de l'échange ?

**Smith**

Dans presque toutes les espèces d'animaux, chaque individu, quand il est parvenu à sa pleine croissance, est tout à fait indépendant, et, tant qu'il reste dans son état naturel, il peut se passer de l'aide de toute autre créature vivante. Mais l'homme a presque continuellement besoin du secours de ses semblables, et c'est en vain qu'il l'attendrait de leur seule bienveillance. Il sera bien plus sûr de réussir, s'il s'adresse à leur intérêt personnel et s'il leur persuade que leur propre avantage leur commande de faire ce qu'il souhaite d'eux. C'est ce que fait celui qui propose à un autre un marché quelconque ; le sens de sa proposition est ceci : Donnez-moi ce dont j'ai besoin, et vous aurez de moi ce dont vous avez besoin vous-même ; et la plus grande partie de ces bons offices qui nous sont si nécessaires, s'obtient de cette façon.

Ce n'est pas de la bienveillance du boucher, du marchand de bière ou du boulanger, que nous attendons notre dîner, mais bien du soin qu'ils apportent à leurs intérêts. Nous ne nous adressons pas à leur humanité, mais à leur égoïsme ; et ce n'est jamais de nos besoins que nous leur parlons, c'est toujours de leur avantage. Il n'y a qu'un mendiant qui puisse se résoudre à dépendre de la bienveillance d'autrui ; encore ce mendiant n'en dépend-il pas en tout : c'est bien la bonne volonté des personnes charitables qui lui fournit le fond entier de sa subsistance ; mais quoique ce soit là en dernière analyse le principe d'où il tire de quoi satisfaire aux besoins de sa vie, cependant ce n'est pas celui-là qui peut y pourvoir à mesure qu'ils se font sentir.

Smith.

**QUESTIONS**

- Dégagez l'idée essentielle du texte et son articulation.
- Expliquez la phrase : « *Nous ne nous adressons pas à leur humanité, mais à leur égoïsme* ».
- En quoi l'exemple du mendiant permet-il de nuancer la thèse de départ ?
- Essai : toute relation sociale a-t-elle pour origine un intérêt personnel ?

## 16 L'échange avec la nature et l'échange entre les hommes

**Marx et Engels**

Ici apparaît donc la différence entre les instruments de production naturels et les instruments de production créés par la civilisation. Le champ cultivé (l'eau, etc.) peut être considéré comme un instrument de production naturel. Dans le premier cas, pour l'instrument de production naturel, les individus sont subordonnés à la nature ; dans le second cas, ils le sont à un produit du travail. Dans le premier cas, la propriété, ici la propriété foncière, apparaît donc aussi comme une domination immédiate et naturelle ; dans le second cas, cette propriété apparaît comme une domination du travail et, en l'espèce, du travail accumulé, du capital. Le premier cas présuppose que les individus sont unis par un lien quelconque, que ce soit la famille, la tribu, le sol même, etc. Le second cas présuppose qu'ils sont indépendants les uns des autres et ne sont retenus ensemble que par l'échange. Dans le premier cas, l'échange est essentiellement un échange entre les hommes et la nature, un échange dans lequel le travail des uns est troqué contre le produit de l'autre ; dans le second cas, il est, de façon prédominante, un échange entre les hommes eux-mêmes.

Marx et Engels.

**QUESTIONS**

- Dégagez l'idée directrice et le plan du texte.
- Expliquez :
  « *pour l'instrument de production naturel, les individus sont subordonnés à la nature* » ;
  « *dans le second cas, ils le sont à un produit du travail* ».
- Peut-on parler d'échanges entre l'homme et la nature dans le même sens où l'on parle d'échanges entre les hommes ?

## 17 L'origine de la propriété

### Hobbes

**QUESTIONS**

- Dégagez l'idée principale du texte et les étapes de l'argumentation.
- Expliquez : « *Avant l'établissement de la société civile, toutes choses appartiennent à tous* » ; « *la propriété des choses a commencé lorsque les sociétés civiles ont été établies* ».
- Quelle définition de la propriété peut-on tirer de ce texte ?
- Essai : Y a-t-il une propriété naturelle ?

Avant l'établissement de la société civile, toutes choses appartiennent à tous et personne ne peut dire qu'une chose est sienne si affirmativement qu'un autre ne se la puisse attribuer avec même droit (car là où tout est commun, il n'y a rien de propre). Il s'ensuit que la propriété des choses a commencé lorsque les sociétés civiles ont été établies, et que ce qu'on nomme propre est ce que chaque particulier peut retenir à soi sans contrevenir aux lois et avec la permission de la Cité, c'est-à-dire de celui à qui on a accordé la puissance souveraine. Cela étant, chaque particulier peut bien avoir en propre quelque chose à laquelle aucun de ses concitoyens n'osera toucher et n'aura point de droit, à cause qu'ils vivent tous sous les mêmes lois. Mais il n'en peut pas avoir la propriété en telle sorte qu'elle exclue toutes les prétentions du législateur et qu'elle empêche les droits de celui qui juge sans appel de tous les différends, et dont la volonté a été faite la règle de toutes les autres.

Hobbes.

## 18 Quel est le fondement de la vie sociale ?

### Hume

Il semble, à première vue, que de tous les animaux qui peuplent le globe terrestre, il n'y en ait pas un à l'égard duquel la nature ait usé de plus de cruauté qu'envers l'homme : elle l'a accablé de besoins et de nécessités innombrables et l'a doté de moyens insuffisants pour y subvenir. Chez les autres créatures, ces deux éléments se compensent l'un l'autre. Si nous regardons le lion en tant qu'animal carnivore et vorace, nous aurons tôt fait de découvrir qu'il est très nécessiteux[1] ; mais si nous tournons les yeux vers sa constitution et son tempérament, son agilité, son courage, ses armes et sa force, nous trouverons que ses avantages sont proportionnés à ses besoins. Le mouton et le bœuf sont privés de tous ces avantages, mais leurs appétits sont modérés et leur nourriture est d'une prise facile. Il n'y a que chez l'homme que l'on peut observer à son plus haut degré d'achèvement cette conjonction [...] de la faiblesse et du besoin. Non seulement la nourriture nécessaire à sa subsistance disparaît quand il la recherche et l'approche ou, au mieux, requiert son labeur pour être produite, mais il faut qu'il possède vêtements et maison pour se défendre des dommages du climat ; pourtant, à le considérer seulement en lui-même, il n'est pourvu ni d'armes, ni de force, ni d'autres capacités naturelles qui puissent à quelque degré répondre à tant de besoins.

Ce n'est que par la société qu'il est capable de suppléer à ses déficiences et de s'élever à une égalité avec les autres créatures, voire d'acquérir une supériorité sur elles. Par la société, toutes ses infirmités sont compensées et, bien qu'en un tel état ses besoins se multiplient sans cesse, néanmoins ses capacités s'accroissent toujours plus et le laissent, à tous points de vue, plus satisfait et plus heureux qu'il ne pourrait jamais le devenir dans sa condition sauvage et solitaire.

Hume.

(1) nécessiteux : manque du nécessaire.

**QUESTIONS**

- Dégagez la thèse de Hume et l'organisation de son exposé..
- Expliquez :
  « *ses avantages sont proportionnés à ses besoins* » ;
  « *Par la société, toutes ses infirmités sont compensées* ».
- Qu'est-ce qui peut faire dire que la nature est cruelle envers l'homme ?
- Essai : La faiblesse de l'homme est-elle la cause ou la conséquence de l'organisation sociale ?

## 19 L'échange marchand nous rend-il raisonnable ?

**Alain**

**QUESTIONS**

- Dégagez la thèse du texte et les étapes de son argumentation.
- Expliquez : « *dans les réunions qui n'ont pas pour objet le commerce, les opinions vraies ou fausses en chacun sont plutôt confirmées qu'éclairées* ».
- Comment l'achat et la vente sont-ils « *nos maîtres de raison* » ?
- Essai : Le développement du commerce favorise-t-il la paix ?

Un marché est malgré tout le plus bel exemple de l'élaboration d'opinions vraies dans une réunion d'hommes ; c'en est même, à bien regarder, le seul exemple. Car, dans les réunions qui n'ont pas pour objet le commerce, les opinions vraies ou fausses en chacun sont plutôt confirmées qu'éclairées. Et l'on ne trouverait point d'exemple d'un marchand qui, pouvant s'instruire des prix, refuserait de le faire, par une préférence de sentiment. Si l'on veut expliquer d'où sont venues dans notre espèce les idées communes d'investigation, d'enquête, de critique des témoignages, il vaut mieux considérer le marché que le prétoire, où quelque Pilate se lave les mains toujours[1]. L'achat et la vente sont nos maîtres de raison. Les assises de toute Humanité sont donc économiques. Les modèles de la paix, de la justice et du droit sont dans ces heureux échanges, si communs et si peu remarqués, d'où le vendeur et l'acheteur s'en reviennent contents l'un et l'autre.

Alain.

(1) Pilate, laissant Jésus être supplicié, se lava les mains en signe d'irresponsabilité.

## 20 L'éducation est-elle un échange ?

**Kant**

**QUESTIONS**

- Dégagez la thèse du texte et les étapes de son argumentation.
- Expliquez l'expression : « *l'Idée de l'humanité et sa destination totale* ».
- Distinguez les deux types d'attente possibles pour celui qui donne une éducation.
- Essai : Éduquer un enfant, est-ce l'adapter à la réalité ?

Voici un principe de l'art de l'éducation que particulièrement les hommes qui font des plans d'éducation devraient avoir sous les yeux : on ne doit pas seulement éduquer des enfants d'après l'état présent de l'espèce humaine, mais d'après son état futur possible et meilleur, c'est-à-dire conformément à l'Idée de l'humanité et sa destination totale. Ce principe est de grande importance. Ordinairement les parents élèvent leurs enfants seulement en vue de les adapter au monde actuel, si corrompu soit-il. Ils devraient bien plutôt leur donner une éducation meilleure, afin qu'un meilleur état pût en sortir dans l'avenir. Toutefois deux obstacles se présentent ici : 1) ordinairement les parents ne se soucient que d'une chose : que leurs enfants réussissent bien dans le monde, et 2) les princes ne considèrent leurs sujets que comme des instruments pour leurs desseins.
Les parents songent à la maison, les princes songent à l'Etat. Les uns et les autres n'ont pas pour but ultime le bien universel et la perfection à laquelle l'humanité est destinée, et pour laquelle elle possède aussi des dispositions.

Kant.

# La dissertation de philosophie

## 1 Qu'est-ce qu'une dissertation de philosophie ?

Il n'y a pas une méthode unique pour faire une dissertation de philosophie et celle que nous proposons ici en est une parmi d'autres. Toutefois, il y a, pour toute dissertation, trois exigences essentielles à retenir :

### 1 – Formuler un problème

Il faut être capable de formuler un problème : ce sera le rôle de l'introduction qui, à partir de l'analyse du sujet, devra établir une problématique.

### 2 – Construire et argumenter

On doit s'efforcer de construire son propos et d'argumenter ses idées. Il est donc important d'établir un plan et, surtout, de justifier les éléments de réponse que l'on apporte au fur et à mesure du devoir.

Les affirmations arbitraires n'ont aucune valeur si elles ne sont pas justifiées : vous devez convaincre votre lecteur.

### 3 – Répondre à une question

Il s'agit de répondre à une question. La question posée par le sujet ne suppose pas une réponse attendue ou une réponse « vraie ». Vous ne devez pas écrire pour faire plaisir à votre correcteur. Mais il faudra pourtant répondre à cette question : vous devez donc inventer et innover plutôt que répéter un cours ou des fiches.

### En résumé

Une dissertation de philosophie est une réflexion argumentée. Le sujet de la dissertation est une question qui exige une réponse composée :
- d'une introduction ;
- d'un développement ;
- d'une conclusion.

■ **L'introduction** est la première étape de la réflexion, dans laquelle la question du sujet doit être précisée et délimitée.

■ **Le développement** est le moment de l'argumentation proprement dite. Un argument n'est pas une opinion. L'opinion n'engage que soi, alors qu'un argument doit *convaincre* le lecteur. L'argumentation est composée de plusieurs parties, généralement trois.

■ **La conclusion** doit poser clairement le résultat de notre réflexion, en rappelant brièvement comment ce dernier a été obtenu.

## 2 L'introduction : la méthode par l'exemple

■ **Voici un exemple de construction du problème, articulée autour des étapes suivantes :**

### Exemple 1. *Tout le monde est-il artiste ?*

**S'entendre sur le sens des mots importants du sujet, en les définissant soit d'entrée, soit dans le cours de sa réflexion.**

Par définition, un artiste s'adonne à l'une des activités qu'on classe parmi les Beaux-Arts, comme la sculpture, la musique ou la peinture. L'écrivain Stendhal parlait des « heureux élus » pour désigner les « heureux privilégiés » qui, dans l'histoire, avaient mérité ce nom d'artiste. Ils sont peu nombreux, en effet, ceux qui ont l'honneur d'être exposés dans les grands musées, comme si l'artiste était une « race » d'hommes à part, faite d'une autre fibre que celle qui compose le commun des mortels.

**Montrer que la question du sujet a été comprise, en la précisant.**

C'est ce genre de conception que le sujet proposé nous demande d'évaluer, voire de remettre en question. N'a-t-on pas ici une vision bien trop élitiste de l'art, activité d'un petit nombre destinée à un petit nombre (les esthètes qui, seuls, comprendraient le sens de l'art) ?

**Poser une problématique qui annonce en même temps le plan de la dissertation, tel qu'il sera déployé dans le développement.**

Il nous faudra revenir en un premier temps sur la conception élitiste de l'art pour en comprendre les fondements. Puis nous tenterons d'évoquer une vision plus démocratique de cette activité, celle que l'on appelle parfois « art populaire », nom que revendiquent ceux qui se considèrent comme des « artistes des rues ». La jeune femme qui chante dans les couloirs du métro, le jeune qui dessine des « graff' » sur les murs, le photographe « du dimanche » ne pourraient-ils pas, eux aussi, prétendre à ce titre si convoité d'artiste ? Pourquoi refuser à tous les hommes cette capacité créatrice qui caractérise pourtant l'humaine condition, puisque — dit-on — nous sommes tous sensibles à la beauté ? C'est ce que notre réflexion tentera de déterminer.

### Exemple 2. *L'idée de vérité est-elle compatible avec celle de tolérance ?*

**S'entendre sur le sens des mots importants du sujet, en les définissant soit d'entrée, soit dans le cours de sa réflexion.**

Au sens le plus général, la *vérité* est l'accord du discours avec son objet. Cela signifie que le « vrai » appartient à l'ordre du langage, par opposition à l'adjectif « réel », qui s'applique aux choses elles-mêmes. Ainsi, on dira que la vérité historique est l'accord du récit de l'historien avec la réalité du passé.

Le mot « tolérance » possède, quant à lui, deux significations bien distinctes : il désigne soit l'assouplissement dans l'application de la loi, et ce sens-là est d'ordre juridique. Il peut désigner aussi l'ouverture d'esprit, la capacité à accepter les différences de l'autre, et il s'agit là d'un sens purement moral. Ainsi, on peut être tolérant si l'on ne rejette pas d'emblée des personnes d'une autre culture que la sienne.

**Montrer que la question du sujet a été comprise, en la précisant.**

Lorsque l'on croit détenir la vérité, peut-on admettre, peut-on tolérer qu'autrui ne puisse pas penser comme nous ? Pour répondre à cette question, il est nécessaire de mentionner les trois grands domaines qui prétendent être détenteurs d'une vérité, sinon de *la* vérité.

**Poser une problématique qui annonce en même temps le plan de la dissertation, tel qu'il sera déployé dans le développement.**

La croyance religieuse est-elle compatible avec la tolérance ? La science n'est-elle pas intolérante vis-à-vis des discours non scientifiques ? La philosophie est-elle porteuse d'une forme d'intolérance ?

## 3 L'élaboration du plan

Lors de la rédaction du développement, il ne faut pas se contenter d'écrire au fil de la plume, en suivant l'inspiration du moment, en notant les idées comme elles nous viennent à l'esprit. La dissertation ne doit ni donner l'impression de désordre, ni livrer la pensée au hasard : il faut convaincre, et cela suppose une stratégie, autrement dit un plan.

Une idée toute seule, qui suit un empilement d'autres idées isolées n'a pas de sens. En effet, elle ne prend de véritable valeur que si elle s'inscrit dans une progression dynamique où elle répond à une idée qui la précède avant d'en annoncer une autre. Il faut toutefois se méfier des plans tout faits, comme « préfabriqués », et en particulier du célèbre « thèse – antithèse – synthèse » qui se réduit le plus souvent, chez les élèves, en « oui – non – ça dépend », ce qui révèle finalement une incapacité à répondre au problème posé, et débouche sur un résultat qui n'en est pas vraiment un.

De manière plus générale, il faut éviter les plans préfabriqués, car ceux-ci imposent alors des étapes figées, des passages obligés ou des oppositions factices. En réalité, c'est la nature du problème posé par le sujet qui commande la nature du plan. Le plan doit correspondre à une progression dynamique élaborée à partir du sujet. En effet, il doit découler de l'analyse du sujet, et c'est pourquoi la construction du problème dans l'introduction est si importante.

### En résumé

Il est essentiel de conserver, à l'ensemble du développement, son unité. Autrement dit, le plan doit correspondre aux différentes étapes d'un raisonnement unique, et il ne faudra absolument pas perdre de vue cette exigence. Tout ce qui s'en écarte doit être soit intégré, soit supprimé. De ce point de vue, la démarche de la dissertation ressemble en bien des points à celle d'une démonstration de géométrie avec ses hypothèses, sa conclusion à démontrer, ses théorèmes, et la rigueur de son raisonnement.

Ce raisonnement doit en effet répondre au problème posé, et chacune de ses parties est, en fait, une partie de la réponse finale. Les « parties » sont donc des moments de ce raisonnement, des étapes solidaires, et non de simples éléments juxtaposés.

## 4 Les transitions

Le passage d'un raisonnement à un autre, d'une partie à l'autre du développement, ne peut se réduire à une simple juxtaposition d'idées. Il est nécessaire d'**expliquer** pourquoi la réflexion doit nécessairement se poursuivre par l'étape suivante de la progression du devoir. D'où l'importance des **transitions** qui, en articulant entre eux les thèmes, rendent cohérente cette même progression.

Les transitions peuvent se présenter sous forme de phrases affirmatives ou de questions qui font « rebondir » le problème et montrent les difficultés ou les insuffisances que laisse apparaître la partie précédente.

Les transitions constituent bien le squelette de la dissertation, car elles mettent en lumière les articulations de notre réflexion. Elles sont donc essentielles et contribuent à donner à celle-ci sa valeur rationnelle, c'est-à-dire argumentative.

## 5 Le développement : la méthode par l'exemple

### Exemple 1. *Tout le monde est-il artiste ?*

(Cet exemple de développement entièrement rédigé est le prolongement du travail d'introduction précédemment donné pour ce sujet.)

■ **Première partie du devoir : examen de la conception élitiste de l'art.**
***L'artiste est-il vraiment un être à part ?***

**Argument n°1 - L'artiste est à part car il possède un don.**

« *Le génie est le talent de produire ce pour quoi aucune règle déterminée ne peut être donnée* », écrit Kant dans *La Critique de la faculté de juger*. En associant le mot « génie » et le terme « artiste », Kant nous explique ainsi qu'être un artiste ne s'apprend pas, car il n'y a aucune « règle », aucune méthode pour le devenir. Il faut avoir un don pour cela, que peu d'entre les hommes possèdent. Le mot génie vient d'ailleurs du latin *ingenium* qui désignait, chez les Latins, le don, au sens d'« aptitude naturelle ». S'il en est ainsi, c'est la nature qui choisit ceux qu'elle dotera des meilleures dispositions pour peindre, sculpter, écrire. Mozart n'est-il pas la parfaite illustration de cette théorie, lui qui, à cinq ans, composait déjà ses premiers opéras !

**Examen d'une difficulté - L'artiste n'est-il pourtant pas un technicien comme un autre ?**

Dans cette optique, une distance infranchissable sépare l'artiste de l'artisan, car ce dernier applique des règles universelles, dont la connaissance fait l'objet d'un apprentissage très rigoureux. Pourtant, avant de devenir le génie que l'on sait, Léonard de Vinci n'a-t-il pas dû, lui aussi, apprendre les règles de la perspective, le maniement des pinceaux, le mélange des couleurs ? Mozart n'a-t-il pas dû apprendre, comme tout musicien, à lire une portée ? Certes, diront les puristes, mais il s'agit là d'une première étape (l'aspect purement « technicien » de l'art), car il ne suffit pas de bien dessiner ou de peindre avec dextérité pour être un artiste. Il existe ensuite un second niveau, une seconde étape, celle de la création, où s'imposent le souffle d'un style et, selon Hegel, la force de l'esprit.

**Argument n° 2 et résolution de la difficulté précédente.**

Bien avant les écrits de Hegel sur l'art, Léonard de Vinci l'avait écrit : l'art est une *cosa mentale*, une « chose mentale », qui dépasse de très loin la simple dextérité à peindre ou à sculpter. L'artiste seul est capable d'inventer un style où se réalise la parfaite fusion du matériel et du spirituel, du support sensible et de l'idée. De tels hommes, selon Kant, sont extrêmement rares, et c'est la raison pour laquelle ils sont portés aux nues et célébrés quand ils apparaissent, contrairement aux artisans, parfois méprisés.

### Deuxième partie du devoir : examen de la conception populaire de l'art. *Tout le monde n'est-il pas un artiste en puissance ?*

**Argument n° 1 - Les artistes contemporains eux-mêmes rejettent la conception élitiste de l'art.**

Le peintre français Jean Dubuffet prétendait que les musées sont de véritables « mouroirs » à œuvres d'art. Dès qu'un tableau, selon lui, entre au musée, il ne vit plus. Il est enfermé, à côté d'autres tableaux, comme en enferme un mort dans une tombe, à côté d'autres tombes. Pour lui, l'art vivant, l'art véritable est dans la rue. C'est là qu'il existe et se donne à voir vraiment. L'anonyme qui dessine sur le sol, offert au regard des passants, celui qui chante ou psalmodie des textes de rap, ou même le « monsieur tout-le-monde » qui peint, chez lui, pour assouvir son propre désir de création, sont les véritables artistes. Ils ne courent pas après les honneurs, après les reconnaissances officielles et autres vernissages mondains : ils font de l'art pour l'art. C'est-à-dire une activité désintéressée qui échappera au « marché de l'art », lequel ressemble davantage à de la spéculation boursière qu'à une libre activité contemplative. Si l'on admet cette analyse très polémique, on fera descendre l'artiste de ses hauteurs, de ses prérogatives et on enlèvera au critique d'art son travail.

**Argument n° 2 - Il faut effacer la frontière autrefois posée entre l'artiste et l'artisan.**

C'est un des messages qu'a voulu faire passer au début du siècle Marcel Duchamp en exposant un urinoir : tout le monde n'est-il pas capable de désceller et d'exposer un bidet ? C'est aussi l'intention profonde de son tableau *Joconde avec moustache*. En peignant à l'identique *La Joconde* et en la dotant de moustaches, il ne cherche pas à se moquer de cette œuvre, mais il veut nous avertir qu'il s'agit de désacraliser l'art et les artistes, car tout le monde peut être artiste. L'artiste n'est pas un dieu, il n'est pas fait différemment des autres hommes, même s'il aime à le faire croire. Ce qui définit l'art est une impulsion à créer, pas les jugements pointilleux de quelques obscurs critiques d'art, et il n'y a pas, contrairement à ce qu'affirment les esthètes, d'« arts mineurs » ni d'« arts majeurs ». La chanson, la bande dessinée, le théâtre de rue sont des arts aussi respectables que ceux qui retiennent l'attention des manuels d'histoire de l'art.

### Troisième partie du devoir. *Le véritable problème n'est-il pas celui du pouvoir des critiques d'art ?*

**Problème n° 1 - Si tout est art, ce mot a-t-il encore un sens ?**

La conception « populaire » de l'art pose pourtant de redoutables problèmes conceptuels : si tout individu peut être artiste, y a-t-il encore un sens à parler de l'art ? Comment le reconnaître alors ? Selon les puristes « si tout est art, rien n'est art », ce qui est une autre manière de dire que l'art a besoin de critères de reconnaissances spécifiques pour exister, sinon le plus infâme gribouillis pourra prétendre au titre de chef-d'œuvre.

**Problème n° 2 - Qui a le droit de dire où est l'art et où il n'est pas ? Qu'est-ce qui légitime le discours des critiques d'art ?**

Peut-être existe-t-il une voie médiane entre ces deux conceptions si opposées. Peut-être faudrait-il d'abord remettre en question le pouvoir des critiques d'art qui font et défont les artistes en dispensant louanges et blâmes. La vraie question serait alors : à quoi reconnaît-on les compétences d'un critique d'art pour nous dire où est l'art et où il n'est pas ?

## 6 La conclusion : la méthode par l'exemple

Conclure revient à achever un travail, clore une réflexion en précisant de manière claire la nature de la réponse que le développement du devoir a permis de construire. Cette clôture est nécessaire même si on a l'impression de ne pas avoir tout dit, car elle donne **unité et sens** à l'ensemble de la dissertation.

La conclusion dresse, en quelque sorte, le « bilan » de notre analyse, mais non pas en reprenant un à un les arguments donnés dans le devoir, sous forme d'un résumé. Il s'agit d'être synthétique, en s'appuyant éventuellement sur le principal argument qui nous a servi à poser le résultat de notre réflexion.

La conclusion ne doit pas nécessairement «ouvrir» la réflexion à un autre problème que celui traité dans la dissertation, au risque de briser son unité, et cette étape n'est donc, à proprement parler, pas indispensable. Il peut être judicieux, cependant, d'ouvrir certaines conclusions, lorsque le sujet abordé ou la manière dont nous l'avons traité, entre en résonance manifeste avec d'autres domaines de la réflexion philosophique. Il s'agit alors de montrer les relations de la réponse produite avec d'autres notions, d'autres problèmes. Il faut faire attention, toutefois, à ne pas découvrir dans la conclusion un aspect nouveau du problème qui aurait nécessité un traitement dans le cours du développement.

En outre, une erreur fréquemment rencontrée est celle qui consiste, tout à la fin de la conclusion, à donner son « avis », son « opinion personnelle ». Il ne s'agit pas de ne pas se « livrer », puisqu'il est demandé une **réflexion personnelle**, mais il faut faire en sorte que nos opinions sur telle ou telle question puissent être défendues au moyen d'**arguments**.

### Exemple 1. *Tout le monde est-il artiste ?*

(Cet exemple de conclusion entièrement rédigée est le prolongement du travail d'introduction et de développement précédemment donné pour ce sujet.)

**Conclusion**

La question qui a fait l'objet de notre réflexion a permis de remettre en cause une vision héritée du passé, selon laquelle l'artiste est un être à part, un génie solitaire et parfois incompris. Toutefois, une vision plus populaire de l'art nous a conduit au danger de dissoudre le concept de l'art dans l'arbitraire de la subjectivité de chacun. Le vrai problème est d'arriver à clarifier le discours (souvent hermétique) des critiques d'art, afin qu'ils puissent nous expliquer que leur jugement n'est pas empreint de parti pris et de partialité. Ils doivent nous prouver la valeur artistique d'un auteur comme un scientifique nous démontre la validité d'un théorème. Mais n'est-ce pas là utopique ?

## 7 Les erreurs à éviter

**1. Il ne faut pas donner au correcteur l'impression que le problème est déjà résolu et que l'introduction se présente comme le résultat anticipé de la dissertation.**

Autrement dit, il ne faut pas donner les réponses, dès l'introduction, à des questions qui n'ont même pas encore été posées (dans la problématique). Il faut, autant que possible, ménager un certain « suspense » dans la réflexion, créer une attente à partir des interrogations que l'on soulève.

**2. Ne multipliez pas les paragraphes et les exemples.**

Un paragraphe indique un **thème** précis, une unité de sens ; il ne faut donc pas sauter une ligne sans raison.

**3. Évitez de manipuler à tort et à travers le jargon technique de la philosophie.**

Il faut préférer une expression claire, précise, sans se sentir obligé de « jargonner », pour « faire philosophique ». Les types de devoir qui s'adonnent à ce style sont souvent appelés, péjorativement, « devoirs poudre-aux-yeux ».

**D'une manière générale, on doit croire et adhérer à ce que l'on écrit, sans se penser obligé de « se mettre en règle » avec ce que l'on suppose que le professeur attend comme réponse. Notre avis personnel commence dès le début de la dissertation, et celle-ci a pour mission de l'argumenter pour en démontrer la valeur.**

# LA VÉRITÉ

À ces juges de dire la vérité ! La personne jugée est-elle coupable du crime dont on l'accuse ? Si oui, a-t-elle agi seule ? Avec préméditation ? Bénéficie-t-elle de circonstances atténuantes ? Le sort de l'accusé en dépend, mais aussi l'apaisement des victimes, et, toujours à un certain degré, la paix sociale.

Cela est particulièrement vrai dans le cas des procès criminels : les hommes ont besoin de connaître la vérité.

Sans le souci de la vérité, les hommes pourraient-ils vivre ensemble ? Si nous essayons de répertorier toutes les professions qui sont dédiées à l'établissement de la vérité, nous sommes étonnés de leur grand nombre. Pensons déjà à tous les auxiliaires de justice à qui revient une contribution à la vérité : magistrat instructeur, enquêteurs, experts, huissiers. Nous pouvons aussi regarder du côté de l'information avec les journalistes, en particulier les journalistes d'investigation et les reporters. Et bien sûr, il nous faut évoquer tout le domaine de la connaissance, que ce soit la recherche scientifique – dans les sciences exactes et dans les sciences dites « humaines », en lesquelles il faut inclure l'histoire –, mais aussi des connaissances plus conjoncturelles, tels les sondages d'opinion ou les études de marché.

Mais cette notion de vérité qui nous apparaît socialement si importante est-elle claire ? N'est-il pas frappant de constater que nous aurions pu, en chaque emploi du mot « vérité » ci-dessus, le remplacer par le mot « réalité » sans que le sens des phrases soit compromis ?

## • Qu'est-ce qui distingue la vérité de la réalité ?

Pour éclairer cette question, Spinoza nous propose une démarche simple qui consiste à considérer l'origine et les principales étapes de l'usage de la notion de vérité :

> La première signification donc de *Vrai* et de *Faux* semble avoir **tiré son origine des récits** ; et l'on a dit vrai un récit quand le fait raconté était réellement arrivé ; faux quand le fait raconté n'était arrivé nulle part. Plus tard les Philosophes ont employé le mot pour désigner l'accord ou le non-accord d'une idée avec son objet ; ainsi, l'on appelle Idée Vraie celle qui montre une chose comme elle est en elle-même ; Fausse celle qui montre une chose autrement qu'elle n'est en réalité. Les idées ne sont pas autre chose en effet que des récits ou des histoires de la nature dans l'esprit. Et de là on en est venu à désigner de même **par métaphore** des **choses inertes** ; ainsi quand nous disons de l'or vrai ou de l'or faux, comme si l'or qui nous est présenté racontait quelque chose sur lui-même, ce qui est ou n'est pas en lui.
>
> Baruch Spinoza, *Pensées métaphysiques*, 1663, trad. Ch. Appuhn, Garnier-Flammarion, 1964.

**VOCABULAIRE**

**tiré son origine des récits** : « Vrai » et « Faux » ont servi d'abord à qualifier des récits.

**par métaphore** : ici, par analogie, par comparaison.

**choses inertes** : c'est-à-dire les choses inanimées, qui d'elles-mêmes ne disent rien.

Spinoza note trois grandes étapes dans l'évolution de cet usage. Elles sont distinguées par l'objet sur lequel porte le jugement de vérité. Il a d'abord porté sur le récit (*lignes 1 à 3*), puis sur l'idée (*lignes 3 à 7*), et enfin sur la chose inerte (*lignes 8 à 10*).

Il est intéressant de remarquer qu'à travers ces divers usages, le texte met en évidence un fil conducteur qui est exprimé par le mot « récit » (*lignes 2 et 7*), et son dérivé « racontait » (*ligne 10*). Spinoza montre ainsi que c'est toujours sur l'acte de langage – que l'on nomme aussi le *discours* – que porte le jugement de vérité.

Cet acte de langage peut être explicite, comme lorsqu'on raconte une histoire. Mais il peut être aussi implicite. Ainsi, une idée est toujours une prise de position sur la réalité qui peut être explicitée par des mots. L'idée d'« écologie », par exemple, c'est l'idée que « la prospérité de l'homme est solidaire de celle de son environnement qu'il faut considérer comme son habitat fondamental ». Et cette proposition est susceptible d'être jugée « vraie » ou « fausse ».

On est encore dans le récit implicite lorsque l'on juge vraie ou fausse une « chose inerte ». Tout se passe comme si nous transformions son apparence en un discours que la chose tiendrait sur elle-même : « tu vois, je suis jaune, brillant, lourd, inaltérable, etc., je suis bien en or ! ».

La vérité est toujours une valeur attribuée à un récit.

En quoi consiste cette valeur ? Spinoza nous invite à regarder du côté de son origine : « *on a dit vrai un récit quand le fait raconté était réellement arrivé* ».

Cette valeur, c'est la conformité du récit avec la réalité dont il rend compte.

Ainsi, nous avons deux sources de représentation de la réalité : le discours vrai et les représentations sensibles issues de nos expériences vécues.

Ce résultat ne nous oriente-t-il pas vers un critère simple pour décider de la vérité d'une proposition ?

## • Quel est le critère de la vérité ?

Ne suffirait-il pas de confronter l'acte de langage aux impressions sensibles pour s'assurer de sa vérité ? Cette démarche est mise en scène dans le *Nouveau Testament* en la figure de l'apôtre Thomas qui veut ainsi vérifier la vérité de ce qu'on lui a dit : « Jésus est ressuscité ! ».

*L'incrédulité de saint Thomas*, Le Caravage (1573-1610)

On voit ici Thomas constater de ses yeux et éprouver par le toucher la plaie de Jésus. C'est que la vue de la plaie ne peut suffire. Toute sensation est tellement changeante, fuyante ! Ce trait sombre sur le flanc de cet homme ne pourrait-il pas être une simple tache ? Il faut donc confirmer par le toucher. Mais prenons garde à ceci : cette vue et ce toucher n'ont, comme sensations, rien de commun. Comment peuvent-ils être réunis pour faire preuve, sinon par la grâce de la nomination : « C'est bien une plaie ! » ?

Il faut retenir cette leçon : jamais les simples sensations ne suffisent pour nous faire connaître la réalité. C'est seulement dans la mise en forme opérée par le langage qu'elles deviennent une connaissance valable, c'est-à-dire qu'on peut réfléchir et dont on peut faire état.

Mais si la vérification n'est possible qu'en produisant un nouveau discours, il faut que celui-ci soit vrai. Le problème de la vérification est reconduit. Ce qui implique de produire un autre discours. Et ainsi, à l'infini.

On ne peut jamais sortir du langage pour atteindre la réalité brute.

La voie de la vérification de la vérité par la réalité est impraticable.

Pour essayer de sortir de cette impasse, reportons-nous à notre expérience des discours dont nous sommes assurés qu'ils sont vrais.

À cet égard, les propositions mathématiques sont exemplaires. Dans le cadre de la géométrie classique, qui peut remettre en cause une proposition telle que « la somme des angles d'un triangle égale 180 degrés » ? Or nous savons que c'est grâce à la démonstration qui l'établit que cette proposition est universellement vraie.

La démonstration est un raisonnement qui applique rigoureusement les règles de la logique. La cohérence logique, qui requiert la déduction des propositions les unes des autres en respectant le principe de non-contradiction – ce qu'on affirme ne doit pas amener à deux propositions contradictoires – pourrait-elle être le critère de la vérité ?

Aristote, dans l'Antiquité, avait proposé le modèle d'une démonstration parfaite :

**Tout homme est mortel,**
**or Socrate est un homme,**
**donc Socrate est mortel.**

Cette perfection tient à la forme du raisonnement. Aristote l'a montré en remplaçant les réalités déterminées – *homme*, *mortel* et *Socrate* – par des lettres – *a*, *b* et *c* – symbolisant une réalité indéterminée.

**Tout *a* est *b*,**
**or *c* est *a*,**
**donc *c* est *b*.**

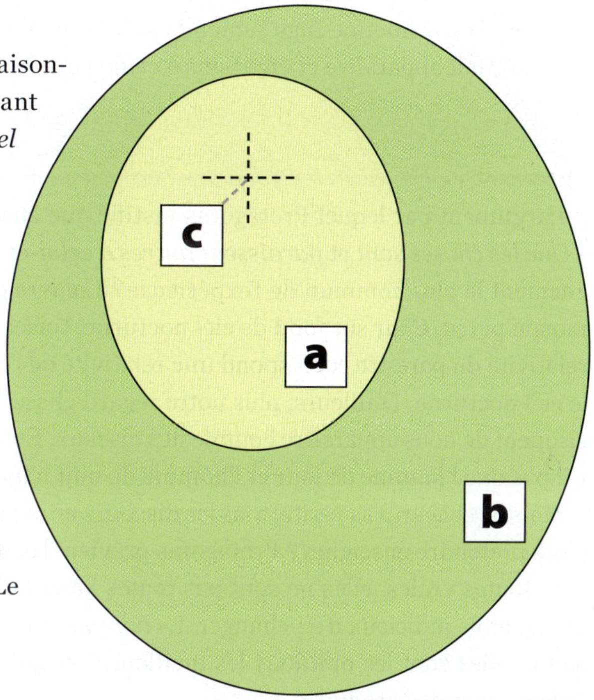


Le diagramme ci-contre, où les ellipses et le point délimitent l'ensemble des individus désignés par chaque lettre, confirme la validité universelle de cette démonstration.

Faisons une vérification. Déterminons *a* par *barbu*, *b* par *chauve* et *c* par *bouc*. Le raisonnement devient :

**Tous les barbus sont chauves,**
**or le bouc est barbu,**
**donc le bouc est chauve.**

Il faut bien admettre que la conclusion de ce raisonnement est fausse, alors même qu'il suit la forme de la démonstration parfaite. Pourquoi ? Parce que sa proposition de départ est fausse : tous les barbus ne sont pas chauves.

Tout raisonnement doit partir de propositions premières ou ***prémisses***. Si celles-ci sont vraies, un raisonnement valide conduira infailliblement à la vérité. Mais, comme on le voit, il faut déjà être assuré de posséder la vérité en dehors de lui. C'est toujours le cas pour les mathématiques car celles-ci construisent elles-mêmes leurs objets en les définissant – par exemple : le triangle est un polygone à 3 côtés – et se donnent par convention leurs propositions premières, les ***axiomes***. Ce n'est pas toujours le cas pour la majorité des raisonnements, ceux qui portent sur les réalités d'expérience.

Cela signifie que la ***validité*** d'un raisonnement ne suffit pas pour nous assurer de la ***vérité*** de sa conclusion.

La cohérence logique n'est pas un critère suffisant de vérité.

Face à notre incapacité d'établir un critère qui permette à coup sûr de distinguer le discours vrai, faut-il continuer à miser sur l'existence de celui-ci ? Pourquoi ne pas envisager plusieurs discours vrais qui cohabiteraient, plutôt que cette vérité unique que nous ne savons repérer ?

## • La vérité est-elle relative à chacun ?

Dans l'Athènes du Vᵉ siècle avant J.-C., les sophistes faisaient profession d'enseigner la sagesse. Ici, Platon donne la parole à l'un d'entre eux, Protagoras.

> J'affirme, moi, que la vérité est telle que je l'ai définie, que chacun de nous est la mesure de ce qui est et de ce qui n'est pas, mais qu'un homme diffère infiniment d'un autre précisément en ce que les choses sont et paraissent autres à celui-ci, et autres à celui-là. Quant à la sagesse et à l'homme sage, je suis bien loin d'en nier l'existence ; mais par homme sage j'entends précisément celui qui, changeant la face des objets, les fait apparaître et être bons à celui à qui ils apparaissaient et étaient mauvais.
>
> Platon, *Théétète*, 166d, trad. E. Chambry, Garnier-Flammarion, 1967.

L'argument par lequel Protagoras justifie que chacun a sa vérité doit être pris au sérieux. « *Que les choses sont et paraissent autres à celui-ci, et autres à celui-là* », n'est-ce pas l'enseignement le plus commun de l'expérience ? L'œuvre ci-contre exprime bien cette relativité du monde perçu. Clair sur fond de ciel nocturne, l'oiseau est sombre en contre-jour. Mais à cette relativité du paraître correspond une relativité de l'être : l'oiseau noir du jour s'évanouit dans le ciel nocturne. D'ailleurs, plus notre regard glisse vers l'horizon, plus les parcelles cultivées risquent de nous apparaître comme des oiseaux. En fin de compte, ce tableau ne nous montre-t-il pas que l'homme de jour et l'homme de nuit n'habitent pas le même village ?

Mais, si chacun a sa vérité, tous les discours ne se valent-ils pas ? Comment le sophiste peut-il alors prétendre enseigner ? Protagoras prévient l'objection en remarquant que, si les opinions sont toutes vraies, elles ne sont pas toutes aussi bonnes les unes que les autres. Il peut être quelquefois judicieux d'en changer. L'« *homme sage* », c'est-à-dire le sophiste, serait celui qui sait quelles sont les opinions les meilleures et qui serait capable de « [changer] *la face des objets* » pour les produire.

En fonction de quelle conception du bien le sage prétend-il connaître les opinions les meilleures ? Soit il a un savoir du Bien comme valeur absolue, mais alors il rétablit l'existence d'une vérité universelle. Soit ce bien est sa propre opinion, mais alors de quel droit l'impose-t-il aux autres ? N'y a-t-il pas toutes chances pour que ce bien serve son intérêt particulier ?

Platon, par la bouche de Socrate, fait une critique encore plus radicale de la thèse de Protagoras :

> Protagoras [...] admettant comme il le fait que l'opinion de chacun est vraie, doit reconnaître la vérité de ce que croient ses opposants de sa propre croyance lorsqu'ils pensent qu'elle est fausse. [...] Ainsi tout le monde, à commencer par Protagoras, contestera, ou plutôt, c'est lui qui tombera d'accord en convenant que celui qui le contredit a une opinion vraie, [...]. Ainsi, unanimement contestée, la Vérité de Protagoras ne sera vraie pour personne, ni pour un autre que lui, ni pour lui.
>
> Platon, *Théétète*, 170a-171c, trad. E. Chambry, Garnier-Flammarion, 1967.

L'affirmation « *l'opinion de chacun est vraie* » se disqualifie elle-même car sa forme – celle d'une vérité universelle – contredit son contenu – il n'y a que des vérités particulières.

***Jour et Nuit***, Maurits Cornelius Escher (1898-1972)

Prétendre que toute opinion est vraie, c'est réellement nier la notion de vérité. Cela amène à comparer les opinions pour savoir laquelle est la meilleure. Mais ce meilleur sera toujours fonction d'une conception du bien particulière, personne ne pouvant revendiquer le savoir du Bien. La compétition entre les opinions ne peut que dériver en rapport de force et, finalement, en violence. Telle semble bien être la conséquence ultime de la thèse de Protagoras.

Mais nous parlons. Nous parlons pour nous comprendre. Pour cela, nous faisons référence à une réalité commune dont nous essayons, par le choix de nos mots, de partager l'approche. Par cette visée d'***objectivité***, le langage nous libère de l'enfermement dans la ***subjectivité*** **R** de nos sensations. Mais cela serait-il possible sans que soit posée une valeur qui consacre l'adéquation du discours à la réalité ?

Quand nous parlons de manière objective, nous possédons déjà, en quelque manière, la vérité.

Descartes, en nous invitant à une démarche spirituelle audacieuse, peut nous amener à une prise de conscience décisive concernant l'origine de notre sens de la vérité :

> Et enfin, considérant que toutes les mêmes pensées, que nous avons étant éveillés, nous peuvent aussi venir quand nous dormons, sans qu'il y en ait aucune, pour lors qui soit vraie, je me résolus de feindre que toutes les choses qui m'étaient jamais entrées en l'esprit, n'étaient non plus vraies que les illusions de mes songes. Mais, aussitôt après, je pris garde que, pendant que je voulais ainsi penser que tout était faux, il fallait nécessairement que moi, qui le pensais, fusse quelque chose. Et remarquant que cette vérité : *je pense, donc je suis* était si ferme et si assurée que toutes les plus extravagantes suppositions des **sceptiques** n'étaient pas capables de l'ébranler, je jugeai que je pouvais la recevoir, sans scrupule, pour le premier principe de la philosophie que je cherchais.
>
> René Descartes, *Discours de la méthode*, 1637, IVe partie.

**VOCABULAIRE**

**sceptiques** : ceux qui pensent qu'on ne peut pas connaître la vérité.

Il y a beaucoup de connaissances que je croyais vraies et qui s'avèrent fausses, remarque Descartes. Y a-t-il quelque connaissance dont je ne puis pas douter ? La seule manière de le savoir est de considérer comme fausses toutes les connaissances qui peuvent laisser place au moindre doute. Or, même en feignant que tous mes contenus de conscience sont illusoires, il y a une vérité qui résiste : « *Je pense, donc je suis* », c'est-à-dire le savoir que j'existe en tant qu'être pensant, savoir qu'on nomme aussi le ***cogito***.

Il faut effectuer pour son propre compte la démarche de Descartes si l'on veut comprendre la valeur du cogito : il y a la révélation d'un savoir, le seul, qui donne l'expérience d'une certitude parfaite. Si nous sommes guidés par une lumière de la vérité lorsque nous élaborons nos discours, on peut penser que la source de cette lumière est le cogito.

Si c'est bien le cas, alors nous n'avons pas besoin de critère extérieur pour reconnaître la vérité.

Toute la beauté de cette photographie de l'apparition de l'aurore sur une ville naît de la valeur que prend la lumière. Toute la réalité n'existe et ne se hiérarchise que dans son rapport à cette lumière. Mais cette lumière elle-même ne dépend de rien. Elle est pure révélation. La vérité en notre esprit n'a-t-elle pas une position analogue à celle de la lumière en ce paysage ? « *Certes, comme la lumière se fait connaître elle-même et fait connaître les ténèbres, la vérité est norme d'elle-même et du faux* » (Spinoza).

N'y a-t-il pas en notre exigence de vérité comme l'appel d'une lumière dont nous aurions rencontré, en quelque temps enfoui de notre passé, l'aurore ? C'est bien cette hypothèse d'une expérience inaugurale qui semble le mieux rendre compte de notre attachement et de nos démêlés avec la notion de vérité.

Mais il ne faut pas se masquer les problèmes qu'elle pose.

Cela signifie que le fondement de notre notion de la vérité est subjectif. Et c'est sur ce *sentiment* de la vérité, qu'on appelle aussi ***évidence***, qu'il faudra s'appuyer pour accepter une proposition. Mais ce sentiment ne risque-t-il pas d'être abusé par nos désirs et nos croyances ? Dans quelle mesure et par quelles méthodes la raison peut-elle apporter les moyens d'une objectivité ? C'est ce que nous examinerons au long des chapitres consacrés à **la raison et la croyance**.

Nous nous tournerons ensuite vers **l'expérience** afin d'éclairer notre connaissance de cette réalité dont sans cesse le langage nous parle, sans jamais l'atteindre, tout en nous permettant de la maîtriser.

# La raison et la croyance

**SOMMAIRE**


CHAPITRE 15
**Sommes-nous prisonniers de nos croyances ?** (PLATON)
CHAPITRE 16
**Les peurs gouvernent-elles nos croyances ?** (SPINOZA)
CHAPITRE 17
**La foi religieuse exclut-elle tout recours à la raison ?** (ROUSSEAU)
CHAPITRE 18
**Le travail de la science est-il libéré de toute croyance ?** (ALAIN)
CHAPITRE 19
**La raison peut-elle tout connaître ?** (PASCAL)
CHAPITRE 20
**La raison mène-t-elle le monde ?** (KANT)


La croyance est l'adhésion à une proposition dont la justification objective – celle qui peut être approuvée par tous – est insuffisante. Ainsi, on peut fort bien affirmer qu'il existe de la vie ailleurs que sur Terre ; mais tant que l'on ne l'a pas prouvé, soit par démonstration, à partir d'une connaissance des principes qui régissent l'univers, soit expérimentalement, en ramenant des formes de vie d'expéditions spatiales, cela reste une croyance.

Quel rôle pourrait bien jouer la croyance dans la connaissance, puisqu'elle n'apporte rien qui permette de garantir sa vérité ? Pour Platon, elle n'est qu'un obstacle, qui masque la connaissance des réalités véritables. Le savoir authentique doit remettre en question la croyance la plus répandue, celle qui consiste à admettre que la réalité se réduit à ce que l'on perçoit. En vérité, le monde que nous dévoilent nos sens n'est que pure illusion, comme les ombres projetées sur les parois d'une caverne et que l'on tiendrait pour des objets réels **(CHAPITRE 15)**.

La croyance suppose donc que notre sensibilité l'emporte sur notre raison. C'est ce que confirme Spinoza : il montre que c'est le sentiment de peur qui est à l'œuvre dans la formation des « *innombrables fictions* » de la superstition **(CHAPITRE 16)**.

Est-il pourtant impossible de concilier croyance et connaissance rationnelle ? Rousseau a posé la question pour ce qui concerne la croyance qui fonde le sentiment religieux : la croyance en Dieu. Selon lui, « *les plus grandes idées de la Divinité nous viennent par la raison seule* », ce qui signifie que l'idée de Dieu n'est pas une simple croyance, mais une certitude absolue. Les religions n'ont fait que brouiller cette certitude, en l'habillant d'histoires diverses et de révélations variées, celles que racontent les grands textes sacrés **(CHAPITRE 17)**.

L'idéal d'une connaissance intégralement rationnelle, délivrée de toute croyance, est-il alors réalisable ? Pour Alain, c'est le projet même de la science, et elle y parvient du reste fort bien, notamment en physique **(CHAPITRE 18)**. Mais l'analyse précédente semble oublier que même au cœur du travail de la science, il y a des connaissances qui ne sont pas appréhendées au moyen de la raison. Pascal nous rappelle ainsi que « *espace, temps, mouvement, nombres* » sont des réalités dont l'existence ne se démontre pas, et c'est pourquoi il les appelle les « *premiers principes* » **(CHAPITRE 19)**.

En définitive, le pouvoir de la raison sur les hommes est bien moins grand, nous dit Kant, que ce que le philosophe pourrait souhaiter. Ceux-ci sont davantage conduits par leurs passions, et leur vie est pleine de méchanceté. Il reste alors à se demander si la nature ne suivrait pas un plan caché, une rationalité interne qui gouvernerait l'histoire des hommes, par-delà l'apparente absurdité de leur existence **(CHAPITRE 20)**.

***Galilée devant le Saint-Office au Vatican***, Joseph-Nicolas Robert-Fleury (1797-1890)

## S'interroger à partir d'une image

**En 1633, Galilée (1564-1642) fut convoqué par le Saint-Office, le tribunal du Vatican, pour répondre de l'accusation d'hérésie. À la suite de ses observations astronomiques, il avait en effet publié un ouvrage dans lequel il confirmait les idées de Copernic (1473-1543) affirmant que la Terre tournait autour du soleil. Selon la croyance commune de l'époque, légitimée par l'Église, la Terre, immobile, était située au centre de l'Univers. Pour rester en vie, Galilée dut « abjurer » sa conception, c'est-à-dire reconnaître solennellement, à genoux, qu'elle était fausse. On dit qu'en se relevant, il frappa du pied sur le sol en s'écriant : « Eppure, si muove ! » (Et pourtant, elle [la Terre] bouge !). C'est cet événement qu'a voulu fixer le peintre.**

**1** À leurs attitudes, on peut remarquer un manque d'intérêt des membres du Saint-Office pour l'exclamation de Galilée : « *Eppure, si muove !* ». Comment l'interprétez-vous ?

**2** Quels sont les principaux arguments que l'on a pu opposer, dans ce tribunal religieux, à Galilée, pour défendre le géocentrisme (idée que la Terre est au centre de l'Univers) ?

**3** Pourquoi Galilée peut-il être certain d'avoir raison contre la croyance, à peu près unanimement partagée, de ses contemporains ?

# Sommes-nous prisonniers de nos croyances ?

**Platon** (428-348 av. J.-C.)

Philosophe grec de l'Antiquité. À 20 ans, il devient le disciple de Socrate. La condamnation à mort de son maître, en 399, par la démocratie athénienne, le bouleverse. Il consacre toute son œuvre à réparer cette injustice en écrivant des *Dialogues* où il met en scène Socrate. Tout en restituant de manière très vivante la pratique philosophique du maître, il lui fait développer ses propres conceptions. Il défend ainsi la primauté des Idées sur la réalité sensible et s'efforce, dans *La République*, de penser les fondements d'une Cité juste.

**Socrate** : – **Figure-toi** des hommes dans une demeure souterraine, en forme de caverne, ayant sur toute sa largeur une entrée ouverte à la lumière ; ces hommes sont là depuis leur enfance, les jambes et le cou enchaînés, de sorte qu'ils ne peuvent bouger ni voir ailleurs que devant eux, la chaîne les empêchant de tourner la tête ; la lumière leur vient d'un feu allumé sur une hauteur, au loin derrière eux ; entre le feu et les prisonniers passe une route élevée : imagine que le long de cette route est construit un petit mur. [...] Figure-toi maintenant le long de ce petit mur des hommes portant des objets de toute sorte, qui dépassent le mur. [...] Penses-tu que dans une telle situation [les prisonniers] aient jamais vu autre chose d'eux-mêmes et de leurs voisins que les ombres projetées par le feu sur la paroi de la caverne qui leur fait face ? [...] Qu'on détache l'un de ces prisonniers, qu'on le force à se dresser immédiatement, à tourner le cou, à marcher, à lever les yeux vers la lumière ; en faisant tous ces mouvements il souffrira, et l'éblouissement l'empêchera de distinguer ces objets dont tout à l'heure il voyait les ombres. Que crois-tu donc qu'il répondra si quelqu'un lui vient dire qu'il n'a vu jusqu'alors que de **vains fantômes**, mais qu'à présent, plus près de la réalité et tourné vers des objets plus réels, il voit plus juste ?

Platon, *La République*, trad. E. Chambry, Flammarion.

**VOCABULAIRE**

**Socrate** : philosophe grec (470-399 av. J.-C.). Il est ici le porte-parole de la pensée de Platon.
**Figure-toi** : Imagine-toi.
**vains fantômes** : les ombres sont sans consistance, elles trompent sur leur réalité.

## Réfléchir à partir d'un texte

**Ce texte développe une figure littéraire appelée « allégorie ». Une allégorie est une histoire imagée destinée à faire comprendre une idée *abstraite* au moyen d'une situation *concrète*. L'« Allégorie de la caverne », qui est ici racontée, demande donc à être interprétée.** R

1. **Qui peuvent être ces prisonniers dont ce texte nous décrit la triste condition ?**
2. **Selon vous, quelle est la réponse à la question posée par la dernière phrase du texte ?**
3. **Par quoi la croyance et la vérité sont-elles chacune représentées ?**
4. **Galilée, sur l'image de la page précédente, est prisonnier et risque d'être brûlé vif. Mais en quel sens peut-on dire que ceux qui le jugent sont encore bien plus prisonniers que lui ?**

## Confronter les textes

Comparez ce texte avec celui de la page précédente : sur quelles idées se rejoignent-ils ou s'opposent-ils ?

Chaque homme a une sorte de caverne, d'**antre** individuel qui rompt et corrompt la **lumière naturelle** en vertu de différentes causes, telles que : la nature propre et particulière de chaque individu, l'éducation, les conversations, les lectures, les sociétés, l'autorité des personnes qu'on admire et qu'on respecte, enfin la diversité des impressions que peuvent faire les mêmes choses, selon qu'elles rencontrent un esprit préoccupé et déjà vivement affecté par d'autres objets ou qu'elles trouvent un esprit tranquille et reposé ; en sorte que rien n'étant plus inégal, plus variable, plus irrégulier que la disposition naturelle de l'esprit humain, considéré dans les divers individus, ses opérations spontanées sont presque entièrement le produit du hasard ; et c'est ce qui a donné lieu à cette observation si juste d'Héraclite : « Les hommes vont cherchant les sciences dans leurs petits mondes particuliers et non dans le monde universel, c'est-à-dire dans le monde commun à tous. »

Francis Bacon, *Novum Organum*, 1620, trad. Buchon (1636), Delagrave.

**VOCABULAIRE**

**antre** : grotte profonde.
**lumière naturelle** : il s'agit de la raison.

## Réfléchir sur une image

**1** Cette photographie peut-elle, selon vous, donner matière à une interprétation contemporaine de l'« Allégorie de la caverne » ? Dans l'affirmative, développez cette interprétation.

## Maîtriser le vocabulaire

Le philosophe et mathématicien d'Alembert écrivait :

« *La conviction tient plus à l'esprit, la persuasion au cœur ; ainsi l'on dit : l'orateur doit non seulement convaincre, c'est-à-dire prouver ce qu'il avance, mais encore persuader, c'est-à-dire toucher et émouvoir. La conviction suppose des preuves : je ne pouvais croire telle chose ; il m'en a donné tant de preuves qu'il m'a convaincu.* »

*Œuvres philosophiques*, III.

**1** Qu'y a-t-il de commun entre l'action de ***persuader*** et l'action de ***convaincre*** ? **R**

**2** Quel est le caractère spécifique à chacune de ces actions, par lequel elles se distinguent ?

**3** Reportez-vous à la situation de Galilée (*image introductive*). A-t-il été « convaincu » ou « persuadé » d'abjurer ?

## Reconstituer une argumentation

Dégagez l'idée centrale du texte suivant ainsi que les différentes étapes de son argumentation.

Si nous prenons la peine de plonger et de pénétrer au fond des choses, d'analyser les opinions jusqu'à leurs premiers principes, nous trouverons que les opinions qui passent pour avoir le plus d'importance sont des plus **ténues** à l'origine. Elles dérivent soit des usages qui se trouvent régner au pays où nous vivons, soit des premières notions qu'on a insinuées dans notre esprit encore tendre avant que nous fussions capables de discerner le bien et le mal, le vrai et le faux. Le vulgaire (j'entends par là tous ceux qui ne font pas un libre usage de leur raison) est porté à prendre ces préjugés pour des choses sacrées et indiscutables. Il croit qu'elles ont été imprimées au cœur de l'homme par Dieu lui-même ou apportées du ciel par la **Révélation**, ou qu'elles portent en elles assez de lumière et d'évidence pour forcer l'**assentiment** sans recherche et sans examen. Ainsi la multitude des hommes ont la tête farcie d'un ramassis de conceptions, de principes et doctrines en religion, en morale et en politique qu'ils soutiennent avec un zèle proportionné à leur manque de raison. Au contraire, ceux qui emploient comme il faut leurs talents à la recherche de la vérité, prennent spécialement soin de **sarcler** leur esprit, et d'en arracher toutes les notions et tous les préjugés qu'on a pu y planter avant qu'ils fussent parvenus au libre et entier usage de leur raison.

George Berkeley, *Alciphron ou le pense-menu en sept dialogues*, 1732, éd. G. Brykman, t. II, PUF, 1985.

**VOCABULAIRE**

**ténues** : fragiles.
**Révélation** : ensemble des manifestations de la vérité sur Dieu, et en particulier les Écritures saintes.
**assentiment** : approbation.
**sarcler** : littéralement, arracher les mauvaises herbes.

## Apprendre à argumenter

Recherchez les arguments qui peuvent appuyer chacune des deux thèses en présence. Classez-les dans chaque colonne en commençant par le plus faible et en terminant par le plus solide.

### L'accord entre les hommes est-il un critère suffisant de la vérité ?

• **Thèse A :** L'accord entre les hommes est un critère suffisant de la vérité car…

• **Thèse B :** L'accord entre les hommes ne peut suffire à établir la vérité. En effet…

## PETIT MANUEL DE LA SUPERSTITION

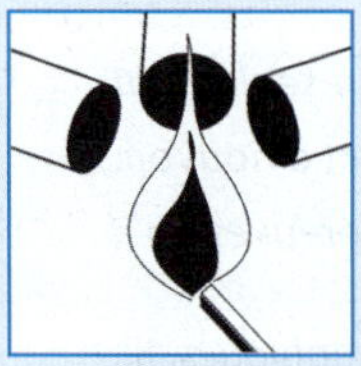

**ALLUMETTE** - N'allumez jamais trois cigarettes avec la même allumette, cela porte malheur! Les Russes justifient cette croyance par la règle orthodoxe qui donne au prêtre, seul, le droit d'allumer trois cierges avec le même feu.

**BOIS** - Toucher un morceau de bois rond et non verni permet de conjurer tous les mauvais sorts en de nombreux pays. De même, le bâton de pèlerin protégeait le voyageur contre les incidents de la route.

**CHAT** - Ami du poète, du magicien, du philosophe et de la sorcière, le chat est craint du commun des mortels. S'il est noir et qu'il traverse la rue perpendiculairement au trottoir, il annonce un malheur.

**CORDE DE PENDU** - Un simple morceau de cette corde suffit à porter bonheur. On dit aussi «avoir une chance de pendu», ce qui pourrait faire supposer que les hommes ont de moins en moins de chance, les pendus se faisant rares!

**ÉCHELLE** - Les personnes superstitieuses évitent de passer sous une échelle. Elle forme un triangle avec le mur et le sol, signe magique qu'il est dangereux de rompre.

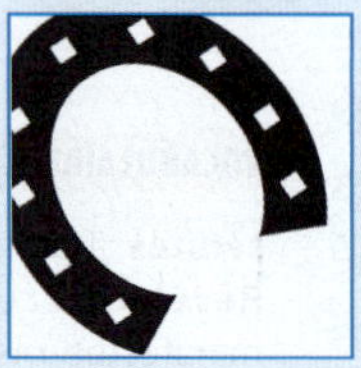

**FER À CHEVAL** - La découverte d'un fer à cheval, tombé et égaré, est d'un bon présage et porte bonheur. Les délicats préfèrent qu'il soit muni d'un ou plusieurs clous. Les fers de mulets et d'ânes sont moins appréciés.

**HIBOU** - Symbole de la clairvoyance pour les devins, oiseau de mauvais augure pour beaucoup, le hibou est redouté des gens qui se méfient de l'avenir. Jadis, une omelette aux œufs de chouette paraissait un remède souverain contre l'ivrognerie.

**MIROIR** - Briser son miroir présage un grand malheur. S'il se brise seul, le destin prévient de l'imminence du danger ou même de la mort. Au théâtre, cette crainte conduit à écarter de la scène tout véritable miroir.

**PAIN** - Sur la table, le pain ne doit jamais être posé à l'envers. La tradition veut qu'au Moyen Âge le pain du bourreau ait été mis à part, tourné à l'envers, dans les boulangeries.

**SEL** - Répandre le sel involontairement était un mauvais présage. Il est encore aujourd'hui fâcheux de renverser la salière sur la table. Si l'accident arrive, il faut bien vite jeter quelques grains de ce sel par-dessus son épaule.

**TRÈFLE À QUATRE FEUILLES** - La trouvaille d'un trèfle à quatre feuilles permet d'espérer bonheur et richesse pour la vie. Dans l'Allier, les amoureux peuvent souffler dessus. En Gironde, on le place dans la poche de la personne dont on désire être aimé.

**TREIZE** - Le nombre treize est dangereux mais sa signification funeste n'est pas absolue. On invoque son influence favorable lors de la vente des billets de loterie!

## S'interroger à partir d'une image

**Le document ci-dessus fait l'inventaire de quelques-unes des superstitions les plus courantes.**

**1** **Connaissez-vous l'origine historique de l'une ou l'autre de ces superstitions ? Dans l'affirmative, rappelez-là brièvement.**

**2** **Parmi ces superstitions, certaines possèdent-elles un fondement rationnel ? Si oui, lesquelles ?**

# Les peurs gouvernent-elles nos croyances ?

**Spinoza** (1632-1677)

Philosophe hollandais d'origine juive portugaise. À 24 ans, il est excommunié de la communauté juive d'Amsterdam à cause de la hardiesse de ses idées. Également déshérité par sa famille, il gagne désormais sa vie comme polisseur de verres.
Son principal livre, *Éthique*, développe sous forme d'une suite de démonstrations, à la manière des géomètres, une conception de Dieu identifié à la Nature (panthéisme). Sa réflexion porte également sur la politique et sur le crédit que l'on doit accorder aux textes bibliques.

**Œuvres** :
- *Traité théologico-politique* (1670)
- *Éthique* (1675)
- *Traité politique* (1677)

Si les hommes avaient le pouvoir d'organiser les circonstances de leur vie au gré de leurs intentions, ou si le hasard leur était toujours favorable, ils ne seraient pas en proie à la superstition. Mais on les voit souvent **acculés** à une situation si difficile, qu'ils ne savent plus quelle **résolution** prendre ; en outre, comme leur désir immodéré des faveurs capricieuses du sort les ballote misérablement entre l'espoir et la crainte, ils sont en général très **enclins à la crédulité** [...] Si, par exemple, pendant que la frayeur les domine, un incident quelconque leur rappelle un bon ou mauvais souvenir, ils y voient le signe d'une issue heureuse ou malheureuse ; pour cette raison et bien que l'expérience leur en ait donné cent fois le démenti, ils parlent d'un **présage** soit heureux, soit **funeste**. Enfin, si un spectacle insolite les frappe d'étonnement, ils croient être témoins d'un **prodige** manifestant la colère ou des Dieux, ou de la souveraine **Déité** ; dès lors, à leurs yeux d'hommes superstitieux et **irréligieux**, ils seraient perdus **s'ils ne conjuraient** leur destin par des sacrifices et des vœux solennels. Ayant forgé ainsi d'innombrables fictions, ils interprètent la nature en termes extravagants, comme si elle délirait avec eux.

Baruch Spinoza, *Traité théologico-politique*, 1670, trad. C. Appuhn, Flammarion.

**VOCABULAIRE**

**acculés** : contraints, soumis.
**résolution** : décision.
**enclins à la crédulité** : portés à tout croire.
**présage** : signe annonciateur.
**funeste** : malheureux.
**prodige** : événement extraordinaire et surnaturel.
**Déité** : divinité.
**irréligieux** : qui ne respectent pas la religion.
**s'ils ne conjuraient** : s'ils ne faisaient pas échec (au destin).

## Réfléchir à partir d'un texte

1. **Reconstituez le mécanisme de la superstition tel que Spinoza le décrit dans cet extrait.**
2. **Reportez-vous à l'image de la page précédente. Parmi toutes les superstitions décrites, lesquelles correspondent au genre de croyance défini ici par Spinoza ?**
3. **La raison est-elle totalement impuissante, d'après ce texte, à lutter contre les superstitions ?**

## Confronter les textes

■ Comparez ce texte avec celui de la page précédente : sur quelles idées se rejoignent-ils ou s'opposent-ils ?

L'esprit de l'homme est sujet à certaines terreurs et à certaines appréhensions inexplicables, **qui procèdent** d'une situation personnelle ou publique malheureuse, d'une mauvaise santé, d'un naturel sombre et mélancolique, ou du concours de toutes ces circonstances. Un tel état d'esprit engendre la crainte de maux infinis et inconnus de la part d'agents mystérieux ; et quand il n'y a rien de réel à redouter, l'âme agissant à son propre détriment, et entretenant son **inclination** prédominante, invente des objets imaginaires, à la puissance et à la malveillance desquels elle ne donne pas de limite. Comme ces ennemis sont entièrement invisibles et totalement inconnus, les méthodes adoptées pour les apaiser sont également inexplicables, et consistent en cérémonies, **observances**, **mortifications**, sacrifices, présents, ou toute pratique qui, en dépit de son absurdité ou de sa vanité, se trouve recommandée par la sottise et la fourberie à une crédulité aveugle et terrifiée. Faiblesse, crainte, mélancolie, jointes à l'ignorance, sont donc les vraies sources de la superstition.

David Hume, « Superstition et Enthousiasme » dans *Histoire naturelle de la religion*, 1757, introduit, traduit et annoté par M. Malherbe, Librairie philosophique J. Vrin, 1980.

**VOCABULAIRE**

**qui procèdent** : qui ont pour origine.
**inclination** : penchant, tendance.
**observances** : exécution d'une règle (en particulier se dit des règles que prescrit une religion).
**mortifications** : souffrances, privations, que l'on s'inflige pour se préserver ou se purifier des péchés, dans le domaine religieux.

## Maîtriser le vocabulaire

### R La distinction entre *expliquer* et *comprendre*

La tradition philosophique oppose, surtout à partir du XIXe siècle, la démarche qui consiste à ***expliquer*** un fait et celle qui consiste à le ***comprendre***. La distinction a été encore plus nettement établie avec l'apparition des sciences humaines (psychologie, sociologie etc.). Avec elles, en effet, on a désormais opposé la *compréhension* de l'homme et l'*explication* des phénomènes de la nature.

#### *Expliquer*

L'explication relève de l'intelligence des causes ou des lois d'un phénomène. Cela signifie que lorsqu'un scientifique cherche à expliquer des faits physiques, chimiques ou biologiques, il cherche à trouver *de l'extérieur* un rapport entre deux choses, par exemple le rapport entre le phénomène de la dilatation d'un corps et celui de l'échauffement. La mise en évidence de la relation de causalité qui existe entre ces deux phénomènes est une explication. Elle se traduit par une formule mathématique qui nous en offre la mesure.

#### *Comprendre*

La compréhension relève du sens d'un comportement qui doit faire l'objet d'une saisie, d'une prise qui accueille et rassemble (le verbe *comprendre* est construit sur le latin *prehendere* qui signifie « prendre »). La compréhension qu'ambitionnent d'atteindre les sciences humaines, vise à saisir le sens de certaines relations psychologiques, de certains comportements. De ce fait, comprendre, c'est, *de l'intérieur*, saisir une signification. La compréhension suppose donc une certaine capacité à se mettre à la place de ceux qu'on essaie de comprendre afin de capter leurs motivations. C'est ce que fit le sociologue allemand Max Weber, qui a essayé de comprendre, au XXe siècle, la « mentalité capitaliste » par référence aux valeurs de la « mentalité protestante » dans son ouvrage l'*Éthique protestante et l'Esprit du capitalisme*.

■ À la lumière des deux définitions précédentes, tentez de préciser si Spinoza, dans le texte d'ouverture, entreprend d'***expliquer*** ou de ***comprendre*** le phénomène de la superstition. Appuyez-vous sur des passages précis du texte pour justifier votre réponse.

## Réfléchir sur un texte

La chronologie suivante présente quelques-unes des grandes peurs qui ont marqué les temps passés :

### Quelques grandes peurs des temps passés

**2283 av. J.-C. :** Première observation connue d'une éclipse de lune en Mésopotamie, provoquant une grande frayeur. Durant toute l'Antiquité, les Gaulois craignent, pendant les orages, que « le ciel ne leur tombe sur la tête ».

**Moyen Âge :** La peur du Diable hante l'Europe occidentale et conduit à de nombreuses exécutions de « sorcières ».

**An 1000 :** Crainte « millénariste » que le passage à l'an 1000 ne soit le moment de la fin du monde.

**1834 :** Terreur sur Paris lors du passage de la comète de Halley.

**1910 :** L'astronome Camille Flammarion avait annoncé en 1909 que la Terre se trouverait l'année suivante dans la queue de la comète de Halley, et que cette queue contenait des gaz toxiques comme le cyanogène. Durant la nuit du 18 au 19 mai 1910, place Saint-Pierre à Rome, des milliers de fidèles prient pour que « la fin du monde » ne se produise pas.

**An 2000 :** Des sectes « millénaristes » annoncent la fin du monde pour le passage à l'an 2000. Mais une crainte plus large se développe partout dans le monde autour de la menace d'un gigantesque « bug » informatique, qui finalement ne se produira pas.

Chronologie extraite du *Quid* 2004, Robert Laffont.

***Terreur sur Paris lors du passage de la comète de Halley en 1834*** (gravure d'époque)

**1** Parmi ces peurs, lesquelles reposent sur l'ignorance des causes véritables d'un phénomène ?

**2** Y a-t-il, dans cette liste, des peurs qui s'appuient sur un savoir authentique ? Dans cette éventualité, peut-on appeler ces peurs des croyances ?

## Reconstituer une argumentation

Dégagez l'idée centrale du texte suivant ainsi que les différentes étapes de son argumentation.

Comme dans toutes les périodes de changement, voire de bouleversement majeur, les angoisses guident le monde et imbibent les commentaires. Elles saturent les avis, les jugements et renvoient plus **à l'épidermique** qu'au rationnel. Les peurs dues au **transgénisme** ressemblent à s'y méprendre à celles qui accompagnent la naissance de l'électricité ou du chemin de fer, voire de l'énergie nucléaire [...] La **médecine transgénique** [...] n'est en soi, en tant que telle, par elle-même, coupable ni responsable de rien [...] Ni bonne ni mauvaise, elle obéit au régime de la technique en temps normal : ses fins, et rien d'autre, décident du jugement moral possible, condamnation ou éloge [...] Certes **les obscurantistes** partent du principe — **sophiste** à souhait ! — qu'on peut ne pas constater effectivement les dégâts aujourd'hui, mais qu'au nom de demain qui sûrement révélera le pire, on doit s'interdire tout progrès sur l'instant. [...] Le principe de précaution pose le pire comme certain et contraint à réfléchir en regard d'un postulat gratuit présenté comme une vérité démontrée.

Michel Onfray, *Féeries anatomiques. Généalogie du corps faustien*, 2003, Grasset.

**VOCABULAIRE**

**à l'épidermique** : c'est-à-dire au corps, à des réactions purement émotionnelles.
**transgénisme** : allusion aux techniques de transformation des êtres vivants (en particulier de certaines plantes) à l'aide de manipulations génétiques.
**médecine transgénique** : médecine qui utilise les techniques d'intervention sur le génome humain à des fins thérapeutiques.
**les obscurantistes** : l'auteur désigne ainsi tous ceux qui aujourd'hui rejettent le progrès scientifique.

a

b

## S'interroger à partir d'une image

Des croyants appartenant aux trois grands monothéismes (judaïsme, christianisme, islam) sont représentés ci-dessus. La première image **(a)** montre des juifs priant devant le Mur des lamentations à Jérusalem ; la seconde **(b)** montre une procession organisée par des catholiques, en Sicile ; la troisième **(c)** a été prise à la Mecque, autour de la Kaaba, où viennent chaque année en pèlerinage des centaines de milliers de musulmans.

Ces trois grandes religions se distinguent par des rites et des dogmes différents, mais se rejoignent aussi sur certains points : toutes trois considèrent que Dieu a révélé aux hommes sa Présence et sa Volonté, soit par l'intermédiaire de prophètes, par exemple Moïse dans le judaïsme (parmi d'autres prophètes juifs), et Mahomet dans l'islam ; soit à travers le mystère de son Incarnation en Jésus-Christ pour les chrétiens. La Révélation aurait été ensuite retranscrite dans un livre sacré (Bible hébraïque, Évangiles, Coran). La diversité des religions a pourtant été attaquée sur un plan philosophique de manière très vive par les philosophes des Lumières. Jean-Jacques Rousseau en particulier, dans l'*Émile*, pose la question suivante : Pourquoi Dieu a-t-il eu besoin de se révéler trois fois aux hommes, à travers les trois grandes religions révélées ? Une seule fois, cela ne suffisait-il pas ? Dieu bégaie-t-il donc ?

1 Que pensez-vous de la question de Rousseau ? Vous paraît-elle choquante ou sensée ?

2 Permet-elle, selon vous, d'instaurer un véritable débat avec les croyants de ces religions respectives ?

# La foi religieuse exclut-elle tout recours à la raison ?

**Rousseau** (1712-1778)

Philosophe et écrivain français. Très tôt privé de famille, c'est en autodidacte qu'il se forme. Ambitionnant en un premier temps de composer de la musique, il révèle par la suite sa vocation philosophique en remportant un concours à l'âge de 38 ans.

Son œuvre de philosophie politique a eu une influence considérable sur les acteurs de la Révolution française. Rousseau s'est attaché à réfléchir sur les fondements de la légitimité du pouvoir. Cette réflexion est solidaire d'une critique radicale des injustices de la société de son temps.

**Œuvres** :
- *Discours sur l'origine de l'inégalité* (1755)
- *Émile* (1762)
- *Le contrat social* (1762)

Les plus grandes idées de la Divinité nous viennent par la raison seule. Voyez le spectacle de la nature, écoutez la **voix intérieure**. Dieu n'a-t-il pas tout dit à nos yeux, à notre conscience, à notre jugement ? Qu'est-ce que les hommes nous diront de plus ? Leurs **révélations** ne font que dégrader Dieu, en lui donnant les **passions** humaines. Loin d'éclaircir les notions du grand Etre, je vois que les **dogmes** particuliers les embrouillent ; que loin de les ennoblir, ils les avilissent ; qu'aux mystères inconcevables qui l'environnent ils ajoutent des contradictions absurdes ; qu'ils rendent l'homme orgueilleux, intolérant, cruel ; qu'au lieu d'établir la paix sur la terre, ils y portent le fer et le feu. Je me demande à quoi bon tout cela sans savoir me répondre. Je n'y vois que les crimes des hommes et les misères du genre humain.

On me dit qu'il fallait une révélation pour apprendre aux hommes la manière dont Dieu voulait être servi ; on assigne en preuve la diversité des cultes bizarres qu'ils ont institué, et l'on ne voit pas que cette diversité même vient de la fantaisie des révélations. Dès que les peuples se sont avisés de faire parler Dieu, chacun l'a fait parler à sa mode et lui a fait dire ce qu'il a voulu. Si l'on n'eût écouté que ce que Dieu dit au cœur de l'homme, il n'y aurait jamais eu qu'une religion sur la terre.

Jean-Jacques Rousseau, *Émile*, IV, 1762, Garnier-Flammarion.

**VOCABULAIRE**

**voix intérieure** : celle de notre conscience morale.
**révélations** : il s'agit des révélations dont les grandes religions monothéistes prétendent porter témoignage dans leurs textes sacrés.
**passions** : ce mot a ici un sens péjoratif et désigne tous les sentiments excessifs et incontrôlés de la conduite humaine (jalousie, haine, colère, désir de vengeance, etc.).
**dogmes** : l'ensemble des affirmations sur la divinité qu'une religion tient pour vérité absolue.

## Réfléchir à partir d'un texte

1. **Dégagez la thèse centrale de ce texte ainsi que les différentes étapes de son argumentation.**
2. **Expliquez : a)** « *Leurs révélations ne font que dégrader Dieu, en lui donnant les passions humaines* » ;
   **b)** « *Dès que les peuples se sont avisés de faire parler Dieu, chacun l'a fait parler à sa mode* ».
3. **La diversité des religions peut-elle servir d'argument pour discréditer le sentiment religieux ? Utilisez la distinction entre *persuader* et *convaincre* dans votre réponse.**

R

## Confronter les textes

Comparez ce texte avec celui de la page précédente : sur quelles idées se rejoignent-ils ou s'opposent-ils ?

Les doctrines religieuses sont soustraites aux exigences de la raison ; elles sont au-dessus de la raison. Il faut sentir intérieurement leur vérité ; point n'est nécessaire de la comprendre. Seulement ce **Credo** n'est intéressant qu'à titre de **confession** individuelle ; en tant que **décret**, il ne lie personne. Puis-je être contraint de croire à toutes les absurdités ? Et si tel n'est pas le cas, pourquoi justement à celle-ci ? Il n'est pas d'instance au-dessus de la raison. Si la vérité des doctrines religieuses dépend d'un événement intérieur qui témoigne de cette vérité, que faire de tous les hommes à qui ce rare événement n'arrive pas ? On peut réclamer de tous les hommes qu'ils se servent du don qu'ils possèdent, de la raison, mais on ne peut établir pour tous une obligation fondée sur un facteur qui n'existe que chez un très petit nombre d'entre eux. En quoi cela peut-il importer aux autres que vous ayez au cours d'une extase qui s'est emparée de tout votre être acquis l'inébranlable conviction de la vérité réelle des doctrines religieuses ?

Freud, *L'Avenir d'une illusion*, 1927, trad. M. Bonaparte, PUF.

**VOCABULAIRE**

**Credo** : ce mot vient du latin *credo* qui signifie « je crois » ; ici, il désigne les principes auxquels adhère le croyant d'une religion déterminée, et qu'il tient pour vérité absolue.
**confession** : dans ce passage, le mot « confession » désigne le fait de déclarer ou de reconnaître publiquement sa foi religieuse. C'est pourquoi on parle plus habituellement de « confession de foi ».
**décret** : décision, ordre provenant d'un pouvoir déterminé. Ici, l'auteur veut dire qu'on ne peut pas ordonner (décréter) à quelqu'un de croire et d'avoir la foi.

## Réfléchir sur un texte

Le tableau ci-dessous, du peintre espagnol Goya (1746-1828), et intitulé *Sainte Thérèse*, nous montre sainte Thérèse d'Avila, une célèbre mystique chrétienne (1515-1582). Il pourrait servir d'illustration au texte de J.-P. Sironneau, mis en regard, sur les sens de la croyance religieuse :

Les **théologies** chrétiennes ont toujours distingué ces trois sens du mot croire. Selon saint Thomas d'Aquin, ***credere*** *Deum, credere Deo, credere in Deum*. « Croire Dieu » signifie qu'on donne le pas à la parole, qu'on privilégie l'obéissance à Dieu, qu'on reconnaît son autorité quand il parle. « Croire à Dieu » signifie que l'on adhère à sa parole et au discours qui peut en résulter ; la formule ici privilégie le contenu du message et sa compréhension. « Croire en Dieu », enfin, signifie que l'on met au centre de la croyance, plus que la parole et le discours de la divinité, son être même, sa personne ; croire en lui c'est être lié à lui, exister par lui.

J.-P. Sironneau, « La Foi chrétienne et la Science », dans *Sciences humaines*, n° 53.

**VOCABULAIRE**

**théologies** : la théologie est l'étude des questions religieuses, à partir de l'analyse et de l'interprétation des textes sacrés.
***credere*** : toute la citation latine « *credere Deum, credere Deo, credere in Deum* » correspond ici à ce qui sera repris et analysé par l'auteur. Elle signifie : « croire Dieu, croire à Dieu, croire en Dieu ».

**1** À quel niveau se situe, d'après l'auteur, la différence entre « croire Dieu » et « croire à Dieu » ?

**2** Auquel des trois sens du mot « croire », l'attitude de Thérèse d'Avila, telle qu'elle est représentée par Goya, vous paraît-elle le mieux correspondre ? Justifiez votre réponse.

## Reconstituer une argumentation

■ Dégagez l'idée centrale du texte suivant ainsi que les différentes étapes de son argumentation.

Un **credo religieux** diffère d'une théorie scientifique en ce qu'il prétend exprimer la vérité éternelle et absolument certaine, tandis que la science garde un caractère provisoire : elle s'attend à ce que des modifications de ses théories actuelles deviennent tôt ou tard nécessaires, et se rend compte que sa méthode est logiquement incapable d'arriver à une démonstration complète et définitive. Mais, dans une science évoluée, les changements nécessaires ne servent généralement qu'à obtenir une exactitude légèrement plus grande ; les vieilles théories restent utilisables quand il s'agit d'approximations grossières, mais ne suffisent plus quand une observation plus minutieuse devient possible. En outre, les inventions techniques issues des vieilles théories continuent à témoigner que celles-ci possédaient un certain degré de vérité pratique, si l'on peut dire. La science nous incite donc à renoncer à la recherche de la vérité absolue, et à y substituer ce qu'on peut appeler la vérité « technique », qui est le propre de toute théorie permettant de faire des inventions ou de prévoir l'avenir. La vérité « technique » est une affaire de degré : une théorie est d'autant plus vraie qu'elle donne naissance à un plus grand nombre d'inventions utiles et de prévisions exactes. La « connaissance » cesse d'être un miroir mental de l'univers, pour devenir un simple instrument à manipuler la matière.

Bertrand Russell, *Science et Religion*,
trad. Ph. R. Mantoux, Gallimard.

**VOCABULAIRE**

**credo religieux** : croyance religieuse.

## Apprendre à argumenter

■ Recherchez les arguments qui peuvent appuyer chacune des deux thèses en présence. Classez-les dans chaque colonne en commençant par le plus faible et en terminant par le plus solide.

### La croyance religieuse et la philosophie sont-elles incompatibles ?

• **Thèse A :** Il n' y a aucun échange possible entre la religion et la philosophie, car…

• **Thèse B :** Religion et philosophie peuvent débattre ensemble. En effet…

## Phrase à méditer

### Je crois parce que c'est absurde.

■ Comment interpréter le sens de cette phrase de Tertullien (vers 155 - vers 220), tirée de *De la chair de Jésus-Christ* ?

Atome d'hydrogène

Atome d'oxygène

## À PROPOS DES ATOMES

### Le rayon d'un atome est-il déterminé ?

Nous avons plusieurs fois supposé l'atome sphérique ; ceci ne signifie pas qu'un atome soit une sphère rigide de rayon bien déterminé. Pour comprendre ce que l'on entend par **rayon de l'atome**, imaginons que les électrons soient des points lumineux que l'on photographie en pose.

Le noircissement de la pellicule photographique en un point est d'autant plus important que les électrons passent plus souvent en un point : on obtient une image comme celle de la figure ci-contre. Les parties sombres représentent les régions où l'électron a une forte probabilité de présence ; on dit que le noyau est entouré d'un nuage électronique, celui-ci n'a pas de limite précise.

Compte tenu de l'image que l'on vient de voir, la notion de rayon de l'atome est difficile à cerner. En revanche, on peut mesurer avec précision la distance entre deux atomes d'une molécule, soit d = 0,074 mm pour $H_2$, ce qui permet de définir le rayon r = 0,074/2 = 0,037 mm pour l'atome H.

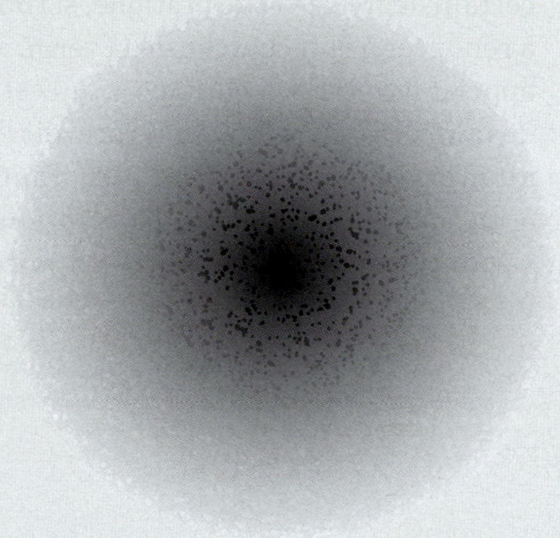

**Nuage électronique de l'atome d'hydrogène**

D'après *Chimie - Classe de seconde*, programme 1987, Armand Colin.

## S'interroger à partir d'une image

**Les images ci-dessus sont extraites d'un manuel scolaire de chimie. Les deux premières nous présentent la figuration classique des atomes, à la manière d'un système solaire en miniature. On y voit un noyau central, composé de protons et de neutrons, autour duquel gravitent une ou plusieurs particules appelées électrons.**

**Mais contre toute attente, l'article qui suit nous révèle que cette représentation classique est trompeuse : l'atome n'est pas «*une sphère rigide de rayon bien déterminé*»; en outre le noyau est entouré d'un nuage électronique, qui, en réalité, «*n'a pas de limite précise*».**

**1 Peut-on dire, à la lumière de ces informations, que la représentation classique de l'atome n'est qu'une croyance adoptée par le grand public, croyance répandue par les scientifiques eux-mêmes ?**

**2 Dans la négative, comment pourrait-on appeler ce mode de figuration traditionnel de l'atome, et quelle pourrait être sa fonction ?**

# Le travail de la science est-il libéré de toute croyance ?

**Alain** (1868-1951)

Émile Chartier de son vrai nom, philosophe français, il est également un très grand professeur et un journaliste de talent. De 1906 à 1914 il publie chaque jour un texte de réflexion philosophique dans un journal. Sa participation comme artilleur à la Première Guerre mondiale est pour lui marquante. Elle le conduit à écrire des ouvrages où il affirme son pacifisme et son radicalisme politique. Il développe également sa réflexion dans les domaines de la pédagogie, de la morale et de l'art.

**Œuvres :**
- *Propos* (1906-1935)
- *Système des Beaux-Arts* (1920)
- *Éléments de philosophie* (1941)

Penser n'est pas croire. Peu de gens comprennent cela. Presque tous, et ceux-là même qui semblent débarrassés de toute religion, cherchent dans les sciences quelque chose qu'ils puissent croire. Ils s'accrochent aux idées avec une espèce de fureur ; et si quelqu'un veut les leur enlever, ils sont prêts à mordre. [...] Lorsque l'on croit, l'estomac s'en mêle et tout le corps est raidi. Le croyant est comme le lierre sur l'arbre. Penser, c'est tout à fait autre chose. On pourrait dire : penser, c'est inventer sans croire. Imaginez un noble physicien, qui a observé longtemps les corps gazeux, les a chauffés, refroidis, comprimés, raréfiés. Il en vient à concevoir que les gaz sont faits de milliers de projectiles très petits qui sont lancés vivement dans toutes les directions et viennent bombarder les parois du récipient. Là-dessus le voilà qui définit, qui calcule ; le voilà qui démonte et remonte son gaz parfait, comme un horloger ferait pour une montre. Eh bien, je ne crois pas du tout que cet homme ressemble à un chasseur qui guette une proie. Je le vois souriant, et jouant avec sa théorie ; je le vois travaillant sans fièvre et recevant les objections comme des amies ; tout prêt à changer ses définitions si l'expérience ne les vérifie pas, et cela très simplement, sans gestes de mélodrame. Si vous lui demandez : Croyez-vous que les gaz soient ainsi ? Il répondra : Je ne crois pas qu'ils soient ainsi ; je pense qu'ils sont ainsi.

Alain, *Propos*, 1906-1935, Bibliothèque de la Pléiade, Gallimard, 1956.

## Réfléchir à partir d'un texte

**1** **Dégagez la thèse centrale du texte ainsi que les différentes étapes de son argumentation.**

**2** **Expliquez le sens des phrases : a)** « ***Lorsque l'on croit, l'estomac s'en mêle*** » **; b)** « ***Le croyant est comme le lierre sur l'arbre*** » **; c)** « ***un chasseur qui guette une proie*** ».

**3** **Relevez les principaux caractères qui, d'après l'auteur, définissent le travail expérimental du physicien.**

**4** **Quel sens Alain donne-t-il, tout au long du texte, au verbe « penser » ? Ce sens est-il celui qui est habituellement donné à ce verbe ?**

## Confronter les textes

■ Comparez ce texte avec celui de la page précédente : sur quelles idées se rejoignent-ils ou s'opposent-ils ?

> Dans l'effort que nous faisons pour comprendre le monde, nous ressemblons quelque peu à l'homme qui essaie de comprendre le mécanisme d'une montre fermée. Il voit le cadran et les aiguilles en mouvement, il entend le tic-tac, mais il n'a aucun moyen d'ouvrir le boîtier. S'il est ingénieux, il pourra se former quelque image du mécanisme, qu'il rendra responsable de tout ce qu'il observe, mais il ne sera jamais sûr que son image soit la seule capable d'expliquer ses observations. Il ne sera jamais en état de comparer son image avec le mécanisme réel, et il ne peut même pas se représenter la possibilité ou la signification d'une telle comparaison. Mais le chercheur croit certainement qu'à mesure que ses connaissances s'accroîtront, son image de la réalité deviendra de plus en plus simple et expliquera des domaines de plus en plus étendus de ses impressions sensibles. Il pourra aussi croire à l'existence d'une limite idéale de la connaissance que l'esprit humain peut atteindre. Il pourra appeler cette limite idéale la vérité objective.
>
> Albert Einstein et Léopold Infeld, *L'Évolution des idées en Physique*, Payot, 1938.

## Maîtriser le vocabulaire

### R La distinction entre l'*absolu* et le *relatif*

#### *Absolu*

**A. Usages courants**

Au sens courant, l'adjectif ***absolu*** désigne ce qui ne comporte aucune restriction, aucune réserve. Il est synonyme de : total, complet. Exemples : « exercer un pouvoir absolu », « avoir une confiance absolue ».

**B. Définitions philosophiques**

- L'***absolu*** désigne ce qu'est une chose en elle-même, indépendamment de la manière dont elle nous apparaît, que ce soit dans la perception sensible ou à travers la représentation que la science nous en donne.
- L'***Absolu*** est l'expression consacrée par la tradition philosophique pour désigner Dieu, l'Être suprême.

#### *Relatif*

**A. Usages courants**

Au sens courant, l'adjectif ***relatif*** désigne ce qui se rapporte à un sujet, à une idée. Par exemple : « un discours relatif à l'économie ». Mais il peut aussi désigner ce qui est limité (« une joie toute relative »), ou ce qui est propre à un certain contexte et à un certain point de vue (« tout est relatif »).

**B. Définitions philosophiques**

- Le ***relatif*** désigne ce qui dépend d'un certain point de vue, d'un certain contexte. Ainsi, on dit de la science qu'elle constitue une connaissance relative, car elle dépend de l'homme, de ses facultés, des symboles qu'il utilise et de ses recherches, en perpétuelle évolution.

**1** La démarche scientifique recherche-t-elle la vérité absolue ou une vérité relative ?

**2** Si la vérité scientifique est relative, à quoi est-elle relative ? Utilisez les textes et documents de ce chapitre dans votre réponse.

## Réfléchir sur une image

Le cinéaste anglais Stanley Kubrick a réalisé en 1969 l'œuvre intitulée *2001, l'Odyssée de l'espace*. Ce film nous présente deux grandes séquences : le début de l'humanité, puis son terme, celui de l'ère spatiale. Dans un raccourci saisissant, l'os dont se sert l'homme-singe comme premier outil (*voir illustration ci-dessous*) va laisser place à l'image d'un vaisseau spatial, celui construit par les hommes quelques millénaires plus tard. Tout le progrès technologique de l'humanité se trouve ainsi résumé.

**1** Pensez-vous que l'idée de progrès, dans le domaine des sciences et des techniques, est une certitude, une éventualité ou une simple croyance ? Justifiez votre réponse, dans un développement argumenté.

**2** Quel est, d'après cette scène, le ***principe*** du progrès humain ? Quelle en est la conséquence la plus élaborée ? **R**

## Réfléchir sur un texte

■ Comparez le texte suivant avec l'exercice sur image qui ouvre ce chapitre. Peut-on trouver des thèmes communs à ces deux approches ?

Les physiciens croient à leur manière à un « monde vrai », à une **systématisation** des atomes qui se groupent en mouvements nécessaires, d'une façon qui serait fixe, semblable pour tous les êtres [...]. Mais ils font erreur sur ce point. L'atome tel qu'ils le supposent est une déduction due à la logique qui règle ce **perspectivisme** de la conscience, il est donc lui-même une fiction subjective. L'image de l'univers telle qu'ils l'esquissent n'est pas essentiellement différente de l'**image subjective de l'univers** ; elle est construite à l'aide de **sens plus élaborés**, mais uniquement à l'aide de nos propres sens.

Friedrich Nietzsche, *La Volonté de Puissance*, « Le monde pensable et mesurable ».

**VOCABULAIRE**

**systématisation** : organisation des atomes en un système de mouvements bien définis.
**perspectivisme** : l'atome est, selon Nietzsche, un élément explicatif qui dépend des facultés de représentation de l'esprit humain. Cette dépendance implique un « effet de perspective », c'est-à-dire une vision purement humaine de la réalité physique.
**image subjective de l'univers** : une image est subjective quand elle dépend du sujet qui la reçoit.
**sens plus élaborés** : les instruments expérimentaux utilisés par la science affinent nos perceptions sensibles. Ces dispositifs expérimentaux (comme le microscope par exemple) peuvent être considérés comme des « sens plus élaborés ».

***Philémon – Simbabbad de Batbad***, Fred, Dargaud éditeur, 1992

## S'interroger à partir d'une image

1. **Pourquoi la lecture de cet épisode nous donne-t-elle l'impression qu'il s'agit d'un rêve ?**
2. **Imaginez que Philémon, face à ce qui lui arrive, ait des doutes et veuille se prouver qu'il ne rêve pas ? Que pourrait-il faire ? Cette preuve ne pourrait-elle pas être tout autant rêvée ?**
3. **Ces considérations remettent-elles en cause votre certitude d'être éveillé(e) en ce moment ?**
4. **Pourquoi avons-nous besoin de la certitude d'être éveillé pour raisonner ?**

# La raison peut-elle tout connaître ?

**Pascal** (1623-1662)

Très tôt intéressé par les mathématiques (il publie un essai de géométrie à 17 ans), Pascal se révélera, durant sa courte vie, un esprit universel et constamment novateur. Son intérêt pour l'expérimentation lui permet d'établir l'existence du vide. Il fait construire une des premières machines à calculer. On lui doit aussi l'organisation du premier service de transports publics urbains.
Son œuvre atteint son accomplissement dans les *Pensées*, texte nourri de sa foi chrétienne, dans lequel il cherche à montrer la misère de l'homme sans Dieu.

**Œuvres :**
- *Les Provinciales* (1654)
- *Pensées* (1670)

Nous connaissons la vérité, non seulement par la raison, mais encore par le **cœur**; c'est de cette dernière sorte que nous connaissons les **premiers principes**, et c'est en vain que le raisonnement, qui n'y a point de part, essaye de les combattre. Les **pyrrhoniens**, qui n'ont que cela pour objet, y travaillent inutilement. Nous savons que nous ne rêvons point ; quelque impuissance où nous soyons de le prouver par raison, cette impuissance ne conclut autre chose que la faiblesse de notre raison, mais non pas l'incertitude de toutes nos connaissances, comme **ils** le prétendent. Car la connaissance de premiers principes, comme qu'il y a espace, temps, mouvement, nombres, est aussi ferme qu'aucune de celle que nos raisonnements nous donnent. Et c'est sur ces connaissances du coeur et de l'**instinct** qu'il faut que la raison s'appuie, et qu'elle y fonde tout son discours. Le cœur sent qu'il y a trois dimensions dans l'espace, et que les nombres sont infinis ; et la raison démontre ensuite qu'il n'y a point deux nombres carrés dont l'un soit double de l'autre. Les principes se sentent, les propositions se concluent, et le tout avec certitude, quoique par différentes voies.

Blaise Pascal, *Pensées*, 1670.

**VOCABULAIRE**

**cœur** : ici, moyen de connaissance qui s'oppose à la raison parce qu'il est immédiat, à la manière d'un sentiment.
**premiers principes** : les principes sont les propositions, admises sans démonstration, qui sont à la base d'un raisonnement. Les premiers principes sont les principes les plus généraux, valables pour l'ensemble des raisonnements, tels, pour Pascal, le fait d'être éveillé, l'espace à trois dimensions, etc.
**pyrrhoniens** : les sceptiques, disciples de Pyrrhon d'Élis (365-275 av. J.-C.), qui affirmaient que l'on ne peut rien connaître de certain. Leur argument favori était justement le caractère indémontrable des vérités les plus fondamentales.
**ils** : les pyrrhoniens.
**instinct** : ici, capacité innée d'appréhender une vérité ; intuition.

## Réfléchir à partir d'un texte

1. **Quel est le type de connaissance qui n'est accessible que par le cœur ? Donnez trois exemples tirés du texte.**
2. **Expliquez : «*Nous savons que nous ne rêvons point; quelque impuissance où nous soyons de le prouver par raison*». Appuyez-vous sur l'exercice de la page précédente.**
3. **Pascal écrit : «*Le cœur sent* [...] *la raison démontre*». Développez, à partir des indications du texte, la distinction entre ces deux actes de l'esprit.**
4. **Le cœur et la raison sont-ils des moyens de connaissance qui doivent se combattre ou bien se compléter ? Pourquoi ?**

## Confronter les textes

■ Comparez ce texte avec celui de la page précédente : sur quelles idées se rejoignent-ils ou s'opposent-ils ?

Ainsi, au lieu de ce grand nombre de **préceptes** dont la **logique** est composée, je crus que j'aurais assez des quatre suivants, pourvu que je prisse une ferme et constante résolution de ne manquer pas une seule fois à les observer.

Le premier était de ne recevoir jamais aucune chose pour vraie, que je ne la connusse évidemment être telle : c'est-à-dire, d'éviter soigneusement la précipitation et **la prévention** ; et de ne comprendre rien de plus en mes jugements, que ce qui se présenterait si clairement et si distinctement à mon esprit, que je n'eusse aucune occasion de le mettre en doute.

Le second, de diviser chacune des difficultés que j'examinerais, en autant de parcelles qu'il se pourrait, et qu'il serait requis pour les mieux résoudre.

Le troisième, de conduire par ordre mes pensées, en commençant par les objets les plus simples et les plus aisés à connaître, pour monter peu à peu, comme par degrés, jusques à la connaissance des plus composés ; et supposant même de l'ordre entre ceux qui ne se précèdent point naturellement les uns les autres.

Et le dernier, de faire partout des **dénombrements** si entiers, et des revues si générales, que je fusse assuré de ne rien omettre.

Ces longues chaînes de raisons, toutes simples et faciles, dont les géomètres ont coutume de se servir, pour parvenir à leurs plus difficiles démonstrations, m'avaient donné occasion de m'imaginer que toutes les choses, qui peuvent tomber sous la connaissance des hommes, s'entre-suivent en même façon et que, pourvu seulement qu'on s'abstienne d'en recevoir aucune pour vraie qui ne le soit, et qu'on garde toujours l'ordre qu'il faut pour les déduire les unes des autres, il n'y en peut avoir de si éloignées auxquelles enfin on ne parvienne, ni de si cachées qu'on ne découvre.

René Descartes, *Discours de la Méthode*, seconde partie, 1637.

**VOCABULAIRE**

**préceptes** : règles de conduite.
**logique** : ici, science qui étudie la forme des jugements comme condition de leur vérité ou fausseté.
**la prévention** : les préjugés.
**dénombrements** : ici, action de recenser une à une chaque proposition.

## Maîtriser le vocabulaire

**R** Est ***objectif*** ce qui peut être connu de la même manière par tout le monde.
Est ***subjectif*** ce qui est connu d'une manière qui ne vaut que pour soi.

**1** Classez les réalités suivantes selon un tableau à deux entrées, ***objectif*** et ***subjectif*** :
Un arbre – Un mal de dent – Un stylo – Une image mentale – Une image dessinée sur papier – Le jaune comme couleur dont la longueur d'onde est comprise entre 0,52 et 0,59 micron – Le jaune comme sensation – Une croyance religieuse – Le théorème de Pythagore – Un mot prononcé – Un arc-en-ciel – Un rêve – Un texte écrit – Un désir amoureux – La loi de la chute des corps – Une démangeaison – Une prise de conscience – Une démonstration – Un sentiment d'injustice.

**2** Où classer, alors, le savoir par le cœur tel que l'établit Pascal ? Envisagez les arguments pour les deux possibilités.

## Réfléchir sur une image

***La Création d'Adam***, Michel-Ange (1475-1564). Détail de la vaste fresque de la chapelle Sixtine (1511), au Vatican

Cette scène illustre ce point de communication entre Dieu et l'homme que les philosophes ont parfois cherché, non dans la foi, mais à travers l'usage de la raison. Ainsi Descartes a-t-il tenté d'établir des preuves de l'existence de Dieu. Kant, dans la *Critique de la raison pure*, nous a rappelé en quoi consistaient ces preuves. L'une des plus célèbres est certainement celle qu'il a appelée la « preuve physico-théologique », dont nous donnons ici un résumé.

Le monde naturel nous offre un vaste théâtre de variété, d'ordre, de **finalité** et de beauté.
Partout nous voyons une chaîne de causes et d'effets harmonieusement ordonnés, où toute réalité est à la fois cause d'autre chose et effet d'une cause antérieure.
*Or :*
Nous ne pouvons ainsi remonter à l'infini, mais nous devons poser une cause première qui ne soit l'effet d'aucune autre cause antérieure et cette causalité première, nous devons la concevoir quant au degré de perfection comme au-dessus de tout autre être.
*Donc :*
Cet être conçu comme « **inconditionné** » peut être appelé « Dieu ».

R

**VOCABULAIRE**

**finalité** : le fait que les choses n'existent que pour réaliser un but.
**inconditionné** : soumis à aucune condition ou cause antérieure à lui-même.

■ À partir de l'exemple ci-dessus, on pourra réfléchir à la question suivante : Quelle valeur doit-on accorder, en général, à la prétention de chercher à démontrer l'existence de Dieu au moyen de raisonnements ? Un tel projet est-il, en soi, critiquable ou pertinent ?

## Apprendre à argumenter

■ Recherchez les arguments qui peuvent appuyer chacune des deux thèses en présence. Classez-les dans chaque colonne en commençant par le plus faible et en terminant par le plus solide.

### L'usage de la raison suppose-t-il le rejet de toute croyance ?

• **Thèse A :** Oui, la croyance est toujours l'échec de la raison car…

• **Thèse B :** Non, la raison peut reconnaître une valeur à la croyance car…

***Lumière d'aube sur la Rome antique*** (détail), Erich Lessing

## S'interroger à partir d'une image

**1** Aucune présence humaine sur cette photographie. Pourtant, cette dernière retient notre attention parce qu'elle nous parle avec beaucoup de force de l'aventure humaine. Que nous dit-elle de négatif sur cette aventure ? Mais que nous dit-elle aussi de positif ?

**2** La chute de l'Empire romain, les invasions barbares qui l'ont accompagnée, le recul culturel qui a suivi, sont-ils compatibles avec l'idée qu'une raison gouverne l'histoire des hommes ?

# La raison mène-t-elle le monde ?

**Kant** (1724-1804)

Philosophe allemand. Il naît et passe toute sa vie à Königsberg, aujourd'hui enclave russe sur la Baltique. Professeur, il mène une vie austère dont la régularité n'est troublée que lorsqu'il apprend la nouvelle de la Révolution française.
Il s'attache à délimiter les pouvoirs de la connaissance humaine, mais aussi à définir les conditions d'une action morale. Esprit universel, son apport est également décisif pour la réflexion sur le droit, sur l'histoire et sur l'art.

**Œuvres** :
- *Critique de la raison pure* (1781)
- *Fondements de la métaphysique des mœurs* (1785)
- *Critique de la faculté de juger* (1790)

Considérons les hommes tendant à réaliser leurs aspirations : ils ne suivent pas simplement leurs instincts comme les animaux ; ils n'agissent pas non plus cependant comme des citoyens raisonnables du monde selon un plan déterminé dans ses grandes lignes [...]. On ne peut se défendre d'une certaine **humeur**, quand on regarde la présentation de leurs faits et gestes sur la grande scène du monde ; et quand, de-ci de-là, à côté de quelques manifestations de sagesse pour des cas individuels, on ne voit en fin de compte dans l'ensemble qu'un tissu de folie, de vanité **puérile**, souvent aussi de méchanceté puérile et de soif de destruction. Si bien que, à la fin, on ne sait plus **quel concept** on doit se faire de notre espèce si **infatuée** de sa supériorité. Le philosophe ne peut tirer de là aucune autre indication que la suivante : puisqu'il lui est impossible de présupposer dans l'ensemble chez les hommes et dans le jeu de leur conduite le moindre **dessein** raisonnable personnel, il lui faut rechercher du moins si l'on ne peut pas découvrir dans ce cours absurde des choses humaines un dessein de la nature : ceci rendrait du moins possible, à propos de créatures qui se conduisent sans suivre de plan personnel, une histoire conforme à un plan déterminé de la nature.

Emmanuel Kant, *Idée d'une histoire universelle au point de vue cosmopolitique*, Préface, trad. Pobietta, éd. Montaigne, 1947.

**VOCABULAIRE**

**humeur** : mauvaise humeur, mécontentement.
**puérile** : infantile.
**quel concept** : quelle idée.
**infatuée** : exagérément fière.
**dessein** : but.

## Réfléchir à partir d'un texte

**1** **Donnez un exemple de comportement instinctif animal ? Pourquoi l'auteur peut-il affirmer que les hommes « *ne suivent pas seulement leurs instincts* » ?**

**2** **Expliquez : « *ils* [les hommes] *n'agissent pas* [...] *comme des citoyens raisonnables du monde selon un plan déterminé dans ses grandes lignes* ».**

**3** **Pourquoi, selon l'auteur, faut-il faire l'hypothèse d'un « *dessein de la nature* » qui orienterait le cours de l'histoire humaine ?**

## Confronter les textes

■ Comparez ce texte avec celui de la page précédente : sur quelles idées se rejoignent-ils ou s'opposent-ils ?

Les ruches des abeilles étaient aussi bien mesurées il y a mille ans qu'aujourd'hui, et chacune d'elles forme cet hexagone aussi exactement la première fois que la dernière. Il en est de même de tout ce que les animaux produisent par ce **mouvement occulte**. La nature les instruit à mesure que la nécessité les presse ; mais cette science fragile se perd avec les besoins qu'ils en ont : comme ils la reçoivent sans étude, ils n'ont pas le bonheur de la conserver ; et toutes les fois qu'elle leur est donnée, elle leur est nouvelle, puisque, la nature n'ayant pour objet que de maintenir les animaux dans un ordre de perfection **bornée**, elle leur inspire cette science nécessaire, toujours égale, de peur qu'ils ne tombent dans le dépérissement, et ne permet pas qu'ils y ajoutent, de peur qu'ils ne passent les limites qu'elle leur a prescrites. Il n'en est pas de même de l'homme, qui n'est produit que **pour l'infinité**. Il est dans l'ignorance au premier âge de sa vie ; mais il s'instruit sans cesse dans son progrès : car il tire avantage non seulement de sa propre expérience, mais encore de celle de ses prédécesseurs, parce qu'il garde toujours dans sa mémoire les connaissances qu'il s'est une fois acquises, et que celles des anciens lui sont toujours présentes dans les livres qu'ils en ont laissés. [...] De sorte que toute la suite des hommes, pendant le cours de tous les siècles, doit être considérée comme un même homme qui subsiste toujours et qui apprend continuellement.

Blaise Pascal, *Préface pour un Traité du vide*, 1651.

**VOCABULAIRE**

**mouvement occulte** : il s'agit de l'instinct. Le mouvement qu'il commande est qualifié d'occulte parce qu'il s'impose sans justification.
**bornée** : limitée.
**pour l'infinité** : ce caractère doit être opposé à la « perfection bornée » des animaux.

## Réfléchir sur un texte

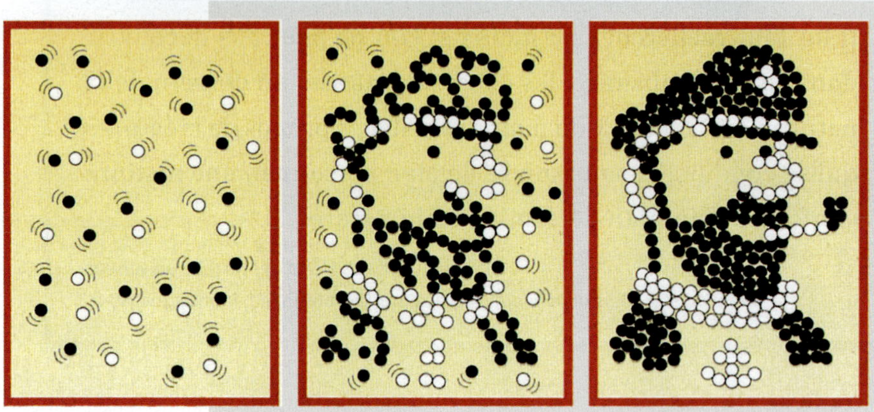

Illustration didactique, revue *Sciences et Avenir*, juin 1996

Dans la chute en ligne droite qui emporte les atomes à travers le vide, en vertu de leur poids propre, ceux-ci à un moment indéterminé, en un endroit indéterminé, s'écartent tant soit peu de la verticale, juste assez pour qu'on puisse dire que leur mouvement se trouve modifié. Sans cette déclinaison, tous, comme des gouttes de pluie, tomberaient de haut en bas à travers les profondeurs du vide ; entre eux nulle collision n'aurait pu naître et jamais la nature n'eut rien créé.

Lucrèce, *De la nature*, Chant II, trad. A. Ernout, Les Belles Lettres, 1985.

**1** Peut-on dire, d'après ce texte, que c'est la raison qui mène le monde ? Sinon comment nommeriez-vous le facteur d'où procède tout ce qui arrive, selon Lucrèce ?

**R** **2** Lucrèce rend-il compte de ce qui existe par les causes ou par les fins ? Kant et Pascal (*textes précédents*) ont-ils la même démarche ?

**R** **3** Les trois vignettes ci-dessus illustrent la thèse du texte en l'appliquant à la création d'une forme humaine. La formation de l'homme est-elle ainsi expliquée ? Peut-on dire qu'elle est comprise ?

## Reconstituer une argumentation

■ Dégagez l'idée centrale du texte suivant ainsi que les différentes étapes de son argumentation.

Si l'intelligence nous est commune, la raison qui fait de nous des êtres qui raisonnent, nous est commune aussi. Si cela est, la raison qui commande ce qu'il faut faire ou non, doit être commune. Si cela est, **la loi** aussi nous est également commune. Si cela est, nous sommes concitoyens. Si cela est, nous participons à une certaine **administration commune**. Si cela est, le monde entier est **comme une cité**. Et de quelle autre administration commune pourrait-on dire, en effet, que le genre humain tout entier participe ? C'est de **là-haut**, de cette cité commune, que nous viennent l'intelligence elle-même, la raison et la loi ; sinon, d'où viendraient-elles ? De même, en effet, que la partie terrestre de mon être a été prélevée sur une certaine terre, la partie humide sur un autre élément, la partie prise à l'air sur une autre source, et la partie constituée par la chaleur et le feu sur une certaine autre source particulière car rien ne vient de rien, comme rien ne retourne à rien, de même aussi, l'intelligence vient de quelque part.

Marc-Aurèle, *Pensées pour moi-même*, IV, 4. trad. M. Meunier, Garnier-Flammarion.

**VOCABULAIRE**

**la loi** : ici, la loi qui gouverne le monde. L'homme n'est pas une exception dans la nature.
**administration commune** : nous sommes tous administrés par les mêmes lois.
**comme une cité** : nous sommes donc tous citoyens du monde.
**là-haut** : référence au caractère divin de la raison. En effet, pour les stoïciens, dont se réclame Marc-Aurèle, la raison universelle est assimilée à Dieu.

## Maîtriser le vocabulaire

Un enfant ne devient ***raisonnable*** que vers 6, 7 ans – Dans le roman de George Orwell, *1984*, l'organisation de la société est tellement ***rationnelle*** qu'elle en devient inhumaine – Un ordinateur, toujours ***rationnel***, n'est jamais ***raisonnable*** – L'histoire a montré qu'une planification parfaitement ***rationnelle*** de l'économie n'était pas ***raisonnable***.

**1** Appuyez-vous sur ces propositions pour distinguer les significations de rationnel et de raisonnable.

**2** Associez chacun de ces adjectifs à l'une des propositions suivantes tirées du texte de Marc-Aurèle, ci-dessus :

**a)** « *la raison qui fait de nous des êtres qui raisonnent* » ;

**b)** « *la raison qui commande ce qu'il faut faire ou non* ».

**3** Complétez par l'adjectif approprié : ***rationnel*** ou ***raisonnable*** :

**a)** Pascal établit, dans le texte central du chapitre 19, qu'il n'est pas _____________ de vouloir être toujours _____________.

**b)** Kant explique, dans le texte central de ce chapitre, qu'il faut faire l'hypothèse qu'il y a un dessein _____________ de la nature, puisqu'on ne peut pas trouver un dessein _____________ chez les individus.

## Phrase à méditer

**Pour parler clairement et sans paraboles**
**Nous sommes les pièces du jeu que joue le Ciel**
**On s'amuse avec nous sur l'échiquier de l'Être**
**Et puis nous retournons un par un dans la boîte du Néant.**

■ Que pensez-vous de l'idée exprimée par ce court poème du grand penseur persan Omar Khayyām ?

# La raison et la croyance

1 *La raison entre-t-elle nécessairement en conflit avec la croyance religieuse ?*

2 *Pourquoi le progrès scientifique n'a-t-il pas fait disparaître les religions ?*

3 *Est-il déraisonnable de croire en Dieu ?*

4 *La foi religieuse exclut-elle tout recours à la raison ?*

5 *La croyance religieuse et la philosophie sont-elles incompatibles ?*

6 *Peut-on ne croire en rien ?*

7 *Entre croire et savoir, faut-il choisir ?*

8 *Peut-on dire que la science fait surgir des croyances nouvelles ?*

9 *Peut-on combattre une croyance ?*

10 *La connaissance scientifique n'est-elle qu'une croyance argumentée ?*

11 *Peut-on venir à bout d'une croyance par le raisonnement ?*

12 *La raison est-elle en droit de discuter la croyance ?*

13 *Si nos croyances ne reposent sur rien de certain, comment expliquer alors que nous persévérons dans nos croyances ?*

14 *Est-ce parce qu'ils sont ignorants que les hommes ont des croyances ?*

15 *Croire, est-ce renoncer à l'usage de la raison ?*

16 *Doit-on tout soumettre à la raison ?*

17 *L'enfance est-elle le sommeil de la raison ?*

18 *N'y a-t-il aucune vérité dans la croyance ?*

19 *L'idée de vérité définitive n'est-elle qu'une croyance ?*

20 *Quelle idée le croyant se fait-il de la vérité ?*

# L'expérience

SOMMAIRE


CHAPITRE 21
**Nos sens sont-ils fiables ?** (LUCRÈCE)
CHAPITRE 22
**Le réel se réduit-il à ce que l'on perçoit ?** (BERKELEY)
CHAPITRE 23
**Nos premières expériences sont-elles toujours trompeuses ?** (ALAIN)
CHAPITRE 24
**Quels sont les caractères de l'expérience scientifique ?** (BACHELARD)
CHAPITRE 25
**Une théorie est-elle toujours provisoire ?** (POPPER)
CHAPITRE 26
**À quelles conditions l'expérience est-elle commune ?** (NIETZSCHE)


Le mot « expérience » possède plusieurs sens, qui désignent chacun un mode de connaissance différent. Ainsi, lorsqu'on parle de « l'expérience sensible », on évoque cette connaissance immédiate du monde que nous transmettent nos cinq sens. Pour Lucrèce, aucun témoignage n'a plus de vérité que celui de nos sens, et il faut donc faire une confiance absolue à nos perceptions (**CHAPITRE 21**).

Mais qu'appelle-t-on exactement une perception ? S'agit-il d'une image (visuelle, tactile, auditive) qui refléterait sur le plan mental un réel extérieur à nous ? Berkeley remet en question cette définition et affirme que le monde n'existe pas en dehors de la perception que nous pouvons en avoir (**CHAPITRE 22**).

Dans un deuxième sens, on peut parler de « l'expérience vécue », c'est-à-dire de tous les événements qui traversent l'histoire individuelle d'une personne. Lorsque ces événements forment un savoir accumulé au fil des ans, on dit alors de cette personne qu'elle a « de l'expérience ». Chez l'enfant, au contraire, qui ne possède pas cette maturité conférée par le temps, les expériences vécues sont nécessairement « de trompeuses expériences », affirme Alain (**CHAPITRE 23**).

Il existe enfin un troisième sens, celui qui a trait à « l'expérience scientifique ». Celle-ci se définit comme un essai organisé artificiellement pour vérifier une hypothèse, et on la nomme aussi « expérimentation ». Bachelard a précisé quels sont les caractères de l'expérience scientifique, laquelle se révèle toujours être, en définitive, une sollicitation active de la réalité observée (**CHAPITRE 24**).

Ce n'est pourtant pas la vérification expérimentale qui fait, selon Popper, le caractère scientifique d'une théorie, mais bien sa possibilité d'être réfutée, c'est-à-dire sa falsifiabilité. Autrement dit, une expérimentation réussie n'est jamais la marque du caractère définitif d'une théorie, car la science procède par vérités toujours provisoires (**CHAPITRE 25**).

À l'intersection de tous ces sens, Nietzsche se demande à quelles conditions une communication authentique et une compréhension mutuelle sont possibles. C'est précisément quand un peuple, nous dit-il, a su partager les mêmes expériences, dans l'histoire ou dans sa vie intérieure, similitude que cristallise le génie particulier d'une langue (**CHAPITRE 26**).

## CHAPITRE 21

***Dongurakokko*** (La vague de glands), Akiyoshi Kitaoka, 2004

## S'interroger à partir d'une image

1 La perception de cette image est-elle, pour vous, étonnante ? Dans l'affirmative, qu'est-ce qui la rend étonnante ?

2 À quelles conditions le mouvement dans l'image se manifeste-t-il ? Essayez de les préciser en faisant varier les paramètres de votre vision, tels que la distance, l'attention, etc. Qu'en concluez-vous ?

3 Un phénomène qui s'impose à la vue alors qu'il ne peut pas exister est une illusion d'optique. Dans cette image, l'illusion est délibérément créée par des procédés graphiques. Connaissez-vous des illusions d'optique naturelles ?

4 Les illusions d'optique doivent-elles nous amener à nous méfier de nos sens ?

# Nos sens sont-ils fiables ?

**Lucrèce** (99-55 av. J.-C.)

Un des principaux philosophe de la Rome antique. Sa vie demeure mystérieuse. On sait qu'il est mort jeune; il se serait suicidé. C'est son œuvre principale – *De Natura rerum*, littéralement : De la nature des choses – qui nous révèle sa personnalité. Dans ce vaste poème, Lucrèce essaie de porter la lumière de la raison le plus loin possible sur le monde et sur l'homme. Il s'appuie, pour cela, sur la doctrine du philosophe grec Épicure. Il use d'une langue poétique admirable par la passion qu'elle sait communiquer.

**Œuvres :**
- *De Natura rerum*

Tu verras que les sens sont les premiers à nous avoir donné la notion du vrai et qu'ils ne peuvent être convaincus d'erreur. Car le plus haut degré de confiance doit aller à ce qui a le pouvoir de faire triompher le vrai du faux. Or quel témoignage a plus de valeur que celui des sens ? Dira-t-on que s'ils nous trompent, c'est la raison qui aura mission de les contredire, elle qui est sortie d'eux tout entière ? Nous trompent-ils, alors la raison tout entière est mensonge. [...]

La raison ne peut-elle expliquer pourquoi des **objets carrés** de près semblent ronds de loin ? Il vaut mieux, dans cette **carence** de la raison, donner une explication fausse de la double apparence, que laisser échapper des vérités manifestes, rejeter la première des certitudes et ruiner les bases mêmes sur lesquelles reposent notre vie et notre salut. Car ce n'est pas seulement la raison qui risquerait de s'écrouler tout entière, mais la vie elle-même périrait, si perdant confiance en nos sens nous renoncions à éviter les précipices et tous les autres périls, ou à suivre ce qu'il est bon de suivre. Ainsi donc, il n'y a qu'un flot de vaines paroles dans tout ce qu'on reproche aux sens.

Lucrèce, *De la nature*, IV, trad. Clouard, Garnier-Flammarion, 1964.

**VOCABULAIRE**

**objets carrés** : il faut s'imaginer les tours des forteresses qui, à l'époque où écrit l'auteur, parsèment l'horizon.
**carence** : incapacité.

## Réfléchir à partir d'un texte

1. Quelle est la thèse de l'auteur concernant nos sens ? Quels sont ses arguments ?
2. Expliquez : « *la raison* [...] *est sortie d'eux toute entière* ».
3. Évoquant le cas où « *des objets carrés de près semblent ronds de loin* », l'auteur se refuse à remettre en cause la fiabilité de ses perceptions. Pensez-vous qu'il ferait de même à la vue de l'image précédente ? Justifiez votre réponse, en envisageant le pour et le contre.

## Confronter les textes

Comparez ce texte avec celui de la page précédente : sur quelles idées se rejoignent-ils ou s'opposent-ils ?

– La vue, ou encore l'ouïe, comportent-elles pour les hommes une vérité quelconque ? Ou, au moins, est-ce que cela ne se passe pas comme même les poètes ne cessent de nous le rabâcher : nous n'entendons rien, ne voyons rien avec exactitude ? Or, si parmi les perceptions du corps, ces deux-là ne sont ni exactes ni claires, ne parlons pas des autres. Car elles sont toutes, **j'imagine**, plus imparfaites que celles-là. N'est-ce pas ton avis ?

– Si, tout à fait, **dit-il**.

– À quel moment donc, dit Socrate, l'âme saisit-elle la vérité ? Chaque fois en effet qu'elle se sert du corps pour tenter d'examiner quelque chose, il est évident qu'elle est totalement trompée par lui.

– C'est vrai.

– Alors ? N'est-ce pas dans l'acte de raisonner, et nulle part ailleurs, qu'en vient à se manifester à elle ce qu'est réellement la chose en question ?

– Oui.

– Et, je suppose, l'âme raisonne le plus parfaitement quand ne viennent la perturber ni audition, ni vision, ni douleur, ni plaisir aucun ; quand au contraire elle se concentre le plus possible en elle-même et envoie poliment promener le corps.

Platon, *Phédon*, 65 b-c, trad. M. Dixsaut, Garnier-Flammarion, 1991.

**VOCABULAIRE**

**j'imagine** : c'est Socrate, le philosophe d'Athènes, que Platon met ici en scène pour être le porte-parole de ses idées.

**dit-il** : l'interlocuteur de Socrate est ici Simmias, un jeune homme riche originaire d'une autre cité grecque.

## Réfléchir sur une image

a

Le chapeau est-il plus haut que large ?

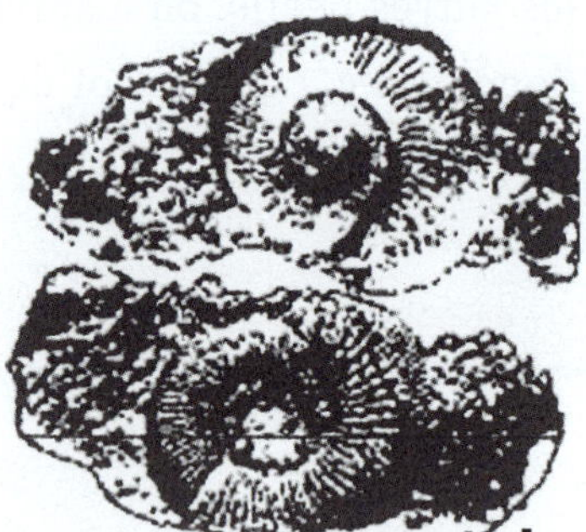

b

Laquelle des deux figures de coquillage est-elle en creux, laquelle est-elle en relief ?

c

Voyez-vous la belle jeune fille ou la laide belle-mère ?

1 Répondez individuellement aux questions. Comparez vos réponses dans un travail en groupe. Sont-elles identiques ? Pour quelle(s) image(s) diffèrent-elles ?

2 Quelle est la seule image où la vérification est possible ? Quel est le résultat de cette vérification ? L'unanimité fait-elle la vérité ?

3 Mettez la page à l'envers. Que constatez-vous en ce qui concerne votre perception de l'image **b** ?

4 Est-il facile de se mettre d'accord sur la perception de l'image **c** ? Pourquoi ?

## Maîtriser le vocabulaire

L'***erreur*** et l'***illusion*** sont deux manières de se tromper sur la réalité.

L'***erreur*** est ponctuelle. Elle provient d'une mauvaise utilisation de notre jugement due à une cause accidentelle ; elle disparaît une fois qu'elle est rectifiée.

L'***illusion*** est globale. Elle est une réorganisation de la réalité de façon à ce qu'elle corresponde à nos désirs conscients ou inconscients ; elle persiste même après avoir été expliquée.

**1** Donnez un exemple d'erreur et un exemple d'illusion qui ne soient pas du domaine de la vision.

**2** Chaque image de l'exercice précédent donne-t-elle lieu à une erreur ou à une illusion ? Justifiez votre réponse.

## Réfléchir sur un texte

Ce qui pèse d'une lourdeur insensible ou bien avec le chaud battement de la vie, ce qui a une écorce, une robe, un pelage, et même la pierre, qu'elle soit taillée par éclats, arrondie par la course des eaux ou que son grain soit intact, c'est encore une prise pour la main, c'est le but d'une expérience que la vue ou l'esprit ne peuvent pas conduire seuls. La possession du monde exige une sorte de flair tactile. La vue glisse le long de l'univers. La main sait que l'objet est habité par le poids, qu'il est lisse ou rugueux, qu'il n'est pas soudé au fond de ciel ou de terre avec lequel il semble faire corps. L'action de la main définit le creux de l'espace et le plein des choses qui l'occupent. Surface, volume, densité, pesanteur ne sont pas des phénomènes optiques. C'est entre les doigts, c'est au creux des paumes que l'homme les connut d'abord. L'espace, il le mesure, non du regard, mais de sa main et de son pas. Le toucher emplit la nature de forces mystérieuses. Sans lui, elle restait pareille aux délicieux paysages de la **chambre noire**, légers, plats et **chimériques**.

Henri Focillon, *Vie des formes*, 1934, P.U.F., 1939.

**VOCABULAIRE**

**chambre noire** : l'auteur évoque ici l'image obtenue sur le fond de la chambre noire d'un appareil photographique traditionnel.

**chimériques** : irréels.

**1** Énoncez la thèse du texte.

**2** L'auteur écrit : « *La vue glisse … et de son pas* » (*lignes 4 à 9*). Quelles procédures ce passage suggère-t-il pour sortir des illusions d'optique ?

**3** Comment ce texte permet-il de répondre à l'objection formulées par Lucrèce : nos sens sont trompeurs car « *des objets carrés de près semblent ronds de loin* » (*texte central, page 131*) ?

## Apprendre à argumenter

Recherchez les arguments qui peuvent appuyer chacune des deux thèses en présence. Classez-les dans chaque colonne en commençant par le plus faible et en terminant par le plus solide.

### La vision peut-elle être le modèle de toute connaissance ?

• **THÈSE A :** Oui, on peut considérer la vision comme le modèle de toute connaissance. En effet…

• **THÈSE B :** Non, la vision ne peut pas être le modèle de toute connaissance. En effet…

**a.** *Matrix Reloaded*, second volet de la trilogie *Matrix*, des frères Wachowski

**b.** La matrice

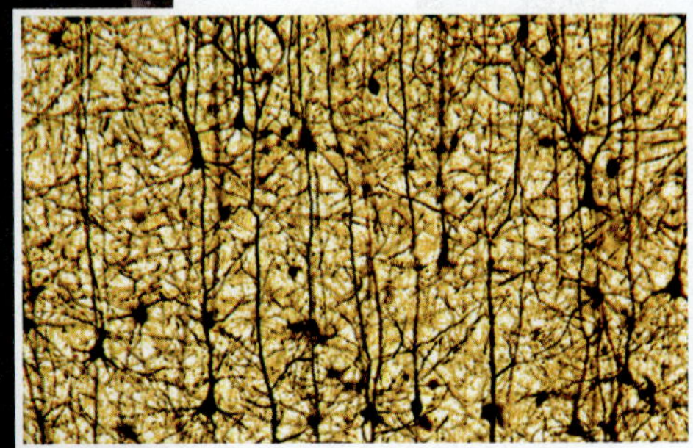

**c.** Photographie au microscope du réseau de connexions entre neurones dans un cerveau humain

Morpheus (s'adressant à Neo, dans une scène de la trilogie *Matrix*) : *« Qu'est-ce qui est réel ? Comment définis-tu le "réel" ? Si tu parles de ce que tu peux toucher, ce que tu peux sentir, goûter et voir, alors la réalité n'est rien d'autre que des signaux électriques interprétés par ton cerveau. »*

## S'interroger à partir d'une image

**Sorti en 1999, le film *Matrix*, des frères Andy et Larry Wachowski, a suscité de nombreux articles sur les références philosophiques qui en ont inspiré le scénario. Au début du film, un personnage nommé Neo pense qu'il vit dans une grande ville, en 1999, et que tout ce qu'il voit est réel. Il va apprendre de Morpheus que toutes ses perceptions ne sont, en fait, que des images générées par un ordinateur, la « matrice », qui a pris le contrôle de son cerveau.**

**Cette histoire totalement imaginaire retrouve pourtant, sur un plan fictionnel, les grands principes d'un courant philosophique apparu au XVIII^e^ siècle. Selon ce dernier, la réalité perçue et la perception ne sont qu'une seule et même chose, et pour un objet, « être, c'est être perçu ».**

**Les progrès des sciences du cerveau, au XX^e^ siècle, nous ont appris que tout ce que nous ressentons comme une « sensation » (le chaud, le froid, le sec, l'humide etc.) dépend des connexions entre neurones et des impulsions électriques que le cerveau interprète comme des signaux. Sans ces connexions, ces qualités n'ont aucune réalité objective (image c).**

- **Peut-on dire alors, à la lumière de ces connaissances, que pour nous aussi, et pas seulement pour Neo, la réalité se réduit à la perception ?**

# Le réel se réduit-il à ce que l'on perçoit ?

**Berkeley** (1685-1753)

Homme d'église et philosophe irlandais. Après un bref séjour en Amérique où il s'occupe de l'organisation des universités, il est nommé évêque anglican de Cloyne, où il restera jusqu'à sa mort. On a appelé sa doctrine « immatérialisme » parce qu'elle conteste qu'il existe une réalité matérielle en-dehors des états de conscience que sont nos perceptions. Bien qu'elle ait suscité beaucoup d'incrédulité, sa pensée a été très stimulante pour l'évolution de la philosophie de la connaissance.

**Œuvres** :
- *Principes de la connaissance humaine* (1710)

**VOCABULAIRE**

**intelligence** : ici, l'entendement, c'est-à-dire la capacité mentale et verbale à placer sous un concept unique (par exemple « cerise ») une multitude de sensations.
**affecté** : ici, touché par une sensation.
**si on l'abstrait** : si on la sépare.

Je vois cette cerise, je la touche, je la goûte, je suis sûr que le néant ne peut être vu, touché ou goûté : la cerise est donc réelle. Enlevez les sensations de souplesse, d'humidité, de rougeur, d'acidité et vous enlevez la cerise, puisqu'elle n'existe pas à part des sensations. Une cerise, dis-je, n'est rien qu'un assemblage de qualités sensibles et d'idées perçues par divers sens : ces idées sont unies en une seule chose (on leur donne un seul nom) par l'**intelligence** parce que celle-ci remarque qu'elles s'accompagnent les unes les autres. Ainsi quand le palais est **affecté** de telle saveur particulière, la vue est affectée d'une couleur rouge et le toucher d'une rondeur et d'une souplesse, etc. Aussi quand je vois, touche et goûte de ces diverses manières, je suis sûr que la cerise existe, qu'elle est réelle : car, à mon avis, sa réalité n'est rien **si on l'abstrait** de ces sensations. Mais si par le mot cerise vous entendez une nature inconnue, distincte, quelque chose de distinct de la perception qu'on en a, alors certes, je le déclare, ni vous, ni moi, ni aucun autre homme, nous ne pouvons être sûrs de son existence.

George Berkeley, *Principes de la connaissance humaine*, 1710,
trad. M. Philips, PUF.

## Réfléchir à partir d'un texte

1. **Quelle est la thèse principale du texte de Berkeley ?**
2. **Expliquez le rôle que l'auteur attribue ici à l'intelligence.**
3. **Expliquez la phrase : « [la cerise] *n'existe pas à part des sensations* ».**
4. **À quelle définition de la réalité l'extrait proposé nous conduit-il ? Cette définition vous paraît-elle choquante ou plausible ?**

## Confronter les textes

Comparez ce texte avec celui de la page précédente : sur quelles idées se rejoignent-ils ou s'opposent-ils ?

Prenons pour exemple ce morceau de cire qui vient d'être tiré de la ruche : il n'a pas encore perdu la douceur du miel qu'il contenait, il retient encore quelque chose de l'odeur des fleurs dont il a été recueilli ; sa couleur, sa figure, sa grandeur, sont apparentes ; il est dur, il est froid, on le touche, et si vous le frappez, il rendra quelque son. Enfin, toutes les choses qui peuvent distinctement faire connaître un corps se rencontrent en celui-ci.
Mais voici que, cependant que je parle, on l'approche du feu : ce qui y restait de sa saveur s'exhale, l'odeur s'évanouit, sa couleur se change, sa figure se perd, sa grandeur augmente, il devient liquide, il s'échauffe, à peine le peut-on toucher, et quoiqu'on le frappe, il ne rendra plus aucun son. La même cire demeure-t-elle après ce changement ? Il faut avouer qu'elle demeure et personne ne le peut nier. Qu'est-ce donc que l'on connaissait en ce morceau de cire avec tant de distinction ? Certes ce ne peut être rien de tout ce que j'y ai remarqué par l'entremise des sens, puisque toutes les choses qui tombaient sous le goût, ou l'odorat, ou la vue ou **l'attouchement** ou l'ouie, se trouvent changées, et cependant la même cire demeure.

René Descartes, *Méditations métaphysiques*, 1641, méditation II, Garnier.

**VOCABULAIRE**

**l'attouchement** : le sens du toucher.

## Maîtriser le vocabulaire

### R La distinction entre l'*abstrait* et le *concret*

**Rouge Cerise**

L'adjectif ***abstrait*** désigne le caractère de ce qui est obtenu par abstraction. Le nom ***abstraction*** désigne, quant à lui, l'opération par laquelle l'esprit isole d'un objet une propriété particulière pour la considérer à part. Du reste, l'étymologie latine *abstractio* signifie « séparation ». (Le verbe *abstrahere* veut dire « enlever, tirer de »).

**Prenons un exemple :**

J'ai devant moi deux cerises rouges. Par abstraction (opération mentale), je sépare l'idée de la couleur rouge des deux cerises dont elle est une caractéristique présente.

L'idée de la couleur rouge, considérée en elle-même, hors de la perception que j'ai de la cerise, est une idée abstraite.

**1** Cherchez dans le texte de Berkeley présenté en ouverture (*page 135*), les passages qui décrivent une opération d'abstraction. Dans ces passages, le sens du mot abstraction, tel qu'il vient d'être défini, se trouve-t-il confirmé ?

**2** Sachant que le concret est l'opposé de l'abstrait, tentez de préciser le sens de l'adjectif ***concret***, en reprenant l'exemple précédent : J'ai devant moi une cerise rouge.

Dans ce cas, quels sont les éléments qui méritent d'être appelés ***concrets*** ? Et en quoi consisterait une description concrète de cette scène ?

## Réfléchir sur une image

L'image ci-contre est parue dans une revue scientifique consacrée aux progrès des microprocesseurs dont nos ordinateurs sont dotés. Une puce électronique se trouve «greffée» au milieu d'un réseau de neurones dont on aperçoit les «têtes» (taches noires), à l'intérieur d'un cerveau humain.

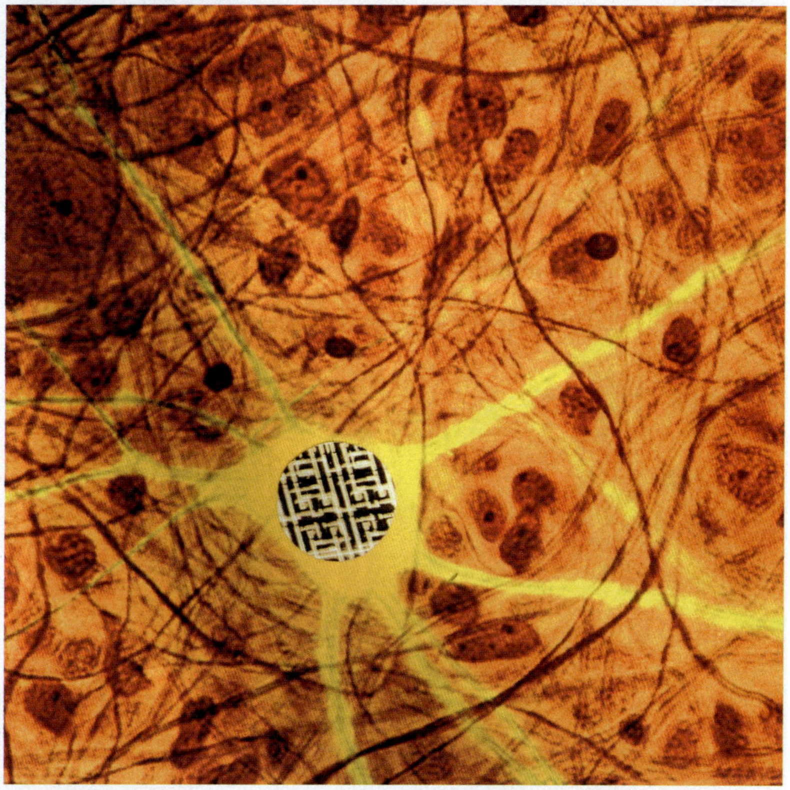

- Quelles idées supplémentaires ce montage photographique (purement imaginaire) permet-il d'ajouter au questionnement qui ouvre la première page de ce chapitre ?

## Réfléchir sur un texte

Partons d'un exemple. Je vois continuellement cette table ; j'en fais le tour et change comme toujours ma position dans l'espace ; j'ai sans cesse conscience de l'existence corporelle d'une seule et même table, de la même table qui en soi demeure inchangée. Or la perception de la table ne cesse de varier ; c'est une série continue de perceptions changeantes. Je ferme les yeux. Par mes autres sens je n'ai pas de rapport à la table. Je n'ai plus d'elle aucune perception. J'ouvre les yeux et la perception reparaît de nouveau. La perception ? Soyons plus exacts. En reparaissant, elle n'est à aucun égard individuellement identique. Seule la table est la même : je prends conscience de son identité dans **la conscience synthétique** qui rattache la nouvelle perception au souvenir. La chose perçue peut être sans être perçue [...]... ; elle peut être sans changer. Quant à la perception elle-même, elle est ce qu'elle est, entraînée dans le flux incessant de la conscience et elle-même sans cesse fluante.

Edmund Husserl, *Idées directrices pour une phénoménologie*, 1913, trad. P. Ricœur, Gallimard.

**VOCABULAIRE**

**la conscience synthétique** : la conscience qui unifie, qui réunit.

**1** Dégagez l'idée essentielle du texte et les différents moments de sa progression.

**2** Sur quelles oppositions est construite la comparaison de la table et de sa perception ?

**3** Expliquez le sens de la phrase : « La chose perçue peut être sans être perçue ».

**4** Cet extrait s'oppose-t-il au texte de Berkeley donné en ouverture, ou le confirme-t-il ?

## CHAPITRE 23

## S'interroger à partir d'une image

**L'image ci-dessus est l'œuvre du photographe contemporain Didier Ben Loulou. Sous une apparence assez simple, elle met en scène, en réalité, de nombreuses métaphores.**

**1** **L'ombre est traditionnellement le symbole de l'ignorance, et la lumière celui de la connaissance. Appliquez ce symbolisme à l'image ici présentée. Que nous dit-il sur l'enfance ?**

**2** **L'artiste a ici cherché à évoquer, à travers la silhouette générale de l'enfant, la forme d'une serrure de porte. Si l'on tente d'interpréter cette seconde métaphore en cohérence avec la précédente, il faut alors se demander ce qui pourrait constituer la clef permettant à l'enfant d'accéder à la connaissance, et de sortir de l'ignorance dans laquelle le plongent ses premières croyances. Tentez de répondre à cette question en vous plaçant sur un plan général et conceptuel.**

# Nos premières expériences sont-elles toujours trompeuses ?

**Alain** (1868-1951)

Émile Chartier de son vrai nom, philosophe français, il est également un très grand professeur et un journaliste de talent. De 1906 à 1914 il publie chaque jour un texte de réflexion philosophique dans un journal. Sa participation comme artilleur à la Première Guerre mondiale est pour lui marquante. Elle le conduit à écrire des ouvrages où il affirme son pacifisme et son radicalisme politique. Il développe également sa réflexion dans les domaines de la pédagogie, de la morale et de l'art.

**Œuvres :**
- *Propos* (1906-1935)
- *Système des Beaux-Arts* (1920)
- *Éléments de philosophie* (1941)

L'enfant vit dans un monde de miracles, et par une continuelle **incantation**. Il demande, il prie, il persuade ; c'est ainsi qu'il obtient ; tel est son travail propre ; voilà comment il gagne sa vie. Il le faut bien. L'enfant ne peut pas vivre de son travail ; il ne conquiert pas sur les choses ; il ne fait que jouer avec les choses. En revanche il prend au sérieux les hommes, et même trop ; d'eux toute sûreté et toute nourriture. Il s'agit de leur plaire ; mériter c'est plaire. On dit très bien que nos réelles idées viennent de notre propre expérience ; mais on ne considère pas assez que nos premières expériences sont de trompeuses expériences. Il n'est pas vrai que la tâche de l'homme soit de demander et d'obtenir. Ce qu'on obtient **par grâce**, ce qui circule de l'un à l'autre, serait comme néant si le travail s'arrêtait seulement un jour. La condition réelle de l'existence humaine est une lutte continuelle contre les choses et contre les bêtes. C'est une chasse, une culture, une construction, un transport à grand-peine, travaux qu'il faut toujours recommencer, parce que l'homme consomme et use, et parce que la nature vient toujours à l'assaut.

Alain, *Propos*, 1906-1935, Bibliothèque de la Pléiade, Gallimard, 1956.

**VOCABULAIRE**

**incantation** : au sens premier, une incantation est la récitation d'une formule ayant pour but de produire des sortilèges, des enchantements. Ici, Alain compare les demandes de l'enfant à de telles formules, car l'enfant croit qu'il suffit de demander à l'adulte pour obtenir. Il est comme ces sorciers pour lesquels la prononciation de certains mots (des incantations) doit suffire à agir sur les choses.

**par grâce** : par l'effet d'une faveur, par don, gratuitement.

## Réfléchir à partir d'un texte

1. **Quelle est la thèse centrale développée par ce texte ?**
2. **Expliquez les phrases : « *il prend au sérieux les hommes, et même trop* » ; « *ce qui circule de l'un à l'autre, serait comme néant si le travail s'arrêtait seulement un jour* ».**
3. **Quel est le sens du mot « expérience » dans la phrase « *nos premières expériences sont de trompeuses expériences* » ?**
4. **Ce texte implique-t-il que la lucidité acquise par l'adulte, par rapport à ses premières expériences d'enfant, doive le conduire à un certain pessimisme ?**
5. **Sur quels points pourrait-on mettre en relation le texte d'Alain avec l'image de la page précédente ?**

## Confronter les textes

■ Comparez ce texte avec celui de la page précédente : sur quelles idées se rejoignent-ils ou s'opposent-ils ?

**VOCABULAIRE**

**si sujette au corps** : si soumise aux influences de nos organes des sens et aux illusions qu'ils véhiculent au niveau de la perception.
**prévention** : préjugé.
**qu'à cause que** : qu'en raison du fait que…
**raisons** : les lois et explications que nous donne l'astronomie.

Enfin, lorsque nous avons atteint l'usage entier de notre raison, et que notre âme, n'étant plus **si sujette au corps**, tâche à bien juger des choses, et à connaître leur nature, bien que nous remarquions que les jugements que nous avons faits lorsque nous étions enfants sont pleins d'erreurs, nous avons assez de peine à nous en délivrer entièrement, et néanmoins il est certain que si nous manquons à nous souvenir qu'ils sont douteux, nous sommes toujours en danger de retomber en quelque fausse **prévention**. Cela est tellement vrai **qu'à cause que** dès notre enfance, nous avons imaginé, par exemple, les étoiles fort petites, nous ne saurions nous défaire encore de cette imagination, bien que nous connaissions par les **raisons** de l'astronomie qu'elles sont très grandes : tant a de pouvoir sur nous une opinion déjà reçue !

René Descartes, *Œuvres-Lettres*, Bibliothèque de la Pléiade, Gallimard.

## Maîtriser le vocabulaire

Alain écrit dans le texte d'ouverture : « *nos premières expériences sont de trompeuses expériences* ».

1 Donnez des exemples précis de « premières expériences trompeuses ».

2 Précisez ce qui distingue l'expérience dont parle Alain, avec celle qu'évoque un savant lorsqu'il parle d'*expériences* scientifiques.

## Réfléchir sur une image

1 La croyance enfantine au Père Noël peut-elle être considérée comme une expérience propre à l'enfance ?

2 Pensez-vous qu'il est facile pour l'homme, devenu adulte, de se libérer du poids de cette croyance ? Dans la négative, dans quels domaines de la vie d'adulte cette croyance pourrait-elle encore exercer son influence ?

3 Si cette expérience est trompeuse, qu'est-ce qui pourrait la justifier ?

## Reconstituer une argumentation

■ Dégagez l'idée centrale du texte suivant ainsi que les différentes étapes de son argumentation.

L'enfant ne peut pas croire que ses lectures puissent enrichir plus tard sa vie si les histoires qu'on lui lit ou qu'il lit tout seul sont dénuées de sens. Le principal reproche que l'on puisse faire à ces livres, c'est qu'ils trompent l'enfant sur ce que la littérature peut lui apporter : la connaissance du sens profond de la vie et ce qui est significatif pour lui au niveau de développement qu'il a atteint. Pour qu'une histoire accroche vraiment l'attention de l'enfant, il faut qu'elle le divertisse et qu'elle éveille sa curiosité. Mais pour enrichir sa vie, il faut en outre qu'elle stimule son imagination ; qu'elle aide à développer son intelligence et à voir clair dans ses émotions ; qu'elle soit accordée à ses angoisses et à ses aspirations ; qu'elle lui fasse prendre conscience de ses difficultés, tout en lui suggérant des solutions aux problèmes qui le troublent [...] Sur tous ces points, rien ne peut être plus enrichissant dans toute la littérature enfantine que les contes de fées puisés dans le folklore, et cela est aussi vrai pour les enfants que pour les adultes.

Bruno Bettelheim, *Psychanalyse des contes de fées*, trad. Théo Carlier, Robert Laffont, 1976.

## Réfléchir sur une image

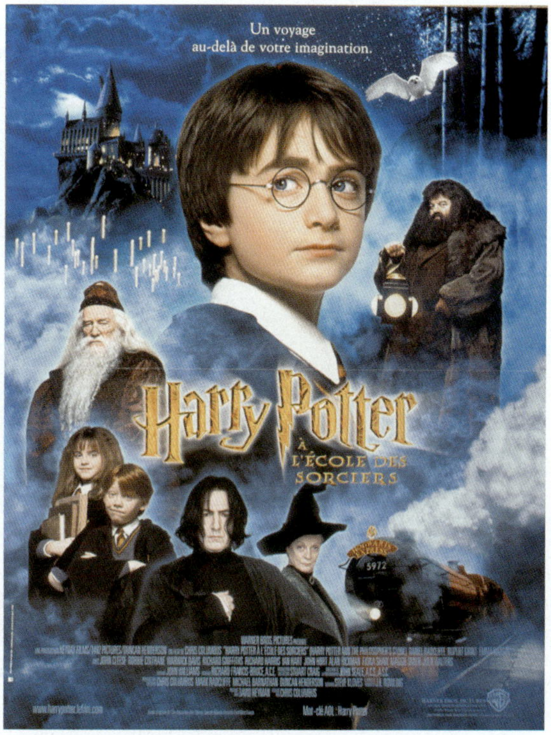


L'image ci-contre représente l'affiche d'un des films de la série *Harry Potter*, dont le succès, tant sur le plan littéraire que cinématographique, a été planétaire. Ce succès pourrait être analysé à la lumière du texte de Bruno Bettelheim présenté plus haut.

**1** Les aventures du personnage d'Harry Potter reprennent les éléments du folklore traditionnel des contes de fées (sorciers, balai magique, magie, etc.). Peut-on dire que ces éléments sont susceptibles, comme l'écrit Bettelheim, de transmettre à l'enfant « *la connaissance du sens profond de la vie* », ou encore qu'elle l'aide à « *développer son intelligence et à voir clair dans ses émotions* » ?

**2** Dans le cas où vous répondriez par la négative à ces deux questions, comment pourriez-vous *expliquer* alors l'intérêt de nombreux enfants et même d'adultes, pour l'histoire imaginaire d'une école de sorciers ?

**R** **3** ***Expliquer***, est-ici la même chose que ***comprendre*** ?

## Phrase à méditer

### La vérité sort de la bouche des enfants

■ Que signifie exactement cette expression courante ? Cette affirmation remet-elle en cause l'idée selon laquelle l'enfance est le théâtre d'expérience des plus magiques illusions d'une vie humaine ?

La conservation de la masse au cours d'une réaction chimique fut mise en évidence par le chimiste français Lavoisier (1743-1794) qui écrivait : « *Dans toute opération, il y a égale quantité de matière avant et après l'opération. C'est sur ce principe qu'est fondé l'art de faire des expériences de chimie.* »
Le grand mérite de Lavoisier fut donc d'attacher une très grande importance à la conservation de la masse ; il donna à la balance une place de choix dans tout laboratoire de chimie et utilisa cet instrument dans des expériences célèbres telles que celles qui le conduisirent à l'analyse de l'air et la synthèse de l'eau.
La conception de la conservation de la masse ne put être complètement exploitée par Lavoisier qui n'utilisait pas encore les équations de réaction pour traduire le bilan d'une transformation chimique. Cinquante ans plus tard, l'introduction des équations de réaction donna à la célèbre phrase de Lavoisier : « *Rien ne se perd, rien ne se crée* », sa véritable signification.

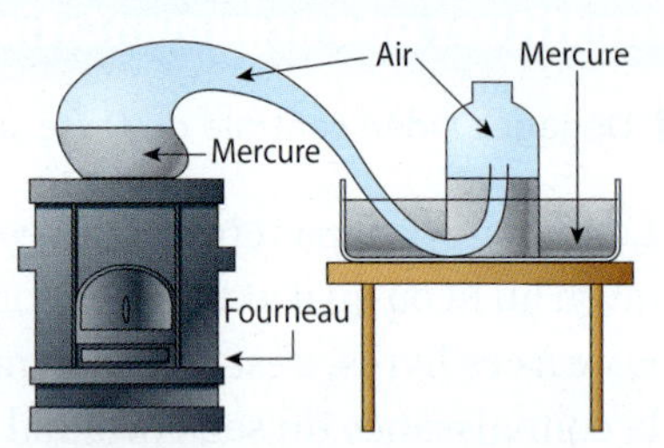

**1. L'expérience de Lavoisier**

## LA DÉCOMPOSITION DE L'ACIDE DE MERCURE DÉCRITE PAR LAVOISIER

Dans sa célèbre analyse de l'air, en 1774, Lavoisier avait chauffé du mercure pendant douze jours. La surface du métal s'était recouverte de petites parcelles rouges (il s'agissait de l'oxyde de mercure HgO). Désirant connaître la composition de ces parcelles rouges, il s'avisa de les chauffer.
Laissons Lavoisier décrire lui-même son expérience :
« D'un autre côté, j'ai pris les 45 grains [2,38 g] de matière rouge qui s'était formée pendant l'opération ; je les ai introduits dans une très petite cornue de verre à laquelle était adaptée un appareil propre à recevoir les produits liquides et vériformes [prenant la forme du verre les contenant] qui pourraient se séparer ; ayant allumé du feu dans le fourneau, j'ai observé qu'à mesure que la matière rouge était échauffée, la couleur augmentait d'intensité.
Lorsque ensuite la cornue a approché de l'incandescence, la matière rouge a commencé à perdre peu à peu de son volume, et en quelques minutes, elle a entièrement disparu ; en même temps, il s'est condensé dans le petit récipient 41 grains 1/2 [2,19 g] de mercure coulant, et il est passé sous la cloche 7 à 8 pouces cubiques [0,15 l] d'un fluide élastique beaucoup plus propre que l'air de l'atmosphère à entretenir la combustion et la respiration des animaux. »

**2. L'oxyde de mercure**

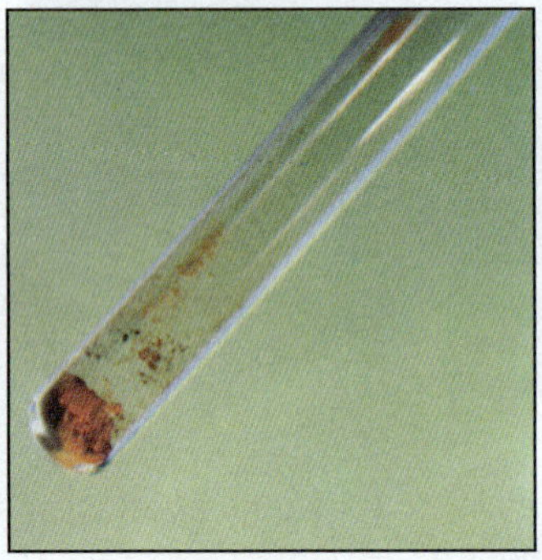

**3. L'oxyde de mercure chauffé donne du dioxygène**

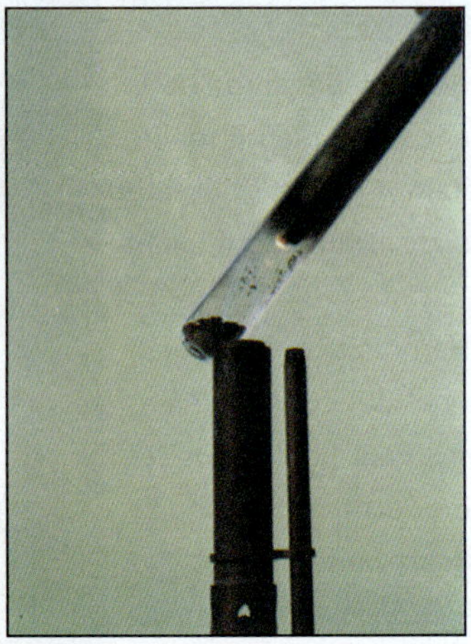

**4. Il se dépose du mercure sur les parois du tube à essais**

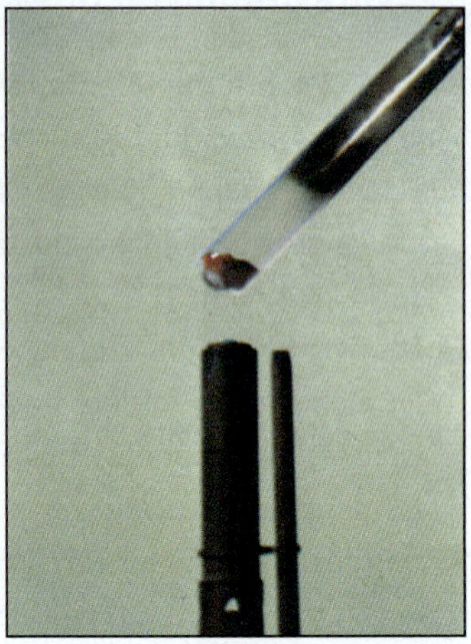

D'après *Chimie - Classe de seconde*, programme de 1987, Armand Colin.

## S'interroger à partir d'une image

**Le document ci-dessus, extrait d'un manuel de chimie, présente une célèbre expérience réalisée par Lavoisier, qui permit à ce dernier d'établir le principe de la conservation de la masse au cours d'une réaction chimique. Ce principe a été résumé par le savant en ces mots : « *Dans la nature, rien ne se crée, rien ne se perd, tout se transforme* ».**

**1** **Relevez, dans la description que Lavoisier fait de son expérience de décomposition de l'oxyde de mercure, tout ce qui n'est qu'observation passive et tout ce qui est de l'ordre d'une sollicitation active et planifiée de la matière. Cette distinction est-elle aisée à faire ?**

**2** **Pourquoi Lavoisier fait-il du principe de conservation de la masse, au cours d'une réaction chimique, le fondement de « *l'art de faire des expériences en chimie* » ? Qu'est-ce qu'un tel principe autorise sur un plan purement mathématique ?**

# Quels sont les caractères de l'expérience scientifique ?

**Bachelard** (1884-1962)

Philosophe français. D'abord employé des Postes, puis mobilisé durant toute la Première Guerre mondiale, ce n'est qu'à 45 ans qu'il réussit à devenir professeur de physique. Il entame alors des études de philosophie, spécialisant sa réflexion sur le travail de la science. Ses principaux ouvrages analysent les obstacles qui entravent la recherche scientifique. La prise en compte du rôle de l'imagination dans la connaissance l'amène à composer des ouvrages plus poétiques sur les ressorts de l'imaginaire humain.

**Œuvres** :
- *Le Nouvel Esprit scientifique* (1934)
- *La Formation de l'esprit scientifique* (1938)

Déjà l'observation a besoin d'un corps de précautions qui conduisent à réfléchir avant de regarder, qui réforment du moins la première vision, de sorte que ce n'est jamais la première observation qui est la bonne. L'observation scientifique est toujours une observation **polémique** ; elle confirme ou **infirme** une thèse antérieure, un schéma préalable, un plan d'observation ; elle montre en démontrant ; elle hiérarchise les apparences ; elle **transcende** l'immédiat ; elle reconstruit le réel après avoir reconstruit ses schémas. Naturellement, dès qu'on passe de l'observation à l'expérimentation, le caractère polémique de la connaissance devient plus net encore. Alors il faut que le phénomène soit trié, filtré, épuré, coulé dans le moule des instruments, produit sur le plan des instruments. Or les instruments ne sont que des théories matérialisées. Il en sort des phénomènes qui portent de toutes parts la marque théorique.

Gaston Bachelard, *La Formation de l'esprit scientifique*,
Librairie philosophique J. Vrin, 1938.

**VOCABULAIRE**

**polémique** : qui s'inscrit dans un débat, une critique, une controverse.
**infirme** : affaiblit, conteste la validité de…
**transcende** : dépasse.

## Réfléchir à partir d'un texte

1. **Quels sont, d'après Bachelard, les caractères de l'observation et de l'expérimentation scientifiques ?**
2. **Expliquez :**
   « *ce n'est jamais la première observation qui est la bonne* » ;
   « *les instruments ne sont que des théories matérialisées* ».
3. **Si les phénomènes étudiés, lors d'une expérimentation, «** ***portent de toutes parts la marque théorique*** **», peut-on dire que c'est encore à la réalité que le savant à affaire ?**
4. **En quoi l'expérience de Lavoisier présentée page précédente illustre-t-elle l'idée de Bachelard ?**

## Confronter les textes

Comparez ce texte avec celui de la page précédente : sur quelles idées se rejoignent-ils ou s'opposent-ils ?

> Trop souvent nous nous représentons encore l'expérience comme destinée à nous apporter des faits bruts : l'intelligence, s'emparant de ces faits, les rapprochant les uns des autres, s'élèverait ainsi à des lois de plus en plus hautes. Généraliser serait donc une fonction, observer en serait une autre. Rien de plus faux que cette conception du travail de synthèse, rien de plus dangereux pour la science et pour la philosophie. Elle a conduit à croire qu'il y avait un intérêt scientifique à assembler des faits pour rien, pour le plaisir, à les noter paresseusement et même passivement, en attendant la venue d'un esprit capable de les dominer et de les soumettre à des lois. Comme si une observation scientifique n'était pas toujours la réponse à une question, précise ou confuse ! Comme si des observations notées passivement à la suite les unes des autres étaient autre chose que des réponses décousues à des questions posées au hasard ! Comme si le travail de généralisation consistait à venir, après coup, trouver un sens plausible à ce discours incohérent.
>
> Henri Bergson, *La Pensée et le Mouvant*, 1934, PUF

## Maîtriser le vocabulaire

### R La distinction *en théorie / en pratique*

Le mot ***théorie*** vient du grec *theoria* qui signifie « contemplation ».

Une théorie est l'ensemble des concepts, jugements, raisonnements, qui forment les lois par lesquels le savant cherche à rendre compte de la structure et du fonctionnement d'une réalité. (Par exemple une théorie physique cherche à expliquer certaines propriétés de la matière).

Le terme ***pratique*** vient du grec *prattein* qui signifie « agir ».

**a.** Lorsqu'on parle en philosophie du domaine de la *pratique*, on fait référence à tout ce qui concerne l'action humaine. (Par exemple, le travail, la politique, mais aussi la morale, sont des domaines pratiques où s'organise l'action).

**b.** Dans le domaine des sciences, la « mise en pratique » désigne la mise en œuvre réelle d'une théorie, à travers sa confrontation avec l'expérience.

L'opposition ***en théorie / en pratique*** concerne le domaine de la vérité. Pour un scientifique, il s'agit toujours de savoir si ce qui peut être vrai « en théorie », l'est effectivement « en pratique », c'est-à-dire si la théorie reçoit ou non la confirmation de l'expérience.

À la lumière des distinctions précédentes, et dans le prolongement du texte d'ouverture, demandez-vous s'il peut exister, en science, des théories sans expériences et des expériences vierges de toute théorie. En d'autres termes, la relation ***en théorie / en pratique*** est-elle toujours pertinente pour penser le travail de la science ? Appuyez-vous sur les expériences de Lavoisier et de Miller, présentées dans ce chapitre, pour répondre à cette question.

## Réfléchir sur un texte

L'article suivant nous présente une célèbre expérience faite par le biochimiste américain Miller, en 1958, à propos de l'apparition de la vie sur Terre.

### Un scénario pour la naissance des molécules de la vie

La Terre s'est formée, il y a environ 4,5 milliards d'années. Elle était très différente de sa physionomie actuelle : en particulier, son atmosphère renfermait de la vapeur d'eau, du méthane, du dioxyde de carbone et de l'ammoniac. Progressivement, et sous l'action des décharges électriques dues à la foudre, les premières molécules de la vie ont pris naissance à partir des constituants de cette atmosphère.

**L'expérience de Miller**

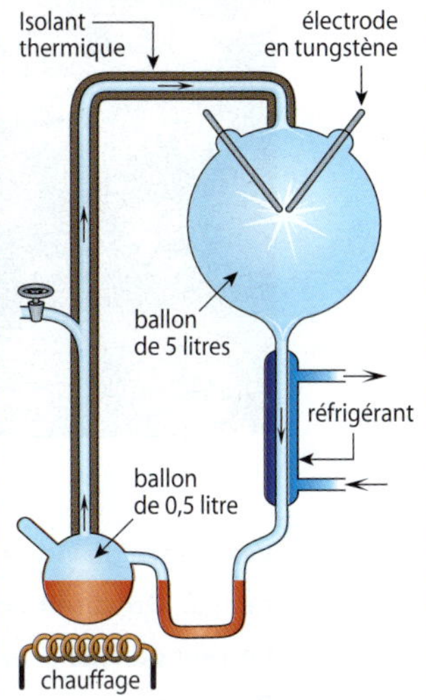


### La surprenante expérience de Miller

L'expérience de la fig. 4 a été réalisée par Miller en 1958 dans un ballon contenant la « soupe primitive » (eau, ammoniac, méthane, dioxyde de carbone) : il a déclenché des étincelles électriques (pour imiter la foudre) et a pu observer l'apparition progressive de plusieurs molécules intervenant dans le milieu vivant, dont certains acides aminés. On a ainsi pu montrer expérimentalement les causes de la naissance de la vie dans le milieu marin.

On trouve aussi des traces d'acides aminés dans certaines météorites tombées sur la Terre.

D'après *Chimie - Classe de seconde*, programme de 1987, Armand Colin.

- L'expérience de Miller permet-elle de déterminer de façon certaine la manière dont la vie est apparue sur Terre ? Dans la négative, quel est l'intérêt d'une telle expérience ?

## Reconstituer une argumentation

- Dégagez l'idée centrale du texte suivant ainsi que les différentes étapes de son argumentation.

La sagesse est intransmissible. Expérience est un mot trompeur. Il signifie tantôt un essai organisé artificiellement pour vérifier une hypothèse – c'est-à-dire expérimentation –, tantôt le savoir accumulé au fil des ans – c'est-à-dire sagesse. Les Allemands ont deux mots pour cela : *Experiment* et *Erfahrung*. Or si les résultats d'une expérimentation peuvent facilement se communiquer, rien ne permet de faire profiter un autre de la vision et de la pratique des choses et des gens, acquises en toute vie. Cette vision, cette pratique formulée en des termes toujours insuffisants, feront hausser les épaules des jeunes qui ne sauraient qu'en faire, alors même qu'ils le voudraient. Si les gens d'expérience (*Erfahrung*) cèdent si souvent à l'envie de donner des conseils, c'est que, trompés par l'homonymie, ils croient détenir les résultats d'un certain nombre d'expériences (*Experiment*). En vérité, ils confondent deux niveaux de connaissance, l'un profond, obscur, tout mêlé au cœur, aux nerfs, au sexe, l'autre abstrait, cérébral, léger, portatif.

Michel Tournier, *Le Vent Paraclet*, Gallimard, 1977.

***Expérience dite des « hémisphères de Magdebourg »*** (1654)

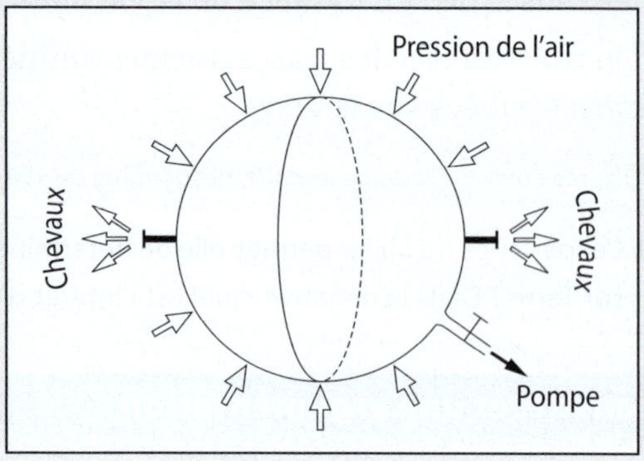


**L'existence du vide a été niée pendant très longtemps. On disait volontiers que « la nature a horreur du vide ».**

**Pourtant, on avait remarqué que l'on ne pouvait faire monter l'eau dans les pompes au-delà d'une certaine hauteur. Pascal réalisa une série d'expériences prouvant que cette hauteur diminuait avec l'altitude, et donc qu'elle était fonction de la pesanteur de l'air sur le liquide. Il montra ainsi l'existence de la pression atmosphérique, et du vide en son absence.**

**Peu après, en 1654, l'Allemand Otto von Guericke organisa une spectaculaire expérience. Il fit le vide au moyen d'une pompe à l'intérieur d'une sphère composée de deux hémisphères métalliques emboîtés. La force de trente chevaux, tirant en sens inverse, ne parvint pas à les séparer, et donc à vaincre la pression atmosphérique.**

D'après *La Science et les Hommes – La Matière*, Éditions Messidor, 1991.

## S'interroger à partir d'une image

**1** **Selon l'ancienne théorie – qui niait la possibilité du vide –, qu'aurait-il dû se produire dans l'expérience ici représentée ?**

**2** **Alors que l'existence du vide avait déjà été prouvée par Pascal, pourquoi, selon vous, a-t-on jugé nécessaire d'organiser cette expérience spectaculaire ?**

**3** **Est-ce uniquement par raison que nous adoptons une théorie ?**

# Une théorie est-elle toujours provisoire ?

**Popper** (1902-1994)

Philosophe contemporain. Né en Autriche, il suit une formation universitaire très complète qui inclut aussi bien la physique et les mathématiques que la philosophie. Enseignant, il s'exile pour fuir le nazisme, et travaille d'abord en Nouvelle-Zélande, puis en Angleterre.
L'essentiel de son œuvre concerne l'épistémologie, réflexion sur les conditions de la vérité scientifique. Il a aussi abordé les problèmes de société en montrant la nécessité de la discussion libre et de la tolérance.

**Œuvres :**
- *Logique de la découverte scientifique* (1934)
- *La société ouverte et ses ennemis* (1945)
- *Conjectures et réfutations* (1953)

Ici, encore, la procédure consistant à mettre à l'épreuve est **déductive**. À l'aide d'autres énoncés préalablement acceptés, l'on déduit de la théorie certains énoncés singuliers [...] et en particulier des prévisions que nous pouvons facilement contrôler ou réaliser. Parmi ces énoncés l'on choisit ceux qui sont **en contradiction avec elle**. Nous essayons ensuite de prendre une décision en faveur (ou à l'encontre) de ces énoncés déduits en les comparant aux résultats des applications pratiques et des expérimentations.

Si cette décision est positive, c'est-à-dire si les conclusions singulières se révèlent acceptables, ou vérifiées, la théorie a provisoirement réussi son test : nous n'avons pas trouvé de raisons de l'écarter. Mais si la décision est négative ou, en d'autres termes, si les conclusions ont été **falsifiées**, cette falsification falsifie également la théorie dont elle était logiquement déduite. Il faudrait noter ici qu'**une décision** ne peut soutenir la théorie que pour un temps car des décisions négatives peuvent toujours l'éliminer ultérieurement.

Karl Popper, *La Logique de la découverte scientifique*, 1934, Payot, 1973.

**VOCABULAIRE**

**déductive** : qualifie la capacité de poser des affirmations nécessaires à partir de principes grâce aux règles de la logique. Popper oppose la déduction à l'induction qui croit pouvoir tirer des affirmations générales à partir de l'expérience. Alors que la déduction «descend» de la théorie à l'explication de l'expérience, l'induction «monte» de la considération de l'expérience à l'affirmation de la théorie.

**en contradiction avec elle** : c'est-à-dire que l'on peut déduire de la théorie un énoncé du type « si la théorie est vraie, alors tel événement ne doit jamais se produire ».

**falsifiées** : quand les expérimentations ont donné des résultats contraires à ceux auxquels on s'attendait d'après la théorie.

**une décision** : ici la décision, venant du succès de l'expérimentation, qu'on peut adopter la théorie.

## Réfléchir à partir d'un texte

**1** **Quelle est, selon l'auteur, la bonne manière de s'y prendre pour confirmer une théorie ?**

**2** **L'expérience des hémisphères de Magdebourg, représentée page précédente peut-elle être considérée comme l'application de cette démarche ? Justifiez votre réponse.**

**3** **Peut-on envisager qu'il y ait des théories que l'on ne puisse pas ainsi «mettre à l'épreuve» car elles auraient réponse à tout ? Donnez, si possible, un exemple.**

## Confronter les textes

Comparez ce texte avec celui de la page précédente : sur quelles idées se rejoignent-ils ou s'opposent-ils ?

**VOCABULAIRE**

**aire** : domaine.
**baconiennes** : relatives aux idées de Francis Bacon (1561-1626), théoricien de la méthode expérimentale de connaissance scientifique.
**euclidiennes** : relatives à la géométrie d'Euclide, mathématicien grec (IIIe siècle avant J.-C.).
**cartésiennes** : relatives à la philosophie de Descartes (1596-1650).
**dialectiques historiques** : moments historiques où les conceptions se sont affrontées.

En effet, l'histoire humaine peut bien, dans ses passions, dans ses préjugés, dans tout ce qui relève des impulsions immédiates, être un éternel recommencement ; mais il y a des pensées qui ne recommencent pas ; ce sont les pensées qui ont été rectifiées, élargies, complétées. Elles ne retournent pas à leur **aire** restreinte ou chancelante. Or l'esprit scientifique est essentiellement une rectification du savoir, un élargissement des cadres de la connaissance. Il juge son passé historique en le condamnant. Sa structure est la conscience de ses fautes historiques. Scientifiquement, on pense le vrai comme rectification historique d'une longue erreur, on pense l'expérience comme rectification de l'illusion commune et première. [...] L'essence même de la réflexion, c'est de comprendre qu'on n'avait pas compris. Les pensées non **baconiennes**, non **euclidiennes**, non **cartésiennes** sont résumées dans ces **dialectiques historiques** que présentent la rectification d'une erreur, l'extension d'un système, le complément d'une pensée.

Gaston Bachelard, *Le Nouvel Esprit scientifique*, chap. VI (1934), P.U.F.

## Maîtriser le vocabulaire

Les mots ***évidence*** et ***certitude*** ont en commun d'exprimer notre adhésion sans réserve à un savoir. Pourtant ils ont une signification différente qui est fondée sur leur étymologie :
– ***évidence*** est dérivé du latin *videre* qui signifie « voir » ;
– ***certitude*** est dérivé du latin *certus* qui signifie « assuré ».

**1** Appuyez-vous sur ces données pour préciser ce qui distingue la signification de ces deux mots.

**2** Faut-il qu'une théorie soit évidente pour qu'on en soit certain ? Appuyez votre réponse sur un exemple.

## Reconstituer une argumentation

Dégagez l'idée centrale du texte suivant ainsi que les différentes étapes de son argumentation.

La difficulté de « vérifier une théorie par l'expérience » peut être mise en évidence par une réflexion sur la nature même des théories. Celles-ci se présentent, en effet, comme un ensemble de propositions contenant des concepts fondamentaux et des liaisons logiques (l'utilisation des structures mathématiques est fréquente, mais ne constitue pas une règle générale). Posons cette question : comment comparer des « propositions » à des « faits » ? On ne peut comparer que des choses comparables. Un « fait brut », en tant que tel, ne peut pas être comparé à un énoncé, sinon après avoir lui-même été traduit dans un langage adéquat. Mais faire intervenir un langage, c'est faire intervenir une interprétation. C'est évident quand on compare les diverses « descriptions » que donnent les historiens des « faits » historiques ; mais même les physiciens modernes sont obligés de constituer et d'élaborer les faits pour qu'il en résulte des énoncés comparables non pas même à « la théorie », mais à des énoncés qui s'y rattachent indirectement.

P. Thuiller, *Jeux et Enjeux de la science*, Laffont, 1972 .

## Réfléchir sur une image

Le mot «atome» vient du grec *atomos* qui signifie «ce qui ne peut être coupé». Ce sont les Grecs qui ont, les premiers, défendu l'idée d'une structure discontinue de la matière.

La théorie atomique a connu un renouveau au début du XIXe siècle, à mesure que se développait la chimie. Elle permettait en effet de rendre compte des régularités observées dans les proportions des éléments intervenant dans les combinaisons chimiques.

Pourtant, encore tardivement au XXe siècle, la théorie atomique n'était toujours pas unanimement admise, en particulier par des chimistes qui s'en tenaient à une matière constituée d'un certain nombre d'éléments continus.
Ce n'est qu'après le bombardement d'Hiroshima, en 1945, que l'on a cessé définitivement de parler d'«hypothèse» à propos de la théorie atomique.

***Hiroshima (Japon), le 6 août 1945***

1 Pourquoi l'explosion d'Hiroshima valide-t-elle la théorie atomique ?

2 S'agit-il d'une validation conforme à celle que Popper préconise dans le texte central ? Sinon, vous paraît-elle quand même justifiée ?

## Phrase à méditer

**Il n'y a pas de cause d'erreur plus fréquente que la recherche de la vérité absolue.**

Comment comprenez-vous cette formule de Samuel Butler (*Carnets de notes*, 1912) ? Essayez de l'illustrer par un exemple historique.

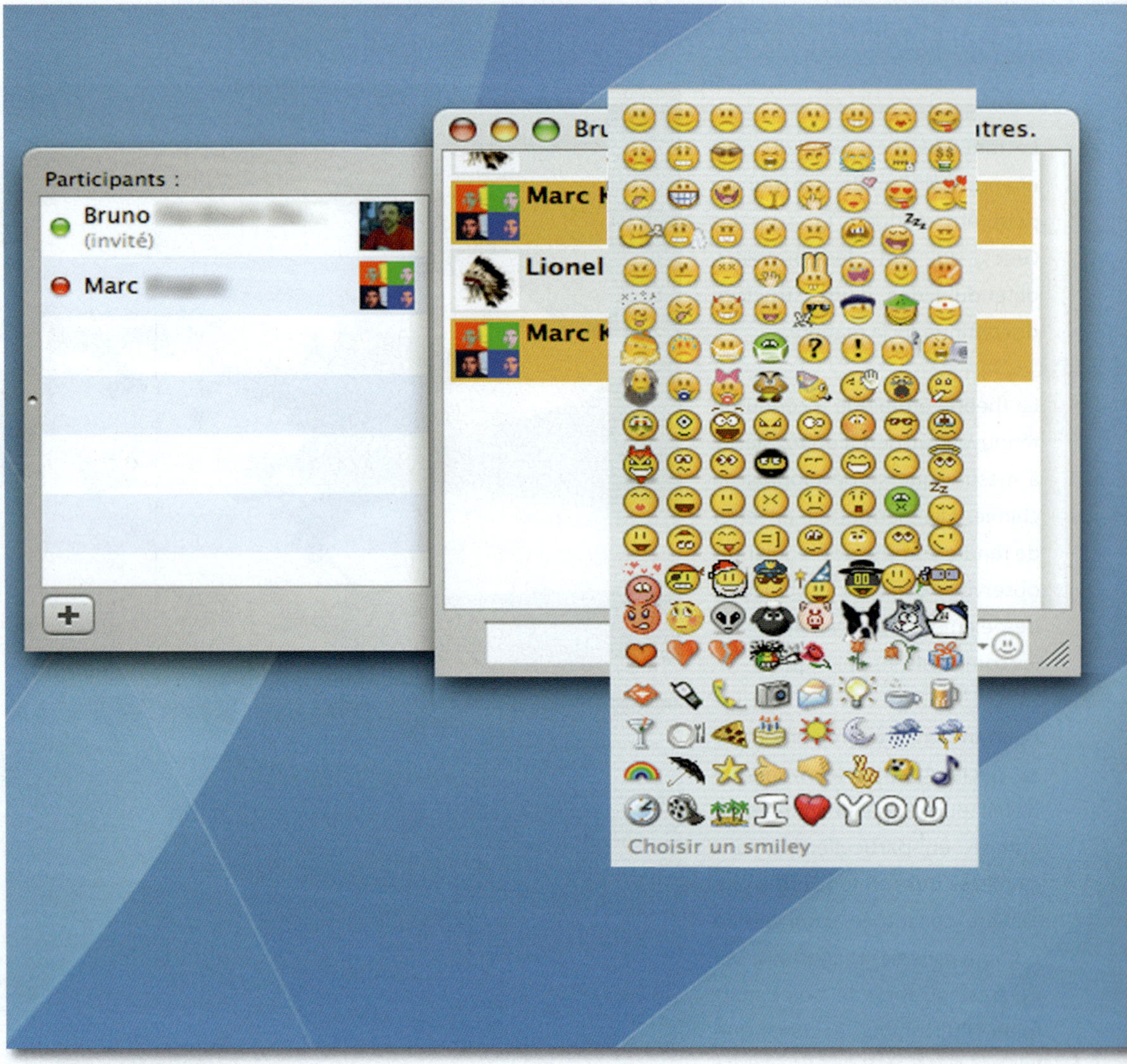


## S'interroger à partir d'une image

La technologie de l'Internet rend possible des conversations écrites en temps réel appelées des *chats*, terme qui dérive de l'anglais *to chat* : converser. Ainsi, derrière leur écran d'ordinateur, les internautes peuvent participer à une forme de communication qui ne connaît aucune frontière, dans un espace de discussion véritablement mondial. Les textes envoyés sont souvent entrecoupés d'éléments graphiques, les *smileys* et les *emoticons*, dont nous avons ci-dessus quelques exemples.

1 Les *smileys* et les *emoticons* peuvent-ils exprimer une expérience commune à ceux qui les échangent ?

2 Pensez-vous que ces éléments graphiques uniformisent la pensée ? Que signifierait alors, dans ce contexte de l'Internet, « uniformiser la pensée » ?

3 D'une manière plus générale, les conversations écrites qui utilisent des supports télématiques (SMS, *chats*, forums Internet, blogs, etc.) représentent-ils un danger pour la langue et pour le sens qu'elle permet de véhiculer ? Si oui, lequel ?

# À quelles conditions l'expérience est-elle commune ?

**Nietzsche** (1844-1900)

Philologue et philosophe allemand. Il fait de brillantes études, mais, souffrant d'une maladie nerveuse, il renonce à enseigner. C'est en luttant contre la maladie qu'il doit écrire ses livres. À 44 ans, il sombre dans la folie et le silence.

Son œuvre s'attache à reconstituer l'origine des différentes morales que la religion et la philosophie ont définies dans l'histoire. Nietzsche prétend «*philosopher à coups de marteau*», c'est-à-dire mettre à l'épreuve les concepts traditionnels de la philosophie, afin de rejeter ceux qui «*sonnent creux*».

**Œuvres :**

- *Ainsi parlait Zarathoustra* (1883)
- *La Généalogie de la morale* (1887)

Il ne suffit pas, pour se comprendre mutuellement, d'employer les mêmes mots ; il faut encore employer les mêmes mots pour désigner la même sorte d'expériences intérieures, il faut enfin avoir en commun certaines expériences. C'est pourquoi les gens d'un même peuple se comprennent mieux entre eux que ceux qui appartiennent à des peuples différents, même si ces derniers usent de la même langue ; ou plutôt, quand des hommes ont longtemps vécu ensemble dans des conditions identiques, sous le même climat, sur le même sol, courant les mêmes dangers, ayant les mêmes besoins, faisant le même travail, il en naît quelque chose qui « se comprend » : un peuple. Dans toutes les âmes un même nombre d'expériences revenant fréquemment a pris le dessus sur des expériences qui se répètent plus rarement : sur elles on se comprend vite, et de plus en plus vite l'histoire du langage est l'histoire d'un processus d'abréviation. [...] On en fait l'expérience même dans toute amitié, dans toute liaison amoureuse : aucune n'est durable si l'un des deux découvre que son partenaire sent, entend les mêmes mots autrement que lui, qu'il y flaire autre chose, qu'ils éveillent en lui d'autres souhaits et d'autres craintes.

Friedrich Nietzsche, *Par-delà le bien et le mal*, § 268, coll. Bouquins, tome 2, trad. H. Albert, Robert Laffont.

## Réfléchir à partir d'un texte

**1** **Dégagez la thèse principale de ce texte et les principales étapes de sa progression.**

**2** **Pourquoi, selon Nietzsche, «*les gens d'un même peuple se comprennent mieux entre eux que ceux qui appartiennent à des peuples différents*» ?**

**3** **Dans quel sens l'auteur utilise-t-il le mot «expérience» dans l'ensemble de cet extrait ?**

**4** **Nietzsche écrit : «*l'histoire du langage est l'histoire d'un processus d'abréviation*». Les abréviations graphiques (*smileys* et *emoticons*) évoquées dans la page précédente permettent-elles d'illustrer, à notre époque, cette affirmation ? Peuvent-elles traduire une «expérience commune» au sens où Nietzsche l'entend ici ?**

## Confronter les textes

Comparez ce texte avec celui de la page précédente : sur quelles idées se rejoignent-ils ou s'opposent-ils ?

Peut-être, dans beaucoup de moments de ma vie, autrui se réduit-il pour moi à ce spectacle qui peut être un **charme**. Mais que la voix s'altère, que l'insolite apparaisse dans la **partition** du dialogue, ou au contraire qu'une réponse réponde trop bien à ce que je pensais sans l'avoir tout à fait dit, et soudain l'évidence éclate que là-bas aussi, minute par minute, la vie est vécue : quelque part derrière ces yeux, derrière ces gestes, ou plutôt devant eux, ou encore autour d'eux, venant de je ne sais quel double fond de l'espace, un autre monde privé transparaît, à travers le tissu du mien, et pour un moment c'est en lui que je vis, je ne suis plus que le répondant de cette interpellation qui m'est faite. Certes, la moindre reprise de l'attention me persuade que cet autre qui m'envahit n'est fait que de ma substance : ses couleurs, sa douleur, son monde, précisément en tant que siens, comment les concevrais-je, sinon d'après les couleurs que je vois, les douleurs que j'ai eues, le monde où je vis ? Du moins, mon monde privé a cessé de n'être qu'à moi, c'est maintenant l'instrument dont un autre joue, la dimension d'une vie généralisée qui s'est greffée sur la mienne.

Maurice Merleau-Ponty, *Le Visible et l'Invisible*, Gallimard.

**VOCABULAIRE**

**charme** : ici, envoûtement. L'auteur veut dire que la présence mystérieuse d'autrui a souvent les caractères d'une scène magique.

**partition** : composition, structure (comme celle d'une partition de musique).

## Maîtriser le vocabulaire

Nietzsche affirme, dans le texte p. 151, qu'une langue fixe dans son vocabulaire «*un même nombre d'expériences revenant fréquemment*» et qui «*a pris le dessus sur des expériences qui se répètent plus rarement*»

1. Donnez une définition précise des termes ***jargon***, ***patois***, et ***argot***. En quoi se distinguent-ils du concept de ***langue*** ?
2. Donnez des exemples de mots tirés du langage des jeunes, et qui traduisent une «communauté d'expérience», s'offrant à une compréhension plus rapide. Les mots que vous avez trouvés correspondent-ils à un ***jargon***, à un ***patois***, ou à un ***argot*** ?
3. **R** Précisez le sens que vous donnez au mot «compréhension» et au verbe ***comprendre*** dans la réponse à la question précédente.

## Réfléchir sur une image

***La Tour de Babel***, Pieter Bruegel (vers 1525-1569)

Le tableau ci-dessus illustre l'histoire biblique de la Tour de Babel, qui nous raconte que Dieu décida de punir l'humanité alors que celle-ci construisait une tour montant jusqu'au ciel, symbole de sa rivalité avec l'Éternel. Comme châtiment, selon la Bible, Dieu imposa une langue différente à chacun des hommes (qui parlaient tous alors le même langage). Ceux-ci ne purent plus se comprendre ni, par conséquent, se concerter pour finir la tour.

C'est en référence à cette histoire que le linguiste contemporain René Etiemble a appelé « *babélien* » ce mélange multilinguistique que constitue aujourd'hui chaque langue « nationale ». Selon lui, en effet, des langues « pures » n'existent pas et nous parlons et parlerons tous, au fur et à mesure des incorporations de mots étrangers, cette langue mêlée qu'est le babélien.

- La thèse de René Etiemble qui vient d'être rappelée est-elle, selon vous, en mesure de réfuter celle de Nietzsche donnée en ouverture ?

## Réfléchir sur un texte

Une langue, comme l'esprit du peuple qui la parle, est dans une mobilité continuelle : dans ce mouvement, qui ne peut jamais s'arrêter, elle perd des mots, elle en acquiert. Quelquefois ses pertes l'enrichissent et ses acquisitions la défigurent ; quelquefois ses pertes sont réellement des pertes et ce qu'elle acquiert n'est pas une richesse ; quelquefois elle se perfectionne également par les mots qu'elle adopte et par ceux qu'elle rejette

Préface à la V^e^ édition du Dictionnaire de l'Académie Française, 1811.

- Cette citation permet-elle d'appuyer la thèse de Nietzsche exprimée dans le texte donné en ouverture (*page 151*) ? Justifiez votre réponse.

# L'expérience

1 *L'expérience instruit-elle ?*

2 *L'expérience est-elle la seule source de nos connaissances ?*

3 *L'expérience familière est-elle le commencement de la science ?*

4 *Toutes les expériences scientifiques sont-elles légitimes ?*

5 *Est-ce le recours à l'expérience qui garantit le caractère scientifique d'une théorie ?*

6 *L'expérience peut-elle se définir comme soumission aux faits ?*

7 *Peut-on penser contre l'expérience ?*

8 *À quelles conditions une expérience est-elle communicable ?*

9 *Dans quelle mesure le recours à l'expérience est-il justifié ?*

10 *Quel rôle joue l'expérience dans la connaissance des hommes ?*

11 *Quelle différence peut-on établir entre « avoir de l'expérience » et « faire une expérience » ?*

12 *À quelles conditions une expérience est-elle scientifique ?*

13 *Quel enseignement peut-on recevoir de l'expérience ?*

14 *Puis-je faire confiance à mes sens ?*

15 *Une théorie sans expérience nous apprend-elle quelque chose ?*

16 *La théorie permet-elle de négliger l'expérience ?*

17 *Suffit-il de voir pour savoir ?*

18 *Le réel se réduit-il à ce que l'on perçoit ?*

19 *Quand nous percevons, comment savons-nous que nous ne rêvons pas ?*

20 *En quel sens peut-on dire qu'on « expérimente avec sa raison » ?*

# La raison et la croyance

## 1 La connaissance rationnelle est-elle un devoir religieux ?

**Averroès**

Si l'œuvre de la philosophie n'est rien de plus que la spéculation sur l'univers en tant qu'il fait connaître l'Artisan[1] [...], et si la Loi religieuse invite et incite à s'instruire par la considération de l'univers, il est dès lors évident que l'étude désignée par ce nom de philosophie est, de par la Loi religieuse, ou bien obligatoire ou bien méritoire. Que la Loi divine invite à une étude rationnelle et approfondie de l'univers, c'est ce qui apparaît clairement dans plus d'un verset du Livre de Dieu[2] (Le Béni, le Très-Haut !). Lorsqu'il dit par exemple : « Tirez enseignement de cela, ô vous qui êtes doués d'intelligence ! », c'est là une énonciation formelle montrant qu'il est obligatoire de faire usage de raisonnement rationnel, ou rationnel et religieux à la fois [...]

Puisqu'il est bien établi que la Loi divine fait une obligation d'appliquer à la réflexion sur l'univers la spéculation rationnelle, comme la réflexion consiste uniquement à tirer l'inconnu du connu, à l'en faire sortir, et que cela est le syllogisme[3] [...], c'est pour nous une obligation de nous appliquer à la spéculation sur l'univers par le syllogisme rationnel ; et il est évident que cette sorte de spéculation, à laquelle la Loi divine invite et incite, prend la forme la plus parfaite quand elle se fait par la forme la plus parfaite du syllogisme, qu'on appelle démonstration.

Averroès.

(1) l'Artisan : l'Artisan divin, c'est-à-dire Dieu.
(2) Livre de Dieu : Averroès, philosophe musulman, se réfère ici au Coran.
(3) syllogisme : nom donné à un certain type de raisonnement, qui, à partir de deux propositions de départ (le « connu »), permet de déduire une conclusion (l'« inconnu »).

**QUESTIONS**

- Dégagez l'idée essentielle du texte et faites apparaître les différentes étapes de son argumentation.
- Quel rôle et quelle fonction ce texte assigne-t-il à la philosophie ?
- Peut-on dire, d'après cet extrait, que la foi et la raison sont complémentaires ? Justifiez votre réponse dans un développement ordonné.

## 2 La rationalité scientifique peut-elle être tolérante ?

**Freud**

Il est inadmissible de dire que la science est un domaine de l'activité intellectuelle humaine, que la religion et la philosophie en sont d'autres, de valeur au moins égale, et que la science n'a pas à intervenir dans les deux autres, qu'elles ont toutes la même prétention à la vérité, et que chaque être humain est libre de choisir d'où il veut tirer ses convictions et où il veut placer sa foi. Une telle conception passe pour particulièrement distinguée, tolérante, compréhensive et libre de préjugés étroits. Malheureusement, elle n'est pas soutenable, elle participe à tous les traits nocifs d'une vision du monde absolument non scientifique et lui équivaut pratiquement. Il est évident que la vérité ne peut être tolérante, qu'elle n'admet ni compromis ni restriction, que la recherche considère tous les domaines de l'activité humaine comme les siens propres et qu'il lui faut devenir inexorablement critique lorsqu'une autre puissance veut en confisquer une part pour elle-même.

Freud.

**QUESTIONS**

- Dégagez l'idée essentielle du texte et les différentes étapes de sa progression.
- Expliquez : « *elle participe à tous les traits nocifs d'une vision du monde absolument non scientifique et lui équivaut pratiquement* » ; « *la vérité ne peut-être tolérante* » ; « *il lui faut devenir inexorablement critique* ».
- Essai : Peut-on s'opposer par la raison à des croyances ?

## 3 L'idée de progrès n'est-elle qu'une croyance ?

### Cournot

Aucune idée, parmi celles qui se réfèrent à l'ordre des faits naturels, ne tient de plus près à la famille des idées religieuses que l'idée de progrès, et n'est plus propre à devenir le principe d'une sorte de foi religieuse pour ceux qui n'en ont plus d'autre. Elle a, comme la foi religieuse, la vertu de relever les âmes et les caractères. L'idée du progrès indéfini, c'est l'idée d'une perfection suprême, d'une loi qui domine toutes les lois particulières, d'un but éminent auquel tous les êtres doivent concourir dans leur existence passagère. C'est donc au fond l'idée de divin : et il ne faut point être surpris si, chaque fois qu'elle est spécieusement(1) évoquée en faveur d'une cause, les esprits les plus élevés, les âmes les plus généreuses, se sentent entraînés de ce côté. Il ne faut pas non plus s'étonner que le fanatisme y trouve un aliment et que la maxime(2) qui tend à corrompre toutes les religions, celle que(3) l'excellence de la fin vienne justifier les moyens, corrompe aussi la religion du progrès.

Cournot.

(1) spécieusement : de manière illusoire, fausse, trompeuse.
(2) maxime : ici, courte phrase censée exprimée une certaine vérité, à la manière d'un proverbe.
(3) celle que : celle selon laquelle.

#### QUESTIONS

- Dégagez la thèse principale du texte et les différentes étapes de son argumentation.
- Expliquez les phrases suivantes : *« L'idée du progrès indéfini, c'est l'idée d'une perfection suprême »* ; *« Il ne faut pas non plus s'étonner que le fanatisme y trouve un aliment »*.
- Essai : L'idée de progrès n'est-elle qu'une croyance ?

## 4 Est-il raisonnable de croire en Dieu ?

### Pascal

En voyant l'aveuglement et la misère de l'homme, en regardant tout l'univers muet et l'homme sans lumière(1) abandonné à lui-même, et comme égaré dans ce recoin de l'univers sans savoir qui l'y a mis, ce qu'il y est venu faire, ce qu'il deviendra en mourant, incapable de toute connaissance, j'entre en effroi comme un homme qu'on aurait porté endormi dans une île déserte et effroyable, et qui s'éveillerait sans connaître et sans moyen d'en sortir. Et sur cela j'admire(2) comment on n'entre point en désespoir d'un si misérable état. Je vois d'autres personnes auprès de moi d'une semblable nature. Je leur demande s'ils sont mieux instruits que moi. Ils me disent que non et sur cela ces misérables égarés, ayant regardé autour d'eux et ayant vu quelques objets plaisants s'y sont donnés et s'y sont attachés. Pour moi je n'ai pu y prendre d'attache et considérant combien il y a plus d'apparence(3) qu'il y a autre chose que ce que je vois j'ai recherché si ce Dieu(4) n'aurait point laissé quelque marque de soi.

Pascal.

(1) lumière : métaphore désignant la connaissance.
(2) j'admire : je suis très fortement étonné.
(3) d'apparence : de vraisemblance.
(4) ce Dieu : le Dieu dont parle la Bible.

#### QUESTIONS

- De quelle expérience intérieure cet extrait est-il le témoignage ? Quels sont les différents moments qui le composent ?
- Expliquez : *« Et sur cela j'admire comment on n'entre point en désespoir d'un si misérable état »* ; *« ayant vu quelques objets plaisants s'y sont donnés et s'y sont attachés »*.
- Faut-il conclure de ce texte que sans la foi en Dieu la vie est soumise au désespoir ?

## 5 Faut-il préférer le mythe à la connaissance rationnelle ?

### Épicure

Il faut se mettre dans l'esprit que le plus grand trouble est engendré dans les âmes humaines par le fait qu'on regarde ces corps célestes(1) comme des êtres bienheureux et immortels, et qu'on leur attribue en même temps des propriétés opposées, telles que des désirs, des actes et des motifs ; parce qu'on attend ou qu'on suspecte, en croyant aux mythes, quelque torture éternelle et qu'on craint même l'insensibilité de la mort(2), comme si elle avait quelque rapport avec nous ; et, enfin, parce que toutes ces affections(3) ne proviennent pas d'une opinion philosophique, mais d'un sentiment irréfléchi, de sorte que, faute de délimiter ce qui est à craindre, on éprouve un trouble aussi grand ou même plus grand que si l'on avait une opinion bien fondée là-dessus. La tranquillité d'âme n'est possible que si l'on s'est affranchi de tout cela et qu'on garde constamment dans la mémoire les principes généraux de l'ensemble des choses.

Épicure.

(1) Ces corps célestes : les étoiles et les planètes, considérées comme des divinités dans l'Antiquité.
(2) L'insensibilité de la mort : pour Épicure, la mort se traduit par une absence de sensation, elle est donc «insensible».
(3) Affections : sentiments.

#### QUESTIONS

- Dégagez l'idée essentielle du texte et faites apparaître les différentes étapes de son argumentation.
- Quelle contradiction Épicure relève-t-il dans la représentation par le mythe des corps célestes ?
- Expliquez : «*La tranquillité d'âme n'est possible que si l'on s'est affranchi de tout cela et qu'on garde constamment dans la mémoire les principes généraux de l'ensemble des choses*».
- Essai : Les mythes n'ont-ils aucune valeur ?

## 6 Les animaux raisonnent-ils ?

### Leibniz

Les bêtes sont purement empiriques et ne font que se régler sur les exemples, car elles n'arrivent jamais à former des propositions nécessaires, autant qu'on en peut juger ; au lieu que les hommes sont capables des sciences démonstratives. C'est encore pour cela que la faculté que les bêtes ont de faire des consécutions(1) est quelque chose d'inférieur à la raison qui est dans les hommes. Les consécutions des bêtes sont purement comme celles des simples empiriques(2), qui prétendent que ce qui est arrivé quelquefois arrivera encore dans un cas où ce qui les frappe est pareil, sans être capables de juger si les mêmes raisons subsistent. C'est par là qu'il est si aisé aux hommes d'attraper les bêtes, et qu'il est si facile aux simples empiriques de faire des fautes. [...] Les consécutions des bêtes ne sont qu'une ombre du raisonnement. C'est-à-dire ce ne sont que connexions d'imagination, et que passages d'une image à une autre, parce que dans une rencontre nouvelle qui paraît semblable à la précédente, on s'attend de nouveau à ce qu'on y trouvait joint autrefois, comme si les choses étaient liées en effet, parce que leurs images le sont dans la mémoire.

Leibniz.

(1) Faire des consécutions : saisir des liens de cause à effet.
(2) Simples empiriques : personnes qui ne réfléchissent pas.

#### QUESTIONS

- Dégagez l'idée essentielle du texte et les étapes de son argumentation.
- Expliquez : «*les hommes sont capables des sciences démonstratives*» ; «*ce ne sont que connexions d'imagination*».
- Essai : Les animaux raisonnent-ils ?

## 7 Sciences et sagesse

**Malebranche**

Les hommes ne sont pas nés pour devenir astronomes, ou chimistes ; pour passer toute leur vie pendus à une lunette, ou attachés à un fourneau ; et pour tirer ensuite des conséquences assez inutiles de leurs observations laborieuses. Je veux[1] qu'un astronome ait découvert le premier des terres, des mers, et des montagnes dans la lune ; qu'il se soit aperçu le premier des taches qui tournent sur le soleil, et qu'il en ait exactement calculé les mouvements. Je veux qu'un chimiste ait enfin trouvé le secret de fixer le mercure [...] : en sont-ils pour cela devenus plus sages et plus heureux ? Ils se sont peut-être fait quelque réputation dans le monde ; mais s'ils y ont pris garde, cette réputation n'a fait qu'étendre leur servitude.

Les hommes peuvent regarder l'astronomie, la chimie, et presque toutes les autres sciences comme des divertissements d'un honnête homme[2] ; mais ils ne doivent pas se laisser surprendre par leur éclat, ni les préférer à la science de l'homme.

Malebranche,
texte donné au baccalauréat.

(1) Je veux : je veux bien, je consens, j'admets.
(2) Un honnête homme : un homme accompli.

### QUESTIONS

- Dégagez clairement la thèse du texte. Précisez l'argumentation de l'auteur.
- Expliquez : « *s'ils y ont pris garde, cette réputation n'a fait qu'étendre leur servitude* ».
- La recherche de la sagesse et de l'épanouissement peut-elle être indépendante de la connaissance du monde ?

## 8 Comment formons-nous les idées générales ?

**Rousseau**

Toute idée générale est purement intellectuelle ; pour peu que l'imagination s'en mêle, l'idée devient aussitôt particulière. Essayez de vous tracer l'image d'un arbre en général, jamais vous n'en viendrez à bout ; malgré vous il faudra le voir petit ou grand, rare ou touffu, clair ou foncé ; et s'il dépendait de vous de n'y voir que ce qui se trouve en tout arbre, cette image ne ressemblerait plus à un arbre. Les êtres purement abstraits se voient de même, ou ne se conçoivent que par le discours. La définition seule du triangle vous en donne la véritable idée ; sitôt que vous en figurez un dans votre esprit, c'est un tel triangle et non pas un autre, et vous ne pouvez éviter d'en rendre les lignes sensibles ou le plan coloré. Il faut donc énoncer des propositions, il faut donc parler pour avoir des idées générales : car sitôt que l'imagination s'arrête, l'esprit ne marche plus qu'à l'aide du discours.

Rousseau.

### QUESTIONS

- Dégagez l'idée principale du texte et son argumentation.
- Expliquez : « *Les êtres purement abstraits se voient de même, ou ne se conçoivent que par le discours.* »
- Quelles réflexions ce texte vous inspire-t-il sur les rapports entre la pensée et le langage ?

## 9 L'accord des esprits est-il l'indice du vrai ?

**Descartes**

**QUESTIONS**

- Dégagez l'idée essentielle du texte et montrez comment celui-ci s'articule.
- Comment se manifeste l'opinion selon l'auteur ?
- Expliquez : « *et même aucun d'eux, semble-t-il, ne possède la science* ».
- Essai : Avons-nous besoin des autres pour nous assurer de la vérité ?

Dans les sciences, en effet, il n'y a peut-être pas une question sur laquelle les savants n'aient été souvent en désaccord. Or, chaque fois que sur le même sujet deux d'entre eux sont d'un avis différent, il est certain que l'un des deux au moins se trompe ; et même aucun d'eux, semble-t-il, ne possède la science : car si les raisons de l'un étaient certaines et évidentes, il pourrait les exposer à l'autre de telle manière qu'il finirait par le convaincre à son tour. Nous voyons donc que, sur tout ce qui ne donne lieu qu'à des opinions probables, il est impossible d'acquérir une connaissance parfaite, parce que nous ne pouvons sans présomption espérer de nous-mêmes plus que les autres n'ont fait, en sorte que, si notre raisonnement est juste, il ne reste de toutes les sciences déjà connues que l'arithmétique et la géométrie, auxquelles l'observation de cette règle nous ramène.

Descartes.

## 10 La science exprime-t-elle un instinct de connaissance ?

**Comte**

**QUESTIONS**

- Dégagez l'idée essentielle du texte ainsi que ses articulations.
- Expliquez : « *quoique la puissance soit nécessairement proportionnée à la connaissance* » ; « *la sensation la plus terrible que nous puissions éprouver est celle qui se produit toutes les fois qu'un phénomène nous semble s'accomplir contradictoirement aux lois naturelles qui nous sont familières.* »
- Essai : La science ne sert-elle qu'à dominer la nature ?

Quels que soient les immenses services rendus à l'industrie par les théories scientifiques, quoique la puissance soit nécessairement proportionnée à la connaissance, nous ne devons pas oublier que les sciences ont, avant tout, une destination plus directe et plus élevée, celle de satisfaire au besoin fondamental qu'éprouve notre intelligence de connaître les lois des phénomènes. Pour sentir combien ce besoin est profond et impérieux, il suffit de penser un instant aux effets physiologiques de l'étonnement, et de considérer que la sensation la plus terrible que nous puissions éprouver est celle qui se produit toutes les fois qu'un phénomène nous semble s'accomplir contradictoirement aux lois naturelles qui nous sont familières. Le besoin de disposer les faits dans un ordre que nous puissions concevoir avec facilité (ce qui est l'objet propre de toutes les théories scientifiques) est inhérent à notre organisation[1].

Comte, texte donné au baccalauréat.

(1) Entendu au sens de « nature ».

# L'expérience

## 11 La perception n'est-elle qu'une somme de sensations ?

**Merleau-Ponty**

C'est un lieu commun de dire que nous avons cinq sens, et à première vue, chacun d'eux est comme un monde sans communication avec les autres. La lumière ou les couleurs qui agissent sur l'œil n'agissent pas sur les oreilles ni sur le toucher. Et cependant on sait depuis longtemps que certains aveugles arrivent à se représenter les couleurs qu'ils ne voient pas par le moyen des sons qu'ils entendent. Par exemple un aveugle disait que le rouge devait être quelque chose comme un coup de trompette. Mais on a longtemps pensé qu'il s'agissait là de phénomènes exceptionnels. En réalité le phénomène est général. Dans l'intoxication par la mescaline(1), les sons sont régulièrement accompagnés par des taches de couleur dont la nuance, la forme et la hauteur varient avec le timbre, l'intensité et la hauteur des sons. Même les sujets normaux parlent de couleurs chaudes, froides, criardes ou dures, de sons clairs, aigus, éclatants, rugueux ou moelleux, de bruits mous, de parfums pénétrants. Cézanne disait qu'on voit le velouté, la dureté, la mollesse, et même l'odeur des objets. Ma perception n'est donc pas une somme de données visuelles, tactiles, auditives, je perçois d'une manière indivise avec mon être total, je saisis une structure unique de la chose, une unique manière d'exister qui parle à la fois à tous mes sens.

Merleau-Ponty.

(1) Mescaline : substance provoquant des troubles hallucinatoires.

### QUESTIONS

- Dégagez l'idée essentielle du texte et faites apparaître les différentes étapes de son argumentation.
- Expliquez : « *à première vue, chacun d'eux* [des cinq sens] *est comme un monde sans communication avec les autres* » ; « *une unique manière d'exister qui parle à la fois à tous mes sens* ».
- Essai : Ma perception est-elle une somme de sensations ?

## 12 Faut-il se méfier de l'expérience sensible ?

**Rousseau**

La première fois qu'un enfant voit un bâton à moitié plongé dans l'eau, il voit un bâton brisé : la sensation est vraie ; et elle ne laisserait pas de l'être, quand même nous ne saurions point la raison de cette apparence. Si donc vous lui demandez ce qu'il voit, il dit : *Un bâton brisé*, et il dit vrai, car il est très sûr qu'il a la sensation d'un bâton brisé. Mais quand, trompé par son jugement, il va plus loin, et qu'après avoir affirmé qu'il voit un bâton brisé, il affirme encore que ce qu'il voit est en effet un bâton brisé, alors il dit faux. Pourquoi cela ? Parce qu'alors il devient actif, et qu'il ne juge plus par inspection(1), mais par induction(2), en affirmant ce qu'il ne sent pas, savoir(3) que le jugement qu'il reçoit par un sens serait confirmé par un autre.
Puisque toutes nos erreurs viennent de nos jugements, il est clair que si nous n'avions jamais besoin de juger, nous n'aurions nul besoin d'apprendre ; nous ne serions jamais dans le cas de nous tromper ; nous serions plus heureux de notre ignorance que nous pouvons l'être de notre savoir.

Rousseau.

(1) Inspection : observation attentive. (2) Induction : raisonnement qui consiste à passer du particulier au général. (3) Savoir : à savoir.

### QUESTIONS

- Dégagez l'idée essentielle du texte et faites apparaître les différentes étapes de son argumentation.
- Expliquez : « *il ne juge plus par inspection, mais par induction* » ; « *toutes nos erreurs viennent de nos jugements* ».
- Essai : Faut-il se méfier de l'expérience sensible ?

## 13 L'expérience instruit-elle ?

**Alain**

L'ouvrier adhère à l'expérience ; il ne perd jamais le contact ; mais le théoricien aussi, à sa manière ; et le technicien se trouve placé entre ces deux extrêmes. Palissy[1], autant qu'on sait, était un ouvrier : c'est qu'il invente sans chercher, et peut-être en refusant de chercher. Guidé par la chose, par l'invariable outil, par la tradition, il ne se fie jamais à ce qui est nouveau ; il invente par des changements imperceptibles à lui-même. La pirogue, la voile, l'arc, le moulin à vent, l'agriculture, la cuisine, l'art de dresser et d'élever les animaux, sont dus à cette pratique serrée et prudente, pendant une immense durée, de maître en apprenti, et, plus anciennement de père en fils. L'art du luthier[2] est un de ceux où l'on peut admirer un lent progrès par pure imitation. La technique s'y met présentement, et l'on tente de produire des sons de violoncelle sans violoncelle. A l'autre extrême, un Helmholtz[3] analyse les timbres, et nous apprend de quels sons harmoniques se composent les voyelles. Tous suivent l'expérience, et interrogent la chose. Le premier suit les procédés connus ; le second invente des procédés ; le troisième cherche à comprendre, c'est-à-dire à débrouiller ses propres idées.

Alain.

**(1)** Bernard Palissy (1510-1590) : célèbre potier qui rechercha le secret des faïences émaillées.
**(2)** Luthier : fabricant d'instruments de musique à cordes.
**(3)** Helmholtz : physicien allemand (1821-1894) qui a publié, entre autres, une théorie mathématique des sons.

### QUESTIONS

- Dégagez l'idée essentielle du texte et faites apparaître les différentes étapes de son argumentation.
- Expliquez : « *le technicien se trouve placé entre ces deux extrêmes* » ; « *il invente par des changements imperceptibles à lui-même* ».
- Comment le théoricien adhère-t-il « *à sa manière* » à l'expérience ?
- Essai : L'expérience instruit-elle ?

## 14 Valeur de l'expérience scientifique

**Bachelard**

Il semble que le savoir scientifique acquis soit toujours essayé, toujours contrôlé, toujours critiqué. Un peu de doute potentiel reste toujours en réserve dans les notions scientifiques [...] On ne l'élimine pas par une expérience réussie. Il pourra renaître, s'actualiser quand une autre expérience est rencontrée. Et, précisément, à la différence de la connaissance commune, la connaissance scientifique est faite de la rencontre d'expériences nouvelles ; elle prend son dynamisme de la provocation d'expériences qui débordent le champ d'expériences anciennes. On n'est donc jamais sûr que ce qui fut fondamental le restera. Le dogmatisme scientifique[1] est un dogmatisme qui s'émousse. Il peut trancher un débat actuel et cependant être un embarras quand l'expérience enjoint de « remettre en question » une notion. Tout savoir scientifique est ainsi soumis à une auto-critique. On ne s'instruit, dans les sciences modernes, qu'en critiquant sans cesse son propre savoir.

Bachelard.

**(1)** dogmatisme scientifique : ici, assurance dans la valeur de vérité de la science et de ses résultats.

### QUESTIONS

- Dégagez l'idée essentielle du texte et faites apparaître les différentes étapes de son argumentation.
- Expliquez : « *Un peu de doute potentiel reste toujours en réserve dans les notions scientifiques* » ; « *Le dogmatisme scientifique est un dogmatisme qui s'émousse* » ; « *Tout savoir scientifique est soumis à une auto-critique* ».
- Essai : En science, suffit-il de réussir une expérience, pour avoir raison ?

## 15 L'expérimentation force-t-elle la nature ?

**Cournot**

De tout temps le genre humain avait senti le besoin de l'observation et de l'expérience, avait vécu d'observations bien ou mal conduites, rattachées tant bien que mal à des théories plus ou moins aventureuses : mais l'expérience précise, numérique, quantitative, et surtout l'expérience indirecte qui utilise les relations mathématiques pour mesurer, à l'aide de grandeurs sur lesquelles nos sens et nos instruments ont prise, d'autres grandeurs insaisissables directement, à cause de leur extrême grandeur ou de leur extrême petitesse, voilà ce dont les plus doctes(1) n'avaient pas l'idée. On appliquait la géométrie et le calcul à quelques phénomènes comme ceux de la réflexion de la lumière, où la loi mathématique est évidente : on ne songeait pas à diriger systématiquement l'expérience, de manière à forcer la Nature à livrer son secret, à dévoiler la loi mathématique, simple et fondamentale, qui se dérobe à la faiblesse de nos sens ou que masque la complication des phénomènes. Galilée a été le créateur de la physique expérimentale et de la physique mathématique.

Cournot.

(1) doctes : personnages se considérant très instruits.

**QUESTIONS**

- Dégagez l'idée essentielle du texte ainsi que ses articulations.
- **a.** Expliquez l'expression «*diriger systématiquement l'expérience*».
  **b.** Donnez un exemple d'une «*loi mathématique, simple et fondamentale, qui se dérobe à la faiblesse de nos sens ou que masque la complication des phénomènes*».
- Essai : Est-ce dans la nature de la science de forcer la nature ?

## 16 Les exemples suffisent-ils à établir une vérité universelle ?

**Leibniz**

Tous les exemples qui confirment une vérité générale, de quelque nombre qu'ils soient, ne suffisent pas pour établir la nécessité universelle de cette même vérité, car il ne suit point que ce qui est arrivé arrivera de même. Par exemple les Grecs et Romains et tous les autres peuples de la terre connue aux anciens ont toujours remarqué qu'avant le décours de 24 heures, le jour se change en nuit, et la nuit en jour. Mais on se serait trompé si l'on avait cru que la même règle s'observe partout ailleurs, puisque depuis on a expérimenté le contraire dans le séjour de Nova Zembla(1). Et celui-là se tromperait encore qui croirait que, dans nos climats au moins, c'est une vérité nécessaire et éternelle qui durera toujours, puisqu'on doit juger que la terre et le soleil même n'existent pas nécessairement, et qu'il y aura peut-être un temps où ce bel astre ne sera plus, au moins dans la présente forme, ni tout son système. D'où il paraît que les vérités nécessaires, telles qu'on les trouve dans les mathématiques pures et particulièrement dans l'arithmétique et dans la géométrie, doivent avoir des principes dont la preuve ne dépend point des exemples, ni par conséquence du témoignage des sens, quoique sans les sens on ne se serait jamais avisé d'y penser.

Leibniz.

(1) Groupe d'îles de l'Océan glacial arctique.

**QUESTIONS**

- Dégagez l'idée essentielle du texte ainsi que les étapes de son argumentation.
- **a.** Expliquez : «*il ne suit point que ce qui est arrivé arrivera de même.*»
  **b.** Qu'appelle-t-on «*vérités nécessaires*» ? Donner un exemple.
- Essai : Les objets mathématiques sont-ils tirés de l'expérience ?

## 17 Expérience et connaissance

**Kant**

Que toute notre connaissance commence avec l'expérience, cela ne soulève aucun doute. En effet, par quoi notre pouvoir de connaître pourrait-il être éveillé et mis en action, si ce n'est par des objets qui frappent nos sens et qui, d'une part, produisent par eux-mêmes des représentations et d'autre part, mettent en mouvement notre faculté intellectuelle, afin qu'elle compare, lie ou sépare ces représentations, et travaille ainsi la matière brute des impressions sensibles pour en tirer une connaissance des objets, celle qu'on nomme l'expérience ? Ainsi, chronologiquement, aucune connaissance ne précède en nous l'expérience, c'est avec elle que toutes commencent. Mais si toute notre connaissance débute avec l'expérience, cela ne prouve pas qu'elle dérive toute de l'expérience, car il se pourrait bien que même notre connaissance par expérience fût un composé de ce que nous recevons des impressions sensibles et de ce que notre propre pouvoir de connaître (simplement excité par des impressions sensibles) produit de lui-même : addition que nous ne distinguons pas de la matière première jusqu'à ce que notre attention y ait été portée par un long exercice qui nous ait appris à l'en séparer.

Kant.

### QUESTIONS

- Dégagez l'idée essentielle du texte ainsi que les étapes de son argumentation.
- Expliquez : « *si toute notre connaissance débute avec l'expérience, cela ne prouve pas qu'elle dérive toute de l'expérience* ».
- Quelle définition de l'expérience peut-on tirer de ce texte ?
- Essai : L'expérience suffit-elle à rendre compte de nos connaissances ?

## 18 La perception nous donne-t-elle la réalité ?

**Hume**

Cette table même, que nous voyons blanche et que nous sentons dure, nous croyons qu'elle existe indépendamment de notre perception, nous croyons qu'elle est quelque chose d'extérieur à notre esprit qui la perçoit. Notre présence ne lui confère pas l'existence ; notre absence ne l'anéantit pas. Elle conserve une existence invariable et entière, indépendante de la situation des êtres intelligents qui la perçoivent ou la contemplent.

Mais cette opinion universelle et primitive de tous les hommes est bientôt détruite par la plus légère philosophie[1], qui nous apprend que rien ne peut jamais être présent à l'esprit qu'une image ou une perception et que les sens sont seulement des guichets à travers lesquels ces images sont introduites, sans qu'ils soient capables de produire un rapport immédiat entre l'esprit et l'objet. La table que nous voyons semble diminuer quand nous nous en éloignons ; mais la table réelle, qui existe indépendamment de nous, ne souffre pas de modification ; ce n'était donc que son image qui était présente à l'esprit.

Hume, texte donné au baccalauréat.

(1) La plus légère philosophie : la philosophie la plus élémentaire.

### QUESTIONS

- Énoncez la thèse du texte et soulignez les moments de sa démonstration.
- **a.** Expliquez : « *Notre présence ne lui confère pas l'existence; notre absence ne l'anéantit pas.* »
  **b.** Pourquoi les sens ne sont-ils pas « *capables de produire un rapport immédiat entre l'esprit et l'objet* » ?
- Essai : Est-ce la perception qui nous renseigne sur la réalité ?

## 19 Une connaissance par expérience est-elle possible ?

### Montaigne

Finalement, il n'y a aucune constante existence, ni de notre être, ni de celui des objets. Et nous, et notre jugement, et toutes choses mortelles vont coulant et roulant sans cesse. Ainsi il ne se peut établir rien de certain de l'un à l'autre, et le jugeant et le jugé étant en continuelle mutation et branle(1). Nous n'avons aucune communication à l'être, parce que toute humaine nature est toujours au milieu entre le naître et le mourir, ne baillant(2) de soi qu'une obscure apparence et ombre, et une incertaine et débile opinion. Et si, de fortune, vous fichez votre pensée à vouloir prendre son être, ce sera ni plus ni moins que qui voudrait empoigner l'eau : car plus il serrera et pressera ce qui de sa nature coule partout, plus il perdra ce qu'il voulait tenir et empoigner. Ainsi, vu que toutes choses sont sujettes à passer d'un changement en autre, la raison qui y cherche une réelle subsistance se trouve déçue, ne pouvant rien appréhender de subsistant et permanent.

Montaigne.

**(1)** branle : mouvement.
**(2)** baillant : donnant.

**QUESTIONS**

- Dégagez l'idée principale du texte et son argumentation.
- Expliquez : « *toutes choses mortelles vont coulant et roulant sans cesse.* » ; « *Nous n'avons aucune communication à l'être* ».
- Essai : N'y a-t-il rien dans notre expérience qui soit durable ?

## 20 L'expérience de soi

### Pascal

La nature de l'amour-propre et de ce moi humain est de n'aimer que soi et de ne considérer que soi.

Mais que fera-t-il ? Il ne saurait empêcher que cet objet qu'il aime ne soit plein de défauts et de misère. Il veut être grand, et il se voit petit ; il veut être heureux, et il se voit misérable ; il veut être parfait, et il se voit plein d'imperfections ; il veut être l'objet de l'amour et de l'estime des hommes, et il voit que ses défauts ne méritent que leur aversion et leur mépris. Cet embarras où il se trouve produit en lui la plus injuste et la plus criminelle passion qu'il soit possible de s'imaginer ; car il conçoit une haine mortelle contre cette vérité qui le reprend, et qui le convainc de ses défauts. Il désirerait de l'anéantir, et, ne pouvant la détruire en elle-même il la détruit, autant qu'il peut, dans sa connaissance et dans celle des autres ; c'est-à-dire qu'il met tout son soin à couvrir ses défauts et aux autres et à soi-même, et qu'il ne peut souffrir qu'on les lui fasse voir ni qu'on les voie.

Pascal.

**QUESTIONS**

- Dégagez l'idée principale du texte et les étapes de son argumentation.
- Expliquez : « *La nature de l'amour-propre et de ce moi humain est de n'aimer que soi.* » ; « *il conçoit une haine mortelle contre cette vérité qui le reprend* ».
- Essai : Peut-on refuser l'expérience ?

# Le sujet-texte

## 1 Les règles du sujet-texte

### Définition de l'épreuve

▸ Le troisième sujet est appelé traditionnellement « sujet-texte ». Il s'agit d'un « exercice sur texte » qui a pour objectif de vérifier que le candidat :

– a bien compris le texte qui lui est soumis ;

– est capable d'organiser une réflexion sur l'un de ses thèmes.

Concrètement, cette épreuve porte sur un texte philosophique d'une longueur de 10 à 20 lignes environ, accompagné de 3 ou 4 questions. Chacune des questions répond à une fonction bien précise :

- la première question demande de dégager la thèse de l'auteur et la construction de son argumentation ;
- la deuxième (et parfois la troisième) question demande d'expliquer des phrases et des expressions tirées du texte ;
- la dernière question demande de rédiger un essai personnel, une sorte de mini-dissertation en rapport avec le thème ou l'un des thèmes du texte étudié. Cet essai pourra éventuellement établir un dialogue avec la thèse du texte, sans se réduire à la paraphraser.

▸ Il faut signaler que le troisième sujet présente un court extrait d'une œuvre toujours choisie parmi la liste officielle des auteurs du programme. Rappelons cette liste :

---

Platon ; Aristote ; Épicure ; Lucrèce ; Sénèque ; Cicéron ; Épictète ; Marc Aurèle ; Sextus Empiricus ; Plotin ; Augustin ; Averroès ; Anselme ; Thomas d'Aquin ; Guillaume d'Ockham.

Machiavel ; Montaigne ; Bacon ; Hobbes ; Descartes ; Pascal ; Spinoza ; Locke ; Malebranche ; Leibniz ; Vico ; Berkeley ; Condillac ; Montesquieu ; Hume ; Rousseau ; Diderot ; Kant.

Hegel ; Schopenhauer ; Tocqueville ; Comte ; Cournot ; Mill ; Kierkegaard ; Marx ; Nietzsche ; Freud ; Durkheim ; Husserl ; Bergson ; Alain ; Russell ; Bachelard ; Heidegger ; Wittgenstein ; Popper ; Sartre ; Arendt ; Merleau-Ponty ; Levinas ; Foucault.

---

▸ Afin de ne pas inciter le candidat à réciter tout ce qu'il sait de la doctrine d'un auteur ou tout ce qu'il peut savoir du livre auquel est emprunté l'extrait proposé, la plupart des textes sont accompagnés du nom de l'auteur, seul, sans le titre de l'œuvre à laquelle ils appartiennent. Ainsi est rappelée l'exigence selon laquelle les réponses aux questions doivent prendre en compte le texte proposé tel qu'en lui-même, dans sa structure propre, et non devenir le prétexte à la récitation générale de la philosophie de l'auteur, si on la connaît bien. Il n'est pas non plus nécessaire, dans cette perspective, de présenter la « vie de l'auteur » avant de répondre aux questions proposées.

## Les exigences propres à chaque question

**Soit le texte suivant, déjà proposé au baccalauréat**

> Qu'est-ce que l'artiste ? C'est un homme qui voit mieux que les autres car il regarde la réalité nue et sans voile. Voir avec des yeux de peintre, c'est voir mieux que le commun des mortels. Lorsque nous regardons un objet, d'habitude, nous ne le voyons pas ; parce que ce que nous voyons, ce sont des conventions interposées entre l'objet et nous ; ce que nous voyons, ce sont des signes conventionnels qui nous permettent de reconnaître l'objet et de le distinguer pratiquement d'un autre, pour la commodité de la vie. Mais celui qui mettra le feu à toutes ces conventions, celui qui méprisera l'usage pratique et les commodités de la vie et s'efforcera de voir directement la réalité même, sans rien interposer entre elle et lui, celui-là sera un artiste.
>
> Bergson

**Questions :**

**1) Dégagez l'idée centrale de ce texte, ainsi que les étapes de l'argumentation.**

**2) Expliquez : « *ce que nous voyons, ce sont des conventions interposées entre l'objet et nous* ».**

**3) Dans un essai personnel, vous commenterez et discuterez l'affirmation suivante : « *Qu'est-ce que l'artiste ? C'est un homme qui voit mieux que les autres, car il regarde la réalité nue et sans voile.* »**

### 1) Dégagez l'idée centrale de ce texte, ainsi que les étapes de l'argumentation

#### a) dégager l'idée centrale d'un texte

On veillera à répondre à la première question de manière précise, sans se contenter de citer une formule, une expression, une phrase tirée du texte. Si toutefois une des phrases exprime très exactement le thème central, il convient alors au moins de l'expliquer, afin de montrer qu'elle est parfaitement comprise.

▸ Il faut être attentif au fait que ce n'est pas nécessairement la première ou la dernière phrase qui donnent l'idée principale. Souvent même, cette idée n'est nulle part explicitement formulée dans le texte. Elle doit alors, comme la question le précise, être **dégagée**, grâce à une reformulation synthétique.

#### b) dégager les étapes de l'argumentation du texte

L'étude des étapes de l'argumentation (on dit aussi souvent : l'étude de l'articulation du texte) ne peut se réduire à l'exposé plus ou moins paraphrasé de ses idées successives, dans l'ordre où elles se présentent dans le texte. Pour répondre correctement à cette question, il est donc nécessaire de reformuler de manière synthétique les arguments clés du texte. On veillera surtout à ne pas rester prisonnier de l'ordre d'exposition du texte. En effet, souvent cet ordre n'est qu'apparent et superficiel, et masque l'ordre **logique** et profond du texte, qu'il est demandé de clarifier.

▸ Il est rare qu'un extrait présenté comme sujet-texte soit réellement composé d'une « introduction », d'un « développement » et d'une « conclusion ». Aussi ces termes ne suffisent-ils pas à caractériser la structure d'argumentation qu'il est demandé de dégager. Surtout, ils ne disent pas encore les véritables liens qui relient les différentes idées entre elles. Il faut donc éviter d'y avoir recours ou de s'en contenter.

▸ Il faut bien prendre soin de **rédiger** la réponse qui doit livrer les articulations du texte. En effet, de trop nombreux candidats se contentent de « jeter sur le papier » un simple plan, avec des tirets mais sans phrases rédigées ; parfois, même, certains d'entre eux utilisent des signes qui ne sont guère compréhensibles que par eux. Une telle présentation est à éviter absolument.

### 2) Expliquer une expression tirée du texte

Le sujet-texte comporte le plus souvent une question portant sur le sens d'une expression ou d'une phrase. Il ne s'agit pas d'un simple exercice de vocabulaire, où l'on demanderait uniquement de définir un terme, comme le fait un dictionnaire. On attend au contraire ici, une analyse précise des concepts en présence, tels qu'ils prennent sens et fonctionnent dans l'argumentation de l'auteur.

### 3) Rédiger un essai personnel

La dernière question du sujet-texte se présente le plus souvent sous la forme d'un problème en relation avec le thème du texte, ou même parfois avec une phrase précise tirée de celui-ci. Il s'agit de rédiger un petit essai personnel, parfois aussi appelé « essai critique », une mini-dissertation où l'on pourra cette fois exprimer ses jugements personnels, aussi bien sur le problème proposé que sur le texte lui-même, qui pourra ainsi servir d'appui à notre réflexion.

Dans ce contexte, l'adjectif « critique » n'a pas le sens de « dénigrement » ou « contestation ». Une réflexion est critique en philosophie lorsqu'elle prétend développer un examen rationnel, en pesant le pour et le contre.

Cette question doit être traitée avec soin et ne pas être « bâclée », en fin de devoir, par une réponse allusive et sommaire. Il faut donc bien développer sa réponse et lui accorder du temps, car sa qualité oriente une bonne partie de la note que la copie recevra.

La question interpelle parfois le candidat par des formules comme « selon vous », « à votre avis », « pensez-vous que… ? ». Ce genre de formule ne signifie pas que l'on doit, dans sa réponse, en rester à l'exposition d'une simple opinion personnelle, d'un simple avis. **On attend une discussion argumentée**, où les arguments doivent se substituer à la simple opinion, qui n'a pas en elle-même de valeur critique, et ce, exactement comme dans le travail de la dissertation.

▸ Bien que généralement plus court, l'essai critique devra donc être structuré comme une dissertation. Il faut par conséquent rédiger une **introduction**, qui pose le problème, deux ou trois parties dans le **développement**, articulées de manière claire et cohérente, et une **conclusion**, comme on vient de le montrer.

## 2 L'épreuve sur texte : la méthode pas-à-pas

Nous allons maintenant illustrer tous les points précédents en les mettant en pratique sur le texte de Bergson présenté plus haut.

### Comment se comporter devant le texte philosophique proposé ?

#### A. Première approche

Faites une première lecture du texte, où vous serez attentif aux points suivants :
- l'organisation globale du texte ;
- le nombre de paragraphes (ici : un seul paragraphe) ;
- les mots de liaison, les connecteurs logiques ;
- les mots clés, les termes qui reviennent à plusieurs reprises ;
- les particularités du texte ;
- la ponctuation (guillemets, points d'interrogation, etc.)
- son style particulier : dialogue, allégorie, raisonnement, texte ironique, polémique, etc.

#### B. Deuxième approche

Lisez de nouveau la totalité du texte, dans l'objectif de :
- répondre à la question : « de quoi parle-t-il ? », « quel est son sujet ? » ;
- formuler de manière synthétique et précise la thèse proposée par l'auteur.

**→ La thèse du texte**

Ce texte de Bergson a pour objet de démontrer que l'artiste se caractérise par une perception directe du réel, dégagée de toute pensée pratique.

Puis, reformulez par écrit l'idée principale de chaque paragraphe. Pour cela :
- balisez le texte, en surlignant les mots clés et en soulignant les mots de liaison ;
- numérotez vos feuilles de brouillon, et n'écrivez qu'au recto de chacune d'elles, pour plus de clarté ;
- numérotez les lignes du texte, si celui-ci n'est pas numéroté.

Ainsi, le texte se présentera ainsi, sous l'effet de ce travail :

> Qu'est-ce que l'artiste ? C'est un homme qui voit mieux que les autres car il regarde la réalité nue et sans voile. Voir avec des yeux de peintre, c'est voir mieux que le commun des mortels. Lorsque nous regardons un objet, d'habitude, nous ne le voyons pas ; parce que ce que nous voyons, ce sont des conventions interposées entre l'objet et nous ; ce que nous voyons, ce sont des signes conventionnels qui nous permettent de reconnaître l'objet et de le distinguer pratiquement d'un autre, pour la commodité de la vie. Mais celui qui mettra le feu à toutes ces conventions, celui qui méprisera l'usage pratique et les commodités de la vie et s'efforcera de voir directement la réalité même, sans rien interposer entre elle et lui, celui-là sera un artiste.

▸ Les mots surlignés sont les mots clés, ceux sur lesquels il faut concentrer son attention, en priorité ; les mots soulignés constituent la « charpente logique du texte », c'est-à-dire qu'ils portent sur les conjonctions de coordination ou les connecteurs logiques.

Après ce travail on peut alors, pour soi, au brouillon, écrire la thèse principale et les étapes logiques de l'argumentation. On se rappellera que lors de la rédaction définitive du devoir, on rédigera sa réponse sans se contenter d'adopter une présentation avec des tirets, comme ici. Et ce, notamment, pour répondre à la question qui demande de restituer l'articulation du texte.

**→ L'articulation du texte**

L'argumentation de Bergson repose sur une opposition qui traverse tout le passage, celle qui distingue :

– la perception ordinaire, qui est avant tout utilitaire et qui appauvrit la réalité en ne s'attachant qu'à ce qui permet d'agir efficacement et de vivre commodément ;

– la perception de l'artiste, dont le but est de découvrir la réalité dans sa forme la plus profonde et la plus complète, et non pas seulement sa dimension utilitaire.

Cette opposition permet de caractériser tout ce qui, chez l'homme ordinaire, contribue à appauvrir la perception de la réalité :

a) les conventions simplificatrices du langage ;

b) les classifications pratiques trop réductrices ;

c) les définitions communes et les termes génériques.

## Un exemple entièrement rédigé

On peut passer maintenant à la rédaction proprement dite des réponses :

### 1) Dégagez l'idée centrale de ce texte, ainsi que les étapes de l'argumentation

Ce texte de Bergson a pour objet de démontrer que l'artiste se caractérise par une perception directe du réel, dégagée de toute pensée pratique.

Son argumentation repose sur une opposition qui traverse tout le passage. L'opposition entre la perception ordinaire et la perception de l'artiste. La première, qui est avant tout utilitaire, appauvrit la réalité en ne s'attachant qu'à ce qui permet d'agir efficacement et de vivre commodément. La seconde, la perception de l'artiste, a pour but de découvrir la réalité dans sa forme la plus profonde et la plus complète, et non pas seulement sa dimension utilitaire. Cette opposition permet de caractériser tout ce qui, chez l'homme ordinaire, contribue à appauvrir la perception de la réalité : les conventions simplificatrices du langage, les classifications pratiques trop réductrices, ainsi que les définitions communes et les termes génériques.

**2) Expliquez :**

***« ce que nous voyons, ce sont des conventions interposées entre l'objet et nous »***

Bergson vise, par cette expression, les mots de notre langage qui sont interposés, comme des étiquettes le sont sur des produits de consommation, entre les objets et nous. Ces mots nous procurent cette « *commodité* » qui est celle de la communication, laquelle rend l'échange plus facile, le travail plus aisé et, avec lui, une meilleure satisfaction des besoins. C'est pourquoi Bergson écrit que les signes conventionnels qui composent le langage « *nous permettent de reconnaître l'objet et de le distinguer pratiquement d'un autre* ». Ces conventions sont simplificatrices car elles écartent de l'objet tout ce qui ne correspond pas à son utilité. Les mots, en effet, englobent une définition que nous avons toujours à l'esprit quand nous regardons le monde. Cette définition, que les philosophes appellent le « concept » de l'objet, se résume le plus souvent à une formule qui porte sur sa fonction, à laquelle il est réduit.

**3) Dans un essai personnel, vous commenterez et discuterez l'affirmation suivante :**

***« Qu'est-ce que l'artiste ? C'est un homme qui voit mieux que les autres, car il regarde la réalité nue et sans voiles. »***

L'affirmation qu'il nous est demandé de discuter pose un jugement qui a pour fonction de définir la nature de l'artiste et le sens profond de son activité, l'art. Elle fixe un but à ses productions : celui d'atteindre une certaine vérité, l'appréhension la plus profonde et la plus entière de la réalité. Peut-on donner à l'art une telle mission ? L'art n'est-il pas d'abord et avant tout le domaine de l'illusion et du faux-semblant, et sa finalité n'est-elle pas purement esthétique, comme recherche exclusive du beau ?

Dans l'Antiquité, comme l'affirme à maintes reprises Platon, on considérait l'artiste comme un « illusionniste », c'est-à-dire un imitateur de la nature expert dans la production de trompe-l'œil, grâce à l'utilisation de la perspective et autres artifices de représentation. Le cas du peintre peut le mieux illustrer cette conception, et Platon affirme, dans *La République*, qu'un artiste ne connaît rien aux objets qu'il représente (un lit, par exemple), par opposition à l'artisan qui, lui, l'a fabriqué. C'est en cela que ce dernier, qui connaît l'utilité de l'objet, est supérieur à l'artiste et c'est pourquoi Platon affirme qu'il faut « *chasser les artistes* » de la cité. À la lumière de cette analyse, on comprend ce que peut avoir d'étrange l'affirmation selon laquelle « *l'artiste voit mieux que les autres* ». Cette phrase, tirée de l'extrait que nous avons expliqué, doit être précisée. Pour Bergson, lorsque nous regardons un objet, nous, hommes du commun, d'habitude « *nous ne le voyons pas* ». Regarder n'est donc pas la même chose que voir. Regarder, nous dit-il, c'est appréhender des conventions interposées entre l'objet et nous, à savoir les mots de notre langage et les concepts qu'ils véhiculent, et qui sont interposés comme des étiquettes, ou comme un « voile », sur la réalité que nous percevons.

La conception de l'art à laquelle aboutit cette distinction pourrait être illustrée par l'analyse d'une œuvre célèbre. Ainsi le tableau du peintre Vincent Van Gogh, intitulé *Souliers avec lacets*, et qui représente une vieille paire de chaussures très usagée, peut être convoqué ici. Nous ne percevons, en général, en regardant ces chaussures, qu'une paire de semelles recouvertes de cuir, le tout assemblé avec des clous et de la couture, pour servir à chausser des pieds. Or l'artiste est seul capable de « *mettre le feu à toutes ces conventions* », c'est-à-dire, ici, à dépasser la définition purement utilitaire à laquelle nous réduisions une paire de chaussure. Son « voir » lui permet de jeter un œil plus profond sur cette paire-ci, dans toute l'épaisseur de sa présence, dans toute sa « nudité », car il n'est pas celui d'un consommateur. Au contraire, sa vision est désintéressée et il redécouvre les êtres et les objets dans leur mystère et leur plénitude, comme dans le cas des natures mortes. Il oublie alors ce que signifie les objets pour nos yeux de consommateurs et les regarde pour eux-mêmes. La contemplation se substitue, dès lors, à l'intérêt.

Cette conception de l'art, qui est celle de Bergson, donne un sens original à la fonction artistique, qui la rapproche – c'est incontestable – de la philosophie. En effet, comme le philosophe, mais d'une autre manière que lui, l'artiste devient ici chercheur privilégié du vrai. Une conception qui nous semble aller dans le sens des orientations prises par les créations les plus récentes de l'art moderne, tournées non pas vers la recherche du Beau, mais vers une certaine expérience de la vérité et la mise à l'épreuve de la réalité.

# LA LIBERTÉ

**Julia Roberts**
**Il n'y a que maille qui m'aille**
Ne vous fiez pas à son allure de bombe sexuelle. Dans son ranch du Nouveau-Mexique comme sur les plateaux, Pretty Woman ne s'éclate qu'en faisant du… tricot ! La belle a même confectionné des layettes et des pulls pour les enfants de ses proches.

**Sonia Rolland**
**À nouveau couronnée**
C'est avec succès que Miss France 2000 a délaissé les podiums pour tenir le rôle d'agent secret dans *Léa Parker*. La série fait un tel carton sur M6 que la chaîne a commandé de nouveaux épisodes. Adeline Blondieau, Sévérine Ferrer et Geneviève de Fontenay ont signé pour y apparaître en tant qu'invitées vedettes.

**Gad Elmaleh**
**Ça swingue pour lui**
L'acteur-humoriste s'est trouvé une nouvelle "voix". Comme son confrère Elie Seimoun, il veut tenter sa chance dans la chanson. Il aurait déjà enregistré quelques titres et le bruit court qu'il se débrouillerait aussi bien en ce domaine que sur scène ou devant les caméras. À vérifier en 2005.

**Carmen Electra**
« La vie ne vaut la peine d'être vécue que devant une caméra ! »

**Robbie Williams**
**Son temps, c'est de l'argent !**
En début d'année, le trublion se plaignait d'avoir 185 millions d'euros sur son compte, au lieu de 185 euros en poche. Il faut croire qu'il est maudit. Sa société de production vient de révéler qu'il gagnait actuellement plus de 3 000 euros par heure, grâce à la vente de ses disques ! L'album qu'il enregistre en ce moment à L.A. devrait encore augmenter cette somme. "Pôôôôvre" Robbie…

Cet extrait d'une page tirée d'un magazine pour jeunes fait valoir la réussite de quelques stars. Mais que réussissent-elles ?

Ce que nous donne à voir ce document, c'est une vie où l'argent n'est plus une rareté et où la reconnaissance de la société permet à toutes les portes de s'ouvrir. N'est-ce pas une vie de liberté ?

Ces stars apparaissent en effet comme pouvant faire ce qu'elles veulent, alors que nous, qui sommes supposés les admirer, ne le pouvons pas.

C'est bien la liberté, comme pouvoir de faire ce que l'on veut, que ces stars font briller devant nos regards, comme s'il s'agissait de la valeur ultime à poursuivre.

Tout le monde sait ce que signifie « faire ce que l'on veut ». N'est-ce pas la signification la plus immédiatement claire que l'on puisse donner au mot « liberté » ? Je peux faire un pas de côté si je le veux. Et je le sais avec une évidence irrécusable par expérience intérieure.

Il y a dans cette expérience le savoir de deux possibilités : faire le pas de côté ; ne pas faire le pas de côté. Il y a aussi le savoir qu'il ne dépend, en fin de compte, que de moi que l'une de ces possibilités se réalise plutôt que l'autre.

Les philosophes ont appelé ***libre arbitre*** cette signification de la liberté comme pouvoir radical de choisir entre des possibilités. Ce pouvoir est radical car il est à la racine d'une succession d'événements qui n'auraient pas eu lieu sans lui. Il fait comme une déchirure dans le tissu de la nécessité qui constitue le monde.

Car, nous le savons, les choses du monde vont selon des relations de cause à effet : elles peuvent être prévues. C'est d'ailleurs ce qui permet à l'espèce humaine de tirer si bien son épingle du jeu. Car, mettant à jour les liens de causalité, elle sait comment faire un œuf dur, une embarcation qui flotte, et elle peut même prédire une éclipse de soleil.

Le libre arbitre brise la chaîne des causes et des effets. En choisissant, l'homme n'est plus un maillon dans cette chaîne. Son comportement n'est plus l'effet des causes qui pèsent sur lui. Il commence une chaîne causale inédite.

Possédant le libre arbitre, l'homme est libre. Mais on comprend que l'importance de sa liberté va dépendre de l'étendue de ses possibilités de choix.

Le problème posé par la liberté serait donc essentiellement un problème de pouvoir. Qu'est-ce qui, limitant mes possibilités de choix, limite mon pouvoir de faire ce que je veux ?

La réponse paraît aller de soi : c'est d'abord la société qui imposerait toutes ces limitations et interdictions qui encadrent ma vie. C'est autrui, par une autorité qui lui est conférée par sa position sociale, qui me contraint à me lever tôt pour aller sur mon lieu de travail, à fournir les efforts qui me sont prescrits, à rester en des lieux assignés selon un horaire imposé, etc.

Si bien que je m'imagine volontiers libre en échappant à toute autorité. On appelle ***spontanéité*** cette forme de liberté où je puis faire mes choix comme il me plaît, en dehors de toute intervention extérieure.

## • Être libre, est-ce être spontané ?

Platon, bien que défendant une conception contraire, a créé le personnage de Calliclès pour argumenter l'idée que la liberté réside dans la spontanéité.

> CALLICLÈS. — Comment en effet un homme pourrait-il être heureux, s'il est esclave de quelqu'un. Mais voici ce qui est beau et juste suivant la nature, je te le dis en toute franchise, c'est que, pour bien vivre, il faut laisser prendre à ses passions tout l'accroissement possible, au lieu de les réprimer, et, quand elles ont atteint toute leur force, être capable de leur donner satisfaction par son courage et son intelligence et de remplir tous ses désirs à mesure qu'ils éclosent.
>
> Platon, *Gorgias*, trad. Chambry, Garnier-Flammarion.

Il est intéressant de noter que Calliclès se réclame de la nature. C'est en effet le bon point d'appui pour récuser toutes les contraintes venant de la société. Mais dès lors, cela légitime de réaliser tous les désirs quels qu'ils soient. Si l'on appelle ***passion*** un désir qui s'impose à l'individu de manière envahissante et insistante, alors il faut, nous dit Calliclès, laisser croître sa passion dans toute son ampleur et lui donner toute satisfaction.

On voit combien cette conception de la liberté est paradoxale. Elle consiste dans le refus de choisir là où le choix est le plus important : que faire de ses désirs ? Plutôt, elle est le choix de ne pas choisir.

D'autre part, nos désirs sont-ils tous naturellement bons ? Orientent-ils naturellement les comportements humains vers des relations viables entre les individus ? Rien n'est moins sûr. Il se pourrait, par exemple, que les stars réalisent leurs passions dans la mesure où je ne réalise pas les miennes. Contraint de gagner l'argent que j'emploie à acheter les produits qu'elles proposent, je les vois, grâce à cet argent, faire ce qui leur plaît.

D'ailleurs, Calliclès paraît bien assumer le fait que réaliser ses passions implique d'entrer dans des rapports de force contre les désirs d'autrui, puisqu'il évoque la nécessité d'avoir du « *courage* » pour les satisfaire.

Plus fondamentalement, on peut se demander, avec Spinoza, si nos désirs expriment bien notre liberté.

> Mais, en vérité, s'ils [les hommes] ne savaient par expérience que nous accomplissons plus d'un acte dont nous nous repentons ensuite, et que souvent — par exemple quand nous sommes partagés entre des sentiments contraires — nous voyons le meilleur et suivons le pire, rien ne les empêcherait de croire que nous agissons toujours librement. C'est ainsi qu'un petit enfant croit désirer librement le lait, un jeune garçon en colère vouloir se venger, et un peureux s'enfuir. Un homme ivre aussi croit dire d'après un libre **décret** de l'esprit ce que, revenu à son état normal, il voudrait avoir tu ; de même le délirant, la bavarde, l'enfant et beaucoup de gens **de même farine** croient parler selon un libre décret de l'esprit, alors que pourtant ils ne peuvent contenir leur envie de parler. L'expérience elle-même n'enseigne donc pas moins clairement que la raison qu'ils sont conscients de leurs actions et ignorants des causes par lesquelles ils sont déterminés.
>
> Baruch Spinoza, *Éthique*, partie III, proposition 2, scolie (1675), trad. R. Caillois, Gallimard, 1954.

**VOCABULAIRE**

**décret** : décision.
**de même farine** : de même sorte.

C'est pour avoir vécu des situations de contraintes que nous aspirons à la liberté. Nous sommes donc enclins à croire « *que nous agissons toujours librement* » lorsque nous agissons sans contrainte. Pourtant Spinoza montre de façon convaincante que l'on peut très bien ne ressentir aucune contrainte, c'est-à-dire satisfaire son désir tel qu'il se présente, et pourtant avoir son comportement déterminé par une cause qui nous échappe.

Ainsi l'absence de contrainte n'est pas un critère suffisant de la liberté humaine. Le désir spontané peut très bien être l'effet d'une cause, laquelle serait méconnue par notre conscience, toute attentive à l'obtention de la satisfaction.

Les jeunes gens dans la photographie de la page 175, revendiqueraient certainement leur liberté de « faire la fête » à l'occasion d'une soirée, ou d'une sortie dans un pub. Pourtant, les expressions des visages, le désordre des attitudes et les gestes agressifs indiquent une absence de maîtrise de soi. Ces garçons sont manifestement dans un état de conscience altérée, sous l'effet de l'alcool ou d'autres substances. Ils sont dans un cas analogue à celui de l'« homme ivre », examiné par Spinoza. Ils sont déterminés et non pas libres.

La liberté ne peut pas être identifiée à la spontanéité.

Mais alors, la liberté humaine ne doit-elle pas impliquer ce qui démarque l'homme du comportement simplement spontané, c'est-à-dire la réflexion ?

***Vague à l'âme***, Chris Killip, 1989

## • Être libre, est-ce penser son action ?

La philosophe française Simone Weil (1909-1943) défend, dans le passage suivant, une conception de la liberté humaine fondée sur l'exercice de la pensée.

> La liberté véritable ne se définit pas par un rapport entre le désir et la satisfaction, mais par un rapport entre la pensée et l'action ; serait tout à fait libre l'homme dont toutes les actions procéderaient d'un jugement préalable concernant **la fin** qu'il se propose et l'enchaînement des moyens propres à amener cette fin. Peu importe que les actions en elles-mêmes soient aisées ou douloureuses, et peu importe même qu'elles soient couronnées de succès ; la douleur et l'échec peuvent rendre l'homme malheureux, mais ne peuvent pas l'humilier aussi longtemps que c'est lui-même qui dispose de sa propre faculté d'agir.
>
> Simone Weil, *Réflexions sur les causes de la liberté et de l'oppression sociale*, Gallimard, 1934.

**VOCABULAIRE**

**la fin** : le but.

Concevoir la liberté comme spontanéité, c'est la définir « *par un rapport entre le désir et la satisfaction* », car l'individu est considéré comme libre lorsqu'il satisfait son désir sans contraintes.

Il faut se rendre compte que le champ des contraintes va bien au-delà de celles qui viennent de la vie sociale. Régulièrement, nos désirs spontanés sont contraints par l'ordre naturel des choses. Nous sommes obligés de composer avec le temps qui passe alors même que, dans leur spontanéité, nos désirs exigent tout, tout de suite. Il faut attendre que le jour se lève, que les cerises soient mûres, que soit franchie la distance qui sépare de l'objet aimé, etc.

C'est la contrainte, et non la satisfaction immédiate, qui est la règle pour nos désirs.

Non seulement la liberté comme spontanéité peut être illusoire, mais elle est fondamentalement inappropriée à la condition humaine.

C'est pourquoi Simone Weil nous invite à renverser la perspective sur la liberté humaine. Abandonnons le plan de la sensibilité – celui du désir et de la satisfaction – qui est commun avec l'animalité. Attachons-nous à définir la liberté sur le plan de l'entendement – celui du langage et de la raison – qui est propre à l'homme. L'homme est libre dans la mesure où il réfléchit le but de son action et les moyens pour l'atteindre. Il détermine alors son action *en connaissance de cause*. Il évite ainsi d'être le jouet d'une illusion de liberté comme la dénonçait Spinoza. Il se pose lui-même comme la véritable cause de son action.

Mais l'exigence « *d'un jugement préalable concernant la fin* » doit être précisée. Car la plupart des buts ne sont que des moyens pour des buts plus élevés. Je souhaite réussir mon examen pour accéder à telle profession. Mais pourquoi choisir cette profession ? Il faut justifier ce choix par un but plus élevé, par exemple avoir de bons revenus, contribuer au bien commun, etc. Là encore, la raison demande une justification : pourquoi le bien commun plutôt que l'intérêt individuel ?

En bout de démarche, tout jugement sur le but de son action engage une prise de position sur ce que doit être le Bien suprême. Quel est le Bien qui, en fin de compte, doit orienter tous mes choix ?

Or, il est impossible de réfléchir le Bien. Cela impliquerait de le mettre en perspective en fonction d'une valeur supérieure, laquelle, par définition, n'existe pas.

Notre quête de la liberté semble aboutir à une impasse. Car si le but suprême ne peut pas être réfléchi, ce sont tous les buts intermédiaires et, donc, toutes les actions humaines qui, en fin de compte, ne sont pas choisis en connaissance de cause.

La liberté comme action pensée est-elle impossible ?

Avant de nous prononcer, soyons attentifs à la remarque de Simone Weil concernant les sentiments qui accompagnent notre action quand nous faisons l'effort de la réfléchir. La réflexion préalable à l'action est forcément contraignante car elle implique de mettre entre parenthèses toute perspective de satisfaction. De plus, l'échec de l'action est toujours possible. Mais même si, pour cela, l'action pensée peut être « *douloureuse* » à l'homme, elle ne peut pas « *l'humilier* », affirme l'auteur.

Il y aurait donc un sentiment d'estime de soi propre à l'action pensée, parfaitement indépendant de son résultat.

Cela signifie que le fait de réfléchir ses choix est pour l'homme une valeur en soi.

Ainsi, d'une part la liberté comme choix d'action réfléchie apparaît irréalisable à cause de la limite à la réflexion qu'impose le Bien ; d'autre part, l'homme reconnaît dans son effort pour maîtriser ses choix par sa réflexion une valeur en soi.

Ces deux conclusions se contrarient. Il y a pourtant un moyen logique de les concilier : c'est de considérer que la liberté comme action pensée coïncide avec ce Bien ultime qui doit orienter toutes nos actions.

Le Bien – la valeur suprême qui donnerait son sens à une vie – serait dans l'exercice même de la liberté.

Comment comprendre cette idée étonnante ?

## • Être libre, est-ce être responsable de ses choix ?

L'homme veut être libre. Paré de son libre arbitre, il peut choisir. Mais comment « bien » choisir ? Il peut penser ce bien comme étendue du choix ; c'est la voie de la spontanéité défendue par Calliclès. Il peut penser ce bien comme qualité du choix ; c'est la voie de l'action pensée. Quel est l'enjeu de cette alternative ?

> Quand nous disons que l'homme se choisit, nous entendons que chacun d'entre nous se choisit, mais par là nous voulons dire aussi qu'en se choisissant, il choisit tous les hommes. En effet, il n'est pas un de nos actes qui, en créant l'homme que nous voulons être, ne crée en même temps une image de l'homme tel que nous estimons qu'il doit être. Choisir d'être ceci ou cela, c'est affirmer en même temps la valeur de ce que nous choisissons, car nous ne pouvons jamais choisir le mal ; ce que nous choisissons, c'est toujours le bien, et rien ne peut être bon pour nous sans l'être pour tous. [...] Ainsi, notre responsabilité est beaucoup plus grande que nous ne pourrions le supposer, car elle engage l'humanité entière.
>
> Jean-Paul Sartre, *L'Existentialisme est un humanisme*, Nagel, 1945.

Selon Sartre, à chaque fois qu'il choisit, « *l'homme se choisit* ». Cela signifie qu'en ce choix fondamental où l'homme décide s'il va faire de son libre arbitre un usage spontané ou réfléchi, il se choisit un certain profil. Soit il se rapproche de l'animalité, soit il s'en distingue clairement.

Et ce choix est d'autant plus crucial, nous explique Sartre, qu'il ne peut être qu'exemplaire : « *Choisir d'être ceci ou cela, c'est affirmer en même temps la valeur de ce que nous choisissons* ».

Ainsi, c'est la valeur de l'humanité qui se joue dans l'exercice de la liberté. Va-t-elle n'être qu'animalité astucieuse ou va-t-elle développer ses qualités proprement humaines, inédites dans le monde vivant ? Y a-t-il enjeu plus important ? On comprend alors que la liberté comme action pensée puisse être la valeur suprême.

Je puis choisir de faire carrière et d'accumuler les signes de réussite sociale, sacrifiant ainsi des relations de solidarité. Je mets alors en avant aux yeux d'autrui les valeurs de compétition, d'individualisme, etc. J'engage, un tant soit peu, « *l'humanité entière* » vers ces valeurs.

***Autoportrait***, Eugène Leroy (1910-2000).
L'homme, écrit Sartre, « *n'est pas définissable* », il « *n'est rien d'autre que ce qu'il se fait* ».
La peinture ci-contre ne nous met-elle pas en face de tout le pathétique de l'homme, encore pris dans les attachements à son milieu naturel, et pourtant essayant de se donner une forme qui lui soit propre ?

Dans cette optique, l'idée de liberté n'est pas synonyme de vie facile ; elle annonce plutôt une « *responsabilité* ». Être libre, c'est *répondre* de son action comme porteuse de certaines valeurs. Car l'homme choisit, de toutes façons. Et lorsqu'il ne choisit pas, c'est qu'il choisit de ne pas choisir.

Il faut donc réfléchir le mieux possible ses choix pour assumer sa responsabilité d'homme libre.

Ce n'est pas chose facile. De tous côtés – idéologies mercantiles et politiques, dogmes religieux, sagesses traditionnelles, etc. – nous sont proposées des valeurs prêtes à l'emploi qui nous dispensent de réfléchir.

Dessin de Serguei, *Le Monde*, 4 mai 2001

Ce dessin illustre l'efficacité des nouveaux moyens de communication qui contribuent à l'***aliénation*** – la dépossession de leurs facultés proprement humaines – des individus. Mais cette pression des pouvoirs sociaux par médias interposés est-elle la seule cause qui nous détourne de faire valoir notre liberté ?

Sartre évoquait la « mauvaise foi » par laquelle nous voilons volontiers notre responsabilité derrière les nécessités de notre situation.

Kant soulignait « la paresse et la lâcheté » des hommes qui trouvent plus facile de laisser d'autres penser et choisir à leur place.

La liberté n'est-elle pas aussi affaire de courage ?

Car lorsque notre action est choisie en connaissance de cause, lorsque le petit changement du cours des choses qui en résulte est vraiment l'expression de notre capacité d'agir, alors nous éprouvons une vraie joie liée à l'estime de soi.

Pourtant, cet éloge de l'action pensée comporte une faiblesse puisque l'action ne peut être pensée jusqu'au bout : il est impossible de déterminer rationnellement le Bien suprême.

Mais réfléchissons... Si le Bien pouvait être objectivement défini, tous les choix pour l'atteindre ne seraient qu'évaluations de circonstances et calculs. De bonnes machines, comme on sait en faire, pourraient établir ces choix. Il n'y aurait plus d'espace pour la liberté humaine. Quelle différence y aurait-il entre notre monde et le monde de la fourmilière ?

Nous vivons dans un monde qui ne trouve son sens que dans la liberté humaine. N'est-ce pas un motif suffisant pour la cultiver comme si elle était notre Bien suprême ? C'est ce que nous nous proposons de faire en réfléchissant, dans les chapitres suivants, sur les principales valeurs invoquées par les hommes.

Nous nous intéresserons d'abord à la valeur essentielle sur laquelle s'appuie la vie sociale, ***la justice***, en essayant d'éclairer comment elle peut permettre d'édicter ***la loi***.

Nous nous attacherons enfin à une valeur plus personnelle, toujours très sollicitée pour orienter les choix de chacun : ***le bonheur***.

# La justice et la loi

**SOMMAIRE**


CHAPITRE 27
**Quelle est l'origine de la justice ?** (PLATON)
CHAPITRE 28
**La loi est-elle juste ?** (MONTAIGNE)
CHAPITRE 29
**Les lois doivent-elles inspirer la crainte ?** (SPINOZA)
CHAPITRE 30
**Peut-on être libre et obéir aux lois ?** (ROUSSEAU)
CHAPITRE 31
**Faut-il tolérer l'injustice de l'État ?** (THOREAU)
CHAPITRE 32
**Ne sommes-nous justes que par contrat ?** (ÉPICURE)


Le mot «justice» vient du latin *jus*, qui signifie « le droit ». Cette étymologie cache, en réalité, la diversité des sens de ce terme. La justice désigne d'abord l'institution judiciaire avec ses magistrats, ses codes de lois, ses procédures, etc. C'est ce sens que l'on retrouve dans l'expression « faire confiance à la justice de son pays ». Toutefois l'expression « respecter la justice » signifie aussi « respecter les lois en vigueur dans l'État ». L'injuste est alors celui qui transgresse la loi. Et c'est la légalité (c'est-à-dire l'ensemble des lois) qui définit strictement les critères de la justice. Ce sont ces deux sens – les lois et l'institution qui les applique – que Platon évoque lorsqu'il interroge l'origine de la justice **(CHAPITRE 27)**.

Montaigne mentionne un troisième sens. En observant que les définitions du juste et de l'injuste varient d'un pays à l'autre, il invoque une justice supérieure aux lois changeantes des États. Son analyse s'appuie sur un sens moral du mot « justice », perceptible dans l'expression « avoir le sens de la justice ». La justice est alors une *valeur intériorisée*, qui permet de juger la légitimité des lois d'un État **(CHAPITRE 28)**.

S'il peut être contesté que les lois réalisent la justice, elles ont alors besoin d'un autre principe pour asseoir leur autorité. Et historiquement, c'est le sentiment de crainte qui a très souvent tenu ce rôle. Mais Spinoza montre que la stabilité du corps social ainsi obtenue est illusoire. Pour instituer un État stable, les lois devraient plutôt susciter un sentiment d'espoir **(CHAPITRE 29)**.

Mais quel est cet espoir ? Est-il celui d'une meilleure vie, puisque nos litiges seront réglés par l'État ? Rousseau donne une tout autre dimension à cet espoir en montrant que les hommes, lorsqu'ils se donnent des lois qui expriment leur volonté générale, réalisent leur *vraie liberté* **(CHAPITRE 30)**.

Il reste que les hommes ne reconnaissent pas toujours leur volonté dans les lois existantes. L'État, constate le philosophe américain Thoreau, peut quelquefois imposer par la loi des comportements qui paraissent injustes aux citoyens. Ne faut-il pas faire alors exception à l'obéissance aux lois et entrer en *désobéissance civile* ? **(CHAPITRE 31)**.

Mais cette attitude de défi par rapport à l'État fait courir de grands risques aux individus. Il faut s'interroger alors sur la valeur qu'on donne à la justice. Est-elle une valeur supérieure à l'intérêt personnel ? Ce n'est pas ce que pense Épicure qui la définit comme un pacte pour éviter des dommages dans la vie sociale **(CHAPITRE 32)**.

**Affiche de *L'Homme invisible***, film réalisé par James Whale en 1933

## S'interroger à partir d'une image

**L'affiche ci-dessus présente la première adaptation au cinéma du roman d'H.G. Wells, *L'Homme invisible*. Que ferions-nous si nous pouvions devenir, tel le personnage de ce roman, totalement invisibles aux autres ? Respecterions-nous les lois ? Au IVe siècle av. J.-C., Platon, dans *La République*, pose déjà la question. Dans ce texte, un des interlocuteurs de Socrate, Glaucon, y raconte une fable demeurée célèbre : celle d'un berger nommé Gygès, qui découvrit un jour un anneau capable de le rendre invisible. Celui-ci en profita pour commettre les actes les plus criminels, puisqu'il pouvait désormais agir en toute impunité. Glaucon affirme que tout homme aurait agi comme Gygès s'il avait été à sa place. Cela prouve que nous ne respectons les lois que par hypocrisie, ou, dirions-nous aujourd'hui, « par peur du gendarme », dans l'incapacité où nous sommes de les transgresser impunément.**

**1** **Que pensez-vous de l'analyse de Glaucon ?**

**2** **Quelles autres raisons d'obéir aux lois pouvons-nous concevoir ?**

# Quelle est l'origine de la justice ?

**Platon** (428-348 av. J.-C.)

Philosophe grec de l'Antiquité. À 20 ans, il devient le disciple de Socrate. La condamnation à mort de son maître, en 399, par la démocratie athénienne, le bouleverse. Il consacre toute son œuvre à réparer cette injustice en écrivant des *Dialogues* où il met en scène Socrate. Tout en restituant de manière très vivante la pratique philosophique du maître, il lui fait développer ses propres conceptions. Il défend ainsi la primauté des Idées sur la réalité sensible et s'efforce, dans *La République*, de penser les fondements d'une Cité juste.

Maintenant **écoute** ce que je me suis chargé d'exposer d'abord, c'est-à-dire quelle est la nature et l'origine de la justice. On dit que, **suivant la nature**, commettre **l'injustice** est un bien, la subir, un mal, mais qu'il y a plus de mal à la subir que de bien à la commettre. Aussi quand les hommes se font et subissent mutuellement des injustices et qu'ils en ressentent le plaisir ou le dommage, ceux qui ne peuvent éviter l'un et obtenir l'autre, jugent qu'il est utile de s'entendre les uns avec les autres pour ne plus commettre ni subir l'injustice. De là prirent naissance les lois et les conventions des hommes entre eux, et les prescriptions de la loi furent appelées légalité et justice. Telle est l'origine et l'essence de la justice. Elle tient le milieu entre le plus grand bien, c'est-à-dire **l'impunité dans l'injustice**, et le plus grand mal, c'est-à-dire l'impuissance à se venger de l'injustice. Placée entre ces deux extrêmes, la justice n'est pas aimée comme un bien mais honorée à cause de l'impuissance où l'on est de commettre l'injustice. Car celui qui peut la commettre et qui est véritablement homme se garderait bien de faire une convention aux fins de supprimer l'injustice ou commise ou subie ; ce serait folie de sa part. Voilà donc, Socrate, quelle est la nature de la justice, et l'origine qu'on lui donne.

Platon, *La République*, trad. E. Chambry, Les Belles Lettres.

**VOCABULAIRE**

**écoute** : c'est un personnage nommé Glaucon qui s'adresse ici à Socrate.

**suivant la nature** : Glaucon évoque ici la « morale » de la vie naturelle, fondée sur la loi du plus fort, par opposition aux normes morales de la vie en société, lorsque celle-ci est régie par des lois.

**l'injustice** : dans ce contexte, le fait de ne pas respecter les lois de la Cité.

**l'impunité dans l'injustice** : le fait de pouvoir transgresser les lois sans jamais être puni.

## Réfléchir à partir d'un texte

**1** **Autour de quelle opposition le texte de Platon est-il construit ?**

**2** **Expliquez les phrases suivantes : a) « *suivant la nature, commettre l'injustice est un bien, la subir, un mal, mais qu'il y a plus de mal à la subir que de bien à la commettre* » ; b) « *la justice n'est pas aimée comme un bien mais honorée à cause de l'impuissance où l'on est de commettre l'injustice.* »**

**3** **Sur quel principe cet extrait fonde-t-il l'origine de la justice ?**

**4** **Montrez le lien qui unit ce texte à la fable de l'anneau de Gygès (*page précédente*).**

## Confronter les textes

■ Comparez ce texte avec celui de la page précédente : sur quelles idées se rejoignent-ils ou s'opposent-ils ?

> Une injustice que l'on a faite à quelqu'un est beaucoup plus lourde à porter qu'une injustice que quelqu'un d'autre vous a faite (non pas précisément pour des raisons morales, il faut le remarquer) ; car, au fond, celui qui agit est toujours celui qui souffre, mais bien entendu seulement quand il est accessible au remords ou bien à la certitude que, par son acte, il aura armé la société contre lui et il sera lui-même isolé. C'est pourquoi, abstraction faite de tout ce que commandent la religion et la morale, on devrait, rien qu'à cause de son bonheur intérieur, donc pour ne pas perdre son bien-être, se garder de commettre une injustice plus encore que d'en subir une : car dans ce dernier cas, on a la consolation de la bonne conscience, de l'espoir de la vengeance, de la pitié et de l'approbation des hommes justes, et même de la société tout entière, laquelle craint les malfaiteurs.
>
> Friedrich Nietzsche, *La Généalogie de la morale*, 1887, trad. H. Albert, Gallimard.

## Maîtriser le vocabulaire

### R La distinction entre l'*obligation* et la *contrainte*

Le terme ***contrainte*** désigne une puissance physique, qui force une personne à agir d'une manière contraire à sa volonté. Cette puissance physique peut s'exercer soit directement (prise, coup, poussée), soit virtuellement, sous la forme d'une menace (par exemple, la menace par une arme).

Ainsi on peut dire que c'est sous la *contrainte* de leur pistolet que les bandits de grand chemin dévalisaient autrefois les voyageurs.

L'***obligation*** est différente de la contrainte. Elle n'est pas une puissance physique, mais une puissance morale. En effet, elle ne s'oppose pas à notre force, mais elle s'adresse à notre liberté. Il y a obligation quand une loi morale donne l'ordre à notre volonté d'en respecter les commandements (par exemple, il faut respecter son prochain).

Pour qu'un commandement moral soit vécu comme une obligation, il faut que nous nous sentions liés en conscience à lui ; il faut que nous en reconnaissions la légitimité, c'est-à-dire la force d'obligation. C'est pourquoi l'obligation s'adresse toujours, en définitive, à notre conscience morale.

■ À la lumière de la distinction qui vient d'être établie entre ***contrainte*** et ***obligation***, reportez-vous au texte d'ouverture. Précisez si, pour Glaucon, les hommes respectent en général les lois par contrainte ou par obligation.

## Réfléchir sur une image

Le rêve de celui qui transgresse la loi est de passer inaperçu, en un mot de se rendre invisible, afin d'agir en toute impunité, si l'on en croit l'expression courante « pas vu, pas pris ».

■ Mais pourquoi, une fois pris, cache-t-on encore souvent le visage de celui qui a bafoué la loi ? Peut-on donner une signification philosophique à cette pratique ?

## Reconstituer une argumentation

■ Dégagez l'idée centrale du texte suivant ainsi que les différentes étapes de son argumentation.

Certains penseurs ont affirmé que la justice naît de conventions humaines et qu'elle procède du choix volontaire, du consentement ou des combinaisons des hommes. Si, par convention, on entend ici promesse (et c'est le sens le plus habituel du mot), il ne peut rien y avoir de plus absurde que cette thèse. L'observation des promesses est elle-même l'une des parties les plus importantes de la justice et nous ne sommes certainement pas tenus de tenir parole parce que nous avons donné notre parole de la tenir. Mais, si par convention on entend un sentiment de l'intérêt commun ; et ce sentiment, chaque homme l'éprouve dans son coeur ; et il en remarque l'existence chez ses compagnons ; et il s'en trouve engagé, par coopération avec les autres hommes, dans un plan et un système général d'actions, qui tend à servir l'utilité publique ; il faut alors avouer qu'en ce sens la justice naît de conventions.

David Hume, *Essais moraux et politiques*, 1741.

## Apprendre à argumenter

■ Recherchez les arguments qui peuvent appuyer chacune des deux thèses en présence. Classez-les dans chaque colonne en commençant par le plus faible et en terminant par le plus solide.

**Pourquoi obéit-on aux lois ?**

• **Thèse A :** On obéit aux lois par crainte du châtiment. En effet…

• **Thèse B :** On obéit aux lois par civisme et souci de la justice. En effet…

*Une clouterie à Mohon (Ardennes), vers 1880*

## S'interroger à partir d'une image

La loi du 28 mars 1841, pour la première fois, réglemente le travail des enfants en France :

« ***Art. 2***

Les enfants devront pour être admis avoir au moins huit ans.

De huit à douze ans, ils ne pourront être employés au travail effectif plus de huit heures sur vingt-quatre, divisées par un repos. De douze à seize ans, ils ne pourront être employés au travail effectif plus de 15 heures sur 24 divisées par des repos.

[...]

***Art. 5***

Nul enfant âgé de 12 ans ne pourra être admis qu'autant que ses parents ou tuteurs justifieront qu'il fréquente actuellement une des écoles publiques ou privées existant dans la localité. Tout enfant admis devra jusqu'à l'âge de 12 ans suivre une école. »

1. D'après le contenu des articles, précisez ce que pouvait être le travail des enfants en France avant l'application de cette loi.
2. Les parlementaires qui ont voté cette loi (en 1841) pouvaient-ils penser qu'ils faisaient œuvre de justice ?
3. Selon vous, est-il juste d'autoriser le travail des enfants dans le cadre des articles de loi ci-dessus ?

# La loi est-elle juste ?

**Montaigne** (1533-1592)

Penseur français. Il apprend très tôt le latin et se familiarise avec les philosophies de l'Antiquité. Après des études de droit, il occupe des fonctions de magistrat. À la suite de la mort de son ami La Boétie (1530-1563), puis de son père, il démissionne et entreprend la rédaction de ses *Essais* (1580-1588), son œuvre maîtresse. Il est élu maire de Bordeaux à deux reprises. Les *Essais* constituent une œuvre très originale, puisque, refusant de propager une doctrine philosophique, elle donne à voir une pensée s'exerçant à bien juger et s'observant elle-même dans cet effort.

**Œuvres :**
- *Les Essais* (1595)

La **droiture** et la justice, si l'homme en connaissait **qui eût corps et véritable essence**, il ne l'attacherait pas **à la condition des coutumes** de cette contrée ou de celle-là ; ce ne serait pas de la fantaisie des Perses ou des Indes que la vertu prendrait sa forme. Il n'est rien sujet à plus continuelle agitation que les lois.

Que nous dira donc en cette **nécessité** la philosophie ? Que nous suivions les lois de notre pays ? c'est-à-dire cette mer flottante des opinions d'un peuple ou d'un prince, qui me peindront la justice d'autant de couleurs et la reformeront en autant de visages qu'il y aura en eux de changements de passion ? Je ne puis pas avoir le jugement si flexible. Quelle bonté est-ce que je voyais hier **en crédit**, et demain plus, et **que le trait d'une rivière fait crime** ?

Quelle vérité que ces montagnes **bornent**, qui est mensonge au monde qui se tient au-delà ?

Michel de Montaigne, *Essais*, II, 12, 1595,
coll. « Univers des lettres », Bordas.

**VOCABULAIRE**

**droiture** : le fait de vivre conformément au droit.
**qui eût corps et véritable essence** : que l'on puisse définir.
**à la condition des coutumes** : aux usages qui se sont imposés avec le temps.
**nécessité** : il s'agit de la nécessité de prendre position par rapport à des lois variables.
**en crédit** : de manière positive.
**que le trait d'une rivière fait crime** : qui devient un crime par le hasard du tracé d'une rivière que l'on a prise comme frontière.
**bornent** : limitent.

## Réfléchir à partir d'un texte

**1** **Quel défaut du droit Montaigne dénonce-t-il ?**

**2** **Expliquez : « *Je ne puis pas avoir le jugement si flexible* ».**

**3** **Pourquoi la variabilité des lois est-elle scandaleuse ?**

## Confronter les textes

Comparez ce texte avec celui de la page précédente : sur quelles idées se rejoignent-ils ou s'opposent-ils ?

***L'étranger.*** — La loi ne pourra jamais embrasser exactement ce qui est le meilleur et le plus juste pour tout le monde à la fois, pour y conformer ses prescriptions : car les différences qui sont entre les individus et entre les actions et le fait qu'aucune chose humaine, pour ainsi dire, ne reste jamais en repos interdisent à toute science, quelle qu'elle soit, de promulguer en aucune matière une règle simple qui s'applique à tout et à tous les temps. [...] Et cependant, nous le voyons, c'est à cette uniformité même que tend la loi, comme un homme buté et ignorant, qui ne permet à personne de rien faire contre son ordre, ni même de lui poser une question [...].
*Socrate le jeune.* — C'est vrai : la loi agit réellement à l'égard de chacun de nous comme tu viens de le dire. [...]
*L'étranger.* — Alors, pourquoi donc est-il nécessaire de légiférer, si la loi n'est pas ce qu'il y a de plus juste ? Il faut que nous en découvrions la raison.
*Socrate le jeune.* — Certainement.
*L'étranger.* — N'y a-t-il pas **chez vous**, comme dans d'autres États, des réunions d'hommes qui s'exercent soit à la course, soit à quelque autre jeu, en vue d'un certain concours ?
*Socrate le jeune.* — Si, et même beaucoup.
*L'étranger.* — Et bien, remettons-nous en mémoire les prescriptions des entraîneurs professionnels qui président à ces sortes d'exercices.
*Socrate le jeune.* — Que veux-tu dire ?
*L'étranger.* — Ils pensent qu'il n'est pas possible de faire des prescriptions détaillées pour chaque individu, en ordonnant à chacun ce qui convient à sa constitution. Ils croient, au contraire, qu'il faut prendre les choses plus en gros et ordonner ce qui est utile au corps pour la généralité des cas et la généralité des individus. [...] Comment, en effet, Socrate, un homme pourrait-il rester toute sa vie aux côtés de chaque individu pour lui prescrire exactement ce qu'il doit faire ?

Platon, *Le Politique*, 294a-295b, trad. Chambry, Garnier-Flammarion.

**VOCABULAIRE**

***L'étranger*** : Platon met ici en scène un dialogue entre un philosophe étranger à Athènes et un jeune homme d'Athènes qui se trouve avoir le même nom que le célèbre philosophe Socrate.
**chez vous** : dans la cité d'Athènes.

## Maîtriser le vocabulaire

**Un ultime appel aux militaires français enrôlés dans une armée étrangère**

Le gouvernement appelle l'attention des militaires français qui ont quitté soit la France, soit un territoire français ou sous obédience française pour passer en territoire étranger, sur la loi du 27 juillet, étendant les dispositions de l'article 75 du Code pénal.
Désormais, outre les prescriptions déjà en vigueur : *Est coupable de trahison et peut être puni de mort*, tout Français qui, sans l'autorisation du gouvernement français, prend ou conserve du service dans une armée étrangère ou fait des enrôlements pour une puissance étrangère, même si celle-ci n'est pas en guerre avec la France.
Le gouvernement s'adresse une dernière fois à tous ceux qui peuvent, dès maintenant, être poursuivis pour désertion à l'étranger. Il les invite à réintégrer immédiatement le territoire qu'ils ont abandonné. C'est pour eux le seul moyen de bénéficier encore d'une certaine indulgence qui ne saurait être étendue à ceux qui ne seront pas de retour avant le 15 août 1940.

Paru dans *Le Petit Journal*, 3 août 1940.

On peut lire ci-contre le texte d'un appel émis par le gouvernement de Vichy en août 1940 destiné à faire revenir les « Français libres ». Il s'agit des militaires français qui, suite à la débâcle de juin, plutôt que de se soumettre à l'occupation allemande, ont choisi de s'exiler pour continuer à se battre.

- S'agit-il d'un appel au respect de la loi ? Si oui, quelle est cette loi ?
- Sachant ce qu'était la situation du pays alors, peut-on soutenir que la vraie trahison était du côté des auteurs de cet appel ?
- Dès lors, cet appel était-il légitime ?
- En vous appuyant sur cet exemple, distinguez les critères du ***légal*** et du ***légitime***.

R

## Réfléchir sur une image

La peine de mort a été abolie en France en 1981. Le dernier exécuté a été guillotiné en 1977.

1 S'agissant de la peine de mort, pourquoi la variabilité des lois dénoncée par Montaigne (*texte central, page 185*), apparaît-elle particulièrement intolérable ?

2 Comment peut-on interpréter la réponse de la maman à la question de son petit garçon concernant la guillotine ?

3 La peine de mort peut-elle être légale dans un pays de l'Union européenne ? Justifiez votre réponse par l'extrait de la Charte ci-dessous.

4 Quels arguments peut-on invoquer pour considérer que la peine de mort est illégitime ?

## Réfléchir sur un texte

### Charte des droits fondamentaux de l'Union européenne (extrait)

***Chapitre I - Dignité***

*Article 1* - **Dignité humaine**
La dignité humaine est inviolable. Elle doit être respectée et protégée.

*Article 2* - **Droit à la vie**
1. Toute personne a le droit à la vie.
2. Nul ne peut être condamné à la peine de mort ni exécuté.

*Article 3* - **Droit à l'intégrité de la personne**
1. Toute personne a droit à son intégrité physique et mentale.
2. Dans le cadre de la médecine, de la biologie, doivent notamment être respectés :
 – le consentement libre et éclairé de la personne concernée, selon les modalités définies par la loi ;
 – l'interdiction des **pratiques eugéniques**, notamment celles qui ont pour but la sélection des personnes ;
 – l'interdiction de faire du corps humain et de ses parties, en tant que tels, une source de profit ;
 – l'interdiction du clonage reproductif des êtres humains.

*Article 4* - **Interdiction de la torture et des peines ou traitements inhumains ou dégradants**
Nul ne peut être soumis à la torture ni à des peines ou à des traitements inhumains ou dégradants.

*Article 5* - **Interdiction de l'esclavage et du travail forcé**
1. Nul ne peut être tenu en esclavage ou en servitude.
2. Nul ne peut être astreint à accomplir un travail forcé ou obligatoire.
3. La traite des êtres humains est interdite.

**VOCABULAIRE**

**pratiques eugéniques** : méthodes qui visent à améliorer le patrimoine génétique de groupes humains.

1 Peut-on considérer que les règles énoncées par cette charte sont valables toujours et partout ? Pourquoi ?

2 Connaissez-vous d'autres textes énonçant des règles de droit considérées comme absolues ?

3 Faut-il alors remettre en cause la thèse de Montaigne (texte central) ?

## Phrase à méditer

**La justice est le doute sur le droit qui sauve le droit.**

■ Comment comprendre cette pensée d'Alain ?

*L'Exécution de Jane Grey*, Paul Delaroche (1797-1856)

## S'interroger à partir d'une image

**Le tableau ci-dessus de Paul Delaroche met en scène un fait historique : l'exécution à Londres, en 1554, de Lady Jane Grey, sur ordre de la reine Marie Tudor. Cette dernière voulait, en condamnant cette jeune fille de la noblesse anglaise âgée d'à peine 17 ans, envoyer un avertissement à sa rivale, Elisabeth. Car en vérité Lady Jane Grey était parfaitement innocente du crime de rébellion dont on l'accusait.**

**1** Quelle utilisation le pouvoir royal, celui de Marie Tudor, a-t-il fait de la loi et de l'institution judiciaire, dans ce contexte précis ?

**2** Cet exemple historique permet-il d'illustrer un cas de « justice d'exception » ? Précisez le sens que vous donnez à cette expression, dans votre réponse.

# Les lois doivent-elles inspirer la crainte ?

**Spinoza** (1632-1677)

Philosophe hollandais d'origine juive portugaise. À 24 ans, il est excommunié de la communauté juive d'Amsterdam à cause de la hardiesse de ses idées. Également déshérité par sa famille, il gagne désormais sa vie comme polisseur de verres.
Son principal livre, *Éthique*, développe sous forme d'une suite de démonstrations, à la manière des géomètres, une conception de Dieu identifié à la Nature (panthéisme). Sa réflexion porte également sur la politique et sur le crédit que l'on doit accorder aux textes bibliques.

**Œuvres** :
- *Traité théologico-politique* (1670)
- *Éthique* (1675)
- *Traité politique* (1677)

Aussi longtemps que les hommes agissent seulement par crainte, ils font ce qui est le plus contre leur volonté, et ne considèrent aucunement l'utilité et la nécessité de l'action, mais n'ont souci que de sauver leur tête et de ne pas s'exposer à subir un supplice. Bien plus, il leur est impossible de ne pas prendre plaisir au mal et au dommage du maître qui a pouvoir sur eux, fût-ce à leur grand détriment, de ne pas lui souhaiter du mal et lui en faire quand ils peuvent. Il n'est rien en outre que les hommes puissent moins **souffrir** qu'être asservis à leurs semblables et régis par eux. Rien de plus difficile enfin que de ravir aux hommes une liberté, après qu'on la leur a concédée. D'où suit premièrement que toute société doit, s'il est possible, instituer un pouvoir appartenant à la collectivité de façon que tous soient tenus d'obéir à eux-mêmes et non à leurs semblables. [...] En second lieu, les lois devront être instituées en tout État de façon que les hommes soient **contenus** moins par la crainte que par l'espoir de quelque bien particulièrement désiré ; de la sorte chacun fera son **office** avec ardeur. Enfin, puisque l'obéissance consiste en ce qu'on exécute des commandements par soumission à la seule autorité du chef qui commande, on voit qu'elle n'a aucune place dans une société où le pouvoir appartient à tous et où les lois sont établies par le consentement commun.

Baruch Spinoza, *Traité théologico-politique*, 1670, trad. C. Appuhn, Flammarion.

**VOCABULAIRE**

**souffrir** : supporter, endurer.
**contenus** : dirigés.
**office** : travail.

## Réfléchir à partir d'un texte

1. Dégagez la thèse centrale du texte ainsi que les différentes étapes de son argumentation.
2. À quelle condition est-il possible que des hommes, en respectant les lois, puissent en même temps n'obéir qu'« *à eux-mêmes et non à leurs semblables* » ?
3. La conclusion du texte de Spinoza consiste-t-elle à faire l'éloge de l'anarchie ?
4. Sur quel point peut-on mettre en relation ce texte avec l'image de la page précédente ?

## Confronter les textes

■ Comparez ce texte avec celui de la page précédente : sur quelles idées se rejoignent-ils ou s'opposent-ils ?

**VOCABULAIRE**

**concède** : accorde.
**sur la reconnaissance** : sur le fait de reconnaître une légitimité à l'autorité de celui à qui on obéit.
**dans son principe** : dans ce qui la fonde et la justifie.

C'est tout d'abord à des personnes que revient l'autorité. Seulement l'autorité des personnes n'a pas son fondement ultime dans un acte de soumission et d'abdication de la raison, mais dans un acte d'acceptation et de reconnaissance : nous reconnaissons que l'autre nous est supérieur en jugement et en perspicacité, que son jugement nous devance, qu'il a prééminence sur le nôtre. De même l'autorité ne se **concède** pas proprement, mais s'acquiert et doit nécessairement être acquise par quiconque veut y prétendre. Elle repose **sur la reconnaissance**, par conséquent sur un acte de la raison même qui, consciente de ses limites, accorde à d'autres une plus grande perspicacité. Ainsi comprise dans son vrai sens, l'autorité n'a rien à voir avec l'obéissance aveugle à un ordre donné. Non, l'autorité n'a aucune relation directe avec l'obéissance : elle repose sur la reconnaissance. [...] Ainsi la reconnaissance de l'autorité est toujours liée à l'idée que ce que dit l'autorité n'est pas arbitraire ni irrationnel, mais peut être compris **dans son principe**.

Hans-Georg Gadamer, *Vérité et Méthode*, 1960, Le Seuil, 1996.

## Réfléchir sur un texte

Le texte suivant rappelle, sous une forme chronologique, l'évolution des peines ayant fait l'objet d'une abolition depuis 1791 en France.

| | |
|---|---|
| **XVIII^e^ siècle** | Jusqu'à 1750 le noble est décapité, le voleur de grand chemin roué en place publique, le régicide et le criminel d'État écartelés, l'hérétique brûlé, le domestique voleur pendu. |
| **1791** | Le Code pénal supprime la pratique de la marque au fer rouge, dont l'origine est antérieure au XV^e^ siècle. On apposait alors sur les joues, le front ou l'épaule du condamné une lettre : V (voleur), WW (voleur en récidive), M (mendiant), P (déserteur), GAL (condamné aux galères), etc. |
| **1960** | La loi du 4 juin supprime les travaux forcés. |
| **1981** | La loi du 17 septembre abolit la peine de mort en France. |

**1** Sur quel principe repose la diversité des peines encourues par un criminel jusqu'en 1791 ?

**2** Quelles conséquences peut-on tirer des suppressions de peine, décidées à partir de 1791 ? Peut-on dire que le respect des lois s'appuie désormais sur autre chose que sur la peur d'un châtiment terrible ? Si oui, sur quoi ?

**R** **3** Précisez le sens que vous attribuez aux mots ***principe*** et ***conséquence*** dans les questions précédentes.

## Réfléchir sur une image

L'affiche suivante est celle du film *Le Procès*, adaptation réalisée en 1962 par Orson Welles du célèbre roman de l'écrivain tchèque Franz Kafka.

Le roman raconte l'histoire de Joseph K., un assistant de direction dans une gigantesque administration, qui se voit brusquement notifier un ordre d'arrestation par deux policiers au petit matin. Joseph K. se sait innocent. De quoi peut-on donc l'accuser ?
La scène de l'affiche est celle du tribunal, lorsque, face à ses juges, Joseph K. réalise que la Loi est faite pour la soumission et l'écrasement d'autrui, et que son autorité n'est que la traduction de la volonté de puissance du pouvoir.

**1** Que pensez-vous de cette conception de la Loi ?
**2** Peut-elle s'appliquer à tout régime politique ?
**3** Quels faits historiques, notamment au XXe siècle, pourraient confirmer une telle conception ?

## Réfléchir sur un texte

Le texte suivant est extrait d'un discours tenu par Robespierre (1758-1794) devant la Convention, en 1793, pendant la Révolution française. Robespierre dirigea, durant cette période, le Comité de salut public et organisa la politique dite de « la Terreur ».

Si le ressort du gouvernement populaire dans la paix est la vertu, le ressort du gouvernement populaire en révolution est à la fois la vertu et la terreur : la vertu sans laquelle la terreur est funeste ; la terreur sans laquelle la vertu est impuissante. La terreur n'est autre chose que la justice prompte, sévère, inflexible ; elle est donc une émanation de la vertu : elle est moins un principe particulier qu'une conséquence du principe général de la démocratie appliqué aux plus pressants besoins de la patrie. On a dit que la terreur était le ressort du gouvernement despotique. Le vôtre ressemble-t-il donc au despotisme ? Oui, comme le glaive qui brille dans les mains des héros de la liberté ressemble à celui dont les satellites de la tyrannie sont armés. Que le despote gouverne par la terreur ses sujets abrutis, il a raison comme despote : domptez par la terreur les ennemis de la liberté, et vous aurez raison comme fondateurs de la république. Le gouvernement de la révolution est le despotisme de la liberté contre la tyrannie. La force n'est-elle faite que pour protéger le crime, et n'est-ce pas pour frapper les têtes orgueilleuses que la foudre est destinée ?

Maximilien de Robespierre, *Discours et Rapports à la Convention*, 1793, UGE 10/18.

**1** Y a-t-il dans cet extrait des arguments en faveur de la thèse selon laquelle les lois doivent inspirer la crainte ?
**2** Expliquez le sens de la phrase : « *Le gouvernement de la révolution est le despotisme de la liberté contre la tyrannie.* » Sur quel principe d'action repose-t-elle ?

***Allégorie de Napoléon Ier couronné par le Temps, écrivant le Code civil***, Jean-Baptiste Mauzaisse (1784-1844)

## S'interroger à partir d'une image

**Le tableau ci-dessus, de Jean-Baptiste Mauzaisse, représente de manière allégorique Napoléon Ier rédigeant les trente-six lois du Code civil français. Votées en 1804, celles-ci ont été regroupées en un seul corps de 2 281 articles, répartis dans trois livres (« Les biens », « Les personnes » et « Les contrats »). Les réformes du « Code Napoléon » demeurèrent pour la plupart jusqu'à l'élaboration, en 1992, en France, d'un nouveau Code pénal.**

**1** **Observez les différents symboles qui composent ce tableau. On y voit, notamment, une représentation métaphorique du Temps (le vieil homme ailé) couronnant Napoléon. Quelle interprétation peut-on faire de cette scène ?**

**2** **Observez l'attitude de Napoléon. À quelle activité sa posture fait-elle penser ?**

**3** **Le thème de ce tableau peut-il être mis en relation avec celui de la liberté ? Si oui, de quelle manière ?**

# Peut-on être libre et obéir aux lois ?

## Rousseau (1712–1778)

Philosophe et écrivain français. Très tôt privé de famille, c'est en autodidacte qu'il se forme. Ambitionnant en un premier temps de composer de la musique, il révèle par la suite sa vocation philosophique en remportant un concours à l'âge de 38 ans.

Son œuvre de philosophie politique a eu une influence considérable sur les acteurs de la Révolution française. Rousseau s'est attaché à réfléchir sur les fondements de la légitimité du pouvoir. Cette réflexion est solidaire d'une critique radicale des injustices de la société de son temps.

**Œuvres :**

- *Discours sur l'origine de l'inégalité* (1755)
- *Émile* (1762)
- *Le Contrat social* (1762)

On a beau vouloir confondre l'indépendance et la liberté, ces deux choses sont si différentes que même elles s'excluent mutuellement. Quand chacun fait ce qu'il lui plaît, on fait souvent ce qui déplaît à d'autres et cela ne s'appelle pas un état libre. La liberté consiste moins à faire sa volonté qu'à n'être pas soumis à celle d'autrui ; elle consiste encore à ne pas soumettre la volonté d'autrui à la nôtre. [...] Je ne connais de volonté vraiment libre que celle à laquelle nul n'a droit d'opposer de la résistance ; dans la liberté commune nul n'a droit de faire ce que la liberté d'un autre lui interdit et la vraie liberté **n'est jamais destructive d'elle-même**. Ainsi la liberté sans la justice est une véritable contradiction ; car **comme qu'on s'y prenne** tout gêne dans l'exécution d'une volonté désordonnée.

Il n'y a donc point de liberté sans **Lois**, ni où quelqu'un est au-dessus des Lois : dans **l'état même de nature** l'homme n'est libre qu'à la faveur de la **Loi naturelle** qui commande à tous. **Un peuple** libre obéit, mais il **ne sert pas** ; il a des **chefs** et non pas des **maîtres** ; il obéit aux Lois, mais il n'obéit qu'aux Lois et c'est par la force des Lois qu'il n'obéit pas aux hommes.

Jean-Jacques Rousseau, *Lettres écrites de la montagne*, 1764.

### VOCABULAIRE

**n'est jamais destructive d'elle-même** : ne se détruit pas elle-même.
**comme qu'on s'y prenne** : quelle que soit la manière dont on s'y prend.
**Lois** : Les lois de la Cité, émanant de la volonté générale.
**l'état même de nature** : état de l'homme sans liens sociaux.
**Loi naturelle** : ensemble de règles et de conditions que nous impose la nature originelle (par exemple, l'instinct de conservation).
**Un peuple** : ici, communauté partageant les mêmes institutions et soumise aux mêmes lois.
**ne sert pas** : du latin *servire*, être esclave, être soumis.
**chefs** : des dirigeants qui gouvernent selon les lois de la Cité.
**maîtres** : qui exercent une domination par la contrainte.

## Réfléchir à partir d'un texte

1. **Quelle différence l'auteur pose-t-il entre « indépendance » et « liberté » ?**
2. **Expliquez les phrases suivantes : « *La liberté consiste moins* [...] *à celle d'autrui* » ; « *Il n' y a donc point de liberté sans Lois.* »**
3. **Quelle différence peut-on établir entre « obéir » et « servir » ? Utilisez la distinction *obligation*/*contrainte* R pour éclairer votre réponse.**
4. **Le texte de Rousseau implique-t-il qu'on soit libre alors même qu'on obéit à une loi injuste ?**

## Confronter les textes

■ Comparez ce texte avec celui de la page précédente : sur quelles idées se rejoignent-ils ou s'opposent-ils ?

La liberté **dans l'action** consiste à se conformer à la raison qui exige **que la volonté devienne réalité**. Cette réalisation de la volonté, conformément **aux exigences de la raison**, s'effectue dans l'État. Dans un État organisé conformément aux exigences de la raison, toutes les lois et institutions ne sont que des réalisations de la volonté, d'après ses déterminations les plus essentielles. Lorsqu'il en est ainsi, la raison individuelle ne trouve dans ces institutions que la réalisation de sa propre essence, et lorsqu'elle obéit à ces lois, elle n'obéit en définitive qu'à elle-même. On confond souvent la liberté avec **l'arbitraire** ; mais l'arbitraire n'est qu'une liberté irrationnelle, les choix et les décisions qu'il provoque étant dictés, non par la volonté raisonnable, mais par des impulsions accidentelles, par des **mobiles sensibles** extérieurs.

Friedrich Hegel, *Propédeutique philosophique*, Minuit.

**VOCABULAIRE**

**dans l'action** : c'est-à-dire à travers la vie réelle des hommes, vivant et agissant en société (par opposition à une approche purement abstraite de la liberté).

**que la volonté devienne réalité** : que la volonté des hommes se réalise concrètement.

**aux exigences de la raison** : la raison humaine exige l'organisation de l'État de droit, c'est-à-dire un État où les lois expriment la volonté générale.

**l'arbitraire** : le fait d'agir en dehors de tout principe, de toute règle, selon ses seuls caprices.

**mobiles sensibles** : motivations prenant leur source dans les sens et leurs appétits.

## Réfléchir sur une image

Cette photographie d'Henri Cartier-Bresson a été prise pendant les événements de Mai 68, à un moment où de nombreux slogans recouvraient les murs de Paris.

1 En quoi cette scène est-elle étrange ?

2 Que symbolise le vieil homme qu'on voit sur l'image ?

3 À quelle conception de la liberté correspond le slogan « *Jouissez sans entraves* » ? Cette conception correspond-elle à celle défendue par Rousseau dans le texte central ?

## Maîtriser le vocabulaire

**A.** Cherchez dans un dictionnaire le sens du mot ***anarchie***.

**1** Sur quelle étymologie est-il construit ?

**2** À quelle conception de la liberté ce terme correspond-il ? Est-ce celle défendue par Rousseau dans le texte central (*page 193*) ?

**B.** Cherchez dans un dictionnaire le sens du mot ***autonomie***.

**1** Quel est son origine étymologique ?

**2** À quelle conception de la liberté ce terme correspond-il ? Est-ce celle défendue par Rousseau dans le texte central (*page 193*) ?

## Réfléchir sur un texte

Le texte suivant a été rédigé par l'historien grec Diogène Laërce (IIe siècle) et porte sur la vie d'un autre Diogène, Diogène le cynique (413-327 av. J.-C.).

Un jour, un homme **le** fit entrer dans une maison richement meublée, et lui dit : « Surtout, ne crache pas par terre. » Diogène, qui avait envie de cracher, lui lança son crachat au visage, en lui criant que c'était le seul endroit sale qu'il eût trouvé et où il pût le faire. Un [autre] jour, il cria : « Holà ! des hommes ! » On s'attroupa, mais il chassa tout le monde à coups de bâton, en disant : « J'ai demandé des hommes, pas des déchets ! » [...]

Alexandre le rencontrant un jour lui dit : « Je suis le grand roi **Alexandre**. » Diogène alors se présenta : « Et moi je suis Diogène, le chien. » On lui demanda pourquoi il était appelé chien : « Parce que je caresse ceux qui me donnent à manger, j'aboie contre ceux qui ne me donnent pas, et je mords ceux qui sont méchants. » [...] Pendant un repas, on lui jeta des os comme à un chien [...]. Il ne voyait pas qu'il fût mal d'emporter les objets d'un temple, ou de manger la chair de n'importe quel animal, et ne trouva pas si odieux le fait de manger de la chair humaine, comme le font des peuples étrangers, disant qu'en saine raison, tout est dans tout et partout. [...] On rapporte qu'il mourut à près de quatre-vingt-dix ans, mais tout le monde n'est pas d'accord sur la façon dont il mourut. Les uns veulent que pour avoir mangé tout cru un poulpe il soit mort du choléra, les autres, et parmi eux **Kercide de Mégalopolis**, qu'il se soit volontairement asphyxié en retenant sa respiration. [...] D'autres auteurs racontent encore que, voulant arracher aux chiens un morceau de poulpe, il fut mordu au pied et en mourut. [...] Quelques auteurs veulent qu'il ait demandé qu'on laissât son corps sans sépulture pour que les chiens puissent y prendre leur morceau.

Diogène Laërce, « Vie de Diogène » dans *Doctrines et Sentences de philosophes illustres*, t. II, trad. Genaille, Garnier-Flammarion.

**VOCABULAIRE**

**le** : pronom désignant Diogène le cynique.
**Alexandre** : il s'agit d'Alexandre le Grand, roi de Macédoine (356-323 av. J.-C.).
**Kercide de Mégalopolis** : historien grec antique.

**1** Le récit de ces quelques épisodes de la vie de Diogène le cynique dresse-t-il le portrait d'un homme vraiment libre, car au-dessus des lois et des conventions sociales ? Utilisez, dans votre réponse, la distinction établie par Rousseau dans le texte central entre « indépendance » et « liberté ».

**2** D'une manière générale, la conduite de Diogène le cynique vous paraît-elle choquante ? Justifiez votre réponse à l'aide d'arguments précis.

**3** Interprétez le sens qu'on peut donner à chacune des trois versions sur les circonstances de sa mort.

***Place Tian' an Men à Pékin, le 4 juin 1989***
Une colonne de chars se dirige vers la place Tian' an Menpour réprimer les étudiants qui manifestent depuis plusieurs mois contre la corruption et pour la démocratie. Une personne se place face à la colonne de chars, l'obligeant à stopper.

## S'interroger à partir d'une image

**1** **Cette photographie, largement diffusée, a frappé l'opinion publique mondiale. Pourquoi ?**

**2** **Dans ce face à face étonnant, qui représente la justice ? Pourquoi ?**

**3** **Comment l'exigence de justice peut-elle devenir une force qui peut arrêter celle de l'État ? Pouvez-vous citer d'autres exemples de ce phénomène ?**

# Faut-il tolérer l'injustice de l'État ?

**Thoreau** (1817-1862)

Philosophe américain. Sa pensée souligne la valeur de l'individu contre l'abaissement que produirait la vie en société. Thoreau préconise que chacun se retrouve et se ressource dans la communion avec la nature. Il met en pratique cette idée en vivant pendant deux ans par ses propres moyens dans les bois, près d'un étang (nommé Walden) dans le Massachusetts. Il est le théoricien de la désobéissance civile comme forme de lutte contre l'État.

**Œuvres** :
- *La Désobéissance civile* (1846)
- *Walden ou La Vie dans les bois* (1854)
- *La Marche* (1862).

Si l'injustice fait partie des frottements nécessaires de la machine du gouvernement, alors qu'on la permette ; elle **s'estompera** peut-être – en tout cas, la machine tombera en panne. **Si l'injustice a un ressort**, une poulie ou une corde, voire une manivelle qui lui soient spécifiques, on peut alors se demander si la volonté de correction ne sera pas pire que le mal ; mais si elle est d'une telle nature qu'elle fasse de vous **l'agent de l'injustice vis-à-vis d'autrui** alors je déclare qu'il faut **enfreindre** la loi. Que votre vie devienne un contre-frottement pour arrêter la machine. Ce à quoi je dois veiller, à tout le moins, c'est à ne pas me prêter au mal que je condamne.

Quant à adopter les **pratiques prévues par l'État** pour remédier au mal, je ne les connais pas. Elles réclament trop de temps et la vie d'un homme n'y suffit pas. J'ai d'autres sujets d'intérêt. Je suis venu dans ce monde, non pas d'abord pour en faire un lieu de vie agréable, mais pour y vivre, qu'il soit bon ou mauvais. Un homme ne saurait tout faire, seulement quelque chose et ce n'est pas parce qu'il ne peut tout faire qu'il doit faire quelque chose d'injuste.

Henry David Thoreau, *La Désobéissance civile*, 1846,
trad. Guillaume Villeneuve, Mille et une nuits.

**VOCABULAIRE**

**s'estompera** : s'affaiblira.
**Si l'injustice a un ressort** : il faut comprendre par cette phrase que si l'injustice est un effet de l'application de la loi (ressort), modifier ou supprimer la loi peut engendrer encore plus d'injustice.
**l'agent de l'injustice vis-à-vis d'autrui** : par exemple, les lois du Massachussetts, à l'époque de Thoreau, codifiaient la ségrégation raciale et l'esclavage des Noirs.
**enfreindre** : désobéir à.
**pratiques prévues par l'État** : ici, l'engagement politique – fonder un parti politique, lutter pour imposer ses idées, vaincre aux élections, etc., tout cela prendrait trop de temps face à l'urgence du scandale quand il y a situation d'injustice.

## Réfléchir à partir d'un texte

**1** L'injustice venant de l'État est-elle forcément inacceptable, selon l'auteur ?

**2** À quelles conditions l'auteur affirme-t-il qu'il vaut mieux enfreindre la loi plutôt que tolérer l'injustice ? Pour quelle raison ?

**3** Sur l'image de la page précédente, lequel du passant ou du conducteur (invisible) du premier char se montre-t-il le plus directement concerné par l'exigence formulée dans ce texte ?

**4** Selon vous, le comportement préconisé par l'auteur pour refuser l'injustice est-il compatible avec l'usage de la violence ?

## Confronter les textes

■ Comparez ce texte avec celui de la page précédente : sur quelles idées se rejoignent-ils ou s'opposent-ils ?

Toute opposition au **pouvoir législatif suprême**, toute révolte destinée à traduire en actes le mécontentement des sujets, tout soulèvement qui éclate en rébellion est, dans une **république**, le crime le plus grave et le plus condamnable, car il en mine le fondement même. Et cette interdiction est inconditionnelle, au point que quand bien même ce pouvoir ou son agent, le chef de l'État, ont violé jusqu'au **contrat originaire** et se sont par là destitués, aux yeux du **sujet**, de leur droit à être législateurs, puisqu'ils ont donné **licence** au gouvernement de procéder de manière tout à fait violente (tyrannique), il n'en demeure pas moins qu'il n'est absolument pas permis au sujet de résister en opposant la violence à la violence. En voici la raison : c'est que dans une **constitution civile** déjà existante le peuple n'a plus le droit de continuer à statuer sur la façon dont cette constitution doit être gouvernée. Car, supposé qu'il en ait le droit, et justement le droit de s'opposer à la décision du chef réel de l'État, qui doit décider de quel côté est le droit ? Ce ne peut être aucun des deux, car **il serait juge** dans sa propre cause. Il faudrait donc qu'il y eût un chef au-dessus du chef pour trancher entre ce dernier et le peuple, ce qui se contredit.

Emmanuel Kant, *Théorie et Pratique*, II, *Du rapport de la théorie et de la pratique dans le droit politique,* 1793, trad. Guillermit, Vrin.

**VOCABULAIRE**

**pouvoir législatif suprême** : cette expression signifie que c'est le pouvoir de faire les lois qui est le plus important dans la société. En effet, c'est le droit qui fonde la vie sociale, en définissant l'espace commun à tous, c'est-à-dire la république (étymologiquement du latin *res publica,* chose publique).
**république** : voir note précédente.
**contrat originaire** : c'est-à-dire la constitution. Voir note plus bas.
**sujet** : ici, citoyen.
**licence** : toute liberté.
**constitution civile** : lois fondamentales qui définissent les droits et devoirs des citoyens et des gouvernants. Dans une république, la constitution doit avoir été choisie par l'ensemble des citoyens.
**il serait juge** : « il » désigne soit le chef de l'État, soit le peuple.

## Réfléchir sur une image

À Buenos Aires, tous les jeudis, depuis 1977, les Mères de la Place de Mai défilent en mémoire de leurs enfants disparus. En effet, entre 1976 et 1983, plusieurs dizaines de milliers de personnes ont disparu sous la dictature en Argentine. Ces femmes se battent pour connaître les circonstances de la mort des disparus et pour que soient châtiés les coupables.

1 Quelle est l'injustice essentielle qui permet de rendre compte de la si longue lutte de ces femmes ? En quoi l'État en est-il responsable ?

2 Cette lutte s'inscrit-elle dans le type d'action préconisé par Thoreau dans le texte central (*page 197*) ? Justifiez votre réponse.

## Réfléchir sur un texte

Ils sont vraiment extraordinaires, les récits de la vaillance que la liberté met au cœur de ceux qui la défendent ! Mais ce qui arrive, partout et tous les jours : qu'un homme seul en opprime cent mille et les prive de leur liberté, qui pourrait le croire, s'il ne faisait que l'entendre et non le voir ? Et si cela n'arrivait que dans des pays étrangers, des terres lointaines et qu'on vînt nous le raconter, qui ne croirait ce récit purement inventé ?

Or ce tyran seul, il n'est pas besoin de le combattre, ni de l'abattre. Il est défait de lui-même, pourvu que le pays ne consente point à sa servitude. Il ne s'agit pas de lui ôter quelque chose, mais de ne rien lui donner. Pas besoin que le pays se mette en peine de faire rien pour soi, pourvu qu'il ne fasse rien contre soi. Ce sont donc les peuples eux-mêmes qui se laissent, ou plutôt qui se font malmener, puisqu'ils en seraient quittes en cessant de servir. C'est le peuple qui s'asservit et qui se coupe la gorge ; qui, pouvant choisir d'être soumis ou d'être libre, repousse la liberté et prend le **joug** ; qui consent à son mal, ou plutôt qui le recherche... S'il lui coûtait quelque chose pour recouvrer sa liberté, je ne l'en presserais pas ; même si ce qu'il doit avoir le plus à cœur est de rentrer dans ses droits naturels et, pour ainsi dire, de bête redevenir homme.

Étienne de La Boétie, *Discours de la servitude volontaire* ou *Contr'un*, 1574-1576.

**VOCABULAIRE**

**joug** : pièce de bois servant à l'attelage des bêtes à cornes. Ici, l'usage est métaphorique.

**1** De quelle forme particulière d'État est-il question dans ce texte ?

**2** Quelle est la thèse défendue par l'auteur ?

**3** En quoi la prise de position de Thoreau dans le texte central (*page 197*) prolonge-t-elle l'analyse de La Boétie ?

## Maîtriser le vocabulaire

On appelle ***État de droit***, un État où l'autorité publique est soumise au droit, lequel garantit le respect de la personne.

**1** Faut-il considérer la ***tyrannie***, évoquée ci-dessus par La Boétie, comme un État de droit ou un État de fait ? Justifiez votre réponse.

**2** Donnez au moins deux autres mots qui désignent une forme d'État opposée à l'État de droit.

**3** En vous aidant d'un dictionnaire, distinguez les significations de ces différents mots utilisés pour désigner un État injuste.

## Apprendre à argumenter

Recherchez les arguments qui peuvent appuyer chacune des deux thèses en présence. Classez-les dans chaque colonne en commençant par le plus faible et en terminant par le plus solide.

### La rébellion contre l'État peut-elle être légitime ?

• **THÈSE A :** Oui, l'action violente peut s'avérer nécessaire pour mettre un terme à l'injustice de l'État. En effet…

• **THÈSE B :** Non, il faut toujours exclure l'usage de la violence pour lutter contre l'État. En effet…

*Champ de bataille de la guerre de Sécession (1861-1865)*

## S'interroger à partir d'une image

L'image ci-dessus est l'une des toutes premières photographies prise sur un champ de bataille. Elle concerne la guerre de Sécession, qui a déchiré les États-Unis de 1861 à 1865. Les guerres, au cours de l'histoire, ont souvent vu s'affronter des États indépendants. Par définition, un État indépendant n'est lié à aucune autorité supérieure. Aussi les États sont-ils les uns vis-à-vis des autres comme des hommes à l'état de nature. Ils ne sont liés par aucun contrat mutuel, et ne sont soumis à aucune loi commune.

1 Si l'on admet que ce sont les lois qui définissent les notions du juste et de l'injuste, peut-on dire, alors, que ces valeurs n'ont aucun sens quand il s'agit de juger les relations entre les États ?

2 Si tel est vraiment le cas, peut-on affirmer, alors, que, lors des conflits entre États, aucun acte ne peut être qualifié d'injuste ?

3 Les questions précédentes peuvent-elles s'appliquer au cas de la guerre de Sécession sur laquelle porte la photo ? Justifiez votre réponse.

# Ne sommes-nous justes que par contrat ?

**Épicure** (341-270 av. J.-C.)

Ce philosophe grec de l'Antiquité, vivant dans une époque très troublée, propose une doctrine qui permet à chacun d'acquérir la sérénité. Celle-ci est fondée sur une recherche raisonnée du plaisir.
Épicure avait acheté un beau jardin à Athènes, qu'il cultivait lui-même. C'est là, à l'ombre des arbres fruitiers, lors de conversations amicales, qu'il enseignait sa philosophie à ses disciples. L'épicurisme est resté une référence incontournable pour qui veut penser le bonheur sur terre.

**Œuvres :**
• *Lettre à Ménécée.*

**XXXII.** La justice et l'injustice n'existent pas par rapport **aux êtres** qui n'ont pas pu conclure de pacte dans le but de ne point se nuire mutuellement. Elles n'existent pas non plus par rapport aux peuples qui n'ont pas pu ou qui n'ont pas voulu conclure de tels pactes en vue de ne pas causer et de ne pas subir de dommages.

**XXXIII.** La justice n'existe pas en elle-même, elle est un contrat conclu **entre les sociétés**, dans n'importe quel lieu et à n'importe quelle époque, pour ne pas causer et pour ne pas subir de dommages.

**XXXIV.** L'injustice n'est pas en elle-même un mal ; celui-ci réside dans la peur terrifiante de ne pas échapper à ceux qui ont pour fonction de châtier les coupables.

Épicure, *Maximes fondamentales*,
trad. Solovine, Hermann.

**VOCABULAIRE**

**aux êtres** : l'auteur pense aux animaux qui ignorent la justice parce qu'ils ne peuvent pas faire de pactes.
**entre les sociétés** : il faut comprendre ici « entre les hommes qui se rassemblent ».

## Réfléchir à partir d'un texte

1 D'où vient, d'après ces maximes, l'idée de justice ?
2 D'après Épicure, la justice est-elle un but en soi ? Sinon quel est son but ?
3 L'auteur considère-t-il le sentiment d'injustice comme inné ou comme acquis ? Justifiez votre réponse.

## Confronter les textes

■ Comparez ce texte avec celui de la page précédente : sur quelles idées se rejoignent-ils ou s'opposent-ils ?

*La JUSTICE est* [...] *le respect, spontanément éprouvé et réciproquement garanti, de la dignité humaine, en quelque personne et dans quelque circonstance qu'elle se trouve compromise et à quelque risque que nous expose sa défense.* [...]
Quelques observations sur cette définition. Elle est nécessaire, et sa négation **implique contradiction** : si la Justice n'est pas innée à l'humanité, la société humaine n'a pas de mœurs ; l'état social est un état contre nature ; la civilisation, une **dépravation** ; la parole, les sciences et les arts des effets de la déraison et de l'immoralité, toutes propositions que dément **le sens commun**.
Elle énonce un fait, savoir que : s'il y a aussi souvent opposition que solidarité d'intérêts entre les hommes, il y a toujours et essentiellement communauté de dignité, chose supérieure à l'intérêt.
Elle est pure de tout élément **mystique** ou **physiologique**. À la place de la religion des dieux, c'est le respect de nous-mêmes ; au lieu d'une affection animale, d'une sorte de magnétisme organique, le sentiment exalté, impersonnel, que nous avons de la dignité de notre espèce, dignité que nous ne séparons pas de notre liberté.
Elle est supérieure à l'intérêt. Je dois respecter et faire respecter mon prochain comme moi-même : telle est la loi de ma conscience...

Pierre Joseph Proudhon, *De la justice dans la révolution et dans l'Église*, 1858.

**VOCABULAIRE**

**implique contradiction :** est contradictoire.
**dépravation** : déchéance.
**le sens commun** : ce que pense tout le monde.
**mystique** : ici, l'auteur veut indiquer ce qui dépasse la raison.
**physiologique** : lié à la constitution de notre corps.

## Réfléchir sur une image

On constate une très forte présence de la figure du justicier dans l'imaginaire contemporain.

Nous voyons ici Zorro, l'un des plus célèbres de ces justiciers. Mais sa justice ne s'exerce pas au profit des autorités de Californie, qui le considèrent comme un « hors-la-loi ».

***La Légende de Zorro***, avec Antonio Banderas, 2005.

**1** Pourquoi dit-on que Zorro est un « justicier », alors même qu'il s'oppose aux lois et à la justice ?

**R** **2** Utilisez la distinction entre ***légal*** et ***légitime*** pour éclairer le titre de justicier qu'on donne à Zorro.

## Réfléchir sur un texte

Je soutiendrai que les personnes placées dans la **situation initiale** choisiraient deux principes assez différents. Le premier exige l'égalité dans l'attribution des droits et des devoirs **de base**. Le second, lui, pose que des inégalités socio-économiques, prenons par exemple des inégalités de richesse et d'autorité, sont justes si et seulement si elles produisent, en compensation, des avantages pour chacun et, en particulier, pour les membres les plus désavantagés de la société. Ces principes excluent la justification **d'institutions** par l'argument selon lequel les épreuves endurées par certains peuvent être contrebalancées par un plus grand bien, au total. Il peut être opportun, dans certains cas, que certains possèdent moins afin que d'autres prospèrent, mais ceci n'est pas juste. Par contre, il n'y a pas d'injustice dans le fait qu'un petit nombre obtienne des avantages supérieurs à la moyenne, à condition que soit par là même améliorée la situation des moins favorisés.

John Rawls, *Théorie de la justice*, t. 3, trad. C. Audard, Le Seuil, 1987.

**VOCABULAIRE**

**situation initiale** : il s'agit de l'état de nature, c'est-à-dire avant l'apparition d'une société organisée par des lois. L'auteur suppose que, dans cet état hypothétique, la situation est égale pour tous, car chacun ne s'étant pas encore confronté à autrui ignore ce qu'il vaut.
**de base** : fondamentaux. Il faut penser ici, en particulier, aux libertés fondamentales (libertés de se déplacer, de réunion, d'expression, de vote, etc.).
**d'institutions** : c'est-à-dire de lois.

Dans le texte ci-dessus, John Rawls énonce deux principes de justice : dans la deuxième phrase (**a**), et dans la troisième phrase (**b**).

**1** Attribuez à chacun de ces principes – (**a**) et (**b**) – l'adjectif le plus approprié entre «égalitaire» et «équitable».

**2** Pourquoi l'auteur considère-t-il que chacun de ces principes est juste ?

**3** Appuyez-vous sur l'usage fait ici de ces notions pour distinguer ***égalité***, «*équité*» et «*justice*». **R**

## Réfléchir sur une image

**1** Épicure précise, dans le texte proposé en ouverture, que «*La justice et l'injustice n'existent pas par rapport aux êtres qui n'ont pas pu conclure de pacte*». C'est le cas des animaux, qui ne possèdent pas la faculté de contracter, et ne peuvent faire de pacte ni entre eux, ni avec l'homme. Doit-on conclure de ce constat que les animaux n'ont aucun droit ?

**2** L'image ci-dessus nous représente un cas d'expérimentation scientifique sur l'animal. Le savant russe Ivan Pavlov a soumis un labrador à des expériences de conditionnement, en 1916. Peut-on appliquer votre réponse à la question précédente à ce cas ?

# La justice et la loi

1 *La loi constitue-t-elle, pour la liberté, un obstacle ou une condition ?*

2 *Suffit-il pour être juste d'obéir aux lois et aux coutumes de son pays ?*

3 *D'où vient la force de la loi ?*

4 *Qu'est-ce qui permet d'affirmer qu'une loi est juste ?*

5 *Est-ce par le renversement des lois que s'exprime la liberté ?*

6 *Peut-il être raisonnable de désobéir à la loi ?*

7 *L'opinion peut-elle faire la loi ?*

8 *Y a-t-il contradiction entre être libre et être soumis aux lois ?*

9 *Des lois justes suffisent-elles à assurer la justice ?*

10 *La loi dit-elle ce qui est juste ?*

11 *Peut-on n'obéir à aucune loi ?*

12 *Un monde sans justice est-il humain ?*

13 *Être juste, est-ce traiter tout le monde de la même façon ?*

14 *Une société juste, est-ce une société sans conflits ?*

15 *Les différences sont-elles des injustices ?*

16 *Le malheur donne-t-il le droit d'être injuste ?*

17 *À quelles conditions peut-on contester la loi ?*

18 *La guerre peut-elle être juste ?*

19 *Dans quel but les hommes se donnent-ils des lois ?*

20 *La justice ne peut-elle être définie que comme un idéal ?*

# Le bonheur

**SOMMAIRE**


CHAPITRE 33
**Faut-il chercher le bonheur dans le plaisir ?** (ÉPICURE)
CHAPITRE 34
**Peut-on définir le bonheur ?** (KANT)
CHAPITRE 35
**La technique peut-elle apporter le bonheur ?** (DESCARTES)
CHAPITRE 36
**Pour être heureux faut-il ne rien savoir ?** (SEXTUS EMPIRICUS)
CHAPITRE 37
**Le bonheur est-il le but de toutes nos actions ?** (MILL)
CHAPITRE 38
**L'État doit-il s'occuper de notre bonheur ?** (TOCQUEVILLE)


Le bonheur est recherché par tous les hommes. Mais si tout le monde s'accorde sur ce point, dès qu'il s'agit de le définir, les opinions divergent. Doit-on l'identifier avec le plaisir, notamment celui que procure la satisfaction de nos besoins les plus impérieux, comme celui de se nourrir ou de se reposer ? C'est la thèse d'Épicure, pour qui « *le plaisir est le commencement et la fin de la vie bienheureuse* » **(CHAPITRE 33)**.

En dépit de cette analyse, on conçoit souvent le bonheur comme un tout absolu, un maximum de bien-être dans son état présent et toute sa vie future. Cette plénitude contraste avec le caractère éphémère et ponctuel du plaisir. C'est pourquoi Kant préfère souligner que chacun place dans le mot « bonheur » tout ce que l'imagination est capable de produire comme désirs, espoirs ou fantasmes. Mais, dans l'incapacité où nous sommes de déterminer avec une entière certitude ce qui, parmi tous nos désirs, peut nous rendre véritablement heureux, Kant conclut que la question du bonheur « *est un problème tout à fait insoluble* » **(CHAPITRE 34)**.

Les bouleversements que les progrès des sciences et des techniques ont produits sur la vie des hommes ne nous ont-ils pas, malgré tout, rapproché du bonheur ? Descartes, dès le XVII^e^ siècle, évoque les satisfactions et les jouissances diverses dont le progrès est la promesse, en insistant tout particulièrement sur la « *conservation de la santé* » **(CHAPITRE 35)**.

En définitive, la vraie question est peut-être celle-ci : le bonheur est-il quelque chose de donné ou de construit ? Autrement dit, doit-on aller vers lui ou attendre qu'il vienne à nous ? Pour Sextus Empiricus, le Sage ne doit pas s'inquiéter de la recherche du bonheur, dans l'ignorance où nous sommes de ce que sont vraiment et le bien et le mal. L'esprit, débarrassé d'une recherche vaine et inutile, pourra alors enfin trouver le repos et la sérénité **(CHAPITRE 36)**.

D'ailleurs, Stuart Mill montre que les hommes savent fort bien se satisfaire d'un bonheur imparfait. Car leurs « *aspirations élevées* » les portent à considérer qu'« *il vaut mieux être un homme insatisfait qu'un porc satisfait* ». Le bonheur ne saurait donc obstruer tout l'horizon de l'existence humaine **(CHAPITRE 37)**.

Cette critique du bonheur comme bien suprême se retrouve sur le plan politique. Dès 1840, Tocqueville décrivait un État démocratique à venir devenant totalitaire dans son soin à faire le bonheur des individus. N'y a-t-il pas dans sa description comme un parfum de notre condition présente ? **(CHAPITRE 38)**.

## CHAPITRE 33

***Les Coiffeuses au soleil, rue Boulard***, Robert Doisneau (1912-1994)

## S'interroger à partir d'une image

**La photographie ci-dessus de Robert Doisneau date de 1966.**

**1 Quels sont les éléments qui donnent à cette photo toute sa force expressive ?**

**2 Cette image vous paraît-elle montrer, à sa manière, que le bonheur est dans le plaisir, un plaisir à la fois simple et intense ?**

**3 Dans l'éventualité d'une réponse positive à la question précédente, de quel plaisir peut-il s'agir ici ?**

# Faut-il chercher le bonheur dans le plaisir ?

**Épicure** (341-270 av. J.-C.)

Ce philosophe grec de l'Antiquité, vivant dans une époque très troublée, propose une doctrine qui permet à chacun d'acquérir la sérénité. Celle-ci est fondée sur une recherche raisonnée du plaisir.
Épicure avait acheté un beau jardin à Athènes, qu'il cultivait lui-même. C'est là, à l'ombre des arbres fruitiers, lors de conversations amicales, qu'il enseignait sa philosophie à ses disciples. L'épicurisme est resté une référence incontournable pour qui veut penser le bonheur sur terre.

**Œuvres :**
- *Lettre à Ménécée.*

Maintenant il faut parvenir à penser que, parmi les désirs, certains sont fondés en nature, d'autres sont vains. Parmi les désirs naturels, certains sont nécessaires, **d'autres ne sont que naturels**. Parmi les désirs naturels, les uns sont nécessaires pour le bonheur, les autres pour le calme du corps, d'autres enfin simplement pour le fait de vivre. [...] Et c'est pourquoi nous disons que le plaisir est le commencement et la **fin** de la vie bienheureuse. Car il est le premier des biens naturels. Il est au principe de nos choix et refus, il est le terme auquel nous atteignons chaque fois que nous décidons quelque chose, avec, comme critère du bien, notre **sensibilité**. Précisément parce qu'il est le bien premier, épousant notre nature, c'est toujours lui que nous recherchons. Mais il est des cas où nous méprisons bien des plaisirs : lorsqu'ils doivent avoir pour suite des désagréments qui les surpassent ; et nous estimons bien des douleurs meilleures que les plaisirs : lorsque, après les avoir supportées longtemps, le plaisir qui les suit est plus grand pour nous. Tout plaisir est en tant que tel un bien et cependant il ne faut pas rechercher tout plaisir ; de même la douleur est toujours un mal, pourtant elle n'est pas toujours à rejeter. Il faut en juger à chaque fois, en examinant et comparant avantages et désavantages, car parfois nous traitons le bien comme un mal, parfois au contraire nous traitons le mal comme un bien.

Épicure, *Lettre à Ménécée*, trad. Solovine, dans *Doctrines et Maximes*, éd. Herman.

**VOCABULAIRE**

**d'autres ne sont que naturels** : Épicure distingue plusieurs catégories de plaisirs. Il appelle « plaisirs naturels et nécessaires » ceux qui accompagnent la satisfaction d'un besoin vital (par exemple, boire et manger) ; « plaisirs naturels et non nécessaires », ceux liés à un certain luxe, mais toujours par rapport à la satisfaction de besoins vitaux (boire du bon vin, manger un met recherché…). Enfin, il y a les « plaisirs non naturels et non nécessaires », lesquels ne sont pas liés aux exigences de notre constitution biologique (par exemple, le plaisir d'aller au théâtre, de la mode, de la coiffure, mais aussi tout ce qui alourdit la dépendance de l'homme à des objets dont il n'a pas besoin).
**fin** : but.
**sensibilité** : ici, l'ensemble de nos cinq sens.

## Réfléchir à partir d'un texte

1. **Précisez, à partir de la lecture du texte d'Épicure, en quoi consiste pour lui le bonheur.**
2. **Expliquez : « *avec, comme critère du bien, notre sensibilité* » ; « *Tout plaisir est en tant que tel un bien et cependant il ne faut pas rechercher tout plaisir* ».**
3. **Tentez d'illustrer, en évoquant des situations précises, la thèse selon laquelle « *il ne faut pas rechercher tout plaisir* », et « *la douleur* [...] *n'est pas toujours à rejeter* ».**
4. **Diriez-vous que les jeunes filles photographiées page précédente sont « épicuriennes » ? Justifiez votre réponse en vous reportant au texte d'Épicure.**

## Confronter les textes

■ Comparez ce texte avec celui de la page précédente : sur quelles idées se rejoignent-ils ou s'opposent-ils ?

La principale différence qui est entre les plaisirs du corps et ceux de l'esprit, consiste en ce que, le corps étant sujet à un changement perpétuel, et même sa conservation et son bien-être dépendant de ce changement, tous les plaisirs qui le regardent ne durent guère ; car ils ne procèdent que de l'acquisition de quelque chose qui est utile au corps, au moment qu'on les reçoit ; et sitôt qu'elle cesse de lui être utile, ils cessent aussi, au lieu que ceux de l'âme peuvent être **immortels** comme elle, pourvu qu'ils aient un fondement si solide que ni la connaissance de la vérité ni aucune fausse persuasion ne le détruisent.

Au reste, le vrai usage de notre raison pour la conduite de la vie ne consiste qu'à examiner et considérer sans passion la valeur de toutes les **perfections**, tant du corps que de l'esprit, qui peuvent être acquises par notre conduite, afin qu'étant ordinairement obligés de nous priver de quelques-unes, pour avoir les autres, nous choisissons toujours les meilleures. Et parce que celles du corps sont les moindres, on peut dire généralement que, sans elles, il y a moyen de se rendre heureux.

René Descartes, *Œuvres complètes*, Garnier-Flammarion, 1973.

**VOCABULAIRE**

**immortels** : Descartes considère que contrairement au corps, qui est périssable, notre âme est immortelle.

**perfections** : qualités, propriétés, aptitudes.

## Maîtriser le vocabulaire

**A.** Épicure affirme, en ouverture, que le plaisir a « *comme critère du bien, notre sensibilité* ». Autrement dit, il soutient que le plaisir (le bien) dépend de l'un ou l'autre de nos cinq sens (la sensibilité). Pourtant, on parle aussi aujourd'hui des « plaisirs intellectuels », qui ne proviennent pas de l'agrément des organes des sens.

**1** Donnez des exemples de situations courantes, capables de procurer un plaisir intellectuel.

**2** Dans ces derniers cas, qu'est-ce qui constitue le « *critère du bien* » ?

**B.** Épicure pose, dans le texte central, que « *le plaisir est… la fin de la vie bienheureuse* ». Sachant que le mot ***fin*** désigne ici un but que l'on peut se fixer et chercher à atteindre, tentez de :

**R**

– préciser le sens de la phrase d'Épicure ;

– montrer ce qui la distingue de l'affirmation : « le plaisir est la ***cause*** de la vie bienheureuse ».

## Réfléchir sur une image

L'affiche publicitaire suivante s'appuie sur le slogan « Y'a pas de mal à se faire plaisir ».

**1** Développez le sens de cette formule à l'aide de concepts précis.

**2** Quelle relation peut-on établir entre cette formule et l'image de la religieuse ? Que symbolise ici cette dernière ?

**3** Observez l'expression de son visage. Que signifie-t-elle ?

**4** Tentez d'appliquer la distinction des types de plaisir établie par Épicure (et fournie dans le vocabulaire du texte central) à cette image. Selon la classification d'Épicure, quel type de plaisir peut-on ressentir à la location d'une belle voiture ?

## Réfléchir sur un texte

Le texte suivant nous livre les paroles d'une célèbre chanson du chanteur-compositeur français Léo Ferré, intitulée *C'est extra*.

Une robe de cuir comme un fuseau
Qu'aurait du chien sans l'faire exprès
Et dedans comme un matelot
Une fille qui tangue un air anglais
C'est extra
Les **Moody Blues** qui chantent la nuit
Comme un satin de blanc marié
Et dans le port de cette nuit
Une fille qui tangue et vient mouiller
C'est extra
Des cheveux qui tombent comme le soir
Et d'la musique en bas des reins
Ce jazz qui djazze dans le noir
Et ce mal qui nous fait du bien
C'est extra
Ces mains qui jouent de l'arc-en-ciel
Sur la guitare de la vie
Et puis ces cris qui montent au ciel
Comme une cigarette qui prie
C'est extra
Des bas qui tiennent haut perché
Comme les cordes d'un violon
Et cette chair que vient troubler
L'archet qui coule ma chanson
C'est extra
Et sous le voile à peine clos
Cette touffe de noir Jésus
Qui ruisselle dans son berceau
Comme un nageur qu'on n'attend plus
C'est extra
Une robe de cuir comme un oubli
Qu'aurait du chien sans l'faire exprès
Et dedans comme un matin gris
Une fille qui tangue et qui se tait
C'est extra
Les «moody blues» qui s'en balancent
Cet ampli qui n'veut plus rien dire
Et dans la musique du silence
Une fille qui tangue et vient mourir
C'est extra.

Léo Ferré, *C'est extra*.

**VOCABULAIRE**

**Moody Blues** : nom d'un groupe de rock anglais de la fin des années soixante.

1 Quelle est l'expérience que nous décrit ici, en termes poétiques, l'auteur ?

2 Peut-on dire que ce texte évoque plutôt l'idée de bonheur ou celle de plaisir ? Justifiez votre réponse en précisant le sens que vous donnez à l'opposition de ces deux termes.

3 Doit-on conclure, de cette chanson et de son titre, qu'un moment heureux est toujours extraordinaire ?

## Phrase à méditer

**Une hirondelle ne fait pas le printemps, non plus qu'une seule journée de soleil ; de même ce n'est ni un seul jour ni un court intervalle de temps qui font la félicité et le bonheur.**

- Comment comprendre cette citation d'Aristote (*Éthique à Nicomaque*, Liv. I, chap.VII, 16) ? Expliquez sur quel point elle s'oppose à l'argumentation d'Épicure donnée dans le texte en ouverture.

## Rédiger un essai

**Peut-on devenir esclave du plaisir ?**

- Rédigez un court essai à partir de la question ci-dessus, sans vous limiter à l'exposition d'une simple opinion, mais en vous appuyant sur des arguments précis.

## CHAPITRE 34

***Begonia***, Joan Mitchell (1925-1992)

## S'interroger à partir d'une image

Le titre de cette œuvre, *Begonia*, ne doit pas nous tromper. C'est bien de l'expression du bonheur dont il s'agit ici, à travers cette lumineuse composition.

Observez le tableau. On n'y distingue aucun « objet », aucune forme précisément définie, rien qui puisse tenir dans une définition. En outre, les couleurs occupent toute la surface du tableau, dans toute la plénitude de son espace. Aucune limitation, aucune bordure, ne sont visibles. L'impression de plein domine, celle d'un jaune solaire.

- Tentez de montrer la relation qui existe entre les significations de ce tableau (qui viennent d'être données), et les idées généralement évoquées à propos du bonheur.

# Peut-on définir le bonheur ?

**Kant** (1724-1804)

Philosophe allemand. Il naît et passe toute sa vie à Königsberg, aujourd'hui enclave russe sur la Baltique. Professeur, il mène une vie austère dont la régularité n'est troublée que lorsqu'il apprend la nouvelle de la Révolution française.

Il s'attache à délimiter les pouvoirs de la connaissance humaine, mais aussi à définir les conditions d'une action morale. Esprit universel, son apport est également décisif pour la réflexion sur le droit, sur l'histoire et sur l'art.

**Œuvres** :
- *Critique de la raison pure* (1781)
- *Fondements de la métaphysique des mœurs* (1785)
- *Critique de la faculté de juger* (1790)

Le concept du bonheur est un concept si **indéterminé**, que, malgré le désir qu'a tout homme d'arriver à être heureux, personne ne peut jamais dire en termes précis et cohérents ce que véritablement il désire et il veut [...] Pour l'idée du bonheur un tout absolu, un maximum de bien-être dans mon état présent et dans toute ma condition future, est nécessaire. Or il est impossible qu'un être **fini**, si perspicace et en même temps si puissant qu'on le suppose, se fasse un concept déterminé de ce qu'il veut ici véritablement. Veut-il la richesse ? Que de soucis, que d'envie, que de pièges ne peut-il pas par là attirer sur sa tête ! Veut-il beaucoup de connaissances et de lumières ? Peut-être tout cela ne fera-t-il que lui donner un regard plus **pénétrant** pour lui représenter d'une manière d'autant plus terrible les maux qui jusqu'à présent se dérobent encore à sa vue... Bref, il est incapable de déterminer avec une entière certitude d'après quelque principe ce qui le rendrait véritablement heureux : pour cela il lui faudrait l'**omniscience**. [...] Le problème qui consiste à déterminer d'une façon sûre et générale quelle action peut favoriser le bonheur d'un être raisonnable est un problème tout à fait insoluble.

Kant, *Fondements de la métaphysique des mœurs*, 1785, IIe section, trad. V. Delbos, Delagrave.

**VOCABULAIRE**

**indéterminé** : vague, non établi, car variant d'une personne à l'autre.
**fini** : limité dans ses capacités, notamment dans ses capacités de connaissance.
**pénétrant** : perçant.
**omniscience** : capacité à tout connaître, en particulier la série de toutes les conséquences liée à une action quelconque.

## Réfléchir à partir d'un texte

1. **Quelle est l'idée principale qui domine l'extrait proposé ci-dessus ?**
2. **L'auteur affirme que l'idée du bonheur exige « *un tout absolu, un maximum de bien-être dans mon état présent et dans toute ma condition future* ». Doit-on alors en conclure qu'un plaisir ponctuel et temporaire ne peut servir à définir le bonheur ?**
3. **Expliquez la phrase : « *pour cela il lui faudrait l'omniscience* ».**
4. **L'argumentation de Kant permet-elle de soutenir qu'il est impossible d'atteindre le bonheur ?**
5. **Le tableau de la page précédente confirme-t-il ou contredit-il l'idée selon laquelle il est impossible de définir le bonheur ?**

## Confronter les textes

Comparez ce texte avec celui de la page précédente : sur quelles idées se rejoignent-ils ou s'opposent-ils ?

Où est l'homme heureux, s'il existe ? Qui le sait ? Le bonheur n'est pas le plaisir ; il ne consiste pas dans une modification passagère de l'âme, mais dans un sentiment permanent et tout intérieur dont nul ne peut juger que celui qui l'éprouve. Nul ne peut donc décider avec certitude qu'un autre est heureux ni par conséquent établir les signes certains du bonheur des individus. Mais il n'en est pas de même des sociétés politiques. Leurs biens, leurs maux sont tous apparents et visibles, leur sentiment intérieur est un sentiment public [...] Ce qui fait la **misère** humaine est la contradiction qui se trouve entre notre état et nos désirs, entre nos devoirs et nos penchants, entre la nature et les institutions sociales, entre l'homme et le citoyen ; **rendez l'homme un** vous le rendrez heureux autant qu'il peut l'être. Donnez-le tout entier à l'État ou laissez-le tout entier à lui-même, mais si vous partagez son cœur vous le déchirez ; et n'allez pas vous imaginer que l'État puisse être heureux quand tous ses membres pâtissent. Cet être moral que vous appelez bonheur public est en lui-même une **chimère** : si le sentiment du bien-être n'est chez personne, il n'est rien et la famille n'est point florissante quand les enfants ne prospèrent pas.

Jean-Jacques Rousseau, « Du bonheur public », Fragments politiques, *in Œuvres Complètes*, coll. « La Pléiade », Gallimard, 1964.

**VOCABULAIRE**

**misère** : ce terme signifie ici « malheur ».
**rendez l'homme un** : au sens de « rendez à l'homme son unité ».
**chimère** : vaine imagination.

## Maîtriser le vocabulaire

### R La distinction entre le *principe* et la *conséquence*

Comme nous ne connaissons jamais toutes les conséquences futures produites par nos actions présentes, Kant conclut, dans le texte d'ouverture, que l'homme « *est incapable de déterminer avec une entière certitude d'après quelque principe ce qui le rendrait véritablement heureux* ».

La relation de principe à conséquence, ici évoquée, demande à être précisée comme suit :

**A.** Le mot ***principe*** vient du latin *principium*, qui signifie à la fois « commencement » et « commandement ». Cette double signification se retrouve dans l'usage traditionnel de ce terme.

**Sur un plan théorique,** les principes sont les propositions premières qui constituent le fondement (et donc le commencement) de tout l'édifice de la théorie. En même temps ces principes gouvernent (commandent) le développement de tout le reste de la théorie.

Par exemple : les ***principes*** de la géométrie d'Euclide sont constitués de postulats, d'axiomes et de définitions qui fondent et gouvernent toutes les démonstrations ultérieures de cette géométrie.

**Sur le plan pratique,** un ***principe*** est une règle d'action qui fonde l'action et en commande le déroulement.

**B.** Le mot ***conséquence*** (du latin *consequencia* : « qui fait suite ») désigne, quant à lui, ce qui découle des principes de façon nécessaire.

**1** Donnez un exemple, imaginé par vous, de principe, au sens de règle d'action.

**2** À quel sens du mot ***principe*** le texte de Kant présenté en ouverture (*page 211*) fait-il allusion ? Au sens théorique ou au sens pratique ?

**3** Pourquoi le bonheur tel qu'il est présenté par Kant ne peut-il être considéré comme un ***principe*** ?

## Réfléchir sur une image

La bande dessinée suivante, extraite de *Le Petit Frère de Mafalda*, de Quino, prétend délivrer un certain message à propos de la définition du bonheur.

**1** Traduisez ce message en termes philosophiques.

**2** Celui-ci est-il en contradiction avec la thèse développée par Kant dans le texte central ?

## Reconstituer une argumentation

Dégagez l'idée centrale du texte suivant ainsi que les différentes étapes de son argumentation.

Nous sentons la douleur, mais non l'absence de douleur ; le souci, mais non l'absence de souci ; la crainte, mais non la sécurité. Nous ressentons le désir, comme nous ressentons la faim et la soif ; mais le désir est-il rempli, aussitôt il en advient de lui comme de ces morceaux goûtés par nous et qui cessent d'exister pour notre **sensibilité**, dès le moment où nous les avalons. Nous remarquons douloureusement l'absence des jouissances et des joies, et nous les regrettons aussitôt ; au contraire, la disparition de la douleur, **quand même** elle ne nous quitte qu'après longtemps, n'est pas immédiatement sentie, mais tout au plus y pense-t-on parce qu'on veut y penser, par le moyen de la réflexion. Seules, en effet, la douleur et la privation peuvent produire une impression positive et par là se dénoncer d'elles-mêmes. Le bien-être, au contraire, n'est qu'une pure négation.

Aussi n'apprécions-nous pas les trois plus grands biens de la vie, la santé, la jeunesse et la liberté, tant que nous les possédons ; pour en comprendre la valeur, il faut que nous les ayons perdus, car ils sont aussi négatifs. Que notre vie était heureuse, c'est ce dont nous ne nous apercevons qu'au moment où ces jours heureux ont fait place à des jours malheureux.

Arthur Schopenhauer, *Le Monde comme volonté et comme représentation*, 1819-1859, trad. Burdeau, PUF.

**VOCABULAIRE**

**sensibilité** : l'ensemble de nos cinq sens.

**quand même** : quand bien même.

## Phrase à méditer

**L'Enfer est pavé de bonnes intentions.**

**1** Expliquez le sens exact de cette célèbre expression courante.

**2** Quel passage du texte de Kant, donné en ouverture, permet-elle d'illustrer et de justifier ?

## CHAPITRE 35

## S'interroger à partir d'une image

**1** En quoi l'invention du lave-linge a-t-elle concouru au bonheur des gens ?

**2** Par quels procédés cette publicité donne-t-elle au lave-linge une valeur qui va au-delà de son utilité traditionnelle ?

**3** Essayez de formuler le message que veut ainsi faire passer cette publicité.

# La technique peut-elle apporter le bonheur ?

**Descartes** (1596-1650)

Philosophe et homme de sciences français. Après ses études, il s'engage comme militaire. C'est alors la guerre de Trente Ans et il se retrouve bloqué en Allemagne lors du siège d'une place forte. C'est là, un jour de 1619, qu'il conçoit le fondement de sa philosophie. Il décide alors de consacrer sa vie au progrès du savoir.
Esprit universel, il réalise des travaux portant aussi bien sur les mathématiques, la physique que l'éthique et la métaphysique. Considéré comme le père de la philosophie moderne, il annonce aussi le renouveau de la science.

**Œuvres** :
- *Discours de la méthode* (1637)
- *Méditations métaphysiques* (1641).

Sitôt que j'ai eu acquis **quelques notions** générales touchant la physique, et que, commençant à les éprouver en diverses difficultés particulières, j'ai remarqué **jusques où elles peuvent conduire** […], j'ai cru que je ne pouvais les tenir cachées sans pécher grandement contre **la loi** qui nous oblige à procurer **autant qu'il est en nous** le bien général de tous les hommes.

Car elles m'ont fait voir qu'il est possible de parvenir à des connaissances qui sont fort utiles à la vie, et qu'au lieu de cette **philosophie spéculative** qu'on enseigne dans les écoles, on en peut trouver une **pratique**, par laquelle, connaissant la force et **les actions** du feu, de l'eau, de l'air, des astres, des cieux et de tous les corps qui nous environnent, aussi distinctement que nous connaissons les divers métiers de nos artisans, nous les pourrions employer en même façon à tous les usages auxquels ils sont propres, et ainsi nous rendre comme maîtres et possesseurs de la nature. Ce qui n'est pas seulement à désirer pour l'invention d'une infinité d'**artifices** qui feraient qu'on jouirait sans aucune peine des fruits de la terre et de toutes les commodités qui s'y trouvent, mais principalement aussi pour la conservation de la santé, laquelle est sans doute le premier bien et le fondement de tous les autres biens de cette vie.

René Descartes, *Discours de la méthode*, 1637.

**VOCABULAIRE**

**quelques notions** : quelques connaissances.
**jusques où elles peuvent conduire** : en particulier concernant l'optique, où Descartes a découvert les lois de la réfraction.
**la loi** : Il s'agit ici de la loi morale.
**autant qu'il est en nous** : autant qu'il est en notre pouvoir.
**philosophie spéculative** : philosophie théorique, éloignée des problèmes vécus.
**pratique** : mis pour « philosophie pratique », qui désigne, dans le vocabulaire de Descartes, la science appliquée.
**les actions** : les effets.
**artifices** : produits de la technique humaine.

## Réfléchir à partir d'un texte

**1** Combien y a-t-il de phrases dans ce texte ? Montrez que chacune d'elles correspond à une étape de l'argumentation de l'auteur. Énoncez la thèse centrale du texte.

**2** Quelle est, selon Descartes, la position privilégiée à laquelle l'homme peut prétendre grâce au progrès technique ? Ce privilège est-il, selon vous, la clé du bonheur ?

**3** L'argument principal de la publicité de la page précédente est-il conforme au projet de Descartes ?

## Confronter les textes

■ Comparez ce texte avec celui de la page précédente : sur quelles idées se rejoignent-ils ou s'opposent-ils ?

Au cours des dernières générations, l'humanité a fait accomplir des progrès extraordinaires aux sciences physiques et naturelles, et à leurs applications techniques ; elle a assuré sa domination sur la nature d'une manière jusqu'ici inconcevable. Les caractères de ces progrès sont si connus que l'énumération en est superflue. Or les hommes sont fiers de ces conquêtes, et à bon droit. Ils croient toutefois constater que cette récente maîtrise de l'espace et du temps, cet asservissement des forces de la nature, cette réalisation d'aspirations millénaires, n'ont aucunement élevé la somme de jouissances qu'ils attendent de la vie. Ils n'ont pas le sentiment d'être pour cela devenus plus heureux. On devrait se contenter de conclure que la domination de la nature n'est pas la seule condition du bonheur, pas plus qu'elle n'est le but unique de l'œuvre civilisatrice, et non que les progrès de la technique soient dénués de valeur pour « **l'économie** » de notre bonheur.

Sigmund Freud, *Malaise dans la civilisation*, 1929, PUF.

**VOCABULAIRE**

**l'économie** : ici, le rapport entre ce qui augmente et ce qui diminue le bonheur.

## Réfléchir sur une image

La photographie ci-contre montre des spectateurs totalement captés par une réalité virtuelle créée par un certain nombre de techniques : image animée emplissant tout le champ visuel, effet 3D, son enveloppant, siège dynamique réalisant des sensations de mouvement correspondant à l'image.

1 La technique rend désormais possible la création d'une réalité totalement adéquate à nos désirs. Peut-on dire qu'il s'agit là de la clé du bonheur ?

2 Cet usage de la technique est-il conforme à ce que souhaitait Descartes (texte central) ?

## Réfléchir sur un texte

L'Américain type consacre plus de 1500 heures par an à sa voiture : il y est assis, en marche ou à l'arrêt, il travaille pour payer l'essence, les pneus, les péages, l'assurance, les contraventions et les impôts. Il consacre quatre heures par jour à sa voiture, qu'il s'en serve, s'en occupe ou travaille pour elle... À cet Américain, il faut donc 1500 heures pour faire 10 000 kilomètres de route, 6 kilomètres lui prennent 1 heure. Dans les « pays pauvres » les gens atteignent exactement cette vitesse... par l'usage de la marche. Ce qui différencie la circulation dans les pays riches et les pays pauvres n'est donc pas une plus grande efficacité mais l'obligation de consommer à haute dose l'énergie conditionnée par l'industrie du transport.

Ivan Illich, *Énergie et Équité* (1973), Le Seuil.

1 D'après ce texte, la diffusion de l'automobile est-elle un progrès vers le bonheur ? Justifiez votre réponse.

2 Compte tenu du projet qu'il expose dans le texte central, Descartes approuverait-il la généralisation de l'usage de l'automobile ?

## Réfléchir sur une image

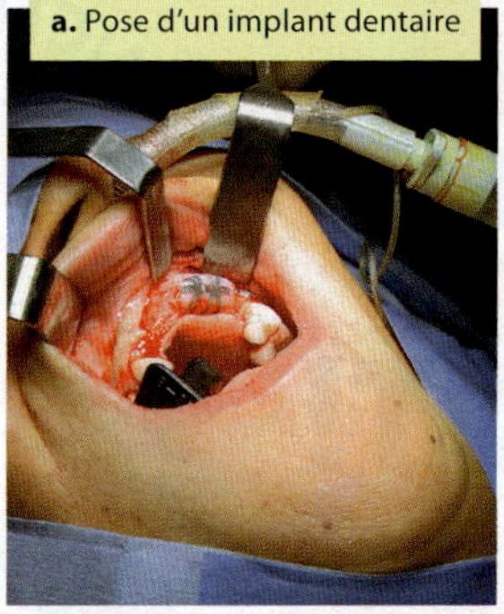

**a.** Pose d'un implant dentaire

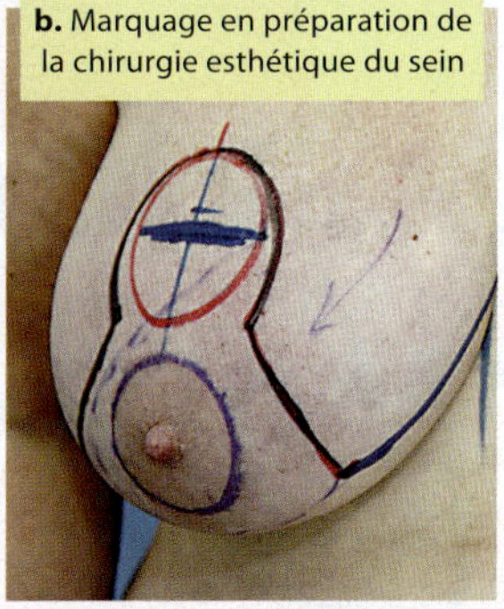

**b.** Marquage en préparation de la chirurgie esthétique du sein

**c.** Cigarette au cannabis

**d.** Médicament psychotrope

Ces quatre images montrent différentes techniques visant le bonheur individuel.

**1** Quelles sont les techniques qui concernent l'esprit ? Quelles sont celles qui concernent le corps ?

**2** Montrez qu'un autre classement est possible, si l'on distingue les techniques qui apportent un confort et celles qui soignent. Lequel de ces deux groupes correspond à l'usage préconisé par Descartes ? Justifiez.

**3** La frontière entre la satisfaction liée à un confort et celle apportée par un soin est-elle toujours facile à établir ? Qu'en concluez-vous sur la valeur du projet exposé par Descartes ?

## Réfléchir sur un texte

Plus je m'interroge et plus je vois qu'il y a dans notre modernité quelque chose comme un découragement immense. Le monde est devenu trop grand. Tant que je suis dans une enclave dans un espace délimité, je peux en porter la responsabilité. Une famille. Un lieu de travail. Un groupe. Dans cet espace, je peux me mettre au service, m'engager tout naturellement. Mais lorsque cet espace se dilate et recouvre le monde entier, lorsque chaque jour se déversent dans mes yeux des tombereaux de désespoir, tous les désastres du monde entier, toutes les guerres et toute la violence de l'entière planète... alors quelque chose en moi se bloque. Devant le harcèlement ininterrompu d'une négativité tragique, une anesthésie me saisit...

Je ne puis plus affronter cette immensité de la souffrance, mon engagement se décourage. [...] Des réflexes aussi anciens que l'humanité et qui sont de deux ordres devant le danger : la fuite ou la solidarité, ne jouent plus. Devant une personne tombée, blessée, criant de souffrance, je me précipite pour l'aider. Il y a dans mes gènes, dans la longue lignée d'hommes et de femmes qui m'ont précédée, cette réponse inscrite, ce geste qui porte secours. Et depuis une génération – mais qu'est-ce que quelques années dans la coulée des millénaires ? voilà que notre élan naturel est arrêté par un écran de verre !

Christine Singer, *Où cours-tu ? Ne sais-tu pas que le ciel est en toi ?*, Albin Michel, 2001.

**1** À quels média s'adresse cette critique ? Sur quel aspect de la vie porte-t-elle ? Exprimez-la en une phrase.

**2** Confrontez cette critique aux avantages d'avoir le monde entier à portée d'écran. Qu'en concluez-vous ?

## Phrase à méditer

La philosophe française Simone Weil (1909-1943) écrivait en 1934 dans *Oppression et liberté* :

**Plus le niveau technique est élevé, plus les avantages que peuvent apporter des progrès nouveaux diminuent par rapport aux inconvénients.**

- Ce jugement est-il justifié ? Examinez le pour et le contre en donnant des arguments précis.

## CHAPITRE 36

**UN REMÈDE INSOLITE MAIS EFFICACE**
Une psychothérapeute trouve un remède original pour son patient dépressif et victime d'un découvert bancaire important. Elle lui propose de jouer avec lui les numéros de ce même découvert. C'est ainsi qu'ils gagneront 20 millions de francs.

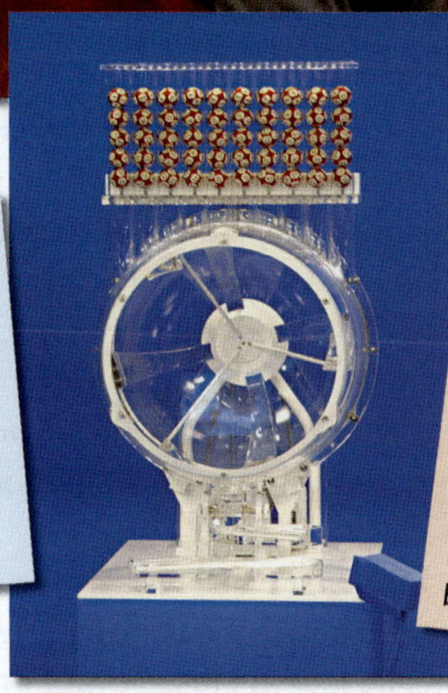

**LE CODE-BARRE DE LA CHANCE**
Un couple d'étudiants qui jouait pour la première fois au LOTO® a remporté 22 millions de francs. Les jeunes fiancés, tous deux alors âgés de 23 ans, avaient entendu à la radio l'annonce d'une Super Cagnotte du LOTO®. Ils ont décidé de tenter leur chance en relevant les numéros de code barre d'une bouteille de lait.

## S'interroger à partir d'une image

**Les images et les textes ci-dessus sous-entendent manifestement que le bonheur s'obtient par le gain d'un « gros lot ».**

**1** Ces éléments veulent-ils nous dire que le bonheur (ainsi conçu) ne dépend en rien de l'homme, de ses décisions et de ses choix, ou qu'au contraire tout dépend de lui ?

**2** Le message insiste-t-il davantage sur l'égalité ou sur l'inégalité de tous face au bonheur façon loterie ?

**3** Le thème général de ces différents éléments paraît évoquer l'expression courante « au petit bonheur la chance ». Expliquez le sens exact de cette formule. Celle-ci vous paraît-elle adaptée ici ?

**4** Le gagnant du Loto est-il nécessairement heureux ? Pourquoi ? Quelle conception du bonheur sous-tend votre réponse ?

# Pour être heureux, faut-il ne rien savoir ?

**Sextus Empiricus**
(vers 200)

Hormis ses œuvres, qui nous sont en partie parvenues (les 3 livres des *Hypotyposes*, ainsi que les 6 dirigés contre ceux qui enseignent les sciences et les 5 contre les philosophes), nous connaissons fort peu de choses de la vie de Sextus Empiricus : il fut médecin, dirigea l'école sceptique, où il succéda à Hérodote, et vécut autour de l'an 200, probablement en Grèce.

**Œuvres :**
- *Hypotyposes pyrrhoniennes*
- *Contre les mathématiciens*

Celui qui croit qu'une chose est par nature bonne ou mauvaise se trouble à tout propos ; lorsque ce qui lui semble un bien n'est pas à sa disposition, il pense qu'il subit en châtiment des maux réels, et il poursuit le bien, à son avis ; après l'avoir précisément atteint, il tombe dans de plus nombreux troubles pour s'élever contrairement à la raison et sans mesure, et dans la crainte de tout changement, il fait en sorte de ne pas perdre ce qu'il estime un bien. Mais celui qui est dans l'incertitude de la nature des biens ou des maux ne fuit rien, ne poursuit rien avec effort ; aussi jouit-il de l'**ataraxie**. Ce que l'on raconte du peintre **Apelle** arrive d'ordinaire au **Sceptique**. Peignant, dit-on, un cheval et ayant voulu reproduire par le dessin l'écume du cheval, il échoua au point de renoncer et de jeter sur le tableau l'éponge avec laquelle il enlevait les couleurs des pinceaux ; et celle-ci, par contact, reproduisit l'écume du cheval.

Sextus Empiricus, *Hypotyposes pyrrhoniennes*, I, chap.12, trad. J. Grenier et G. Goron, Aubier-Montaigne.

**VOCABULAIRE**

**ataraxie** : paix de l'âme, tranquillité intérieure, sérénité.
**Apelle** : peintre de l'Antiquité.
**Sceptique** : partisan de la philosophie du scepticisme. Ce courant de pensée enseignait que nous ne pouvons rien connaître de certain, et que la vérité est en dehors de notre portée, en particulier en ce qui concerne la nature du bien et du mal.

## Réfléchir à partir d'un texte

1. Pour quelle raison, d'après l'auteur, celui qui croit qu'une chose est par nature bonne ou mauvaise « *se trouble à tout propos* » ?
2. Sur quel argument s'appuie la thèse de Sextus Empiricus lui permettant d'affirmer que celui qui ne connaît ni le bien ni le mal connaît la tranquillité intérieure (l'ataraxie) ?
3. Traduisez en termes philosophiques la métaphore du peintre et de l'écume du cheval, utilisée par l'auteur. Quelle définition du bonheur est-elle censée illustrer ?
4. Quels concepts évoqués dans l'exercice de la page précédente pourraient s'appliquer au texte de Sextus Empiricus ?
5. Que pensez-vous de la thèse générale développée dans cet extrait ? Vous paraît-elle convaincante ?

## Confronter les textes

■ Comparez ce texte avec celui de la page précédente : sur quelles idées se rejoignent-ils ou s'opposent-ils ?

**Au fait**, nous remarquons que plus une raison cultivée s'occupe de poursuivre la jouissance de la vie et du bonheur, plus l'homme s'éloigne du vrai contentement. Voilà pourquoi chez beaucoup, et chez ceux-là mêmes qui ont fait de l'usage de la raison la plus grande expérience, il se produit, pourvu qu'ils soient assez sincères pour l'avouer, un certain degré de misologie, c'est-à-dire de haine de la raison. En effet, après avoir fait le compte de tous les avantages qu'ils retirent, **je ne dis pas** de la découverte de tous les arts qui constituent le luxe ordinaire, mais même des sciences (qui finissent par leur apparaître aussi comme un luxe de l'**entendement**), toujours est-il qu'ils trouvent qu'en réalité ils se sont imposés plus de peine qu'ils n'ont recueilli de bonheur : aussi, à l'égard de cette catégorie plus commune d'hommes qui se laissent conduire de plus près par le simple instinct naturel et qui n'accordent à leur raison que peu d'influence sur leur conduite, éprouvent-ils finalement plus d'envie que de dédain.

Emmanuel Kant, *Fondements de la métaphysique des mœurs*, 1785, trad. V. Delbos, Delagrave.

**VOCABULAIRE**

**Au fait** : en réalité.
**je ne dis pas** : je ne dis pas seulement.
**entendement** : intelligence.

## Maîtriser le vocabulaire

### R La distinction entre le *contingent*, le *nécessaire* et le *possible*

L'adjectif ***contingent*** signifie « ce qui peut arriver ou non ». Un événement est contingent lorsqu'il s'est produit alors même qu'il aurait tout aussi bien pu ne pas se produire. Par exemple le fait qu'un oiseau se soit posé sur le rebord de ma fenêtre est un événement contingent (il pouvait se poser ici comme ailleurs).

L'adjectif ***nécessaire*** désigne :

– Au sens le plus général du terme, « ce qui ne pouvait pas se produire autrement ». Le mot est construit sur deux termes latins : le verbe *cedere* (« s'en aller ») et la négation *nec*. L'étymologie évoque donc « ce qui ne peut s'en aller » et, par la suite, « ce qui doit arriver ».
– Dans le langage scientifique, un fait est *nécessaire* quand il découle de lois et de relations invariables (par exemple, il est nécessaire que l'eau bouille à 100°).
– En logique et mathématique, on appelle *nécessaire* « ce qui ne peut pas ne pas suivre » une ou plusieurs propositions admises au départ. Par exemple, dans une démonstration de mathématique, la conclusion d'un raisonnement se présente comme une suite *nécessaire* des propositions de départ.

L'adjectif ***possible*** désigne une éventualité, c'est-à-dire « ce qui n'est pas, mais qui pourrait être ». Par exemple : « il est tout à fait *possible* qu'il pleuve aujourd'hui ».
Dans de nombreux usages, cette éventualité est mise en relation avec une capacité, un potentiel.
Par exemple, lorsqu'on dit à un élève : « en travaillant bien, des progrès sont *possibles* » (l'élève a les capacités, le potentiel pour réaliser une progression, il a de réelles « possibilités »).

■ Dans le texte proposé en ouverture, Sextus Empiricus affirme que « *ce que l'on raconte du peintre Apelle arrive d'ordinaire au Sceptique* ». Le peintre reproduisit en effet, sans le vouloir, l'écume d'un cheval en jetant sur le tableau l'éponge avec laquelle il enlevait les couleurs des pinceaux. Peut-on appliquer l'un des trois adjectifs qui viennent d'être donnés à cette conception de la réussite et du bonheur ? Si oui, lequel ?

## Réfléchir sur une image

C'est dans le mausolée du Shogun Tokugawa Leyasu, édifié en 1634 au nord de Tokyo, qu'a été sculptée pour la première fois cette scène animalière si célèbre, et si souvent imitée depuis. La tradition japonaise lisait dans ces trois singes une description de ce que doit être l'attitude résolument active du sage : « *Le sage est celui qui ne dit pas le mal, ne voit pas le mal, n'entend pas le mal* ». Étrangement, l'Occident a interprété cette scène d'une manière différente, en y voyant la description du bonheur passif que procurent l'innocence et l'ignorance.

**1** Comment comprenez-vous la phrase « *Le sage est celui qui ne dit pas le mal, ne voit pas le mal, n'entend pas le mal* » ?

**2** Laquelle de ces deux interprétations (celle de la tradition japonaise et celle des occidentaux), se rapproche-t-elle le plus de la conception du bonheur défendue par Sextus Empiricus ?

## Reconstituer une argumentation

Dégagez l'idée centrale du texte suivant ainsi que les différentes étapes de son argumentation.

### L'IMBÉCILE HEUREUX

D'où vient que les vrais sages, comme Socrate, **jouent souvent aux idiots**, et que les vrais idiots, comme **Forrest Gump**, nous paraissent fort sages ? [...] Tous les grands penseurs de la bêtise [...] ont insisté sur la proximité de la sagesse et de l'imbécillité. Mais pourquoi le sot serait-il sage ? **Swift** nous donne une partie de la réponse : « Le sage cherche, en considérant toutes les circonstances, à faire des **conjectures** et à former des conclusions, mais le moindre **accident** (et les choses sont telles qu'il est impossible de les prévoir) produit souvent de tels tournants et changements qu'il est au moins autant dans le doute que la personne la plus ignorante et la plus inexpérimentée ». En cherchant à être rationnels, nous ne parvenons pas à faire mieux que les ignorants [...] Mais si fascinants soient-ils, les crétins sont des crétins [...] Certes, personne, même en étant très savant et très rationnel, n'échappe au risque de se retrouver aussi peu sage que les ignorants et les idiots. Mais s'il a un minimum de respect pour les valeurs de la raison, il ne peut être totalement un crétin.

Pascal Engel, « L'imbécile heureux », paru dans *Le Nouvel Observateur*, hors-série n° 47, avril-mai 2002.

**VOCABULAIRE**

**jouent souvent aux idiots** : allusion à l'attitude ironique souvent adoptée par Socrate, face à ses interlocuteurs. En faisant croire qu'il est naïf ou ignorant, Socrate parvient à ridiculiser les plus vaniteux de ses concitoyens, au cours de discussions qu'il a avec eux.

**Forrest Gump** : personnage principal du film *Forrest Gump*, réalisé par Robert Zemeckis (1994) et interprété par l'acteur américain Tom Hanks. Forrest Gump est un simple d'esprit qui participe aux grands moments de l'histoire américaine moderne.

**Swift** : écrivain irlandais (1667-1745).

**conjectures** : hypothèses, suppositions.

**accident** : ici, ce terme a le sens de « *ce qui arrive de manière imprévue* ».

## Phrase à méditer

**Tout bonheur est une innocence.**

Cette phrase de l'écrivain français Marguerite Yourcenar (1903-1987), peut se comprendre de plusieurs manières. Lesquelles ?

***Nettoyage d'une plage par des volontaires après une marée noire*.** Bretagne, 1999.

## S'interroger à partir d'une image

**1** En vous appuyant sur le témoignage de cette photographie, faites le compte de tous les désagréments au-devant desquels sont allés ces volontaires.

**2** Cette action leur apporte-t-elle néanmoins des satisfactions ? Quelles seraient-elles ?

**3** En fin de compte, est-ce le bonheur que veulent ces volontaires ? Justifiez votre réponse.

# Le bonheur est-il le but de toutes nos actions ?

**Mill** (1806-1873)

Philosophe anglais né à Londres. Sous l'autorité d'un père très exigeant, il fait des études précoces et très poussées. À huit ans, il enseigne déjà le latin à ses frères !

Il développe, à la suite de son compatriote Bentham (1748-1832), la doctrine de l'utilitarisme qui assigne à la société de réaliser «*le plus grand bonheur pour le plus grand nombre*». Mill insisté sur la qualité des plaisirs devant constituer le bonheur, en donnant la priorité aux plaisirs de l'esprit.

**Œuvres :**

- *Principes d'économie politique* (1848)
- *L'Utilitarisme* (1861).

Incontestablement, l'être dont les facultés de jouissance sont **d'ordre inférieur**, a les plus grandes chances de les voir pleinement satisfaites ; tandis qu'un être d'aspirations élevées sentira toujours que le bonheur qu'il peut viser, quel qu'il soit – le monde étant fait comme il l'est – est un bonheur imparfait. Mais il peut apprendre à supporter ce qu'il y a d'imperfections dans ce bonheur, pour peu que celles-ci soient supportables ; et elles ne le rendront pas jaloux d'un être qui, à la vérité, ignore ces imperfections, mais ne les ignore que parce qu'il ne soupçonne aucunement le bien auquel ces imperfections sont attachées. Il vaut mieux être un homme insatisfait qu'un porc satisfait ; il vaut mieux être **Socrate** insatisfait qu'un imbécile satisfait. Et si l'imbécile ou le porc sont d'un avis différent, c'est qu'ils ne connaissent qu'un côté de la question : le leur. L'autre partie, pour faire la comparaison, connaît les deux côtés.

John Stuart Mill, *L'Utilitarisme*, 1861,
trad. G. Tanesse, Champs-Flammarion, 1988.

**VOCABULAIRE**

**d'ordre inférieur** : l'auteur évoque les jouissances liées aux sens.
**Socrate** : philosophe grec (470-399 av. J.-C.). Il n'a jamais rien écrit. Il philosophait en interrogeant ses concitoyens, leur montrant par ses questions que leurs savoirs étaient illusoires. Il affirmait qu'il vaut mieux subir l'injustice que la commettre. Ce qu'il a pratiqué puisque, condamné à mort par les Athéniens, il a refusé d'avoir la vie sauve pour ne pas enfreindre les lois de son pays.

## Réfléchir à partir d'un texte

1. **Quels sont, dans le texte, les passages où l'auteur évoque un bien supérieur au bonheur ?**
2. **Quel est le caractère essentiel qui, selon Mill, distingue ce bien du bonheur ?**
3. **En quoi le personnage de Socrate illustre-t-il la recherche de ce bien supérieur ?**
4. **La formule «*Il vaut mieux être un homme insatisfait qu'un porc satisfait*» peut-elle permettre de comprendre le volontariat dont témoigne la photographie de la page précédente ?**

## Confronter les textes

Comparez ce texte avec celui de la page précédente : sur quelles idées se rejoignent-ils ou s'opposent-ils ?

**R**

**Ce qui est digne d'être poursuivi par soi**, nous le nommons plus parfait que ce qui est poursuivi pour une autre chose, et ce qui n'est jamais désirable en vue d'une autre chose, nous le déclarons plus parfait que les choses qui sont désirables à la fois par elles-mêmes et pour cette autre chose [...]. Or le bonheur semble être au suprême degré **une fin** de ce genre, car nous le choisissons toujours pour lui-même et jamais en vue d'une autre chose au contraire, l'honneur, le plaisir, l'intelligence ou toute vertu quelconque, sont des biens que nous choisissons assurément pour eux-mêmes (puisque, même si aucun avantage n'en découlait pour nous, nous les choisirions encore), mais nous les choisissons aussi en vue du bonheur, car c'est par leur intermédiaire que nous pensons devenir heureux. Par contre, le bonheur n'est jamais choisi en vue de ces biens, ni d'une manière générale en vue d'autre chose que lui-même.

Aristote, *Éthique à Nicomaque*, I, 5, trad. Tricot, Vrin, 1990.

**VOCABULAIRE**

**Ce qui est digne d'être poursuivi par soi** : ce qui peut être une valeur en soi, par opposition à ce qui est une valeur pour « autre chose » (l. 2), c'est-à-dire comme moyen pour atteindre un but plus élevé.
**une fin** : un but.

## Réfléchir sur un texte

ANTIGONE, *doucement.* — Quel sera-t-il, mon bonheur ? Quelle femme heureuse deviendra-t-elle, la petite Antigone ? Quelles pauvretés faudra-t-il qu'elle fasse elle aussi, jour par jour, pour arracher avec ses dents son petit lambeau de bonheur ? Dites, à qui devra-t-elle mentir, à qui sourire, à qui se vendre ? Qui devra-t-elle laisser mourir en détournant le regard ?
CRÉON hausse les épaules. — Tu es folle, tais-toi.
ANTIGONE. — Non, je ne me tairai pas. Je veux savoir comment je m'y prendrai, moi aussi, pour être heureuse. Tout de suite, puisque c'est tout de suite qu'il faut choisir. Vous dites que c'est si beau la vie. Je veux savoir comment je m'y prendrai pour vivre.
CRÉON. — Tu aimes Hémon ?
ANTIGONE. — Oui, j'aime Hémon. J'aime un Hémon dur et jeune ; un Hémon exigeant et fidèle, comme moi. Mais [...] s'il doit devenir près de moi le monsieur Hémon, s'il doit apprendre à dire « oui », lui aussi, je n'aime plus Hémon !
CRÉON. — Tu ne sais plus ce que tu dis. Tais-toi.
ANTIGONE. — Si, je sais ce que je dis, mais c'est vous qui ne m'entendez plus. Je vous parle de trop loin maintenant, d'un royaume où vous ne pouvez plus entrer avec vos rides, votre sagesse, votre ventre. *(Elle rit.)* Ah! je ris, Créon, je ris parce que je te vois à quinze ans, tout d'un coup ! C'est le même air d'impuissance et de croire qu'on peut tout. La vie t'a seulement ajouté tous ces petits plis sur le visage et cette graisse autour de toi.
CRÉON *la secoue.* — Te tairas-tu, enfin ?
ANTIGONE. — Pourquoi veux-tu me faire taire ? Parce que tu sais que j'ai raison ? Tu crois que je ne lis pas dans tes yeux que tu le sais ? Tu sais que j'ai raison, mais tu ne l'avoueras jamais parce que tu es en train de défendre ton bonheur en ce moment comme un os.
CRÉON. — Le tien et le mien, oui, imbécile !
ANTIGONE. — Vous me dégoûtez tous avec votre bonheur ! Avec votre vie qu'il faut aimer coûte que coûte. On dirait des chiens qui lèchent tout ce qu'ils trouvent.

Jean Anouilh, *Antigone*, 1944.

1 D'après les paroles d'Antigone, à quels renoncements et à quelles compromissions faut-il se résoudre pour avancer dans la quête du bonheur ?

2 En quoi cette critique du bonheur par Antigone rejoint-elle celle de Mill dans le texte central ?

## Maîtriser le vocabulaire

L'adverbe ***pourquoi*** est ambivalent car il peut prendre une de ces deux significations :

– **a)** l'interrogation sur la ***cause***,

– **b)** l'interrogation sur la ***fin*** (le but).

R

**1** Attribuez à chaque interrogation la signification (**a**) ou (**b**) qui convient :

**1)** Un garagiste : « Pourquoi ce moteur ne démarre-t-il pas ? »

**2)** Un climatologue : « Pourquoi un cyclone catastrophique s'est-il abattu sur cette région ? »

**3)** Une victime d'un cyclone : « Pourquoi une telle catastrophe s'est-elle abattue sur nous ? »

**4)** Un sujet de dissertation philosophique : « Pourquoi travailler ? »

**2** Selon quelle signification (**a**) ou (**b**) faut-il comprendre la question « pourquoi recherche-t-on le bonheur ? » ? Montrez, en vous appuyant sur le texte d'Aristote de la page précédente, que dans ce cas précis une seule signification est possible.

## Réfléchir sur une image

La mise en scène d'un simulacre d'exécution est ici un terrible moyen de pression psychologique destiné à faire craquer le résistant de façon à ce qu'il livre le nom des personnes de son réseau. On voit que le résistant affronte pourtant sans faiblir le peloton d'exécution.

■ Le comportement de ce résistant est-il la preuve que le bonheur n'est pas le but de toutes nos actions ? Justifiez votre réponse.

***Simulacre de l'exécution du résistant Georges Blind (du réseau Ferrand) par les Allemands, devant le château de Belfort, entre le 14 et le 24 octobre 1944.***

## Apprendre à argumenter

■ Recherchez les arguments qui peuvent appuyer chacune des deux thèses en présence. Classez-les dans chaque colonne en commençant par le plus faible et en terminant par le plus solide.

### La recherche du bonheur peut-elle être contraire à la dignité de l'homme ?

• **Thèse A :** La recherche du bonheur peut avilir l'homme. En effet…

• **Thèse B :** Dans la recherche du bonheur l'homme peut toujours préserver sa dignité. En effet…

## CHAPITRE 38

***Le Nouvel Appartement***, tableau d'Alexandre Laktionov (1910-1972)

## S'interroger à partir d'une image

**Ce tableau met en scène les bienfaits du régime communiste en URSS sous Staline, en montrant l'emménagement d'une famille dans un logement neuf octroyé par l'État.**

**1** **Par quels éléments ce tableau montre-t-il que l'État veut faire le bonheur des citoyens ?**

**2** **Quelle valeur est-on alors amené à attribuer au portrait de Staline que ce tableau met en évidence ? Dès lors, quelle signification peut-on donner à la position en retrait du père de famille ?**

**3** **Pourquoi l'action de l'État montrée ici pourrait-elle apparaître comme un idéal à atteindre ?**

**4** **L'État, dont les citoyens attendent ici leur propre bonheur, ne risque-t-il pas d'abuser de son pouvoir ? Quels pourraient être ces risques et ces abus ?**

# L'État doit-il s'occuper de notre bonheur ?

**Tocqueville** (1805-1859)

Penseur français. Issu de la noblesse royaliste, jeune magistrat, il s'embarque à 25 ans pour les États-Unis afin d'y étudier le système pénitentiaire. À son retour, il publie *De la démocratie en Amérique* (1835-1840). Cet ouvrage le rend célèbre. Il devient député, et même ministre des Affaires étrangères (1849). Partant d'une étude des institutions américaines, Tocqueville élargit sa réflexion aux transformations liées à la montée en puissance de l'idée démocratique. Il montre que les valeurs d'égalité et d'individualisme peuvent aussi bien devenir une prison qu'une libération.

**Œuvres :**
- *De la Démocratie en Amérique* (1835-1840)
- *L'Ancien Régime et la Révolution* (1856)

Je veux imaginer sous quels traits nouveaux le **despotisme** pourrait se produire dans le monde : je vois une foule innombrable d'hommes semblables et égaux qui tournent sans repos sur eux-mêmes pour se procurer de petits et vulgaires plaisirs, dont ils emplissent leur âme. Chacun d'eux, retiré à l'écart, est comme étranger à la destinée de tous les autres [...]

Au-dessus de ceux-là s'élève un pouvoir immense et **tutélaire**, qui se charge seul d'assurer leur jouissance et de veiller sur leur sort. Il est absolu, détaillé, régulier, prévoyant et doux. Il ressemblerait à la puissance paternelle si, comme elle, il avait pour objet de préparer les hommes à l'âge viril ; mais il ne cherche, au contraire, qu'à les fixer irrévocablement dans l'enfance ; il aime que les citoyens se réjouissent, pourvu qu'ils ne songent qu'à se réjouir. Il travaille volontiers à leur bonheur ; mais il veut en être l'unique agent et le seul arbitre ; il pourvoit à leur sécurité, prévoit et assure leurs besoins, facilite leurs plaisirs, conduit leurs principales affaires, dirige leur **industrie**, règle leurs successions, divise leurs héritages ; que ne peut-il leur ôter entièrement le trouble de penser et la peine de vivre ?

Alexis de Tocqueville, *De la démocratie en Amérique*, 1835-1840.

**VOCABULAIRE**

**despotisme** : la forme que prend le pouvoir d'État lorsque le souverain (ou le chef d'État) considère le pays comme sa propriété personnelle sans se sentir limité par aucun droit. Il s'agit ici du despotisme qui menace les États démocratiques.
**tutélaire** : qui joue le rôle de tuteur, c'est-à-dire qui prescrit aux citoyens ce qu'il est bien de faire.
**industrie** : ici, activités économiques.

## Réfléchir à partir d'un texte

**1** **Donnez les principaux caractères de ce nouveau despotisme imaginé par l'auteur :**
**a) en ce qui concerne les individus ;**
**b) en ce qui concerne le pouvoir d'État.**

**2** **Montrez que ce despotisme n'est pas incompatible avec une certaine forme de bonheur, en précisant en quoi ce bonheur consiste.**

**3** **En quoi la société dans laquelle nous vivons se rapproche-t-elle de l'état social décrit ici ? En quoi s'en distingue-t-elle ?**

## Confronter les textes

■ Comparez ce texte avec celui de la page précédente : sur quelles idées se rejoignent-ils ou s'opposent-ils ?

Il n'y a pas d'individu tellement placé au-dessus du genre humain que **la Providence** ne doive prendre soin que de lui seul. La nature a donné la même forme à tous ; elle les réchauffe tous de la même chaleur, elle les embrasse tous du même amour ; ce qu'elle **réprouve**, c'est qu'on augmente son bien-être en aggravant le malheur d'autrui.
C'est pourquoi les **Utopiens** pensent qu'il faut observer non seulement les conventions privées entre simples citoyens, mais encore les lois publiques qui règlent la répartition des commodités de la vie, en d'autres termes, qui distribuent la matière du plaisir, quand ces lois ont été promulguées justement par un bon prince, ou sanctionnées par le commun consentement d'un peuple, qui n'était ni opprimé par la tyrannie ni **circonvenu** par l'artifice.
Chercher le bonheur sans violer les lois, est sagesse ; travailler au bien général, est religion ; fouler aux pieds la félicité d'autrui en courant après la sienne, est une action injuste.
Au contraire, se priver de quelque jouissance, pour en faire part aux autres, c'est le signe d'un cœur noble et humain, qui, du reste, retrouve bien au-delà du plaisir dont il a fait le sacrifice. D'abord, cette bonne œuvre est récompensée par la réciprocité des services ; ensuite, le témoignage de la conscience, le souvenir et la reconnaissance de ceux qu'on a obligés, causent à l'âme plus de volupté que n'aurait pu en donner au corps l'objet dont on s'est privé.

Thomas More, *L'Utopie*, trad. Victor Stouvenel, Éditions sociales, 1966.

**VOCABULAIRE**

**la Providence** : le sage gouvernement du monde par Dieu.
**réprouve** : rejette.
**Utopiens** : habitants d'Utopie. C'est en effet dans une île qu'il appelle Utopie, littéralement « lieu de nulle part », que l'auteur place la République idéale qu'il décrit dans son ouvrage.
**circonvenu** : trompé.

## Réfléchir sur une image

***Manifestation contre le passage d'une autoroute.***

**1** L'État fait construire une autoroute dans le but déclaré de faciliter la vie des gens. Pourquoi, selon vous, ces citoyens manifestent-ils contre cet équipement ?

**2** Entre l'État et les manifestants, qui est censé représenter l'intérêt général et qui est censé représenter des intérêts particuliers ? Est-ce nécessairement le cas ? Justifiez votre réponse.

**3** Pourquoi est-il si difficile de réaliser un bonheur commun ? Cette difficulté provient-elle d'un caractère propre à l'idée de bonheur ?

## Maîtriser le vocabulaire

### La distinction entre l'*identité*, l'*égalité* et la *différence*

R

**1** Remplissez les espaces vides par le mot approprié choisi entre ***identité***, ***égalité*** et ***différence*** :

**a.** En attribuant une carte d' __________ à chaque citoyen, l'État peut faire la __________ entre les individus.

**b.** L'__________ des citoyens devant la loi est le fondement des sociétés démocratiques car elle seule permet à chacun d'échapper aux dominations arbitraires et de faire valoir sa __________.

**c.** Ce n'est certes pas l'__________ de droit qui engendre un problème d'__________ des individus dans nos sociétés démocratiques, mais bien plutôt la culture de masse qui, en imposant les mêmes représentations à tous, nie la __________ propre au vécu de chacun.

**2** Tocqueville (texte central) imagine « *une foule innombrable d'hommes semblables et égaux* » (ligne 3). En quoi sont-ils semblables ? Comment le texte montre-t-il qu'ils ne sont pas pour autant identiques ?

**3** En vous appuyant sur les questions précédentes, donnez les deux significations d'« identité ».

## Réfléchir sur une image

Les événements sportifs largement médiatisés prennent une part toujours plus importante dans la vie collective.

■ Cette évolution est-elle le signe que nos sociétés se rapprochent de la situation décrite par Tocqueville (texte central) ? Justifiez votre réponse.

***Match de football Sedan-Reims***

## Réfléchir sur un texte

On attend de l'État qu'il procure un abri ; il en résulte chez tous les candidats à la sécurité un empressement à accepter sa croissance : regardé si l'on veut comme une ombrelle vivante, on consent, on applaudit à sa prolifération. Ainsi les critiques auxquelles aurait donné lieu en d'autres temps tout alourdissement de l'**appareil bureaucratique** sont vite étouffées s'il s'agit de la mise en œuvre des assurances sociales. Dès qu'on attend de l'État une protection, une sécurité, il lui suffit de justifier ses envahissements par les nécessités de son protectorat, de son « patronat ». [...] Si d'une part l'insécurité, en se généralisant, généralise aussi l'empressement à subir l'autorité, d'autre part elle excite et anime le Pouvoir. [...] Tout invite les hommes du Pouvoir aux plus vastes ambitions. Les plus nobles ne sont pas les moins dangereuses : ils veulent être les artisans du bonheur public et du progrès historique.

Bertrand de Jouvenel, *Du pouvoir, Histoire naturelle de sa croissance*, Paris, Hachette, 1972.

**VOCABULAIRE**

**appareil bureaucratique** : ensemble de fonctionnaires dotés de petits pouvoirs qui sont autant d'empêchements à la liberté des citoyens.

**1** Quel lien l'auteur établit-il entre le désir de sécurité des gouvernés et le désir de faire le bonheur public des gouvernants ?

**2** Quels éléments de la description de la société par Tocqueville dans le texte central (*page 227*) sont-ils éclairés par le texte ci-dessus?

# Le bonheur

1. *Peut-on être heureux sans être libre ?*
2. *La recherche du bonheur peut-elle être un esclavage ?*
3. *Le bonheur dépend-il du régime politique sous lequel on vit ?*
4. *Le bonheur n'est-il qu'illusion ?*
5. *La recherche du bonheur est-elle une affaire privée ?*
6. *La raison conduit-elle au bonheur ?*
7. *Dans quelle mesure l'imagination contribue-t-elle au bonheur de l'homme ?*
8. *Peut-on donner pour fin à la réflexion philosophique la recherche du bonheur ?*
9. *Le bonheur est-il inaccessible à l'homme ?*
10. *La recherche du bonheur est-elle un idéal égoïste ?*
11. *N'y a-t-il de bonheur que dans l'instant ?*
12. *Qu'attendons-nous pour être heureux ?*
13. *Faut-il s'abstenir de penser pour être heureux ?*
14. *Faut-il choisir entre être heureux et être libre ?*
15. *Que convient-il d'entendre par l'expression « avoir tout pour être heureux » ?*
16. *La recherche du bonheur est-elle nécessairement immorale ?*
17. *Un bonheur sans illusion est-il concevable ?*
18. *Le bonheur est-il le bien suprême ?*
19. *Le bonheur est-il le but de toute action humaine ?*
20. *L'homme injuste peut-il être heureux ?*

# La justice et la loi

## 1 Justice et force

**Pascal**

Il est juste que ce qui est juste soit suivi, il est nécessaire que ce qui est le plus fort soit suivi. La justice sans la force est impuissante : la force sans la justice est tyrannique. La justice sans force est contredite[1], parce qu'il y a toujours des méchants ; la force sans la justice est accusée. Il faut donc mettre ensemble la justice et la force ; et pour cela faire que ce qui est juste soit fort, ou que ce qui est fort soit juste. La justice est sujette à dispute[2], la force est très reconnaissable et sans dispute. Ainsi on n'a pu donner la force à la justice, parce que la force a contredit la justice et a dit qu'elle était injuste, et a dit que c'était elle qui était juste. Et ainsi ne pouvant faire que ce qui juste fût fort, on a fait que ce qui est fort fût juste.

Pascal.

**(1)** contredite : bafouée, transgressée, non respectée.
**(2)** à dispute : à des débats sans fin, où on se « dispute » sur sa vraie nature.

### QUESTIONS

- Dégagez l'idée essentielle du texte et faites apparaître les différentes étapes de son argumentation.
- Le texte de Pascal développe l'opposition entre «*la justice*» et «*la force*». Que désignent exactement ces deux expressions ?
- Expliquez le sens de l'alternative : «*faire que ce qui est juste soit fort, ou que ce qui est fort soit juste*».
- Essai : Qui a le droit de faire la loi ?

## 2 Loi générale et cas particuliers

**Thomas d'Aquin**

Toute loi, avons-nous dit, vise l'intérêt commun des hommes et c'est seulement dans cette mesure qu'elle acquiert force et valeur de loi. Dans la mesure, au contraire, où elle ne réalise pas ce but, elle perd sa force d'obligation [...]. Or, il arrive fréquemment qu'une disposition légale utile à observer pour le bien public en règle générale devienne, en certains cas, extrêmement nuisible. Car le législateur, ne pouvant envisager tous les cas particuliers, rédige la loi en fonction de ce qui se présente le plus souvent, portant son attention sur l'utilité commune. C'est pourquoi s'il surgit un cas où l'observation de telle loi soit préjudiciable au bien commun, celle-ci ne doit plus être observée.

Ainsi à supposer que dans une ville assiégée on promulgue la loi que les portes doivent demeurer closes, c'est évidemment utile au bien public, en règle générale ; mais s'il arrive que les ennemis poursuivent des citoyens dont dépend le salut de la cité, il serait très préjudiciable à cette ville de ne pas leur ouvrir ses portes. Et par conséquent dans une telle occurrence, il faudrait ouvrir les portes, malgré les termes de la loi, afin de sauvegarder l'intérêt général que le législateur a en vue.

Saint Thomas d'Aquin.

### QUESTIONS

- Dégagez la thèse du texte et les différentes étapes de l'argumentation.
- Expliquez :
  a) «*Toute loi* [...] *vise l'intérêt commun des hommes*» ;
  b) «*elle acquiert force et valeur de loi*» ;
  c) «*le législateur* [...] *rédige la loi en fonction de ce qui se présente le plus souvent*».
- Dans certaines circonstances, a-t-on le droit de transgresser la loi au nom de la justice ?

## 3 Amour de la liberté et respect des lois

**Platon**

— N'est-ce pas le désir insatiable de ce que la démocratie regarde comme son bien suprême qui perd cette dernière?
— Quel bien veux-tu dire?
— La liberté, répondis-je. En effet, dans une cité démocratique tu entendras dire que c'est le plus beau de tous les biens [...]. Or n'est-ce pas le désir insatiable de ce bien, et l'indifférence pour tout le reste, qui change ce gouvernement et le met dans l'obligation de recourir à la tyrannie? [...]. Lorsqu'une cité démocratique, altérée de liberté, trouve dans ses chefs de mauvais échansons[1], elle s'enivre de ce vin pur au-delà de toute décence; alors, si ceux qui la gouvernent ne se montrent pas tout à fait dociles et ne lui font pas large mesure de liberté, elle les châtie [...]. Et ceux qui obéissent aux magistrats elle les bafoue et les traite d'hommes serviles et sans caractère. N'est-il pas inévitable que dans une pareille cité l'esprit de liberté s'étende à tout? Qu'il pénètre, mon cher, dans l'intérieur des familles, et qu'à la fin l'anarchie gagne jusqu'aux animaux? [...]. Or, vois-tu le résultat de tous ces abus accumulés? Conçois-tu bien qu'ils rendent l'âme des citoyens tellement ombrageuse qu'à la moindre apparence de contrainte ceux-ci s'indignent et se révoltent? Et ils en viennent à la fin, tu le sais, à ne plus s'inquiéter des lois écrites ou non écrites, afin de n'avoir absolument aucun maître.
— Je ne le sais que trop, répondit-il.
— Eh bien! Mon ami, c'est ce gouvernement si beau et si juvénile qui donne naissance à la tyrannie.

Platon.

(1) échanson : celui dont la fonction est de servir à boire.

**QUESTIONS**

- Dégagez les idées principales du texte et leur enchaînement.
- Expliquez : «*Lorsqu'une cité démocratique* [...] *trouve dans ses chefs de mauvais échansons*».
- Comment définiriez-vous la liberté à laquelle le texte fait allusion?
- Essai : La loi a-t-elle pour but de restreindre la liberté?

## 4 Qu'est-ce que la justice ?

**Aristote**

Le juste suppose des gens dont les rapports sont régis par la loi, et la loi suppose des gens chez qui l'injustice se peut trouver : car la justice (que rend un tribunal) est discernement du juste et de l'injuste. Partout où il y a injustice, il y a aussi des actes injustes (mais partout où des actes injustes sont commis, il n'y a pas forcément injustice); et qu'est-ce qu'agir injustement? C'est prendre pour soi une part excessive des choses qui sont en elles-mêmes des biens, et une part insuffisante des choses qui sont en elles-mêmes des maux.
Voilà pourquoi nous ne souffrons pas[1] que ce soit un homme qui commande, mais nous voulons que ce soit la loi; parce qu'un homme ne commande que dans son propre intérêt, et devient tyran. Le magistrat, au contraire, est le gardien de la justice, et, s'il l'est de la justice, il l'est aussi de l'égalité. Or, s'il est juste, il est censé n'avoir rien de plus que sa part car il ne s'attribue pas une part plus grande des choses qui sont en soi des biens, à moins que ce ne soit en proportion de son mérite. Aussi est-ce pour les autres qu'il travaille; et c'est pour cette raison qu'on dit que la justice est « le bien d'autrui ». Il faut donc lui accorder un salaire, salaire en honneur et en considération. Quant à ceux à qui cela ne suffit pas, ce sont ceux qui deviennent des tyrans.

Aristote.

(1) Nous ne souffrons pas : nous ne permettons pas.

**QUESTIONS**

- Dégagez la thèse du texte et les différentes étapes de l'argumentation.
- Expliquez :
  a) «*mais partout où des actes injustes sont commis, il n'y a pas forcément injustice*»;
  b) «*prendre pour soi...une part insuffisante des choses qui sont en elles-mêmes des maux*»; c) «*la justice est "le bien d'autrui"*».
- Essai : À quoi reconnaît-on que la justice est bien rendue?

## 5 Différences entre lois physiques et lois humaines

**Montesquieu**

Les lois, dans la signification la plus étendue, sont les rapports nécessaires qui dérivent de la nature des choses : et, dans ce sens, tous les êtres ont leurs lois [...]. Les êtres particuliers intelligents(1) peuvent avoir des lois qu'ils ont faites ; mais ils en ont aussi qu'ils n'ont pas faites [...]. Avant qu'il y eût des lois faites, il y avait des rapports de justice possibles. Dire qu'il n'y a rien de juste ni d'injuste que ce qu'ordonnent ou défendent les lois positives, c'est dire qu'avant qu'on eût tracé ce cercle, tous les rayons n'étaient pas égaux. Il faut donc avouer des rapports d'équité(2) antérieurs à la loi positive qui les établit : comme, par exemple, que, supposé qu'il y eût des sociétés d'hommes, il serait juste de se conformer à leurs lois [...] Mais il s'en faut bien que le monde intelligent soit aussi bien gouverné que le monde physique. Car, quoique celui-ci ait aussi des lois qui, par leur nature, sont invariables, il ne les suit pas constamment comme le monde physique suit les siennes. La raison en est que les êtres particuliers intelligents sont bornés par leur nature, et par conséquent sujets à l'erreur ; et, d'un autre côté, il est de leur nature qu'ils agissent par eux-mêmes.

Montesquieu.

(1) Les êtres particuliers intelligents : les hommes.
(2) Équité : Justice.

**QUESTIONS**

- Dégagez la thèse du texte ainsi que son articulation.
- Expliquez : « *Il faut donc avouer des rapports d'équité antérieurs à la loi positive qui les établit* ».
- Qu'est-ce qui distingue, d'après ce texte, les lois physiques des lois juridiques ?
- Essai : Les lois positives sont-elles par principe opposées à la liberté ?

## 6 Le droit est-il une justification de la force ?

**Sartre**

Rapport du droit et de la force : le droit est l'exigence du plus fort d'être traité par celui qu'il asservit comme une personne. Le rapport du droit à la force est très clair : sans une situation de force, il n'y aurait pas de droit puisque dans l'hypothèse d'une société harmonieuse et égalitaire le droit disparaît. Il n'apparaît jamais que lorsqu'il est contesté, donc en période d'injustice. Mais il est autre chose que la force car il est sa justification par après. Le vainqueur [...] veut être reconnu. Il ne peut supporter que sa victoire soit pur fait, il la veut justifiée. Il reconnaît donc pour pouvoir exiger. Il reconnaît pour être reconnu. [...] Il reconnaît la situation de vaincu comme situation de droit pour que le vaincu reconnaisse la situation du vainqueur.

Sartre.

**QUESTIONS**

- Dégagez la thèse du texte ainsi que son argumentation.
- Que signifie : « *l'exigence d'être traité comme une personne* » ?
- Pourquoi le vainqueur ne peut-il supporter « *que sa victoire soit pur fait* » ?
- Essai : Le droit ne fait-il que consacrer des rapports de domination ?

## 7 Les critères du juste sont-ils relatifs ?

**Pascal**

Ils[1] confessent que la justice n'est pas dans les coutumes, mais qu'elle réside dans les lois naturelles, connues en tout pays. Certainement ils le soutiendraient opiniâtrement, si la témérité du hasard qui a semé les lois humaines en avait rencontré au moins une qui fût universelle ; mais la plaisanterie est telle, que le caprice des hommes s'est si bien diversifié, qu'il n'y en a point. Le larcin, l'inceste, le meurtre des enfants et des pères, tout a eu sa place entre les actions vertueuses. [. .. ] De cette confusion arrive que l'un dit que l'essence de la justice est l'autorité du législateur, l'autre la commodité du souverain, l'autre la coutume présente ; et c'est le plus sûr : rien, suivant la seule raison, n'est juste de soi ; tout branle[2] avec le temps. La coutume fait toute l'équité, par cette seule raison qu'elle est reçue ; c'est le fondement mystique[3] de son autorité. Qui la ramène à son principe l'anéantit.

Pascal.

(1) les théoriciens du droit.
(2) tout change.
(3) principe rendu sacré.

**QUESTIONS**

- Dégagez l'idée centrale de ce texte et les étapes de son argumentation.
- Expliquez : « *La coutume fait toute l'équité, par cette seule raison qu'elle est reçue* » ; « *Qui la ramène à son principe l'anéantit.* »
- Essai : Un droit universel est-il possible ?

## 8 Lois sociales et justice naturelle

**Platon**

Le plus souvent la nature et la loi s'opposent l'une à l'autre[1]. [...] Car, selon la nature, tout ce qui est plus mauvais est aussi plus laid, comme de souffrir l'injustice, tandis que, selon la loi, c'est la commettre. Ce n'est même pas le fait d'un homme, de subir l'injustice, c'est le fait d'un esclave, pour qui la mort est plus avantageuse que la vie, et qui, lésé et bafoué, n'est pas en état de se défendre, ni de défendre ceux auxquels il s'intéresse. Mais selon moi, les lois sont faites pour les faibles et par le grand nombre. C'est pour eux et dans leur intérêt qu'ils les font et qu'ils distribuent les éloges et les blâmes ; et, pour effrayer les plus forts, ceux qui sont capables d'avoir l'avantage sur eux, pour les empêcher de l'obtenir, ils disent qu'il est honteux et injuste d'ambitionner plus que sa part et que c'est en cela que consiste l'injustice, à vouloir posséder plus que les autres ; quant à eux, j'imagine qu'ils se contentent d'être sur le pied de l'égalité avec ceux qui valent mieux qu'eux.

Platon.

(1) Dans ce passage, Platon fait parler un adversaire de ses idées.

**QUESTIONS**

- Dégagez l'idée centrale de ce texte et les étapes de son argumentation.
- Expliquez : « *selon la nature, tout ce qui est plus mauvais est aussi plus laid, comme de souffrir l'injustice, tandis que, selon la loi, c'est la commettre* » ; « *les lois sont faites pour les faibles et par le grand nombre* ».
- Essai : Les lois sont-elles faites pour les faibles ?

## 9 La guerre est-elle à l'origine du droit ?

**Cournot**

Jamais les hommes n'ont songé à fonder leurs relations sociales sur la force mécanique, aveugle ou brutale; ils ont toujours été guidés, dans l'établissement de leurs institutions de gouvernement, par l'idée d'un droit qui n'est point, comme on le dit par antiphrase[1], le droit de la force, mais qui pour cela ne ressemble guère au droit des philosophes : je veux parler du droit du courage, de la vaillance. De tout temps les hommes ont cru qu'en jouant leur vie à ce terrible jeu des combats ils acquièrent par le succès, par la victoire, des droits sur leurs ennemis, que ceux-ci auraient acquis contre eux si le sort des armes les eût favorisés : des droits de supériorité, de domination et même certains droits de propriété aussi légitimes que ceux qu'ils auraient pu acquérir par le travail ou par le bonheur d'une trouvaille. [...]De la notion du droit de la guerre, du droit acquis par le courage et la victoire, dans une défense commune ou dans une agression commune, dérivent principalement les institutions politiques.

Cournot.

**(1)** de manière paradoxale.

### QUESTIONS

- Dégagez l'idée centrale de ce texte et les étapes de son argumentation.
- Qu'est-ce qui, selon vous, caractérise ce que l'auteur appelle le «*droit des philosophes*»?
- Que signifie le «*droit du courage, de la vaillance*»?
- Essai: Faut-il être courageux pour avoir le droit de gouverner?

## 10 Peut-on aliéner sa liberté ?

**Rousseau**

Renoncer à sa liberté, c'est renoncer à sa qualité d'homme, aux droits de l'humanité, même à ses devoirs. II n'y a nul dédommagement possible pour quiconque renonce à tout. Une telle renonciation est incompatible avec la nature de l'homme; et c'est ôter toute moralité à ses actions que d'ôter toute liberté à sa volonté. Enfin, c'est une convention vaine et contradictoire de stipuler[1], d'une part, une autorité absolue, et de l'autre une obéissance sans bornes. N'est-il pas clair qu'on n'est engagé à rien envers celui dont on a droit de tout exiger? Et cette seule condition, sans équivalent, sans échange, n'entraîne-t-elle pas la nullité de l'acte? Car quel droit mon esclave aurait-il contre moi, puisque tout ce qu'il a m'appartient, et que son droit étant le mien, ce droit de moi contre moi-même est un mot qui n'a aucun sens.

Rousseau.

**(1)** Écrire dans un contrat.

### QUESTIONS

- Dégagez la thèse de l'auteur et l'argumentation qui la justifie.
- Expliquez: «*une telle renonciation est incompatible avec la nature de l'homme*»; «*ce droit de moi contre moi-même est un mot qui n'a aucun sens*».
- En quoi la «*convention*» dont parle Rousseau peut-elle être qualifiée de «*vaine et contradictoire*»?
- Essai critique: Peut-on choisir de renoncer à sa liberté?

# Le bonheur

## 11 Le bonheur est-il dans la sérénité ?

**Marc-Aurèle**

Ils[1] se cherchent des retraites, chaumières rustiques, rivages des mers, montagnes : toi aussi, tu te livres d'habitude à un vif désir de pareils biens. Or, c'est là le fait d'un homme ignorant et inhabile, puisqu'il t'est permis, à l'heure que tu veux, de te retirer dans toi-même. Nulle part l'homme n'a de retraite plus tranquille, moins troublée par les affaires, que celle qu'il trouve dans son âme, particulièrement si l'on a en soi-même de ces choses dont la contemplation suffit pour nous faire jouir à l'instant du calme parfait, lequel n'est pas autre, à mon sens, qu'une parfaite ordonnance de notre âme. Donne-toi donc sans cesse cette retraite, et, là, redeviens toi-même. Trouve-toi de ces maximes[2] courtes, fondamentales, qui, au premier abord, suffiront à rendre la sérénité à ton âme et à te renvoyer en état de supporter avec résignation tout ce monde où tu feras retour. Car enfin, qu'est-ce qui te fait peine ? La méchanceté des hommes ? Mais porte ta méditation sur ce principe que les êtres raisonnables sont nés les uns pour les autres ; que se supporter mutuellement est une portion de la justice, et que c'est malgré nous que nous faisons le mal ; enfin, qu'il n'a en rien servi à tant de gens d'avoir vécu dans les inimitiés, les soupçons, les haines, les querelles : ils sont morts, ils ne sont plus que cendre. Cesse donc enfin de te tourmenter.

Marc-Aurèle.

**(1)** Ils : les hommes en général.
**(2)** maximes : proverbes, sentences, ayant souvent la forme de conseils d'existence.

**QUESTIONS**

- Dégagez la thèse du texte ainsi que son articulation.
- Expliquez : « *Nulle part l'homme n'a de retraite plus tranquille* [...] *que celle qu'il trouve dans son âme* » ; « *se supporter mutuellement est une portion de la justice* ».
- Quelle conception du bonheur ce texte vise-t-il à contredire ?
- Essai : Le bonheur est-il dans la sérénité ?

## 12 Travail et bonheur

**Nietzsche**

Le besoin nous contraint au travail dont le produit apaise le besoin : le réveil toujours nouveau des besoins nous habitue au travail. Mais dans les pauses où les besoins sont apaisés et, pour ainsi dire endormis, l'ennui vient nous surprendre. Qu'est-ce à dire ? C'est l'habitude du travail en général qui se fait à présent sentir comme un besoin nouveau, adventice[1] ; il sera d'autant plus fort que l'on est plus fort habitué à travailler, peut-être même que l'on a souffert plus fort des besoins. Pour échapper à l'ennui, l'homme travaille au-delà de la mesure de ses autres besoins ou il invente le jeu, c'est-à-dire le travail qui ne doit apaiser aucun autre besoin que celui du travail en général. Celui qui est saoul du jeu et qui n'a point, par de nouveaux besoins, de raison de travailler, celui-là est pris parfois du désir d'un troisième état, qui serait au jeu ce que planer est à danser, ce que danser est à marcher, d'un mouvement bienheureux et paisible : c'est la vision du bonheur des artistes et des philosophes.

Nietzsche.

**(1)** adventice : ajouté.

**QUESTIONS**

- Dégagez la thèse du texte ainsi que son articulation.
- Expliquez : « *le travail qui ne doit apaiser aucun autre besoin que celui du travail en général* ».
- Précisez la nature de ce « *troisième état* » qu'évoque Nietzsche à la fin du texte.
- Essai : Le travail est-il un frein au bonheur ?

## 13 Le bonheur vient-il d'un plaisir sans mesure ?

**Platon**

Suppose qu'il y ait deux hommes qui possèdent, chacun, un grand nombre de tonneaux. Les tonneaux de l'un sont sains, remplis de vin, de miel, de lait, et cet homme a encore bien d'autres tonneaux, remplis de toutes sortes de choses. Chaque tonneau est donc plein de denrées liquides qui sont rares, difficiles à recueillir et qu'on n'obtient qu'au terme de maints travaux pénibles. Mais, au moins, une fois que cet homme a rempli ses tonneaux, il n'a plus à y reverser quoi que ce soit ni à s'occuper d'eux ; au contraire, quand il pense à ses tonneaux, il est tranquille. L'autre homme, quant à lui, serait aussi capable de se procurer ce genre de denrées, même si elles sont difficiles à recueillir, mais comme ses récipients sont percés et fêlés, il serait forcé de les remplir sans cesse, jour et nuit, en s'infligeant les plus pénibles peines. Alors regarde bien, si ces deux hommes représentent chacun une manière de vivre, de laquelle des deux dis-tu qu'elle est la plus heureuse ? Est-ce la vie de l'homme déréglé ou de l'homme tempérant[1] ?

Platon.

(1) tempérant : modéré, sans excès.

**QUESTIONS**

- Dégagez la thèse du texte ainsi que son articulation.
- Traduisez en concepts la métaphore des deux tonneaux.
- Essai : Le bonheur et le plaisir sont-ils incompatibles ?

## 14 Le bonheur est-il inaccessible ?

**Schopenhauer**

Les efforts incessants de l'homme, pour chasser la douleur, n'aboutissent qu'à la faire changer de face. A l'origine, elle est privation, besoin, souci pour la conservation de la vie. Réussissez-vous (rude tâche !) à chasser la douleur sous cette forme, elle revient sous mille autres figures, changeant avec l'âge et les circonstances ; elle se fait désir charnel, amour passionné, jalousie, envie, haine, inquiétude, ambition, avarice, maladie et tant d'autres maux, tant d'autres ! [...] Ce qui nous les fait supporter avec impatience, c'est surtout la pensée qu'ils sont fortuits, ayant été amenés par une série de causes qui bien facilement auraient pu s'arranger d'une autre façon [...] Mais si nous comprenions clairement que la douleur, en elle-même, est naturelle à ce qui vit et inévitable ; que seule son apparence, la forme sous laquelle elle se manifeste, dépend du hasard ; qu'ainsi la douleur présente remplit simplement une place où, à défaut d'elle, quelque autre viendrait se mettre, qu'elle nous sauve par là de cette autre ; qu'enfin la destinée, au fond, a bien peu de prise sur nous ; toutes ces réflexions, si elles devenaient une pensée vraiment vivante en nous, nous mèneraient assez loin dans la sérénité stoïque[1] et allègeraient grandement le soin que nous prenons de notre bonheur personnel.

Schopenhauer,

(1) stoïque : détaché, indifférent.

**QUESTIONS**

- Dégagez la thèse du texte ainsi que les différentes étapes de sa progression.
- Que pensez-vous des formes de douleurs qu'évoque l'auteur ? Vous paraissent-elles inévitables ?
- Expliquez : « *c'est surtout la pensée qu'ils sont fortuits* » ; « *la douleur, en elle-même, est naturelle à ce qui vit et inévitable* ».
- Le bonheur est-il inaccessible à l'homme ?

## 15 Qu'est-ce que le bonheur ?

**Mill**

Si l'on désignait par le mot bonheur un état continu d'exaltation agréable au plus haut degré, ce serait évidemment chose irréalisable. Un état de plaisir exalté dure seulement quelques instants, ou parfois, et avec des interruptions, quelques heures ou quelques jours ; c'est la flambée éclatante et accidentelle de la jouissance, ce n'en est pas le feu permanent et sûr. C'est là une chose dont se sont bien rendu compte, aussi pleinement que ceux qui les gourmandaient[1], les philosophes qui, dans leur enseignement, ont donné le bonheur pour fin[2] à la vie. La vie heureuse, telle qu'ils l'ont entendue, n'est pas une vie toute de ravissement ; elle comprend seulement quelques instants de cette sorte dans une existence faite d'un petit nombre de douleurs passagères, et d'un grand nombre de plaisirs variés, avec une prédominance bien nette de l'actif sur le passif ; existence fondée, dans l'ensemble, sur cette idée qu'il ne faut pas attendre de la vie plus qu'elle ne peut donner.

Mill.

(1) les gourmandaient : ceux qui leur adressaient des reproches sévères.
(2) fin : but.

### QUESTIONS

- Dégagez l'idée centrale de ce texte et les étapes de son argumentation.
- Expliquez : « *c'est la flambée éclatante et accidentelle de la jouissance, ce n'en est pas le feu permanent et sûr* » ; « *une prédominance bien nette de l'actif sur le passif* ».
- Essai : La lucidité conduit-elle à considérer comme illusoire l'idée du bonheur ?

## 16 Sommes-nous faits pour le bonheur ?

**Freud**

Ce qu'on nomme bonheur, au sens le plus strict, résulte d'une satisfaction plutôt soudaine de besoins ayant atteint une haute tension, et n'est possible de par sa nature que sous forme de phénomène épisodique. Toute persistance d'une situation qu'a fait désirer le principe du plaisir[1] n'engendre qu'un bien-être assez tiède ; nous sommes ainsi faits que seul le contraste est capable de nous dispenser une jouissance intense, alors que l'état lui-même ne nous en procure que très peu. Ainsi nos facultés de bonheur sont déjà limitées par notre constitution. Or, il nous est beaucoup moins difficile de faire l'expérience du malheur. La souffrance nous menace de trois côtés : dans notre propre corps qui, destiné à la déchéance et à la dissolution, ne peut même se passer de ces signaux d'alarme que constituent la douleur et l'angoisse ; du côté du monde extérieur, lequel dispose de forces invincibles et inexorables pour s'acharner contre nous et nous anéantir ; la troisième menace enfin provient de nos rapports avec les autres êtres humains.

Freud.

(1) Selon Freud, il s'agit du principe fondamental de la vie psychique, lequel pousse à rechercher prioritairement le plaisir, qui est produit par la décharge de la tension engendrée par le désir.

### QUESTIONS

- Dégagez l'idée centrale de ce texte et les étapes de son argumentation.
- Expliquez : « *nos facultés de bonheur sont déjà limitées par notre constitution* » ; « *la troisième menace enfin provient de nos rapports avec les autres êtres humains* ».
- Essai : N'y a-t-il de bonheur qu'éphémère ?

## 17 Faut-il préférer le bonheur à la vérité ?

**Descartes**

Je me suis quelquefois proposé un doute : savoir s'il est mieux d'être gai ou content, en imaginant les biens qu'on possède être plus grands et plus estimables qu'ils ne sont, et ignorant ou ne s'arrêtant pas à considérer ceux qui manquent, que d'avoir plus de considération et de savoir, pour connaître la juste valeur des uns et des autres, et qu'on devienne plus triste. Si je pensais que le souverain bien fût la joie, je ne douterais point qu'on ne dût tâcher de se rendre joyeux, à quelque prix que ce peut être, et j'approuverais la brutalité de ceux qui noient leurs déplaisirs dans le vin, ou les étourdissent avec du pétun(1). Mais [...] voyant que c'est une plus grande perfection de connaître la vérité, encore même qu'elle soit à notre désavantage, que l'ignorer, j'avoue qu'il vaut mieux être moins gai et avoir plus de connaissance. Ainsi je n'approuve point qu'on tâche à se tromper, en se repaissant de fausses imaginations ; car tout le plaisir qui en revient, ne peut toucher que la superficie de l'âme, laquelle sent cependant une amertume intérieure, en s'apercevant qu'ils sont faux.

Descartes.

**(1)** Tabac.

### QUESTIONS

- Dégagez l'idée essentielle de ce texte et les étapes de l'argumentation.
- Expliquez :
  a) « *Si je pensais que le souverain bien fût la joie* » ;
  b) « *tout le plaisir qui en revient, ne peut toucher que la superficie de l'âme* ».
- Essai : Pourquoi l'homme ne pourrait-il pas se satisfaire d'être « *gai et content* » ?

## 18 Penchant au plaisir et loi morale

**Kant**

Supposons que quelqu'un affirme, en parlant de son penchant au plaisir, qu'il lui est tout à fait impossible d'y résister quand se présentent l'objet aimé et l'occasion : si, devant la maison où il rencontre cette occasion, une potence y était dressée pour l'y attacher aussitôt qu'il aurait satisfait sa passion, ne triompherait-il pas alors de son penchant ? On ne doit pas chercher longtemps ce qu'il répondrait. Mais demandez-lui, dans le cas où son prince lui ordonnerait, en le menaçant d'une mort immédiate, de porter un faux témoignage contre un honnête homme qu'il voudrait perdre sous un prétexte plausible, il tiendrait comme possible de vaincre son amour pour la vie, si grand qu'il puisse l'être. Il n'osera peut-être assurer qu'il le ferait ou qu'il ne le ferait pas, mais il accordera sans hésiter que cela lui est possible. Il juge donc qu'il peut faire une chose, parce qu'il a conscience qu'il doit la faire et reconnaît ainsi en lui la liberté qui, sans la loi morale(1), lui serait restée inconnue.

Kant.

**(1)** Loi intérieure à l'individu qui lui prescrit de faire son devoir sans considération de ce que cela lui coûte.

### QUESTIONS

- Dégagez l'idée essentielle de ce texte et les étapes de l'argumentation.
- À la question « *ne triompherait-il pas alors de son penchant ?* », que faut-il répondre ? Pourquoi ?
- Expliquez : « *sans la loi morale,* [la liberté] *lui serait restée inconnue* ».
- Essai : Est-il raisonnable de risquer sa vie pour autrui ?

## 19 Bonheur et désir

**Rousseau**

Malheur à qui n'a plus rien à désirer ! il perd pour ainsi dire tout ce qu'il possède. On jouit moins de ce qu'on obtient que de ce qu'on espère, et l'on n'est heureux qu'avant d'être heureux. En effet, l'homme avide et borné, fait pour tout vouloir et peu obtenir, a reçu du ciel une force consolante qui rapproche de lui tout ce qu'il désire, qui le soumet à son imagination, qui le lui rend présent et sensible, qui le lui livre en quelque sorte, et pour, lui rendre cette imaginaire propriété plus douce, le modifie au gré de sa passion. Mais tout ce prestige disparaît devant l'objet même ; rien n'embellit plus cet objet aux yeux du possesseur ; on ne se figure point ce qu'on voit ; l'imagination ne pare plus rien de ce qu'on possède, l'illusion cesse où commence la jouissance. Le pays des chimères est en ce monde le seul digne d'être habité. [...]

Vivre sans peine n'est pas un état d'homme ; vivre ainsi c'est être mort. Celui qui pourrait tout sans être Dieu, serait une misérable créature ; il serait privé du plaisir de désirer ; toute autre privation serait plus supportable.

Rousseau.

### QUESTIONS

- Dégagez l'idée principale de ce texte et les étapes de son argumentation.
- Expliquez : « *On jouit moins de ce qu'on obtient que de ce qu'on espère* » ; « *le pays des chimères est en ce monde le seul digne d'être habité* ».
- Essai : Le bonheur, est-ce l'absence de désirs ?

## 20 Peut-on revendiquer un droit au bonheur ?

**Kant**

Si donc il devait arriver qu'un peuple juge avec la plus grande vraisemblance qu'il perd son bonheur sous la législation en vigueur, qu'a-t-il à faire ? Ne doit-il pas résister ? La réponse ne peut être que : il n'a rien d'autre à faire qu'y obéir. Car il n'est pas question ici du bonheur que les sujets peuvent attendre de l'établissement ou du gouvernement du corps commun, mais d'abord simplement du droit qui doit être par là garanti à chacun [...]. Quand il s'agit du bonheur, aucun principe universellement valable ne peut être donné pour loi. Car aussi bien les circonstances que les opinions vaines, fort contraires et en outre toujours changeantes, où chacun place son bonheur (mais personne ne peut lui prescrire où il doit le placer), rendent impossible qu'il y ait un principe stable et propre à lui seul à servir de principe à la législation. La proposition : *salus publica suprema civitatis lex est* (1) garde intactes sa valeur et son autorité ; mais le salut public qu'il faut prendre d'abord en considération est précisément la constitution légale qui garantit à chacun sa liberté par des lois : en quoi il demeure loisible à chacun de chercher son bonheur dans la voie qui lui paraît la meilleure pourvu qu'il ne porte pas atteinte à la liberté universelle et conforme à la loi et donc au droit des autres co-sujets.

Kant.

(1) Le salut public est la loi suprême de l'État.

### QUESTIONS

- Dégagez l'idée centrale de ce texte et les étapes de son argumentation.
- Expliquez : a) « *Quand il s'agit du bonheur, aucun principe universellement valable ne peut être donné pour loi* » ; b) « *le salut public qu'il faut prendre d'abord en considération est précisément la constitution légale qui garantit à chacun sa liberté par des lois* ».
- Essai : Le citoyen doit-il choisir les gouvernants qui le rendront le plus heureux ?

# L'écrit et l'oral

Les deux méthodologies précédentes ont abordé la question des exigences propres à la dissertation et au sujet-texte. Cette troisième partie donne des conseils généraux sur la manière d'aborder l'épreuve écrite de philosophie, mais aussi sur l'oral de rattrapage.

## 1 L'épreuve écrite de philosophie

### Comment se préparer à l'examen ?

Bien se préparer à un examen suppose de suivre des règles simples, mais qui se révéleront très vite efficaces. La première d'entre elles est de ne pas veiller tard, la nuit qui précède une épreuve. Autrement dit, il faut *bien dormir*, pour disposer, le lendemain, de toutes ses forces, c'est-à-dire de toutes ses capacités de réflexion. Encore trop d'élèves se « rassurent » la veille au soir, en s'épuisant à réviser très tard leurs cours ou les documents dont ils disposent. Si les révisions sont nécessaires avant les examens, elles ne doivent cependant pas se faire dans la précipitation, à quelques heures de l'écrit. Sinon – l'expérience le démontre –, on court le risque d'être très vite intellectuellement épuisé le lendemain, et de ne pas pouvoir « tenir » les quatre heures de l'épreuve. Par ailleurs, il peut être judicieux de prévoir ce qui peut compenser les « coups de fatigue » éventuels (barres de chocolat, par exemple), car l'effort intellectuel, comme l'effort physique, réclame de l'énergie.

### Comment organiser son temps ?

Il est important, le jour de l'examen, de faire un bon usage du temps imparti pour l'épreuve écrite, soit quatre heures. Il ne faut pas, en effet, espérer bénéficier du moindre rajout de temps, car les surveillants ont pour consigne de ramasser les copies à l'heure dite, même si les candidats n'ont pas fini. À l'inverse, rendre sa copie trop tôt, par exemple au bout de deux heures, est aussi le signe d'une mauvaise gestion du temps. Il faut donc bien gérer son temps **en l'organisant**.

**a)** Si vous choisissez de faire une dissertation (sujet 1 ou 2), l'organisation souhaitable pourrait prendre la forme suivante :

- **Les 15 premières minutes** doivent être consacrées au choix du sujet. Il faut donc lire et relire soigneusement chacun des trois sujets ; se demander si on les comprend, en faisant très attention au sens précis des mots qui composent leur formulation.

- Ensuite, on recherche ses premières idées au brouillon, par association de thèmes, en jouant sur les oppositions, par analyse des différents sens des mots de la question, etc. On esquisse un premier plan à partir de ces premières idées. **(environ 15 minutes)**

- On commence à rédiger au brouillon un projet d'**introduction**, que l'on sera amené à revoir et à modifier en fonction des voies vers lesquelles nous aura conduit notre réflexion, et que nous ne connaissons pas encore à ce moment de notre travail. **(20 minutes)**

▸ On rédige la dissertation proprement dite (développement + conclusion). Vous n'aurez pas le temps nécessaire pour tout écrire d'abord au brouillon. Aussi il faut écrire directement, et ne travailler au brouillon que les idées ou les phrases que l'on a du mal à exprimer avec clarté. Sachez que les feuilles de brouillon (dans le cas où vous n'auriez pas fini de recopier au propre ce qu'elles contiennent), ne sont pas acceptées par les correcteurs, et ne peuvent être jointes à la copie « officielle ». En effet, chaque feuille d'examen doit avoir un en-tête détachable, afin de préserver l'anonymat de l'épreuve, et les feuilles de brouillon ne respectent pas cette norme. **(2 heures 30)**

▸ À la fin du travail précédent, on revient sur son introduction, et on vérifie que le « programme » (le plan) qu'elle annonce a bien été respecté par notre développement. Sinon, modifiez sa formulation, de manière à l'adapter au plan réel qui a été suivi dans le devoir. **(20 minutes)**

▸ On gardera les **20 dernières minutes** pour se relire avec une **extrême minutie**, et pour corriger ses éventuelles erreurs (de fond et de forme).

**b)** Si vous choisissez le sujet-texte (sujet 3), il vous faudra bien veiller à **équilibrer** le temps accordé au traitement de chaque question. Sinon, vous risquez de bâcler la dernière question, qui est pourtant très importante puisqu'elle consiste en un essai de réflexion plus général que les précédentes questions.

Bien entendu, cette proposition d'organisation n'est qu'indicative, et on n'est pas tenu de respecter à la minute près cette division du temps de son travail. Mais elle rappelle que, dans tous les cas, il faut savoir **maîtriser** une durée limitée, donc savoir découper le temps imparti en séquences bien précises.

## Les erreurs à éviter dans le choix du sujet

Le choix du sujet est – on l'a vu – le premier moment du travail à accomplir, qu'il ne faut pas effectuer dans la précipitation. Lisez attentivement les trois sujets, sans faire immédiatement « d'impasse ». Pour cela, identifiez précisément les domaines de réflexion propres à chacun d'eux et sélectionnez celui qui vous semble correspondre le mieux à vos motivations et à vos connaissances. Sachez qu'une fois le sujet choisi, vous n'aurez guère le temps d'en changer en cours de route, lorsque l'épreuve est déjà bien avancée.

▸ **Pour la dissertation :** il faudra vous méfier des sujets d'apparence « facile », qui semblent inviter à une récitation de cours, ou à l'expression d'une opinion commune, banale et répandue. N'oubliez jamais que l'épreuve de philosophie réclame un effort de réflexion et d'approfondissement **critiques**. Or, l'apparente facilité d'un sujet masque, en réalité, cette exigence critique. Ne vous hâtez donc pas à réduire tel ou tel énoncé à un domaine d'analyse qui vous semble familier.

▸ **Pour le sujet-texte :** le troisième sujet n'est pas, comme le croient trop souvent les candidats, une « solution de secours », où l'on pourrait se dispenser plus facilement d'une réflexion rigoureuse, sous prétexte qu'il n'y aurait « qu'à suivre le texte » et à se laisser guider par les questions. Les correcteurs (qui connaissent cette mauvaise habitude) sont particulièrement sensibles au fait que l'élève ne se limite pas, dans ses réponses aux questions, à une simple paraphrase du texte. Ils attendent de lui qu'il fasse preuve de méthode et d'esprit critique, comme dans la dissertation.

## La présentation matérielle du devoir

Un bon devoir ne se reconnaît pas seulement au respect des exigences de **contenu** d'une dissertation philosophique, mais aussi au respect des exigences liées à sa **forme**. Et par forme, il faut entendre, d'abord, la *présentation matérielle* de la copie. Une bonne présentation, en rendant plus lisible un devoir, apporte indiscutablement une valeur supplémentaire à celui-ci.

C'est pourquoi on veillera à respecter les conseils suivants :

▸ **Écrire lisiblement.**

Il faut soigner son écriture, de manière à ce que sa lecture ne devienne pas pour le correcteur un casse-tête ou une torture.

▸ **Sauter une ligne entre chaque partie du devoir.**

Cette directive répond à deux exigences :

- aérer la présentation de sa réflexion (en évitant ainsi les devoirs en un seul « bloc » ou monolithiques) ;
- montrer les différentes étapes qui composent l'analyse, de manière à en faire apparaître clairement les articulations.

- Il faut donc sauter une ligne entre l'introduction, le développement et la conclusion. En outre, **à l'intérieur du développement**, on doit sauter une ligne entre les paragraphes qui le composent. Ainsi, si le développement comporte deux grandes parties (plan en deux parties), on séparera celles-ci en faisant deux paragraphes distincts. Si le développement en comporte trois (plan en trois parties), on fera trois paragraphes distincts, en sautant une ligne après chacun d'eux.
- Chaque partie du développement peut comporter elle-même plusieurs paragraphes, selon le principe **une idée = un paragraphe**. Autrement dit, une partie (qui affirme une thèse) peut comporter plusieurs idées, plusieurs thèmes d'analyse, plusieurs arguments qui, en tant que tels peuvent former des paragraphes distincts, à l'intérieur de cette partie.
- À l'inverse, **à l'intérieur des paragraphes**, on n'ira pas à la ligne de manière intempestive, car – on vient de le voir – la division du texte en alinéa **doit reproduire les grandes articulations de la réflexion**, et matérialiser l'unité des différentes étapes de l'analyse.

▸ **Rendre une copie propre.**

Conseil évident, mais qu'il faut rappeler. N'abusez pas des effaceurs d'encre ou des liquides correcteurs qui rendent souvent la copie peu présentable et toute « tachetée ». On évitera aussi d'accumuler les ratures, pour favoriser la lisibilité du devoir.

▸ **Éviter les fautes d'orthographe.**

Trop de dissertations, qui développent par ailleurs des réflexions pertinentes, se trouvent dévalorisées par une accumulation de fautes d'orthographe.

Certes, le problème de l'acquisition d'une bonne orthographe ne peut se faire en quelques jours (pendant les révisions, par exemple), mais l'élève peut corriger un grand nombre de fautes simplement s'il se donne la peine de se relire, à la fin de l'épreuve.

En outre, certains mots vus en classe durant l'année se doivent d'avoir été correctement mémorisés, car ils font directement partie du programme. Ainsi il est impardonnable d'écrire, le jour de l'examen, « phylosophie » au lieu de **philosophie**, ou encore « language » au lieu de **langage**, « véritée » au lieu de **vérité**. Ce sont pourtant des fautes courantes chez les candidats.

▸ **Écrire dans un français correct.**

En plus d'une orthographe correcte, le correcteur attend une expression écrite bien construite, sur le plan de la syntaxe (ordre des mots dans la phrase) et le respect des règles de grammaire.

Ne cherchez pas une formulation compliquée, qui est toujours, en définitive, confuse. Tâchez d'exprimer avec clarté vos idées, car la clarté est aussi la condition de la précision. Des phrases mal construites laissent supposer qu'elles proviennent d'idées mal pensées, même si vous avez fait par ailleurs un réel effort de réflexion.

On connaît la formule qui veut que « ce qui se conçoit bien s'énonce clairement ». Par conséquent, la qualité de l'expression est vraiment une exigence essentielle et un effort de relecture très minutieuse de votre copie, à la fin de l'épreuve, est nécessaire.

## 2 L'oral de rattrapage en philosophie

### Conditions de l'épreuve

Si le candidat doit passer l'oral de rattrapage (appelé « épreuves du deuxième groupe ») et qu'il choisit parmi les deux matières à repasser, la philosophie, il sera interrogé sur l'un des textes que son professeur aura établi pour la « liste d'oral ».

Le nombre et la nature des extraits figurant sur cette liste est laissée à l'appréciation du professeur, à ceci près que leurs auteurs doivent appartenir à la liste officielle des auteurs du programme.

Rappelons les conditions générales de cette épreuve pour ce qui concerne la liste des textes présentés:

▸ Il est souhaitable que le candidat apporte avec lui deux exemplaires des textes figurant sur sa liste, s'il s'agit de photocopies (l'un pour l'examinateur, l'autre pour lui).

▸ Le candidat veillera à ne pas présenter un texte « annoté » par lui (avec des indications de cours dans la marge, par exemple).

▸ Si le candidat n'apporte pas de liste, l'examinateur se chargera de lui proposer un extrait parmi ceux qu'il aura lui-même apporté. Il pourra, dans ce cas, l'interroger sur n'importe quel auteur du programme (y compris sur un auteur ou une œuvre que l'élève n'a pas étudié durant l'année).

Ce dernier point nous rappelle clairement que ce qui est demandé dans cet exercice est l'explication d'un texte **en lui-même** et non pas la récitation de la philosophie générale d'un auteur, ni le résumé de l'œuvre à laquelle l'extrait appartient.

▸ À la fin de l'épreuve, le candidat s'abstiendra de demander sa note à l'examinateur, car celle-ci peut faire l'objet de réajustements et de délibérations ultérieures.

### La préparation de l'épreuve

En raison de la brièveté du temps de préparation (une vingtaine de minutes) et de l'intervention orale (20 minutes, aussi), le candidat devra apprendre à être synthétique.

Plus l'extrait présenté sera long, plus cet effort de synthèse sera important. Pour une préparation efficace, il faudra veiller à respecter les points suivants :

- **Ne rédigez pas au brouillon tout ce que vous allez dire** à l'oral, car vous n'en aurez pas vraiment le temps.
- **Tâchez plutôt de rédiger le plan de votre explication** et les points sur lesquels vous allez particulièrement vous arrêter (mot du texte à éclaircir, problème posé par telle ou telle expression).
- **Votre brouillon doit être davantage un repère pour votre intervention**, plutôt qu'un texte entièrement rédigé que vous auriez à lire d'un bout à l'autre.
- **Numérotez bien vos feuilles de brouillon** et n'écrivez qu'au recto de chacune d'elles.

Beaucoup de candidats, sous l'effet du stress, finissent par ne plus s'y retrouver au milieu de leurs notes de préparation, remplies dans tous les sens. Elles ne leur sont plus alors d'aucune utilité et ils doivent improviser, sans plan ni repère, ce qu'ils vont dire.

### Les exigences de l'épreuve

Pendant l'oral proprement dit, on attend de vous que vous soyez capable de :

- **Dégager rapidement l'idée principale du texte.**
- **Restituer les grands traits de son articulation,** c'est-à-dire la nature et l'enchaînement des principaux arguments que l'auteur utilise pour appuyer sa thèse.
- **Montrer l'intérêt philosophique du texte**, c'est-à-dire sa valeur, sa portée, les problèmes ou les objections qu'il soulève, éventuellement son « actualité ».

Contrairement au sujet-texte (troisième sujet de l'écrit), vous n'aurez pas ici de questions déjà établies qui pourraient guider votre analyse. C'est à vous de déterminer les questions pertinentes qu'on peut lui adresser.

Cette différence est compensée par le fait que vous présentez à l'oral un texte déjà étudié en classe, donc supposé connu. En outre, vous pouvez, s'il s'agit d'un texte court, commencer par le lire à haute voix. La lecture est aussi l'occasion de montrer au correcteur que vous comprenez ce que vous lisez, en soignant le ton et les courtes pauses entre les étapes du texte.

## 4 La méthode par l'exemple

Voici, à titre d'illustration, un exemple complètement rédigé de travail écrit destiné à l'oral de rattrapage.

**Supposons que le candidat soit invité par l'examinateur à expliquer le texte suivant :**

> Je vois par exemple que 2 fois 2 font 4, et qu'il faut préférer son ami à son chien, et je suis certain qu'il n'y a point d'homme au monde qui ne le puisse voir aussi bien que moi. Or je ne vois point ces vérités dans l'esprit des autres, comme les autres ne les voient point dans le mien. Il est donc nécessaire qu'il y ait une raison universelle qui m'éclaire et tout ce qu'il y a d'intelligence. Car si la raison que je consulte n'était pas la même qui répond aux Chinois, il est évident que je ne pourrais pas être aussi assuré que je le suis que les Chinois voient les mêmes vérités que je vois. Ainsi la raison que nous consultons quand nous rentrons dans nous-mêmes est une raison universelle. Je dis quand nous rentrons en nous-mêmes, car je ne parle pas ici de la raison que suit un homme passionné. Lorsqu'un homme préfère la vie de son cheval à celle de son cocher, il a ses raisons, mais ce sont des raisons particulières dont tout homme raisonnable a horreur. Ce sont des raisons qui dans le fond ne sont pas raisonnables, parce qu'elles ne sont pas conformes à la souveraine raison, ou à la raison universelle que tous les hommes consultent.
>
> Malebranche, *De la recherche de la vérité.*

On peut d'abord, pour soi, au brouillon, écrire les étapes logiques de l'argumentation.

**L'extrait ci-dessus peut se diviser en trois étapes :**

- Le texte s'ouvre sur un double constat qui va traverser toute son argumentation :
  - Il existe des vérités dont l'évidence est universelle. Elles sont de deux types :
    - les vérités mathématiques (« *je vois que 2 fois 2 font 4* ») ;
    - les vérités morales (« *il faut préférer son ami à son chien* »).
  - Chacun découvre ces évidences en lui-même.
- L'auteur en tire une première conclusion :
  - Il existe une Raison une et universelle, qui me fait atteindre les vérités précédentes et qui éclaire tous les hommes, quelle que soit leur culture (référence aux chinois).
- Puis, Malebranche tire une seconde conclusion à partir des conséquences de la première :
  - Il faut donc ne surtout pas confondre cette Raison universelle avec les « *raisons particulières* » que les hommes se donnent pour justifier leurs passions. Ces raisons ne sont que des motifs, mais les mots ne doivent pas nous tromper : ces motifs ne sont pas conformes à la Raison universelle.

Après ce travail, on peut maintenant passer à la rédaction proprement dite des réponses.

### 1. Dégager rapidement l'idée principale du texte

Malebranche veut dissiper, dans cet extrait, une confusion établie entre deux sens différents du mot raison : raisons (au pluriel) et Raison (au singulier). Les hommes sont en proie aux passions, et chacun justifie les siennes par des raisons particulières. Mais il ne faut pas confondre de telles raisons, qui sont presque toujours déraisonnables, avec la Raison véritable, universelle et immuable. Autrement dit, il ne faut pas confondre de simples motifs (« *raisons* ») avec la Raison.

## 2. Restituer les grands traits de l'articulation du texte et l'ordre des idées

Ce texte de Malebranche s'ouvre sur un double constat qui va traverser toute son argumentation : il pose tout d'abord qu'il existe des vérités dont l'évidence est universelle. Ces vérités sont de deux types. Les vérités mathématiques (« je vois que 2 fois 2 font 4 ») et les vérités morales (« *il faut préférer son ami à son chien* »). Chacun découvre ces évidences en lui-même. Aussi l'auteur en tire-t-il une première conclusion : il existe une Raison une et universelle, qui me fait atteindre les vérités précédentes et qui éclaire tous les hommes, quelle que soit leur culture (référence aux chinois).

Malebranche tire une seconde conclusion à partir des conséquences de la première :

Il faut donc ne surtout pas confondre cette Raison universelle avec les « raisons particulières » que les hommes se donnent pour justifier leurs passions. Ces raisons ne sont que des motifs, mais les mots ne doivent pas nous tromper : ces motifs ne sont pas conformes à la Raison universelle.

## 3. Montrer l'intérêt philosophique du texte

Ce texte de Malebranche soulève un certain nombre de problèmes fondamentaux, en ce qui concerne le statut et la valeur de ce que nous appelons la « raison ». D'une part, il a le mérite de montrer qu'en confondant la Raison et les raisons, au sens de « motifs » d'une action, on confond souvent raison et passions, qui sont les choses les plus inconciliables qui soient. En effet, très souvent les motifs de nos actions sont d'ordre passionnel (comme lorsque l'on préfère son cheval à son cocher par une sorte d'étrange misanthropie) et sont, en cela, bien déraisonnables. En donnant ses « raisons » on croit que nos actions sont d'emblée justifiées par le seul fait du mot « raison ». Mais on joue là sur les mots, sur la simple homophonie de ces deux termes, en se servant de la confusion comme prétexte à une auto-justification. Or, il ne faut pas tomber dans le piège des mots. Tel est le message et le premier « intérêt philosophique » que nous voudrions dégager de ce texte. D'autre part, ce texte pose un redoutable problème, qui est aujourd'hui au cœur des réflexions philosophiques les plus contemporaines, parce qu'il a été, en quelque sorte, « réactivé » par l'essor de certaines sciences humaines, comme notamment l'ethnologie. En effet Malebranche soutient, comme les philosophes de son temps, tel Descartes, que la Raison est une et universelle et que ses principes sont connus partout, à Paris comme en Chine, dans l'esprit de tous les hommes, quelle que soit leur culture.

Or une certaine ethnologie au XX$^{e}$ siècle, celle de Claude Lévi-Strauss, par exemple, a affirmé que les peuples qu'elle étudiait (par exemple les tribus d'Afrique ou d'Amazonie, mais aussi bien des civilisations plus développées et éloignées des modes de pensée de l'Occident), ne connaissaient pas ce que nous, occidentaux, privilégions sous le titre de « Raison ». Rien de tel par exemple chez certaines cultures africaines qui mêlent étroitement ce que nous nommons, nous, irrationnel et rationalité, dans leur système de pensée et leur représentation du monde. Lévi-Strauss ira même jusqu'à parler d'une « pensée sauvage » étrangère aux critères de la raison tels que les occidentaux la définissent. Aussi cette raison « universelle », selon Malebranche, ne serait peut-être que la marque d'un impérialisme, c'est-à-dire l'illusion qui consiste à croire que seule ne vaut que sa propre culture, dont les critères de rationalité devraient être imposées aux autres. Peut-on trancher ce débat qui agite aujourd'hui encore les rapports parfois difficiles entre sciences humaines et philosophie ? Nous ne prétendrons pas le faire ici, nous contentant simplement de signaler que le texte de Malebranche a su soulever ce problème bien avant la forme qu'il a prise désormais dans les débats contemporains.

# Index des repères


**ABSOLU / RELATIF**
pages ........ 43, 118

**ABSTRAIT / CONCRET**
pages ........ 105, 136, 140

**CAUSE / FIN**
pages ........ 13, 35, 39, 123, 126, 175-176, 208, 224-225

**CONTINGENT / NÉCESSAIRE / POSSIBLE**
pages ........ 59, 220

**EN FAIT / EN DROIT**
pages ........ 69, 199

**EXPLIQUER / COMPRENDRE**
pages ........ 15, 110, 126, 141, 152

**IDENTITÉ / ÉGALITÉ / DIFFÉRENCE**
pages ........ 26, 203, 229

**LÉGAL / LÉGITIME**
pages ........ 49, 186-187, 202

**OBJECTIF / SUBJECTIF**
pages ........ 65, 76, 101-102, 122

**OBLIGATION / CONTRAINTE**
pages ........ 182, 193

**PERSUADER / CONVAINCRE**
pages ........ 106, 113

**PRINCIPE / CONSÉQUENCE**
pages ........ 62, 119, 121, 190, 212

**EN THÉORIE / EN PRATIQUE**
pages ........ 57, 144

**UNIVERSEL / GÉNÉRAL / PARTICULIER / SINGULIER**
pages ........ 14-15, 24-26, 34, 46, 106, 228

# Index des auteurs

On trouvera dans cet index la liste des auteurs reproduits dans le manuel. Parmi ceux-ci, les auteurs du programme officiel apparaissent en bleu. Chaque nom est suivi d'une brève notice biographique, sauf en ce qui concerne les philosophes qui apparaissent en texte central, et pour lesquelles la biographie est donnée directement à côté du texte. **Les numéros en gras indiquent l'occurrence d'un texte central.**


## A

**ALAIN, ÉMILE-AUGUSTE CHARTIER, dit** (1868-1951) **33**, 77, 80, 88, **117**, **139**, 161, 187

**ANOUILH, JEAN** (1910-1987) 224
Auteur dramatique français. — *Antigone*, 1944. *L'Alouette*, 1953.

**ARENDT, HANNAH** (1906-1975) 24, **37**

**ARISTOTE** (384-322 av. J.-C.) **13**, 15, 47, **59**, 82, 84, 99, 224, 209, 232

**AVERROÈS, ABU'L WALID MUHAMMAD IBN RUSHD, dit** (1126-1198) 155
Philosophe arabe né à Cordoue, en Andalousie. Il fut également théologien islamique, juriste, mathématicien et médecin. Son ouverture d'esprit et sa modernité déplurent aux autorités musulmanes de l'époque qui l'exilèrent comme hérétique et ordonnèrent que ses livres soient brûlés. La valeur de sa pensée, qui s'inspire d'Aristote, a longtemps été minimisée. Ce n'est qu'actuellement que les historiens de la philosophie reconnaissent son importance. — *Discours décisif sur l'accord de la religion et de la philosophie.*

## B

**BACHELARD, GASTON** (1884-1962) **143**, 148, 161

**BACON, FRANCIS** (1561-1626) 106
Philosophe anglais. Il eut une carrière politique qui le mena jusqu'au poste de Grand Chancelier d'Angleterre (1618). Il a promu l'usage de la méthode expérimentale dans les sciences. Il a lié le progrès humain et le progrès des connaissances, tout en proposant une classification nouvelle des sciences. — *Novum Organum*, 1620.

**BERGSON, HENRI** (1859-1941) **29**, 84, 144

**BERKELEY, GEORGE** (1685-1753) 107, **135**

**BETTELHEIM, BRUNO** (1903-1990) 141
Psychanalyste d'origine autrichienne. Au retour de son internement dans des camps de concentration nazis, il s'est installé aux États-Unis. Il s'est spécialisé dans la thérapie des enfants autistes. — *La Forteresse vide*, 1967.

**BUTLER, SAMUEL** (1835-1902) 149
Écrivain britannique. Auteur en particulier de récits sur un pays imaginaire dans lesquels il critique la société de son époque. — *Erewhon ou De l'autre côté des montagnes*, 1872.

## C

**CAILLOIS, ROGER** (1913-1978) 76
Écrivain français. Son œuvre, originale et riche, établit des passerelles entre la poésie, l'anthropologie et les sciences naturelles. — *Les Jeux et les Hommes*, 1958. *L'écriture des pierres*, 1970.

**COMTE, AUGUSTE** (1798-1857) 159
Philosophe français. Il a fondé le courant appelé positivisme, pour lequel seule la connaissance scientifiquement déduite de l'étude des faits est légitime. Il considère l'histoire humaine comme un progrès vers le savoir scientifique du monde lequel culminera dans la science de la société. — *Cours de philosophie positive*, 1830-1842. *Discours sur l'esprit positif*, 1844.

**COMTE-SPONVILLE, ANDRÉ** (né en 1952) 19
Philosophe français. Il est l'auteur d'une dizaine d'ouvrages d'inspiration matérialiste. — *Traité du désespoir et de la béatitude*, 1988. *L'Être temps*, 1999.

**COURNOT, ANTOINE-AUGUSTIN** (1801-1877) 156, 162, 235
Mathématicien, économiste et philosophe français. Il s'intéressa au calcul des probabilités et à la notion de hasard, qu'il considérait comme la rencontre de séries causales indépendantes. Il s'efforça de renouveler la philosophie de la connaissance à la lumière des progrès obtenus dans les sciences. — *Traité de l'enchaînement des idées fondamentales dans les sciences et dans l'histoire*, 1861. *Matérialisme, Vitalisme, Rationalisme*, 1875.

## D

**D'ALEMBERT, JEAN LE ROND** (1717-1783) **49**, 107.

**DESCARTES, RENÉ** (1596-1650) 18, 101-102, 122, 136, 140, 159, 208, **215**, 239

**DIOGÈNE LAËRCE** (début du IIIe siècle) 195
Doxographe, c'est-à-dire écrivain qui a compilé les doctrines des penseurs qui l'ont précédé. On ne sait que peu de choses sur lui. Le fait est d'autant plus paradoxal qu'il représente souvent l'unique source que nous ayons sur la vie et les doctrines de nombreux philosophes de l'Antiquité. — *Vies, doctrines et sentences des philosophes illustres*.

**DURKHEIM, ÉMILE** (1858-1917) 57
Sociologue français. Il est considéré comme l'un des principaux fondateurs de la sociologie. Il en a défini la méthode sur le modèle des sciences exactes en demandant de « *traiter les faits sociaux comme des choses* ». Il a mis l'accent sur la prévalence de la conscience collective sur les consciences individuelles. — *De la division du travail social*, 1893. *Le Suicide*, 1897. *Les Formes élémentaires de la vie religieuse*, 1912.

## E

**EINSTEIN, ALBERT** (1879-1955) 118
Physicien suisse, puis américain, d'origine allemande. Par ses apports à la théorie physique fondamentale, il a complètement révolutionné la conception de l'Univers. — *Comment je vois le monde*, 1934. *L'Évolution des idées en physique*, 1938.

**ENGEL, PASCAL** (né en 1954) 221
Philosophe français. Il s'est spécialisé dans la philosophie de la logique, du langage et de la connaissance. — *La norme du vrai*, 1989. *La dispute*, 1997.

**ENGELS, FRIEDRICH** (1820-1895) 86
Philosophe et théoricien socialiste allemand. Ami et collaborateur de Karl Marx avec qui il a rédigé *Le Manifeste du Parti communiste*, 1848.

**ÉPICURE** (341-270 av. J-C.) 157, **201**, **207**

## F

**FERRÉ, LÉO** (1916-1993) 209
Auteur, compositeur et interprète français. De sensibilité anarchiste, il s'est affirmé, à travers ses chansons, comme un grand poète.

**FOCILLON, HENRI** (1881-1943) 133
Historien de l'art français. Ayant d'abord étudié l'art du Moyen Âge, il a élargi sa réflexion à la nature et à l'évolution des formes dans l'art. — *La Vie des formes*, 1934.

**FORRESTER, VIVIANE** (née en 1925) 73
Romancière et essayiste française. — *La Violence du calme*, 1980. *L'Horreur économique*, 1996.

**FREUD, SIGMUND** (1856-1939) 38, 114, 155, 216, 238
Médecin autrichien, fondateur de la psychanalyse. Sa théorie de l'inconscient eut une énorme influence, tant, dans le domaine médical, sur le traitement des névroses, que sur la manière dont la philosophie a envisagé le sujet humain. — *La Science des rêves*, 1900. *Introduction à la psychanalyse*, 1916. *Malaise dans la civilisation*, 1930.

## G

**GADAMER, HANS-GEORG** (1900-2002) 190
Philosophe allemand. Il est surtout connu pour son travail en herméneutique, mot qui désigne la réflexion sur l'interprétation des textes. — *Vérité et Méthode*, 1960.

## H

**HEGEL, GEORG WILHELM FIEDRICH** (1770-1831) **45**, 79, 194

**HOBBES, THOMAS** (1588-1679) 87
Philosophe anglais qui mena une réflexion politique centrée sur les fondements de l'État, par l'intermédiaire de la notion de contrat social. Selon lui, l'État-Léviathan (tout-puissant), tout en aliénant la liberté de chacun, est seul à pouvoir assurer la sécurité de tous. — *Du citoyen*, 1640. *De la nature humaine*, 1650. *Léviathan*, 1651.

**HUME, DAVID** (1711-1776) **41**, 87, 110, 163, 183

**HUSSERL, EDMUND** (1859-1938) 137
Philosophe allemand. Prenant acte de la crise provoquée dans la philosophie par la montée en puissance des sciences, il s'est consacré à lui redonner une légitimité. Il a montré que la philosophie était indispensable pour élucider le vécu sur lequel, en fin de compte, la science se fonde. Sa démarche a eu une très belle postérité durant le XXe siècle, à laquelle appartiennent tous les auteurs se réclamant de la phénoménologie. — *Méditations cartésiennes*, 1931. *La Crise des sciences européennes et La Phénoménologie transcendantale*, 1937.

## I

**ILLICH, IVAN** (1926-2002) 216
Penseur américain d'origine autrichienne. Il s'est attaché à montrer l'absurdité des valeurs de la modernité. — *Une société sans école*, 1971. *La Convivialité*, 1973.

## J

**JOUVENEL, Bertrand de** (1903-1987) 229
Penseur politique français. Il s'est intéressé aux mécanismes de croissance du pouvoir dans la société, et s'est efforcé d'en anticiper les dangers. — *Du pouvoir; histoire naturelle de sa croissance*, 1945. *La Civilisation de puissance*, 1972.

## K

**KANT, Emmanuel** (1724-1804) 35, 46, 82, 88, 123, **125**, 163, 178, 198, **211**, 220, 239, 240

**KHAYYÂM, Omar** (vers 1021-1122) 127
Ce penseur persan fut à la fois mathématicien, physicien, médecin, astronome, philosophe et poète. Il a laissé de nombreux quatrains où il exprime sa pensée de manière brillante et lapidaire.

## L

**LA Boétie, Étienne de** (1530-1563) 199
Mort très jeune, ce grand ami de Montaigne a laissé des poèmes et un ouvrage de réflexion politique qui a assuré sa renommée : *Discours de la servitude volontaire*, 1548.

**LEFORT, Claude** (né en 1924) 73
Philosophe français. Son œuvre porte principalement sur la philosophie politique. Il s'interroge sur les conditions de la liberté démocratique. — *Les formes de l'histoire*, 1978. *L'invention démocratique*, 1983. *La complication*, 1999.

**LEIBNIZ, Gottfried Wilhelm** (1646-1716) 157, 162
Esprit encyclopédique, ce philosophe allemand a également marqué l'histoire des mathématiques en découvrant le calcul infinitésimal. Rationaliste, il affirmait que la raison gouverne l'Univers, s'imposant même à Dieu. Il a essayé de mettre au point une logique qui puisse servir de langue universelle. Homme de dialogue, européen avant l'heure, il a entretenu une riche correspondance avec les grands esprits de son temps. — *Discours de métaphysique*, 1685. *Nouveaux essais sur l'entendement humain*, 1704. *Essais de Théodicée*, 1710. *La Monadologie*, 1714.

**LEROI-GOURHAN, André** (1911-1986) 50
Anthropologue et préhistorien français. Il renouvela la méthode des fouilles préhistoriques et s'attacha à faire reconnaître la valeur de l'art paléolithique. — *Évolution et Techniques*, 1945. *Le Geste et la Parole*, 1964. *Préhistoire de l'art occidental*, 1965.

**LÉVI-STRAUSS, Claude** (né en 1908) 26, **75**

**LIPOVETSKY, Gilles** 72
Philosophe français contemporain. — *L'Ère du vide*, 1983. *L'Empire de l'éphémère*, 1987. *Le Crépuscule du devoir*, 1992.

**LOCKE, John** (1632-1704) **67**

**LUCRÈCE** (98-55 av. J.-C.) 126, **131**

## M

**MALEBRANCHE, Nicolas** (1638-1715) 158
Philosophe français. Prêtre, mais s'inscrivant dans l'héritage de Descartes, il réalise une synthèse entre le rationalisme et la foi religieuse. Il affirme que la raison nous fait voir les choses telles qu'elles sont en l'esprit de Dieu. De même les changements dans le monde seraient directement l'œuvre de Dieu qui nous les feraient connaître en imprimant en notre âme les sensations de ces changements. — *De la recherche de la vérité*, 1675. *Traité de la nature et de la grâce*, 1680.

**MARC-AURÈLE, Marcus Aurelius Antoninus, dit** (121-180) 127, 236
Empereur (161-180) et philosophe romain. Contraint, de son propre aveu, de consacrer sa vie à la guerre contre les Barbares, sur le front du Danube, il puisa dans la philosophie stoïcienne des consolations héroïques. Le stoïcisme pense en effet qu'il y a un ordre du monde immuable, et que la sagesse réside dans la maîtrise de soi-même plutôt que dans la poursuite des biens extérieurs. Il est piquant de savoir que son principal maître en philosophie était un esclave, Épictète, qui vécut à Rome quelques décennies auparavant. Marc-Aurèle a laissé un recueil de *Pensées pour moi-même*, sorte de journal intime stoïcien.

**MARX, Karl** (1818-1883) 30, 76, 81, 86
Philosophe et économiste allemand. Se détournant de la philosophie de Hegel, dont il subit l'influence, son oeuvre propose une conception matérialiste de l'histoire, et montre que ce sont les relations économiques qui conditionnent la pensée ou idéologie d'une société donnée. Sa critique du capitalisme et sa théorie du communisme allaient avoir une énorme influence non seulement sur la pensée mais aussi sur l'histoire du XX° siècle. — *Misère de la philosophie*, 1847. *Contribution à la critique de l'économie politique*, 1859. *Le Capital*, 1867.

**MAUSS, Marcel** (1872 -1950) **71**

**MERLEAU-PONTY, Maurice** (1908-1961) 152, 160
Philosophe français qui s'inscrit dans un courant de pensée appelé phénoménologie, fondé par Husserl.

Sa réflexion a porté en particulier sur les conditions de la perception, et il s'est attaché à montrer ce qu'il y a d'irréfléchi en elle. — *Structure du comportement*, 1942. *Phénoménologie de la perception*, 1945. *Sens et Non-Sens*, 1948.

**MILL, John Stuart** (1806-1873) 79, **2223**, 238

**MONTAIGNE, Michel Eyquem de** (1533-1592) 164, 185

**MONTESQUIEU, Charles Louis de Secondat, baron de** (1689-1755) 64, 233

Homme de lettres et philosophe français. Magistrat, ayant hérité de la charge de son père au parlement de Guyenne, il se passionne aussi pour les sciences et pour la philosophie politique. Il s'est efforcé de mettre à jour la logique dont procèdent les lois et les institutions de la société. Il a ainsi profondément renouvelé la théorie politique, et ouvert la voie aux « Lumières ». — *Lettres persanes*, 1721. *De l'esprit des lois*, 1748.

**MORE, Thomas** (1478-1535) 228

Penseur et homme politique anglais. Humaniste, il était l'ami d'Érasme. Membre du Parlement, il devint conseiller du roi Henri VIII et chancelier du royaume. Mais, parce qu'il était demeuré fidèle à l'Église catholique avec laquelle le roi avait rompu, il fut arrêté et décapité. — *Utopie*, 1516.

## N

**NIETZSCHE, Fiedrich** (1844-1900) **17**, 34, 83, 119, **151**, 182, 236

## O

**ONFRAY, Michel** (né en 1959) 111

Philosophe français. Ses ouvrages valorisent une conception anarchiste et hédoniste de l'existence. — *La sculpture de soi : la morale esthétique*, 1991. *Politique du rebelle*, 1997.

## P

**PANOFSKY, Erwin** (1892-1968) 43

Philosophe et historien de l'art allemand. Il s'est efforcé de ressaisir à travers les œuvres d'art les tendances profondes de l'esprit humain. — *Essais d'iconologie*, 1939. *L'œuvre d'art et ses significations*, 1957.

**PASCAL, Blaise** (1623-1662) 24, **121**, 126, 146, 156, 164, 231, 234

**PLATON** (428-348 av. J.-C.) 15, 83, 85, 100, **105**, 132, 173, **181**, 186, 232, 234, 237

**PLOTIN** (vers 204-270) 39

Philosophe grec. Originaire d'Égypte, il s'installe à Rome et ouvre une école dans laquelle il dispense un enseignement réputé. S'inspirant de la philosophie de Platon, il considère que le monde sensible et les réalités intelligibles ne trouvent existence et unité qu'en fonction d'un principe suprême, l'Un. Le but de l'existence doit consister dans la contemplation de ce principe. Pour cela, l'âme doit accomplir une démarche de purification de ses attachements aux réalités matérielles et de conversion philosophique. — *Ennéades*.

**POPPER, Karl** (1902-1994) 15, **147**

**PRADINES, Maurice** (1874-1958) 24

Philosophe et psychologue français. Il s'est attaché à replacer la genèse du psychisme humain dans l'évolution du vivant, s'intéressant particulièrement au problème de la sensation. — *Philosophie de la sensation*, 1928-1934. *Traité de psychologie générale*, 1943-1946.

**PROUDHON, Pierre-Joseph** (1809-1865) 68, 202

Théoricien socialiste français. Il développe une conception positive de l'anarchisme : libérée des institutions autoritaires, la société serait organisée en fédération d'associations libres des travailleurs. Sa pensée est à l'origine des mouvements de solidarité de travailleurs : syndicalisme, mutualisme, coopératisme. — *Qu'est-ce que la propriété ?*, 1840. *De la justice*, 1858.

**PROULX, Monique** (née en 1952) 65

Romancière et scénariste canadienne. — *Sans cœur et sans reproche*, 1983. *Un Homme invisible à la fenêtre*, 1993.

## R

**RAWLS, John** (1921-2002) 203

Philosophe américain. Il a consacré son œuvre à réfléchir sur les principes d'une vie sociale harmonieuse. Son ouvrage *Théorie de la justice* (1971) a eu un retentissement considérable.

**RICARDO, David** (1772-1823) 60

Économiste anglais. Il a théorisé l'économie libérale en fondant la valeur des marchandises sur le travail. — *Principes d'économie politique*, 1817.

**ROBESPIERRE, Maximilien de** (1758-1794) 191

Homme politique français. Célèbre pour avoir instauré un pouvoir dictatorial durant la Révolution. — *Discours et rapports à la Convention*, 1793.

**ROUSSEAU, Jean-Jacques** (1712-1778) 21, **55**, 81, 85, **113**, 158, 160, **193**, 212, 235, 240

**RUSSELL, Bertrand** (1872-1970) 14, 115
Philosophe, logicien et mathématicien anglais. Il s'est efforcé de fonder les mathématiques sur la logique, ce qui l'amena à réfléchir sur la logique elle-même. Il en a tiré une philosophie de la connaissance qui détermine par des considérations logiques le degré de certitude que l'on peut attendre des différents types de propositions. Il s'est vigoureusement engagé pour la paix, et en particulier contre l'utilisation militaire de l'énergie nucléaire. — *Principia mathematica* (avec A. N. Whitehead), 1910-1913. *Problèmes de philosophie*, 1912. *Signification et Vérité*, 1940.

## S

**SARTRE, Jean-Paul** (1905-1980) 177-178, 233
Philosophe et écrivain français. S'appuyant sur la phénoménologie de Husserl, il fonde sa philosophie sur la primauté du fait de l'existence de l'homme. Il en tire l'idée d'une liberté absolue puisque l'homme se définit par les choix qu'il fait en existant. Il souligne les difficultés de cette liberté puisqu'elle doit sans cesse s'exercer dans les limites des situations particulières et en se confrontant à la présence d'autrui. Sartre est le principal représentant du courant appelé existentialisme, qui connut une large audience dans l'immédiat après-guerre. — *L'Être et le Néant*, 1943. *L'Existentialisme est un humanisme*, 1946. *Critique de la raison dialectique*, 1960.

**SCHOPENHAUER, Arthur** (1788-1860) 80, 213, 237
Philosophe allemand. Sa pensée s'est nourrie de celles de Kant, de Platon et des religions orientales. Il développe une conception pessimiste de la condition humaine. Il montre que l'homme croit maîtriser le monde parce qu'il s'en fait une représentation ordonnée, mais qu'en réalité il est le jouet d'un « vouloir-vivre » aveugle qui le jette nécessairement dans l'insatisfaction. — *Le Monde comme Volonté et comme Représentation*, 1818-1819.

**SÉNÈQUE** (4 av. J.-C.-65 apr. J.-C.) 56
Homme politique et écrivain latin. Précepteur du jeune Néron, puis ministre, il goûte au pouvoir, et en expérimente les vanités. Il doit, finalement, se donner la mort sur ordre de Néron. Sa pensée, d'inspiration stoïcienne, développe un art de vivre fondé sur l'acceptation du caractère tragique de la condition humaine. Il préconise le détachement par rapport aux passions des hommes, et la culture de la maîtrise de soi par la philosophie. — *De la tranquillité de l'âme*. *Lettres à Lucilius*.

**SEXTUS EMPIRICUS** (IIe s. ap. J.-C.) **219**

**SINGER, Christine** (née en 1943) 217
Romancière française contemporaine

**SIRONNEAU, Jean-Pierre** 114
Sociologue des religions contemporain. Professeur à l'Université de Grenoble. — *Métamorphoses du mythe et de la croyance*, 2000.

**SMITH, Adam** (1723-1790) 61, **63**, 86

**SOSEKI, Natsume** (1867-1916) 39
Écrivain japonais. — *Je suis un chat*, 1905. *La Porte*, 1910. *Ombre et lumière*, 1916.

**SPINOZA, Baruch** (1632-1677) 97, **109**, 174, **189**

## T

**TESTARD, Jacques** 31
Biologiste français contemporain. Directeur de recherche à l'Institut national de la santé et de la recherche médicale. — *L'Œuf transparent*, 1986. *La Procréation médicalisée*, 1993

**THÉVOZ, Michel** (né en 1936) 51
Philosophe suisse. Également historien de l'art, il s'intéresse au phénomènes d'expression limites tels l'art brut, le spiritisme, le suicide, etc. — *L'Art brut*, 1975. *L'Esthétique du suicide*, 2003.

**THOMAS D'AQUIN** (1227-1274) 231
Théologien et philosophe italien. Il s'est essentiellement occupé des rapports entre la raison et la foi. Il place sa vision du monde dans le cadre de la philosophie d'Aristote, tout en la subordonnant aux vérités révélées de la foi. La synthèse ainsi opérée entre la doctrine philosophique la plus aboutie de l'Antiquité et le christianisme triomphant devait s'imposer comme la pensée dominante en Europe jusqu'au XIXe siècle. — *Somme théologique*.

**THOREAU, Henry David** (1817-1862) **197**

**THUILLIER, Pierre** 148
Philosophe et historien des sciences français contemporain. — *Jeux et Enjeux de la science*, 1972. *La Grande Implosion*, 1995.

**TOCQUEVILLE, Alexis de** (1805-1859) **227**

**TOURNIER, Michel** (né en 1924) 145
Écrivain français. Ses romans visent l'universalité en retravaillant les mythes fondamentaux de l'humanité ; ils sont remarquables par leur portée philosophique. — *Vendredi ou Les Limbes du Pacifique*, 1967. *Le Roi des aulnes*, 1970. *Les Météores*, 1975.

## V

**VALÉRY, Paul** (1871-1945) 42
Poète et essayiste français. Son œuvre poétique, au-delà de sa maîtrise formelle, révèle ses préoccupations philosophiques. Il a écrit de nombreux essais en lesquels il réfléchit la crise du monde contemporain. — *Variété* I, II, III, IV et V, de 1924 à 1944.

## W

**WEIL, Simone** (1909-1943) 175, **217**
Philosophe française. Elle mena, parallèlement à sa réflexion philosophique, une vie faite d'engagements : ouvrière aux usines Renault en 1934-1935, aux côtés des républicains pendant la guerre d'Espagne en 1936. Son œuvre est nourrie par les thèmes de la foi chrétienne. — *La Pesanteur et la Grâce*, 1947. *L'Enracinement*, 1950. *La Condition ouvrière*, 1951.

# Index des thèmes


## A

- ALIÉNATION .... 178
- ALLÉGORIE .... 105
- AMOUR .... 76
- ANARCHIE .... 66, 195
- ANIMAL .... 22,23, 177
- ARTISANAT .... 33, 34, 35, 48
- AUTARCIE .... 57
- AUTORITÉ .... 173, 190

## B

- BEAUTÉ .... 38, 40, 41, 102
- BIEN .... 100, 101, 176, 178
- BIOTECHNIQUE .... 44

## C

- CERTITUDE .... 102, 148
- CHANCE .... 218, 219
- CHIMIE .... 142
- CIVILISATION .... 26
- COMMERCE .... 64
- CONNAISSANCE .... 12, 102, 115, 121, 126
- CONSCIENCE .... 57, 137
- CONTRAINTE .... 174-175
- CONVENTION .... 183, 200, 201
- CULTE .... 25

## D

- DÉDUCTION .... 147
- DÉMOCRATIE .... 227
- DÉMONSTRATION .... 99, 121, 122
- DÉSIR .... 38, 173-175
- DESPOTISME .... 191, 227
- DEVOIR .... 68
- DIALOGUE .... 152
- DIEU .... 107, 109, 112-114, 123
- DIGNITÉ .... 187, 225
- DOGMATISME .... 14, 113
- DON .... 70-73
- DOUTE .... 14, 102

## E

- ÉCONOMIE .... 75, 77, 216, 227
- ENFANCE .... 22, 138, 139, 140
- ESPACE .... 67, 68
- ESTHÉTIQUE .... 43
- ÉTHIQUE .... 31
- ETHNOLOGIE .... 50
- ÉTAT .... 30, 194, 196-199, 226-229
- ÉTONNEMENT .... 13, 109
- ÉVIDENCE .... 102, 107, 122, 148

## F

- FOI .... 114, 123
- FOLIE .... 125

## G

- GÉNIE .... 35, 46, 49

## H

- HASARD .... 126
- HISTOIRE .... 29, 124, 125
- HUMANITÉ .... 22, 26, 177, 178

## I

- ILLUSION .... 101, 130-133, 148
- IMAGINATION .... 38, 73
- IMITATION .... 45, 47
- INCONSCIENT .... 38
- INSPIRATION .... 33
- INSTINCT .... 17, 21, 38, 121, 125, 126
- INTÉRÊT .... 36, 39, 62, 64
- INTELLIGENCE .... 29, 224
- INTUITION .... 19
- INVENTION .... 44

## J

- JEU .... 76

## L

- LANGAGE ... 22-25, 97, 98
- LANGUES ... 151, 153
- LIBRE ARBITRE ... 173
- LOGIQUE ... 99, 122

## M

- MACHINE ... 29
- MARCHÉ ... 73
- MÉTAPHYSIQUE ... 16
- MONNAIE ... 59, 60
- MORALE ... 65
- MORT ... 187
- MYTHE ... 51

## N

- NATURE ... 20-22, 44, 45, 67, 125, 173, 181, 216

## O

- OBÉISSANCE ... 189, 193
- OBLIGATION ... 71, 228
- ORIGINALITÉ ... 45, 46, 47
- OUTIL ... 29

## P

- PASSION ... 33, 113, 174
- PENSÉE ... 14, 117, 148, 175, 227
- PERCEPTION ... 132, 134, 137
- PHYSIQUE ... 116, 117, 142, 215
- PLAISIR ... 13, 38, 40, 41, 194, 224, 227, 228
- POUVOIR ... 173, 191, 198
- PRÉJUGÉS ... 13, 107, 122, 140, 148
- PROGRÈS ... 29-31, 119, 126, 216, 217, 229
- PROPRIÉTÉ ... 54, 66-69
- PUNITION ... 180, 181, 188, 190

## R

- RÉALITÉ ... 38, 97, 105, 134, 135
- RELIGION ... 25, 51, 110, 112-115
- RÉPUBLIQUE ... 198
- RESPONSABILITÉ ... 177, 178
- RÊVE ... 38, 101, 120, 121

## S

- SAGESSE ... 100, 145
- SENSATIONS ... 98, 130-133, 135
- SENTIMENT ... 102, 121
- SIGNE ... 77
- SOCIÉTÉ ... 30, 54, 56
- SPONTANÉITÉ ... 173-175
- SUPERSTITION ... 108, 109

## T

- THÉORIE ... 115, 146-149
- TRAVAIL ... 54, 60, 61, 62, 67, 73, 184
- TROC ... 61
- TYRANNIE ... 191, 199

## U

- UTILITÉ ... 13, 37, 42, 60

## V

- VIRTUEL ... 216
- VIOLENCE ... 101, 197-199




Achevé d'imprimer en Italie par STIGE - Dépôt légal : Septembre 2013 - Collection n° 03 - Édition 05 - 18/0314/7